中国林业产业监测报告 2011

China Forestry Industry Monitoring Report

国家林业局 编

中国林业出版社

图书在版编目（CIP）数据

中国林业产业监测报告. 2011 / 国家林业局编. --北京 : 中国林业出版社, 2012.12
ISBN 978-7-5038-6992-1

Ⅰ. ①中… Ⅱ. ①国… Ⅲ. ①林业经济－经济发展－监测－研究报告－中国－2011 Ⅳ. ①F326.23

中国版本图书馆CIP数据核字(2013)第055081号

出 版：中国林业出版社（100009 北京西城区德内大街刘海胡同7号）
网 址：http://lycb.forestry.gov.cn
E-mail：cfybook@163.com　　　电 话：83223789
发 行：中国林业出版社
印 刷：北京高迪印刷有限公司
版 次：2012年12月第1版
印 次：2012年12月第1次
开 本：889mm×1194mm 1/16
印 张：24
字 数：562千字
定 价：80.00元

监测组成员

丁允辉　于生华　万发令　于　华　门玉明　马春香　韦元洪
王太强　王以森　韦立理　扎西多吉　王志椿　王连茂　王思丹
韦祖庆　王晓南　王　琅　毛培军　文翠云　文　毅　邓建安
邓荣俤　邓燕琳　白云起　丘火德　付占芳　从德福　兰雪莲
冯慰冬　达　拉　吕印杰　曲建军　朱　建　朱　珠　伍清亮
刘大中　刘长奇　刘　伟　刘希军　刘　宏　刘忠艳　江华军
安美玲　孙　权　孙剑月　严　辉　李　文　李石雄　李伟平
杨红朝　李　国　李金花　李树林　杨秋月　李俊柱　杨　涛
李海波　李　捷　李辉华　李　慧　肖龙根　肖明源　吴亚平
吴　宇　吴红霞　吴灿军　吴　坤　吴　峰　何节联　何　宏
余志棠　余　雷　汪　喆　宋姬芳　张　云　张田生　张东彪
张林生　陆绍江　张俊波　张彦君　陈代世　陈茂祥　陈　康
茅国梁　林高兴　欧阳叙回　岳炳勋　金元日　金玉女　周桂秀
周晶晶　周献逸　周榜先　庞　燕　郑汝志　郑克贤　郑英达
郑惠伶　宗晶莹　孟宪平　赵世华　赵英辰　钟宪瑜　钟德全
姜东涛　姜贵腾　晏正明　徐子平　徐生旺　郭建华　郭嗣军
唐志明　唐妙缘　唐　唯　唐瑾瑜　涂海萍　黄少南　黄先青
黄任辉　黄炳益　黄群发　黄蔓蓉　梅　魁　曹玉朴　龚泽和
常炳华　康文学　康　红　康志雄　梁　晶　蒋杨胜　蒋筱燕
韩　英　程　滢　童　伟　温绍德　谢冬梅　雷玉秀　雷礼纲
蔡兴旺　谭跃辉　滕成林　潘群华　冀岩松　戴培植　魏　超
魏　瑞

前言

《中国林业产业监测报告 2011》

林业产业是一种特殊产业，是在市场经济条件下追求经济效益的同时，必须兼顾生态效益的产业。因此，国家必须对林业产业进行有效监管，才能使林业产业的发展既符合经济要求，又满足生态需要，民生需求。而要进行国家宏观调控和监管，必须及时准确掌握林业产业发展动态，因此对林业产业进行分类逐项监测是林业产业发展的客观要求。金融危机以来，世界经济复苏仍然存在不确定性。我国经济虽然持续增长，但面临通货膨胀压力，国务院强调：加强商品供求监测、信息发布和价格政策宣传解读工作。为此，林业行业必须加强林业产业监测。2010 年国家林业局开始立项，之后每年中国林业产业监测工作按照项目计划有序进行。

（一）与重点产业省进行密切合作，由网络上报监测数据。

（二）与中国林业产业协会紧密合作。在重点产业地区确立监测点，并逐步建立监测基地。主要对我国六大人造板基地、四大国有森工、延边集团、浙江、湖南、广西、湖北、河北等重点产业省布点监测。

（三）与国家海关总署合作落实林产品进出口监测任务。对 8 位码进出口林产品品种、量值、国别、地区、海关、属性等进行月度监测；对主要进出口重点企业进行季度监测，目前主要是原木、锯材、胶合板、木浆、家具等主要林产品类别。

（四）与国家统计局合作，对林业企业景气情况进行调查分析，共享林业企业景气指数调查成果，并按季度发布。

（五）各省监测点监测员运用监测网络传递监测数据，全面实现项目监测目标，林产品监测的范围：1. 木材；2. 人造板；3. 家具；4. 木门、木窗、木屋；5. 木浆造纸；6. 竹、藤制品；7. 木本食用油（香）料和木本工业油料与及生物质能源；8. 果品；9. 林木种苗种子；10. 林化；11. 森林蔬菜、饮料、饲料；12. 花卉；13. 驯养野生动物与狩猎；14. 中药材；15. 森林旅游；16. 森林碳汇交易。

鉴于中国林业产业监测仍处在初级阶段，林业产业企业对林业产业监测有一个适应过程，被监测企业对提供数据会涉及商业秘密感到担心，项目组一方面通过严格的合同保密承诺，打消企业顾虑，另一方面从监测方法上逐步探索解决问题的方案。

由于需要监测的内容十分丰富，任务繁重，项目资金不可能全面满足所有监测内容的需求，只能由重点到全面展开。因此，2012 年公开出版的监测报告只能是监测重点内容，今后范围将逐年扩大，直至完善。

目　录

绪 论

本监测以林业产业发展的主要产品为监测对象，以网络技术为支撑，以网络填报与实地抽样调查结合为手段，以成本、价格模型为基础，以指数运算、风险因素分析等为分析方法，以非线性动态组织系统模型、数据处理自组织模型、收入与成本比较模型为预警策略进行林业产业监测。

1 林业产业主要经济指标与国民经济指标的比较

1.1 林业产业逐步成为我国经济新的增长点

2011 年我国林业产业总值 30 597 亿元，比上年增长 34.32%。其中第一产业 11 056 亿元，比上年增长 24.29%；第二产业 16 688 亿元，比上年增长 40.51%；第三产业 2852 亿元，比上年增长 42.12%。与同期国内生产总值（GDP）增长速度比较，一、二、三产业分别高于 GDP 增长速度 6.58 个百分点、22.91 个百分点和 24.69 个百分点。林业产业成为我国经济新的增长点（见表 1、图 1）。

表 1　2002 ～ 2011 年国内生产总值与林业产业总产值对比

单位：亿元

年份	国内生产总值（GDP）				林业产业总产值			
	合计	第一产业	第二产业	第三产业	合计	第一产业	第二产业	第三产业
2002	120 333	16 537	53 897	49 899	4 634	2 912	1 486	237
2003	135 823	17 382	62 436	56 005	5 860	3 518	2 007	335
2004	159 878	21 413	73 904	64 561	6 892	3 888	2 561	444
2005	184 937	22 420	87 598	74 919	8 459	4 356	3 487	617
2006	216 314	24 040	103 720	88 555	10 652	4 709	5 198	745
2007	265 810	28 627	125 831	111 352	12 533	5 546	6 034	953
2008	314 045	33 702	149 003	131 340	14 406	6 359	6 838	1 209
2009	340 903	35 226	157 639	147 642	17 494	7 225	8 718	1 551
2010	401 202	40 534	187 581	173 087	22 779	8 895	11 877	2 007
2011	471 564	47 712	220 592	203 260	30 597	11 056	16 688	2 852

数据来源：2003 ～ 2012 年《中国统计年鉴》、《中国林业统计年鉴》

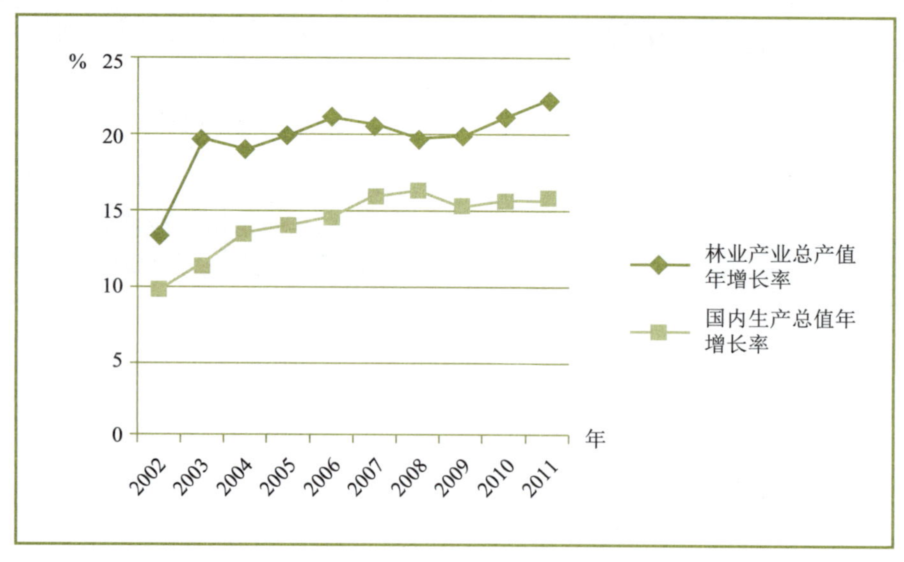

图 1 2002 ～ 2011 年国内生产总值与林业产业总产值年平均增长率

1.2 林业产业结构调整体现生产方式的有效转变

2011 年，林业产业蓬勃发展，主要表现在产业规模持续壮大、产业结构不断优化、产业竞争力逐步增强、新兴产业快速发展等方面上。

第一产业产值占全部林业产业总产值的 36.14%，同比增长 24.29%；第二产业产值占全部林业产业总产值的 54.54%，同比增长 40.51%；第三产业产值占全部林业产业总产值的 9.32%，同比增长 42.12%。近年来，林业三次产业的产值结构逐步调整，不断优化，已由"十五"末期的 52 ∶ 41 ∶ 7，调整为 2011 年的 36 ∶ 55 ∶ 9，林业二、三产业所占比重逐年增大，产业结构调整迈出新步伐（见表 1、图 2、图 3）。

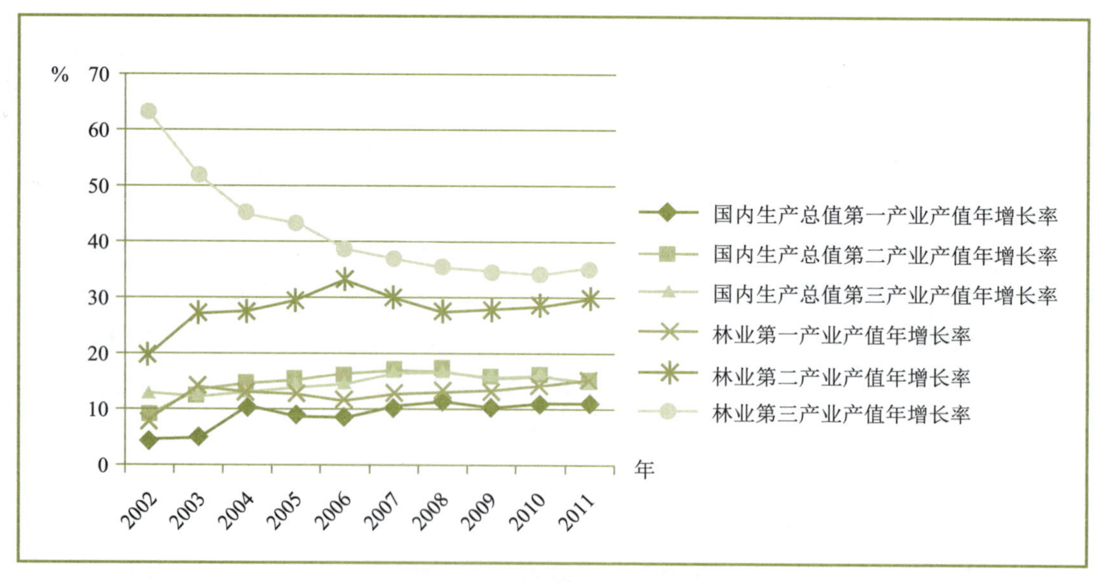

图 2 2002 ～ 2011 年国内生产总值结构与林业产业总产值结构年平均增长率

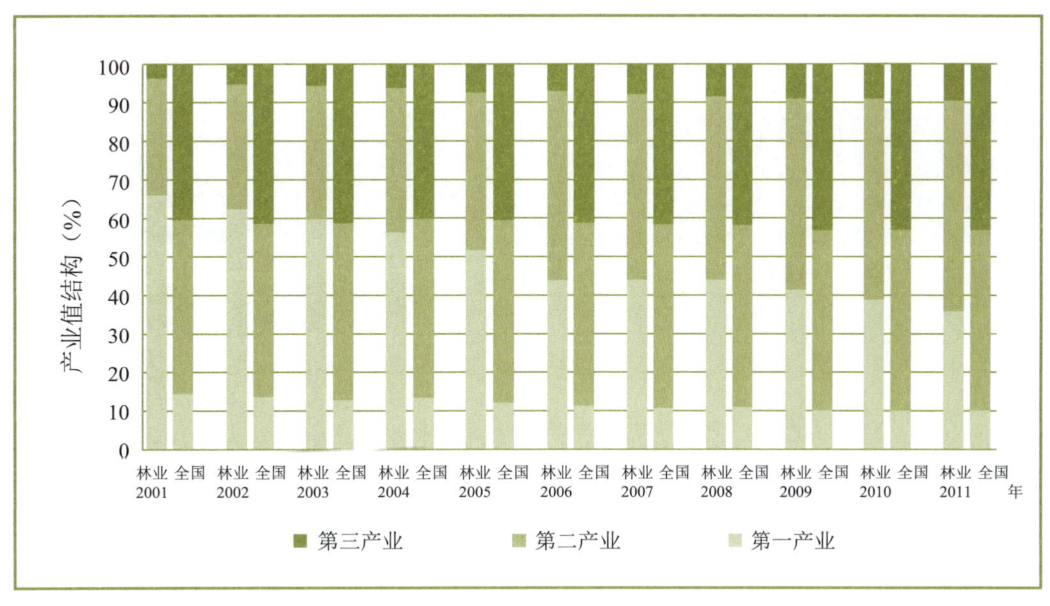

图 3　2001 ～ 2011 年国内生产总值结构与林业产业总产值结构年平均增长率对比

1.3　林业企业景气指数低于全国企业景气指数，反映林业企业盈利能力低于全国水平

2011 年一季度林业企业景气指数为 116.5，比 2011 年一季度全国企业景气指数 133.8 低 17.3，同比增加 4.3，环比减少 1.3。木材加工及木、竹、藤、棕、草企业景气指数为 109.9，同比减少 0.9，环比减少 5.7。家具制造企业景气指数为 123.9，同比增加 11.6，环比增加 3.8。造纸及纸制品企业景气指数为 115.7，同比增加 2.3，环比减少 1.9。

2011 年二季度林业企业景气指数为 118.9，比 2011 年二季度全国企业景气指数 135.6 低 16.7，同比减少 2.4，环比增加 6.7。木材加工及木、竹、藤、棕、草企业景气指数为 113.7，同比减少 7.5，环比增加 2.9。家具制造企业景气指数为 124.7，同比减少 0.8，环比增加 12.4。造纸及纸制品企业景气指数为 118.4，同比增加 1.1，环比增加 5.0。

2011 年三季度林业企业景气指数为 117.5，比 2011 年三季度全国企业景气指数 133.4 低 15.9，同比减少 4.6，环比减少 3.8。木材加工及木、竹、藤、棕、草企业景气指数为 109.3，同比减少 14.5，环比减少 11.9。家具制造企业景气指数为 125.2，同比增加 0.9，环比减少 0.3。造纸及纸制品企业景气指数为 117.9，同比减少 0.3，环比增加 0.6。

2011 年四季度林业企业景气指数为 108.9，比 2011 年四季度全国企业景气指数 128.2 低 19.3，同比减少 8.9，环比减少 13.2。木材加工及木、竹、藤、棕、草企业景气指数为 103，同比减少 12.6，环比减少 20.8。家具制造企业景气指数为 119.5，同比减少 0.6，环比减少 4.8。造纸及纸制品企业景气指数为 104.2，同比减少 13.4，环比减少 14.0（见表 2、图 4）。

表 2　2008 ～ 2011 年我国企业景气指数与林业企业景气指数对比

项目		全国企业景气指数	林业企业景气指数（木竹加工、家具、造纸）	木材加工及木、竹、藤、棕、草企业景气指数	家具制造企业景气指数	造纸及纸制品企业景气指数
2011 年	一季度	133.8	116.5	109.9	123.9	115.7
	二季度	135.6	118.9	113.7	124.7	118.4
	三季度	133.4	117.5	109.3	125.2	117.9
	四季度	128.2	108.9	103.0	119.5	104.2
2010 年	一季度	132.9	112.2	110.8	112.3	113.4
	二季度	135.9	121.3	121.2	125.5	117.3
	三季度	137.9	122.1	123.8	124.3	118.2
	四季度	138.0	117.8	115.6	120.1	117.6
2009 年	一季度	105.6	80.9	81.5	75.6	85.7
	二季度	115.9	93.0	90.6	94.8	93.5
	三季度	124.4	106.3	100.1	103.3	115.4
	四季度	130.6	118.2	118.3	123.9	112.5
2008 年	一季度	136.2	126.3	124.0	122.6	132.3
	二季度	137.4	124.7	125.8	120.3	127.9
	三季度	128.6	118.0	118.0	111.5	124.5
	四季度	107.0	97.0	93.1	98.9	99.0

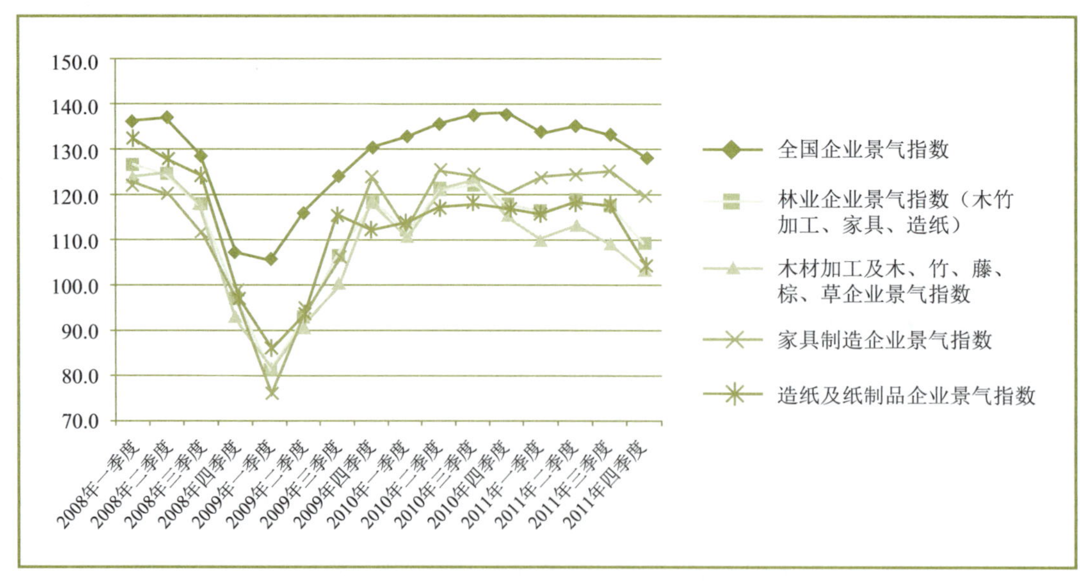

图 4　2008 ～ 2011 年我国企业景气指数与林业企业景气指数趋势

1.4 林产品进出口增长速度低于全国货物进出口增长速度，反映林产品进出口能力低于全国平均水平

2011 年全国林产品进出口贸易总额为 1 204.5 亿美元，比 2010 年增长 28.4%。其中，出口额 550.8 亿美元，比 2010 年增长 18.3%；进口额 653.7 亿美元，比 2010 年增长 37.5%；林产品进出口差额与 2010 年相比增长较多（见表 3、图 5）。

表 3 2002 ～ 2011 年我国货物进出口总额与林产品进出口金额对比

单位：亿美元

年份	全国货物进出口总额	全国货物出口总额	全国货物进口总额	林产品进出口金额	林产品出口金额	林产品进口金额
2002	6 208	3 256	2 952	215	96	119
2003	8 510	4 382	4 128	277	122	155
2004	11 546	5 933	5 612	349	163	186
2005	14 219	7 620	6 600	413	206	207
2006	17 604	9 689	7 915	508	264	244
2007	21 737	12 178	9 560	643	319	324
2008	25 616	14 286	11 331	719	335	384
2009	22 073	12 017	10 056	702	363	339
2010	29 728	15 779	13 948	938	463	475
2011	36 421	18 986	17 435	1 205	551	654

图 5 2002 ～ 2011 年我国货物进出口总额与林产品进出口金额年平均增长速度

1.5 木材价格下降反映市场对木质产品需求疲软

2011 年，我国木材价格指数为 107.01，比上年下降 13.66%；木地板价格指数为 105.6，比上年增长 2.22%；人造板价格指数为 111.73，比上年增长 15.00% 。2011 年，全国消费者物价指数 (CPI) 为 105.40，比上年增长 2.03%；全部工业品指数 (PPI) 为 106，与上年相比增长 0.47%。木材价格下降，但木地板、人造板价格等出现了不同程度的增长（见表 4、图 6）。

表 4　2002 ～ 2011 年我国消费者物价指数 (CPI）、全部工业品指数 (PPI）及主要林产品价格指数

指标	全国消费者物价指数 (CPI)	全部工业品指数 (PPI)	木材价格指数	木地板价格指数	人造板价格指数
2002	99.2	97.8	107.78	80.56	128.12
2003	101.2	102.3	92.58	110.34	99.48
2004	103.9	106.1	106.68	115.63	81.91
2005	101.8	104.9	108.98	164.86	83.21
2006	101.5	103	116.09	112.30	109.79
2007	104.8	103.1	105.28	93.43	105.94
2008	105.9	106.9	104.55	92.97	94.78
2009	99.3	94.6	84.56	101.68	106.45
2010	103.3	105.5	123.94	103.31	97.16
2011	105.4	106.0	107.01	105.60	111.73

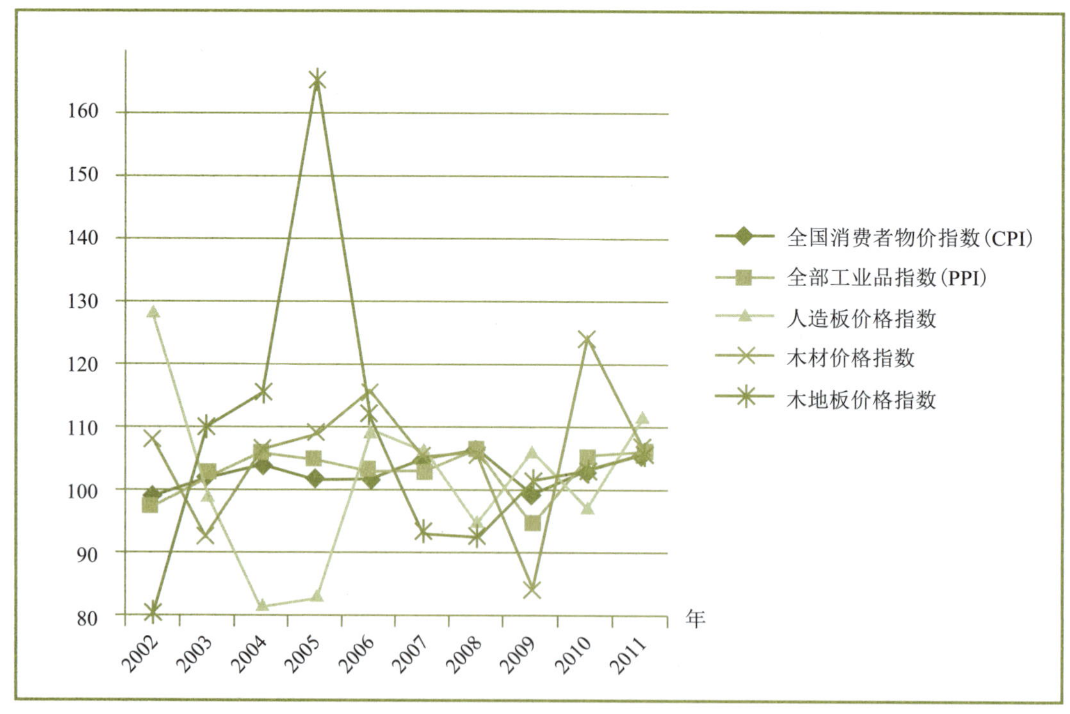

图 6　2002 ～ 2011 年我国消费者物价指数 (CPI)、全部工业品价格指数 (PPI) 及林产品价格指数走势

1.6 林区劳动工资增长速度略低于全国平均水平

林区劳动工资速度与全国平均劳动工资增长速度比较，林业职工工资每年大幅度增长，略低于全国平均水平，但是，木材加工产品市场疲软，价格上涨慢，给加工企业造成巨大压力。

2002～2010年，林业在岗职工年平均工资增长速度为14.37%，比城镇单位就业人员平均工资增长速度低0.08%。2011年，林业在岗职工年平均工资为23 611元，比上年增长15.82%。其中木材及竹材采运业年平均工资为17 139元，比上年增长20.05%；木材加工及竹藤棕草制品业年平均工资为22 813元，比上年增长18.58%；林产化学产品制造业年平均工资为21 328元，比上年增长12.57%（见表5、图7）。

表5 2002～2011年我国城镇单位就业人员平均工资与林业在岗职工年平均工资对比

单位：元

项目	城镇单位就业人员年平均工资	林业在岗职工年平均工资	其中：木材及竹材采运业	木材加工及竹藤棕草制品业	林产化学产品制造业
2002	12 422	7 116	6 805	7 249	5 796
2003	13 969	7 790	5 318	7 549	10 045
2004	15 920	8 563	5 642	9 011	7 638
2005	18 200	9 326	6 070	8 739	10 671
2006	20 856	10 701	6 834	9 821	11 415
2007	24 721	13 563	9 019	12 066	15 067
2008	28 898	15 870	10 457	13 506	15 071
2009	32 244	17 985	12 025	13 558	16 338
2010	36 539	20 386	14 276	19 238	18 947
2011	41 799	23 611	17 139	22 813	21 328

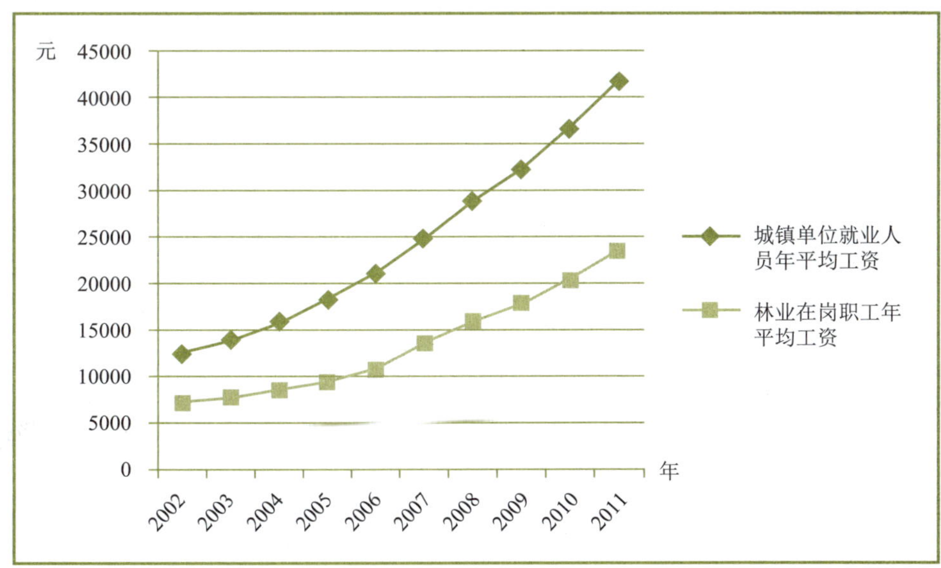

图7 2002～2011年我国城镇单位就业人员年平均工资与林业在岗职工年平均工资走势

1.7 林业对就业的贡献

我国全职林业工人和农民工超过 3 100 万人，涉林农民 4 亿左右。林业产业发展对于我国就业的贡献潜力巨大，特别是林权制度改革，增加了农民对林业的劳动力投入条件和动机。

林业对就业的贡献分两部分。一部分是林业产业直接就业人数，2011 年约为 3 165.09 万人，比去年增长 32.14%；另一部分是获得林地使用权的农民，大力发展林下经济，对就业做出重要贡献。2011 年，已有 26 个省（自治区、直辖市）基本完成明晰产权、承包到户的任务。全国已确权集体林地 26 亿亩*，占集体林地总面积的 95%。其中，发证面积 22.65 亿亩，占已确权集体林地总面积的 87%，8379 万农户拿到了林权证，4 亿农民直接受益（见表 6）。

表 6　林业对就业贡献

指　　　　标	产业（万元）	实际就业人数（万人）	计算依据
总　计	305 967 308	3 165.09	
一、第一产业	110 561 944	1 601.84	
（一）涉林产业合计	105 966 785	1 540.57	
1. 林木的培育和种植	19 152 654	383.05	每工日 200 元，每年 250 个工日
（1）育种和育苗	6 583 657	131.67	
（2）造林	7 330 092	146.60	
（3）林木的抚育和管理	5 238 905	104.78	
其中：幼林的抚育和管理	1 972 918	39.46	
成林的抚育和管理	2 626 660	52.53	
2. 木材和竹材采运	9 484 698	126.46	每工日 300 元，每年 250 个工日
（1）木材采运	7 858 651	104.78	
① 商品材	6 444 322	85.92	
② 农民自用材	569 016	7.59	
③ 农民烧柴	845 313	11.27	
（2）竹材采运	1 626 047	21.68	
其中：除毛竹、篙竹外的其他竹材	291 904	3.89	
3. 经济林产品的种植与采集	63 198 661	842.65	
其中：水果及干果的种植与采集	41 551 549	554.02	
茶及其他饮料作物的种植与采集	5 521 051	73.61	
林产中药材的种植与采集	4 087 909	54.51	
森林食品的种植与采集	6 772 578	90.30	
4. 花卉种植	9 399 110	125.32	

* 1 亩＝ 666.67 平方米

（续）

指　　标	产业（万元）	实际就业人数（万人）	计算依据
5、陆生野生动物繁育与利用	2 815 344	37.54	每工日 300 元，每年 250 个工日
（1）陆生野生动物狩猎和捕捉	132 253	1.76	
（2）陆生野生动物饲养	2 683 091	35.77	
6、林业生产辅助服务	1 916 318	25.55	
（二）林业系统非林产业	4 595 159	61.27	
二、第二产业	166 883 963	1 335.07	
（一）涉林产业合计	162 359 243	1 298.87	
1、木材加工及木、竹、藤、棕、苇制品制造	67 891 581	543.13	每工日 500 元，每年 250 个工日
（1）锯材、木片加工	11 610 726	92.89	
（2）人造板制造	37 162 883	297.30	
（3）木制品制造	14 785 099	118.28	
（4）竹、藤、棕、苇制品制造	4 332 873	34.66	
2、木、竹、藤家具制造	23 231 559	185.85	
3、木、竹、苇浆造纸	39 591 936	316.74	
4、林产化学产品制造	5 754 278	46.03	
5、木制工艺品和木制文教体育用品制造	3 243 777	25.95	
6、非木制林产品加工制造业	15 286 908	122.30	
7、其他	7 359 204	58.87	
（二）林业系统非林产业	4 524 720	36.20	
三、第三产业	28 521 401	228.17	
（一）涉林产业合计	24 719 938	197.76	
1、林业旅游与休闲服务	18 630 740	149.05	
2、林业生态服务	2 767 685	22.14	
3、林业专业技术服务	802 077	6.42	
4、林业公共管理及其他组织服务	2 519 436	20.16	
（二）林业系统非林产业	3 801 463	30.41	
林业就业涉林农民人数（有条件和有机会投入劳动人数）		40 000	8379 万农户拿到了林权证

1.8　中国林业产业的国际地位

1. 中国森林资源与世界主要国家森林资源比较

中国森林蓄积量 146 亿立方米，占世界森林蓄积量 5 270 亿立方米的 2.79%，人均 10.9 立方米，是世界人均 78.0 立方米的 14.01%（见表 7）。中国森林面积 2 亿公顷，占世界森林面积 40 亿公顷 5.13%；人均 0.154 公顷，是世界人均 0.597 公顷 25.80%。

表 7　世界部分国家森林资源主要指标

国家	森林面积		森林立木蓄积量		人均森林面　积	人均森林立木蓄积量	森林覆盖率	
	千公顷	占 %	百万立方米	占 %	公顷 / 人	立方米 / 人	%	排名
全球	4 033 060		527 000		0.60	780	30.30	
中国	206 861	5.13	14 684	2.79	0.15	10.9 0	20.36	139
俄罗斯联邦	809 090	20.06	81 523	15.47	5.72	576.50	47.90	49
巴西	519 522	12.88	126 221	23.95	2.71	657.40	57.20	34
加拿大	310 134	7.69	32 983	6.26	9.33	991.70	33.60	91
美国	304 022	7.54	47 088	8.94	0.98	1510	33.10	95
澳大利亚	149 300	3.70		0.00	7.09		21.30	137
刚果民主共和国	154 135	3.82	35 473	6.73	2.40	552.10	58.90	30
印度尼西亚	94 432	2.34	11 343	2.15	0.41	49.80	48.80	47
秘鲁	67 992	1.69	8 159	1.55	2.36	2830	53.70	42
印度	68 434	1.70	5 489	1.04	0.06	4.70	22.80	129
瑞典	28 203	0.70	3 358	0.64	3.06	364.80	66.90	20
日本	24 979	0.62		0.00	0.20		68.20	18
芬兰	22 157	0.55	2 189	0.42	4.18	412.70	73.90	12
加蓬	22 000	0.55	4 895	0.93	15.19	3 380.40	84.70	7
法国	15 954	0.40	2 584	0.49	0.26	41.60	28.30	116
越南	13 797	0.34	870	0.17	0.16	10.00	39.7	71
德国	11 076	0.27	3 492	0.66	0.14	42.60	31.7	100
挪威	10 065	0.25	987	0.19	2.11	2070	30.7	105
新西兰	8 269	0.21	3 586	0.68	1.96	847.80	31	103
韩国	6 222	0.15	605	0.11	0.06	6.10	63.5	25
朝鲜	5 666	0.14	360	0.07	0.24	15.10	51.4	45

根据联合国粮农组织《2010 年全球森林资源评估报告》分析整理

2. 中国木材产品与世界主要国家比较

中国原木产量 7 757.15 万立方米，约占世界原木产量的 6.21%，排名第五位。中国原木进口量 4 232.66 万立方米，约占世界原木进口量的 31.74%，列第一位。中国原木出口量 1.44 万立方米，约占世界原木出口量的 0.59%，排名第十二位。中国原木消耗量 11 988.37 万立方米，约占世界原木消耗量的 8.62%，排名第三位。中国锯材产量 4 117.82 万立方米，约占世界锯材产量的 7.32%，排名第三位。中国锯材进口量 2 160.75 万立方米，约占世界锯材进口量的 8.20%，列第二位。中国锯材出口量 54.43 万立方米，约占世界锯材出口量的 0.79%，排名第十位。中国锯材消耗量 6 224.14 万立方米，约占世界锯材消耗量的 9.50%，排名第二位。

中国人造板产量 18 420.11 万立方米，约占世界人造板产量的 29.74%，列第一位。中国人造板进口量 102.06 万立方米，约占世界人造板进口量的 4.59%，列第五位。中国人造板出口量 1 024.92 万立方米，约占世界人造板出口量的 14.01%，列第一位。中国人造板消耗量 17 497.24 万立方米，占世界人造板消耗量的 27.43%，列第一位。

中国纸浆产量 2 267.00 万吨，约占世界纸浆产量的 10.62%，排名第三位。中国纸浆进口量 1 443.83 万吨，约占世界纸浆进口量的 21.65%，列第一位。中国纸浆出口量 9.80 万吨，约占世界纸浆出口量的 0.21%，排名第十二位。中国纸浆消耗量 3 701.03 万吨，约占世界纸浆消耗量的 15.78%，排名第二位。

中国纸及纸板产量 11 000 万吨，占世界纸及纸板产量的 21.50%，列第一位。中国纸及纸板进口 331.02 万吨，占世界纸及纸板进口量的 4.69%，列第四位。中国纸及纸板出口量 509.06 万吨，占世界纸及纸板出口的 4.21%，排名第七位。中国纸及纸板消耗量 10 821.96 万吨，约占世界纸及纸板消耗量的 21.67%，列第一位。

3. 中国林业的国际贸易地位

2011 年全国主要林产品（含林果等非木质林产品）进出口贸易总额为 1 204.5 亿美元，比 2010 年增长 28.4%。其中，出口额 550.8 亿美元，比 2010 年增长 18.3%；进口额 653.7 亿美元，比 2010 年增长 37.5%。

2011 年我国木质林产品进出口额 893.59 亿美元，同比增长 26.34%，占全国进出口总额 36 428.6 亿美元的 2.45%。2011 年我国木质林产品出口额 479.25 亿美元，同比增长 18.55%，占全国出口总额 18 990.8 亿美元的 2.52%。2011 年我国木质林产品进口额 414.34 亿美元，同比增长 35.82%，占全国进口总额 17 437.8 亿美元的 2.38%。

2 主要林产品收益与风险分析

2.1 森林培育收益与风险分析

2.1.1 用材林培育成本监测结果

树种 1：杉木

杉木是我国南方的主要树种，也是我国分布较广的用材树种，在我国整个杉木分布区可分为 3 个带，北带相当于植被区划的北亚热带，属杉木分布的北部边缘；中带相当于中亚热带，其东部和中部都是杉木的中心产区，如贵州东南部、湖南西南部、广西北部、广东北部、江西南部、福建北部、浙江南部等是历史上杉木的著名产地；南带是南亚热带，属杉木分布的南部边缘。杉木生产周期根据用材类型的不同，有不同的经营方案，根据用材林的标准，其生长周期为 20 年，在整个生长周期内蓄积量会达到 12.8 立方米 / 亩。

（1）成本监测

根据森林培育理论模型，构建杉木成本核算模型为：

杉木的营林成本 = 生产准备费用 + 造林费用 + 抚育费 + 森林保护费 + 管理费 + 其他费用

通过上述模型，以样本地监测数据为基础进行整理及核算显示：杉木每亩的营林费用为 739.24 元，其中生产准备费用为 53.6 元，占总营林费用的 7.25%；造林费用为 266.4 元，占总营林费用的 36.04%；抚育费为 206.4 元，占总营林费用的 27.92%；森林保护费为 34.4 元，占总营林费用的 4.65%；管理费为 79.2 元，占总营林费用的 10.71%；其他费用为 99.2 元，占总营林费用的 13.42%。

（2）经济分析

为给杉木培育投资者一直观认识，本报告以杉木核心区杉木生产为基础，以 20 年作为经营核算周期，以 2011 年我国的银行贷款利率 7.05%［金融机构人民币存款基准利率表 - 贷款利率表（2011 年 7 月 7 日开始执行）］作为折现率，中幼林的抚育费用已按照用工量折算标准换算到第一年投资中，其理论生长量、间伐时间及采伐时的估算价格，具体见表 8，以核心区的出材率（70%）作为基本出材率。

表 8 杉木生长量（蓄积量）等基础数据

生长周期（年）	0 ～ n	n+1	n+2	……	n+i	……	n+j	……	n+k
年生长量（立方米）	幼苗	0.6	0.6	0.6	0.6	0.8	0.8	1	
间伐及采伐量（立方米）					1		2		9.8

（续）

生长周期（年）	0 ～ n	n+1	n+2	……	n+i	……	n+j	……	n+k
价格 (元 / 立方米)					960		1 050		1 150
注：2011 年经营水平；n=(3) 年，i=(5) 年；j=(11) 年，k=(17) 年									

构建杉木收益核算模型为：杉木总收益 = 整个生长周期的总收益－总成本，即

$$杉木总收益=\frac{第(n+i)年间伐的蓄积量*出材率*间伐当年价格}{(1+7.05\%)^{n+i-1}}+\frac{第(n+j)年间伐的蓄积量*出材率*间伐当年价格}{(1+7.05\%)^{n+j-1}}+\frac{第(n+k)年采伐的蓄积量*出材率*采伐当年价格}{(1+7.05\%)^{n+k-1}}-第一年末生产成本$$

根据成本数据及基础数据，计算出杉木营林第一年末成本为 739.20 元 / 亩；把第一次、第二次间伐及最终采伐的收益折算到第一年末，第八年间伐收益为 417.12 元 / 亩，第十四年间伐收益为 638.72 元 / 亩；第二十年采伐收益为 3427.78 元 / 亩，实现总收益 4483.62 元 / 亩；实现净收益为 3744.42 元 / 亩。

树种 2：桉树

桉树是世界著名的三大速生树种之一，其适应性强，材种多样，用途广泛，经济价值高，是十分难得的短周期工业用材树种，一般 7 年可采伐利用，其蓄积量可达到 13.2 立方米 / 亩。桉树是我国南方主要的经济树种，主要分布在广东、广西、海南、湖南、江西、云南、贵州、四川等省（自治区）。

（1） 成本监测

根据森林培育理论模型，构建桉树成本核算模型为：

桉树的营林成本 = 生产准备费用 + 造林费用 + 抚育费 + 森林保护费 + 管理费 + 其他费用

通过上述模型，以样本地监测数据为基础进行整理及核算，得出监测结果为：桉树每亩的营林费用为 1354.4 元，其中生产准备费用为 53.6 元，占总营林费用的 3.96%；造林费用为 289.6 元，占总营林费用的 21.38%；抚育费为 790.4 元，占总营林费用的 58.36%；森林保护费为 34.4 元，占总营林费用的 2.54%；管理费为 82.4 元，占总营林费用的 6.08%；其他费用为 104.0 元，占总营林费用的 7.68%。

（2） 经济分析

为给桉树种植投资者初步认识，本报告以 7 年作为经营核算周期，以 2011 年我国的银行贷款利率 7.05% ［金融机构人民币存款基准利率表—贷款利率表（2011 年 7 月 7 日开始执行）］作为折现率，中幼林的抚育费用已按照用工量折算标准换算到第一年投资中，其理论生长量、间伐时间及采伐时的估算价格，具体见表 9，以核心区的出材率（65%）作为基本出材率。

表 9　桉树生长量（蓄积量）等基础数据

生长周期（年）	0 ～ n	n+1	n+2	……	n+i	……	n+j	……	n+k
年生长量（立方米）	幼苗	1.2	1.8	2.3		2.8			2.3
间伐及采伐量（立方米）					1		2		10.2
价格（元 / 立方米）					400		500		500
注：2011 年经营水平；n=(1) 年，i=(3) 年，j=(5) 年，k=(6) 年									

构建桉树收益核算模型为：桉树总收益 = 整个生长周期的总收益－总成本，即

$$\text{桉树总收益}=\frac{\text{第}(n+i)\text{年间伐的蓄积量*出材率*间伐当年价格}}{(1+7.05\%)^{n+i-1}}+\frac{\text{第}(n+j)\text{年间伐的蓄积量*出材率*间伐当年价格}}{(1+7.05\%)^{n+j-1}}$$
$$+\frac{\text{第}(n+k)\text{年采伐的蓄积量*出材率*采伐当年价格}}{(1+7.05\%)^{n+k-1}}-\text{第一年末生产成本}$$

根据成本数据、基础数据及基础数据，计算出桉树营林第一年末成本为 1354.4 元 / 亩；把第一次、第二次间伐及最终采伐的收益折算到第一年末，第四年间伐收益为 211.94 元 / 亩，第六年间伐收益为 462.36 元 / 亩；第六年采伐收益为 2202.74 元 / 亩，实现总收益为 2877.04 元 / 亩；实现净收益 1522.64 元 / 亩。

树种 3：马尾松

马尾松是我国南部主要材用树种，经济价值高，其分布极为广泛，北自河南及山东南部，南至两广、台湾，东自沿海，西至四川中部及贵州，遍布于华中华南各地。一般在长江下游海拔 600 ～ 700 米、中游 1200 米以下，上游 1500 米以下均有分布。其一般生长周期为 30 年，亩蓄积量可以达到 13.6 立方米。

（1）成本监测

根据森林培育理论模型，构建马尾松成本核算模型为：

马尾松营林成本 = 生产准备费 + 造林费用 + 抚育费 + 森林保护费 + 管理费 + 其他费用

通过上述模型，以样本地监测数据为基础进行整理及核算，得出监测结果为：马尾松每亩的营林费用为 723.2 元，其中生产准备费用为 53.6 元，占总营林费用的 7.41%；造林费用为 255.2 元，占总营林费用的 35.29%；抚育费为 206.4 元，占总营林费用的 28.54%；森林保护费为 34.4 元，占总营林费用的 4.76%；管理费为 76.8 元，占总营林费用的 10.62%；其他费用为 96.8 元，占总营林费用的 13.38%，具体见表 4-5。

（2）经济分析

本报告对马尾松进行技术经济评价以 30 年作为经营核算周期，以 2011 年我国的银行贷款利率

7.05%［金融机构人民币存款基准利率表－贷款利率表（2011 年 7 月 7 日开始执行）］作为折现率，中幼林的抚育费用已按照用工量折算标准换算到第一年投资中，其理论生长量、间伐时间及采伐时的估算价格，具体见表 10，以核心区的出材率（60%）作为基本出材率。

表 10 马尾松生长量（蓄积量）等基础数据

生长周期（年）	0 ～ n	n+1	n+2	……	n+i	……	n+j	……	n+k
年生长量（立方米）		0.3	0.3	0.3	0.3	0.5	0.5	0.8	
间伐及采伐量（立方米）	幼苗	0.3	0.3	0.3	1	0.5	2	0.8	10.6
价格（元 / 立方米）					900		1 000		1 300
注：2011 年经营水平；n=(4) 年，i=(8) 年，j=(16) 年，k=(26) 年									

构建马尾松收益核算模型为：马尾松总收益 = 整个生长周期的总收益－总成本，即

$$马尾松总收益=\frac{第(n+i)年间伐的蓄积量*出材率*间伐当年价格}{(1+7.05\%)^{n+i-1}}+\frac{第(n+j)年间伐的蓄积量*出材率*间伐当年价格}{(1+7.05\%)^{n+j-1}}$$
$$+\frac{第(n+k)年采伐的蓄积量*出材率*采伐当年价格}{(1+7.05\%)^{n+k-1}}-第一年末生产成本$$

根据成本数据及基础数据，计算出马尾松营林第 1 年末成本为 723.2 元 / 亩；把第一次、第二次间伐及最终采伐的收益折算到第一年末，第 12 年间伐收益为 255.24 元 / 亩，第二十年间伐收益为 328.88 元 / 亩；第三十年采伐收益为 1146.53 元 / 亩，实现总收益为 1730.65 元 / 亩，净收益为 1007.45 元 / 亩。

树种 4：杨树

杨树在中国有 50 多种。木材用作民用建筑材、生产家具、火柴梗、锯材等，同时也是人造板及纤维用材；叶是良好的饲料。杨树又是用材林、防护林和四旁绿化的主要树种。

（1）成本监测

为更好地指导杨树生产，对其成本进行科学、合理核算，故构筑杨树成本核算模型为：

杨树营林成本 = 造林费用 + 抚育费 + 森林保护费 + 管理费 + 其他费用

通过上述模型，以样本地监测数据为基础进行整理及核算，得出监测结果为：杨树每亩的营林费用为 1071 元，其中造林费用为 593.68 元，占总营林费用的 55.41%, 其中种苗费用为 110 元，占总成本的 10.27%，整地费为 380 元，占总成本的 35.47%，栽植费为 82.50 元，占总成本的 7.70%，补植费用为 21.18 元，占总成本的 1.98%；抚育费为 200 元，占总营林费用的 18.67%，其中，中幼林抚育为 120 元，占总成本的 11.20%，成熟林抚育为 80 元，占总成本的 7.47%；森林保护费为

45.7 元，占总成本的 4.27%；管理费 100 元，占总成本的 9.33%；其他费用为 132 元，占总成本的 12.32%。

（2）经济分析

本报告对马尾松进行技术经济评价以 14 年作为经营核算周期，以 2011 年我国的银行贷款利率 7.05% [金融机构人民币存款基准利率表－贷款利率表（2011 年 7 月 7 日开始执行）] 作为折现率，中幼林的抚育费用已按照用工量折算标准换算到第一年投资中，其理论生长量、间伐时间及采伐时的估算价格，具体见表 11，以核心区的出材率（60%）作为基本出材率。

表 11　杨树生长量（蓄积量）等基础数据表

生长周期（年）	0 ～ n	n+1	n+2	……	n+i	……	n+j	……	n+k
年生长量（立方米）	幼苗	0.8	0.8	1	1	1.1	1.1	1.3	
间伐及采伐量（立方米）					1		2		8.6
价格（元 / 立方米）					638		668		940
注：2011 年经营水平；n=(2) 年，i=(5) 年，j=(9) 年，k=(12) 年									

构建杨树收益核算模型为：总收益 = 整个生长周期的总收益－总成本，即

$$\text{杨数总收益}=\frac{\text{第}(n+i)\text{年间伐的蓄积量*出材率*间伐当年价格}}{(1+7.05\%)^{n+i-1}}+\frac{\text{第}(n+j)\text{年间伐的蓄积量*出材率*间伐当年价格}}{(1+7.05\%)^{n+j-1}}$$
$$+\frac{\text{第}(n+k)\text{年采伐的蓄积量*出材率*采伐当年价格}}{(1+7.05\%)^{n+k-1}}-\text{第一年末生产成本}$$

根据成本数据及基础数据，计算出营林第 g 年末成本为 1071.38 元 / 亩；把第一次、第二次间伐及最终采伐的收益折算到第一年末，第七年间伐收益为 254.36 元 / 亩，第十一年间伐收益为 405.59 元 / 亩；第十四年采伐收益为 2000.56 元 / 亩，实现每亩总收益为 2660.51 元 / 亩；实现净收益为 1589.13 元 / 亩。

树种 5：湿地松

湿地松是一种良好的广普性园林绿化树种，它既抗旱又耐涝、耐瘠，有良好的适应性和抗逆力，因此，在世界上分布极广，中国山东以南的大片国土皆适宜栽培；它还是很好的经济树种，油脂和木材的收益率都很高，一般栽植后 10 年就可达到平均每亩 2000 元左右的收益。

（1）成本监测

为了更好地指导我国湿地松生产，对其生产进行准确、科学的核算，对其成本进行监测，故构造湿地松成本核算模型为：

湿地松的营林成本 = 生产准备费用 + 造林费用 + 抚育费 + 森林保护费 + 管理费 + 其他费用

通过上述模型，以样本地监测数据为基础进行整理及核算，得出监测结果为：湿地松每亩的营林费用为755.35元，其中生产准备费用为100元，占总营林费用的13.24%；造林费用为458.65元，占总营林费用的60.72%；抚育费为120元，占总营林费用的15.87%；森林保护费为45.7元，占总营林费用的6.05%；管理费为25元，占总营林费用的3.31%；其他费用为6元，占总营林费用的0.79%。

（2）经济分析

本报告对湿地松进行技术经济评价以30年作为经营核算周期，以2011年我国的银行贷款利率7.05%［金融机构人民币存款基准利率表－贷款利率表（2011年7月7日开始执行）］作为折现率，中幼林的抚育费用已按照用工量折算标准换算到第一年投资中，其理论生长量、间伐时间及采伐时的估算价格，具体见表12，以核心区的出材率（65%）作为基本出材率。

表12 湿地松生长量（蓄积量）等基础数据

生长周期（年）	0～n	n+1	n+2	……	n+i	……	n+j	……	n+k
年生长量（立方米）	幼苗	0.4	0.4	0.4	0.4	0.6	0.6	0.8	
间伐及采伐量（立方米）					1		2		13.4
价格（立方米）					800		900		1 200
注：2011年经营水平；n=(3)年，i=(6)年，j=(16)年，k=(27)年									

构建湿地松收益核算模型为：总收益＝整个生长周期的总收益－总成本，即

$$湿地松总收益=\frac{第(n+i)年间伐的蓄积量*出材率*间伐当年价格}{(1+7.05\%)^{n+i-1}}+\frac{第(n+j)年间伐的蓄积量*出材率*间伐当年价格}{(1+7.05\%)^{n+j-1}}+\frac{第(n+k)年采伐的蓄积量*出材率*采伐当年价格}{(1+7.05\%)^{n+k-1}}-第一年末生产成本$$

根据成本数据、基础数据及基础数据，计算出营林第一年末成本为755.35元/亩；把第一次、第二次间伐及最终采伐的收益折算到第一年末，第九年间伐收益为301.52元/亩，第十九年间伐收益为343.26元/亩；第三十年采伐收益为1449.39元/亩，实现总收益为2094.17元/亩；实现净收益1338.82元/亩。

树种6：落叶松

落叶松为松科落叶松属的落叶乔木，是我国东北、内蒙古林区以及华北、西南的高山针叶林的主要森林组成树种，是东北地区主要三大针叶用材林树种之一。落叶松的天然分布很广，它是一个寒温带及温带的树种，在针叶树种中是最耐寒的，垂直分布达到森林分布的最上限。

（1）成本监测

为了更好地指导我国落叶松生产，对其生产进行准确、科学的核算，对其成本进行监测，故构造落叶松成本核算模型为：

落叶松的营林成本＝生产准备费用＋造林费用＋抚育费＋森林保护费＋管理费＋其他费用

通过上述模型，以样本地监测数据为基础进行整理及核算，得出监测结果为：落叶松每亩的营林费用为1273.92元，其中生产准备费用为100元，占总营林费用的7.85%；造林费用为978.2元，占总营林费用的76.79%；抚育费为120元，占总营林费用的9.42%；其他费用为75.72元，占总营林费用的5.94%。

（2）经济分析

本报告对落叶松进行技术经济评价以60年作为经营核算周期，以2011年我国的银行贷款利率7.05%［金融机构人民币存款基准利率表－贷款利率表（2011年7月7日开始执行）］作为折现率，中幼林的抚育费用已按照用工量折算标准换算到第一年投资中，其理论生长量、间伐时间及采伐时的估算价格，具体见表13，以核心区的出材率（65%）作为基本出材率。

表13 落叶松生长量（蓄积量）等基本数据

生长周期（年）	0～*n*	……	*n+i*	……	*n+j*	……	*n+k*
年生长量（立方米）	幼苗	0.2	0.2	0.6	0.6	0.8	
间伐及采伐量（立方米）			1		3		13.1
价格（元/立方米）			1 108		1 200		1 300
注：2011年经营水平；*n*=(5)年，*i*=(15)年，*j*=(30)年，*k*=(55)年							

构建落叶松收益核算模型为：总收益＝整个生长周期的总收益－总成本，即

$$落叶松总收益=\frac{第(n+i)年间伐的蓄积量*出材率*间伐当年价格}{(1+7.05\%)^{n+i-1}}+\frac{第(n+j)年间伐的蓄积量*出材率*间伐当年价格}{(1+7.05\%)^{n+j-1}}+\frac{第(n+k)年采伐的蓄积量*出材率*采伐当年价格}{(1+7.05\%)^{n+k-1}}-第一年末生产成本$$

根据成本数据及基础数据，计算出营林第一年末成本为1273.92元/亩；把第一次、第二次间伐及最终采伐的收益折算到第一年末，第二十年间伐收益为197.38元/亩，第三十五年间伐收益为230.82元/亩；第六十年采伐收益为198.84元/亩，实现总收益为627.04元/亩；亏损646.88元/亩。

树种7：泡桐

泡桐属是泡桐科中仅有的一个属，是速生树种，除东北北部、内蒙古、新疆北部、西藏等地区外全国均有分布，栽培或野生，有些地区正在引种，主要用其木材。

（1）成本监测

为了更好地指导我国泡桐生产，对其生产进行准确、科学的核算，对其成本进行监测，故构造泡桐成本核算模型为：

泡桐的营林成本 = 生产准备费用 + 造林费用 + 抚育费 + 森林保护费 + 管理费 + 其他费用

通过上述模型，以样本地监测数据为基础进行整理及核算，得出监测结果为：泡桐每亩的营林费用为 1053.33 元，其中生产准备费用为 67 元，占总营林费用的 6.36%；造林费用为 542.33 元，占总营林费用的 51.49%；抚育费为 320 元，占总营林费用的 30.38%；森林保护费为 45.7 元，占总营林费用的 4.34%；管理费为 99 元，占总营林费用的 9.40%；其他费用为 124 元，占总营林费用的 11.77%。

（2）经济分析

本报告对泡桐进行技术经济核算以 10 年作为经营核算周期，以 2011 年我国的银行贷款利率 7.05% ［金融机构人民币存款基准利率表－贷款利率表（2011 年 7 月 7 日开始执行）］作为折现率，中幼林的抚育费用已按照用工量折算标准换算到第一年投资中，其理论生长量、间伐时间及采伐时的估算价格，具体见表 14，以核心区的出材率（60%）作为基本出材率。

表 14　泡桐生长量（蓄积量）等基础数据

生长周期（年）	$0\sim n$	……	$n+i$	……	$n+j$	……	$n+k$
年生长量（立方米）	幼苗	1.2	1.2	1.7	1.7	1.5	
间伐及采伐量（立方米）			1		2		9.1
价格（元 / 立方米）			400		500		700
注：2011 年经营水平；n=(1) 年，i=(4) 年，j=(6) 年，k=(9) 年							

构建泡桐收益核算模型为：总收益 = 整个生长周期的总收益－总成本，即

$$\text{泡桐总收益}=\frac{\text{第}(n+i)\text{年间伐的蓄积量*出材率*间伐当年价格}}{(1+7.05\%)^{n+i-1}}+\frac{\text{第}(n+j)\text{年间伐的蓄积量*出材率*间伐当年价格}}{(1+7.05\%)^{n+j-1}}+\frac{\text{第}(n+k)\text{年采伐的蓄积量*出材率*采伐当年价格}}{(1+7.05\%)^{n+k-1}}-\text{第一年末生产成本}$$

根据成本数据及基础数据，计算出营林第一年末成本为 1053.33 元 / 亩；把第一次、第二次间伐及最终采伐的收益折算到第一年末，第五年间伐收益为 182.75 元 / 亩，第七年间伐收益为 398.69 元 / 亩；第十年采伐收益为 2070.19 元 / 亩，实现每亩总收益 2651.63 元 / 亩；净收益 1598.30 元 / 亩。

2.1.2 经济林培育成本监测结果

树种 1：油茶

油茶属于茶科油茶属常绿小乔木，因其种子可榨油供食用而得名。油茶叶部含有花黄素、茶碱等，是医药工业的原料，木材可做小型农具。油茶是世界四大木本油料作物之一，它生长在我国南方亚热带地区的高山及丘陵地带，是中国的高级油料，产区主要集中在浙江、江西、湖南、广西 4 省（自治区）。

（1）成本监测

为了更好地指导我国油茶生产，对其生产进行准确、科学的核算，对其成本进行监测，故构造油茶成本核算模型为：

油茶的营林成本 = 生产准备费用 + 造林费用 + 抚育费 + 森林保护费 + 管理费 + 其他费用

通过上述模型，以样本地监测数据为基础进行整理及核算，得出监测结果为：油茶每亩的营林费用为 637.20 元，其中苗木费用为 145.2 元，占总营林费用的 22.79%；栽植费用为 360 元，占总营林费用的 56.50%；管理费为 120 元，占总营林费用的 18.83%；其他费用为 2 元，占总营林费用的 0.31%。

（2）经济分析

为给油茶培育投资者一直观认识，本报告以油茶核心区油茶生产为基础，以 10 年作为经营核算周期，以 2011 年我国的银行贷款利率 7.05%［金融机构人民币存款基准利率表一贷款利率表（2011 年 7 月 7 日开始执行）］作为折现率，一般情况下干油茶籽收购价 5 元 / 斤 *，青茶果收购价 0.7 元 / 斤，油茶产量及相对应价格见表 15。

表 15　油茶年产量及对应价格

经营周期（年）	1	2	3	4	5	6	7	8	9	10	年平均
油茶果（千克 / 亩）				121.09	171.12	241.1	343.11	387.96	272.95	202.83	248.59

构建油茶收益核算模型为：总收益 = 整个生长周期的总收益－总成本，即

$$\text{油茶总收益}=\sum_{n=1}^{n}\frac{\text{第}i\text{年油茶亩产量*当年价格}}{(1+7.05\%)^{i}}-\sum_{i=1}^{n}\frac{\text{第}i\text{年油茶经营成本}}{(1+7.05\%)^{i}}$$

前期总成本为 637.20 元 / 亩，后期每年需要管理抚育、除草 1 个工日，工价为 120 元 / 工日；每年的复查验收费用为 2 元 / 亩，因此后期费用为每年 120 元 / 亩。经成本、收益分析及核算后，静态收益为 701.02 元 / 亩，考虑资金的时间价值则在整个经营周期内每亩会损失 273.64 元 / 亩。

* 1 斤＝ 0.5 千克

树种 2：核桃

核桃，落叶乔木，羽状复叶，小叶椭圆形，核果状坚果球形，外果皮平滑，中果皮肉质，内果皮坚硬，有皱纹。木材坚韧，可以做器物，果仁可以吃，可以榨油，也可以入药。核桃主要分布在北美洲、南美洲、欧洲和亚洲。

（1）成本监测

为了更好地指导我国核桃生产，对其生产进行准确、科学的核算，对其成本进行监测，故构造核桃成本核算模型为：

核桃的营林成本 = 造林费用 + 整地费用 + 管理费 + 其他费用

通过上述模型，以样本地监测数据为基础进行整理及核算，得出监测结果为：核桃每亩的营林费用为 1363.22 元，其中造林费用为 711.2 元，占总营林费用的 69.51%（其中种苗费为 420 元，占总营林费用的 41.05%）整地费用为 240 元，占总营林费用的 23.46%；管理费为 310 元，占总营林费用的 30.30%；其他费用为 2 元，占总营林费用的 0.2%。

（2）经济分析

本报告以核桃核心区核桃生产为基础，以 70 年作为经营核算周期，以 2011 年我国的银行贷款利率 7.05%［金融机构人民币存款基准利率表－贷款利率表（2011 年 7 月 7 日开始执行）］作为折现率，核桃每千克价格 30 元，核桃产量等基本情况见表 16。

表 16　核桃产量及收益

单位：千克

周期（年）	＜6	6～9	10～15	16～20	21～30	31～40	41～50	51～60	61～70
鲜核桃	0	29	67	148	308	397	454	486	543
干核桃		6	13	30	62	79	91	97	109
注：每亩 25 株									

构建核桃收益核算模型为：总收益 = 整个生长总周期的总收益－总成本，即

$$核桃总收益=\sum_{i=1}^{n}\frac{第i年亩产量*当年价格}{(1+7.05\%)^i}-\sum_{i=1}^{n}\frac{第i年经营成本}{(1+7.05\%)^i}$$

前期总成本为 1 023.20 元 / 亩，后期每年需要管理抚育、除草 2 个工日，工价为 120 元 / 工日；每年的复查验收费用为 2 元 / 亩，每年施肥 2 次，需 50 元 / 亩，农药 4 次 20 元 / 亩；采摘需要 2 个工日需要 240 元 / 亩，因此后期费用为每年 552 元 / 亩。经成本、收益分析及核算后，静态收益为 106 086.90 元 / 亩，若考虑资金的时间价值则在整个经营周期内会收益 4 726.41 元 / 亩。

树种 3：板栗

板栗是壳斗科栗属植物，原产于中国，分布于越南、中国大陆地区以及台湾，生长于海拔 370～2 800 米的地区，多见于山地，已由人工广泛栽培。

（1）成本监测

为了更好地指导我国板栗生产，对其生产进行准确、科学的核算，对其成本进行监测，故构造板栗成本核算模型为：

板栗的营林成本 = 造林费用 + 管理费 + 其他费用

通过上述模型，以样本地监测数据为基础进行整理及核算，得出监测结果为：板栗每亩的营林费用为 846.9 元，其中造林费用为 524.9 元，占总营林费用的 61.98%；管理费为 240 元，占总营林费用的 28.34%；其他费用为 82.00 元，占总营林费用的 9.68%。

（2）经济分析

本报告以板栗生产为基础，以 70 年作为经营核算周期，以 2011 年我国的银行贷款利率 7.05%［金融机构人民币存款基准利率表－贷款利率表（2011 年 7 月 7 日开始执行）］作为折现率，板栗每千克价格 8 元，板栗产量等基本情况见表 17。

表 17　板栗产量及收益基本数据

单位：千克

周期（年）	＜6	6～9	10～15	16～20	21～30	31～40	41～50	51～60	61～70
鲜板栗	0	57	80	150	300	400	480	550	550
干板栗		40	56	105	210	280	336	385	385

构建板栗收益核算模型为：总收益 = 整个生长周期的总收益－总成本，即

$$\text{板栗总收益}=\sum_{i=1}^{n}\frac{\text{第}i\text{年亩产量*当年价格}}{(1+7.05\%)^{i}}-\sum_{i=1}^{n}\frac{\text{第}i\text{年经营成本}}{(1+7.05\%)^{i}}$$

前期总成本为 846.9 元 / 亩，后期每年需要管理抚育、除草 2 个工日，工价为 120 元 / 工日，总计 240 元；每年的复查验收费用为 2 元 / 亩，每年施肥 2 次，需 50 元 / 亩，农药 4 次 20 元 / 亩；采摘需要 4 个工日需要 480 元 / 亩，因此后期费用为每年 792 元 / 亩。经成本、收益分析及核算后，静态收益为 92 297.98 元 / 亩，考虑资金的时间价值则在整个经营周期内会收益 3 992.75 元 / 亩。

树种 4：枣

枣树是鼠李科落叶灌木或小乔木，枣是枣树的成熟果实。原产于中国，在中国南北各地都有分布。花小蜜多，是一种蜜源植物。果实枣长圆形，未成熟时黄色，成熟后褐红色。枣的品种繁多，大小不一，果皮和种仁药用，果皮能健脾，种仁能镇静安神；果肉可提取维生素 C 及酿酒；核壳可制活性炭。

（1）成本监测

为了更好地指导我国枣类生产，对其生产进行准确、科学的核算，对其成本进行监测，故构造

枣类成本核算模型为：

枣的营林成本 = 造林费用 + 森林保护费 + 管理费 + 其他费用

通过上述模型，以样本地监测数据为基础进行整理及核算，得出监测结果营林成本与板栗基本一致。

（2）经济分析

本报告以枣生产为基础，以 70 年作为经营核算周期，以 2011 年我国的银行贷款利率 7.05% [金融机构人民币存款基准利率表—贷款利率表（2011 年 7 月 7 日开始执行）] 作为折现率，内地枣除新疆每千克 20 元外，其余地区每千克价格 6 元，新疆则为 20 元，其产量等基本情况见表 18、19。

表 18 内地枣的产量及收益

单位：千克

周期（年）	＜3	3	4	5	6	6～9	10～15	16～20	21～30	31～40	41～50	51～60	61～70
鲜枣	0	40	80	160	320	400	500	550	605	666	732	805	886
干枣		10	20	40	80	100	125	138	151	166	183	201	221

表 19 新疆枣的产量及收益

单位：千克

周期（年）	＜3	3	4	5	6	6～9	10～15	16～20	21～30	31～40	41～50	51～60	61～70
鲜枣	0	40	80	160	320	400	500	550	605	666	732	805	886
干枣		16	32	64	128	160	200	220	242	266	293	322	354

构建枣收益核算模型为：总收益 = 整个生长周期的总收益－总成本，即

$$\text{枣总收益} = \sum_{i=1}^{n} \frac{\text{第}i\text{年亩产量*当年价格}}{(1+7.05\%)^{i}} - \sum_{i=1}^{n} \frac{\text{第}i\text{年经营成本}}{(1+7.05\%)^{i}}$$

前期总成本为 846.9 元 / 亩，后期每年需要管理抚育、除草 2 个工日，工价为 120 元 / 工日，总计 240 元；每年的复查验收费用为 2 元 / 亩，每年施肥 2 次，需 50 元 / 亩，农药 4 次 20 元 / 亩；采摘需要 4 个工日需要 480 元 / 亩，因此后期费用为每年 792 元 / 亩。经成本、收益分析及核算后，除新疆内地其他地区枣静态收益为 20 257.17 元 / 亩，若考虑资金的时间价值则在整个经营周期内每亩盈利 414.47 元，而新疆枣静态收益为 11 956.51 元，若考虑资金的时间价值则在整个经营周期内每亩收益 36 291.64 元 / 亩。

树种 5：柑橘

柑橘，常绿小乔木或灌木，高约 2 米。小枝较细弱，无毛，通常有刺。叶长卵状披针形，长 4～8 厘米。花黄白色，单生或簇生叶腋。果扁球形，径 5～7 厘米，橙黄色或橙红色，果皮薄易剥离。春季开花，10～12 月果熟。性喜温暖湿润气候，耐寒性较柚、酸橙、甜橙稍强。柑橘属芸香科柑

橘亚科，是热带、亚热带常绿果树（枳除外），用作经济栽培的有 3 个属，分别为枳属、柑橘属和金柑属。我国和世界其他国家栽培的柑橘主要是柑橘属。

（1）成本监测

为了更好地指导我国柑橘生产，对其生产进行准确、科学的核算，对其成本进行监测，故构造柑橘成本核算模型为：

柑橘的营林成本 = 造林费用 + 管理费 + 其他费用等

通过上述模型，以样本地监测数据为基础进行整理及核算，得出监测结果为：柑橘每亩的营林费用为 1301.2 元，其中造林费用为 981.2 元，占总营林费用的 76.02%；管理费为 240 元，占总营林费用的 18.44%；其他费用为 72 元，占总营林费用的 5.53%。

（2）经济分析

本报告以 20 年作为柑橘经营核算周期，以 2011 年我国的银行贷款利率 7.05%［金融机构人民币存款基准利率表－贷款利率表（2011 年 7 月 7 日开始执行）］作为折现率，每千克价格 1 元，其产量等基本情况见表 20。

表 20　柑橘产量

单位：千克

周期（年）	＜2	3	4	5	6	6～9	10～15	16～20
柑橘产量		200	500	800	1 200	2 500	2 500	2 500

构建柑橘收益核算模型为：总收益 = 整个生长周期的总收益－总成本

$$柑橘总收益=\sum_{i=1}^{n}\frac{第i年亩产量*当年价格}{(1+7.05\%)^{i}}-\sum_{i=1}^{n}\frac{第i年经营成本}{(1+7.05\%)^{i}}$$

前期总成本为 1301.2 元 / 亩，后期每年需要管理抚育、除草 2 个工日，工价为 120 元 / 工日，总计 240 元；每年的复查验收费用为 2 元 / 亩，每年施肥 2 次，需 50 元 / 亩，农药 4 次 20 元 / 亩；采摘需要 2 个工日需要 240 元 / 亩，因此后期费用为每年 552 元 / 亩。经成本、收益分析及核算后，静态收益为 30 001.6 元 / 亩，若考虑资金的时间价值则在整个经营周期内每亩盈利 13 130.05 元 / 亩。

树种 6：茶叶

（1）成本监测

为了更好地指导我国茶叶生产，对其生产进行准确、科学的核算，对其成本进行监测，故构造茶叶成本核算模型为：

茶林成本 = 造林费用 + 茶园生物防治机械费 + 管理费 + 其他费用

通过上述模型，以样本地监测数据为基础进行整理及核算，得出监测结果为：茶林每亩的营林费用为 4 062 元，其中造林费用为 2 100 元，占总营林费用的 51.70%；茶园生物防治器械费用为 100 元，占总营林费用的 2.46%；管理费为 600 元，占总营林费用的 14.77%；其他费用为 1 262 元，占总营林费用的 31.07%。

（2）经济分析

为本报告以 30 年作为茶叶经营核算周期，以 2011 年我国的银行贷款利率 7.05%［金融机构人民币存款基准利率表—贷款利率表（2011 年 7 月 7 日开始执行）］作为折现率，每千克价格 100 元，其产量等基本情况见表 21。

表 21　茶叶产量

单位：千克

周期（年）	＜3	4	5	6	6～9	10～15	16～20	21～30
干茶叶		10	30	40	60	80	90	90

构建茶叶收益核算模型为：总收益 = 整个生长周期的总收益　总成本，即

$$\text{茶叶总收益}=\sum_{i=1}^{n}\frac{\text{第}i\text{年亩产量*当年价格}}{(1+7.05\%)^{i}}-\sum_{i=1}^{n}\frac{\text{第}i\text{年经营成本}}{(1+7.05\%)^{i}}$$

前期总成本为 4062 元 / 亩，后期每年需要管理抚育、除草 5 个工日，工价为 120 元 / 工日，总计 600 元；每年的复查验收费用为 2 元 / 亩，每年施肥需 1 260 元 / 亩，生物防治器械费用 100 元 / 亩；采摘需要 15 个工日需要 1 800 元 / 亩，因此后期费用为每年 3 762 元 / 亩。经成本、收益分析及核算后，静态收益为 114 026 元 / 亩，若考虑资金的时间价值则在整个经营周期内每亩盈利 33 608.31 元 / 亩。

2.2　原木生产（采运）收益与风险分析

2.2.1　杉木生产（采运）收益分析

利润空间是价格和成本之间的差额大小，用等式表示为单位产品利润 = 单价 - 单位成本。若价格既定，则利润空间取决于单位成本的控制，成本越低，利润空间越大；反之则亦然；若单位成本既定，则利润空间取决于价格能提高的幅度，价格若能提得越高，则利润空间越大；反之则亦然。

根据杉木成本监测结果，以 2010 年为基期，2011 年杉木原条采运总成本环比指数为 105.25，采运成本比 2010 年上升了 5.25%；价格方面，由于杉木原条的规格很多，因此杉木价格根据不同的口径进行核算。以 2010 年的平均价格作为基期价格，2011 年大径（20 厘米以上）杉原条平均价格指数为 103.52；中径（16～20 厘米）杉原条平均价格指数为 118.52；小径（8～14 厘米）杉原条平均价格指数为 131.16。从各不同规格的杉木原条价格指数来看，杉木原条存在不同幅度的涨价，其中小径杉木原条涨价幅度较大。

相比 2010 年，2011 年杉木原条成本指数上升的幅度在 5% 左右，而价格指数除去大径（20 厘米以上）杉原条平均价格指数只上涨 3.52 个百分点外，另外两个规格的价格指数均上升 18 个百分点以上，价格上升的幅度大于其成本指数，因此进行杉木采伐可以获益。

2.2.2 松木生产（采运）收益分析

马尾松是我国南方主要用材树种，也是荒山造林的先锋树种，其经济价值较高。松原条采伐成本监测是依据每立方米的马尾松木材生产（采运）成本进行核算。

从马尾松原木采运成本定基指数来看，每立方米总成本比 2010 年上涨 6.50%，用工价格的提高是导致松原木采运成本上升到主要原因。价格方面，松原条价格根据不同的口径进行核算，以 2010 年的价格指数为基期数据，2011 年大径（20 厘米以上）松原条平均价格指数为 114.29；中径（16 ～ 20 厘米）松原条平均价格指数为 115.00；小径（8 ～ 14 厘米）松原条平均价格指数为 116.92。由此看来，马尾松采运成本的上涨幅度低于价格上升幅度。

虽然马尾松的采运成本平均上涨率为 6.50%，价格指数上涨的幅度最大为 16%，价格上涨幅度略高于成本上涨幅度，但由于马尾松的生长周期较长，因此采伐的盈利能力较弱。

2.2.3 风险分析

要素对总成本的贡献率，即各要素增长率在总成本增长率中的份额，这是一个动态指标。一般来说，总成本的增长率等于各要素增长率的加权和，权数就是各要素在基期占总成本的份额，其表达式为：

$$\frac{Y}{Y_0}-1=\sum_{i=1}^{n}S_{i_0}\left[\frac{VA_i}{VA_{i_0}}-1\right]$$

式中：Y 表示总成本，Y_0 是基期总成本，VA_{i_0} 是第 i 个成本要素的增加值，VA_{i_0} 是第 i 个产成本要素基期的增加值，S_{i_0} 是基期 VA_{i_0} 占总成本的份额。国际学术期刊上常用对数方式表示增长率，则表达式可写成 $\Delta\ln Y=\sum_{i=1}^{n}S_i\Delta\ln VA_i$ 。于是 $\frac{S_i\Delta\ln VA_{i_0}}{\Delta\ln Y}$，即是第 i 个成本要素增长对总成本增长的贡献率。

根据 2010 年及 2011 年对木材生产（采运）成本监测获得的数据进行计算，结果为：

1. 松原条生产（采运）成本分析

2011 年松原条生产（采运）成本由 2010 年到 2011 年上涨比率为 6.50%。其中，对于成本上涨其主要作用的为直接成本，其影响程度为 9.15%，在直接成本中影响较大的为集运材成本占 1.82%，其次为打枝、造材成本达到了 1.71%，清理成本的影响程度也较大为 1.70%；间接成本对于成本上涨的贡献率为 2.56%，其中影响最大的为其他费用（外包平均费用）达到了 2.34%；税费对于成本的影响程度为 0.09%，具体见表 22。

2. 杉原条生产（采运）成本分析

2011 年杉原条生产（采运）成本由 2010 年到 2011 年上涨比率为 5.25%。其中，对于成本上涨其主要作用的为直接成本，其影响程度为 8.97%，在直接成本中影响较大的是归楞成本 2.26%，其次为清理成本 2%，其他费用和集运材成本分别达到了 1.73% 及 1.43%，；间接成本对于成本上涨的贡献率为 3.60%，其中影响最大的为其他费用达到了 2.47%；税费对于成本的影响程度为 0.12%，具体见表 23。

表 22　松原条成本各要素对总成本的贡献率

项目	计量单位	序号及关系	份额（%）	增长率（%）	贡献率（%）
每亩采运成本	元	1=2+14+18	100	6.50	
1. 直接成本	元	2=3+4+…+13	64.41	15.38	9.15
1.1 伐木成本	元	3	6.59	15.38	0.94
1.2 伐木燃油消耗	元	4	0		0
1.3 打枝、造材成本	元	5	12.08	15.38	1.71
1.4 打枝、造材燃油消耗	元	6	0		0
1.5 集运材成本	元	7	12.84	15.38	1.82
1.6 集运材燃油消耗	元	8	0		0
1.7 归楞成本	元	9	10.97	15.38	1.56
1.8 归楞燃油消耗	元	10	0		0
1.9 清理成本	元	11	11.94	15.38	1.70
1.10 清理燃油消耗	元	12	0		0
1.11 其他费用	元	13	9.99	15.38	1.42
2. 间接成本	元	14=15+16+18	34.61	-6.50	-2.56
2.1 管理费（在此选用育林费用）	元	15	4.65	-4.29	-0.22
2.2 修路费	元	16	0		0
2.3 其他费用（外包平均费用）	元	17	29.96	-6.83	-2.34
3. 原木收购环节税费	元	18	0.98	-7.61	-0.09

表 23　杉原条成本各要素对总成本的贡献率

项目	计量单位	序号及关系	份额（%）	增长率（%）	贡献率（%）
每亩采运成本	元	1=2+14+18	100	5.25	
1. 直接成本	元	2=3+4+…+13	63.94	15.38	8.97
1.1 伐木成本	元	3	5.21	15.38	0.73
1.2 伐木燃油消耗	元	4	0		0
1.3 打枝、造材成本	元	5	5.87	15.38	0.82
1.4 打枝、造材燃油消耗	元	6	0		0

（续）

项目	计量单位	序号及关系	份额（%）	增长率（%）	贡献率（%）
1.5 集运材成本	元	7	10.17	15.38	1.43
1.6 集运材燃油消耗	元	8	0		0
1.7 归楞成本	元	9	16.13	15.38	2.26
1.8 归楞燃油消耗	元	10	0		0
1.9 清理成本	元	11	14.23	15.38	2
1.10 清理燃油消耗	元	12	0		0
1.11 其他费用	元	13	12.33	15.38	1.73
2 间接成本	元	14=15+16+18	34.91	-8.92	-3.60
2.1 管理费	元	15	5.54	-16.25	-1.13
2.2 修路费	元	16	0		0
2.3 其他费用	元	17	29.37	-7.39	-2.47
3 原木收购环节税费	元	18	1.15	-9.23	-0.12

2.3 胶合板生产收益与风险分析

根据 2011 年监测结果，年产 2 万立方米胶合板生产成本小幅上升，以 2011 年 1 月份为基期，年平均定基指数在 108.17；年产 5 万立方米胶合板生产成本也基本较稳定，以 2011 年 1 月份为基期，定基指数波动幅度不超过 5%；年产 10 万立方米胶合板生产成本维持稳定，最大幅度不超过 3%。

2.3.1 年产 2 万立方米胶合板企业盈利能力测算

根据年产 2 万立方米胶合板主要技术经济指标监测数据，可以得出胶合板出口价格定基指数与生产成本定基指数的折线图（见图 9）。从胶合板出口价格定基指数看来，胶合板的出口价格在第一季度有较大幅度的上涨，指数涨幅超过 40%，而 4 月起又降至 77，后期呈现小幅上涨态势，12 月份上升至 85，表明胶合板出口价格较上一年度基期是下降的。从成本定基指数看来，2011 年胶合板生产成本呈现稳中有升的趋势，1 月定基指数为 111，到 12 月份升至 118，期间没有出现较大波动，全年成本定基指数稳定在 119 左右，表明年产 2 万立方米胶合板生产成本在 2011 年有所上升，企业受出口价格波动影响较大。

2.3.2 年前 5 万立方米胶合板企业盈利能力测算

根据年产 5 万立方米胶合板主要技术经济指标监测数据，可以得出胶合板出口价格定基指数与生产成本定基指数的折线图（见图 10）。从胶合板出口价格定基指数看来，胶合板的出口价格在

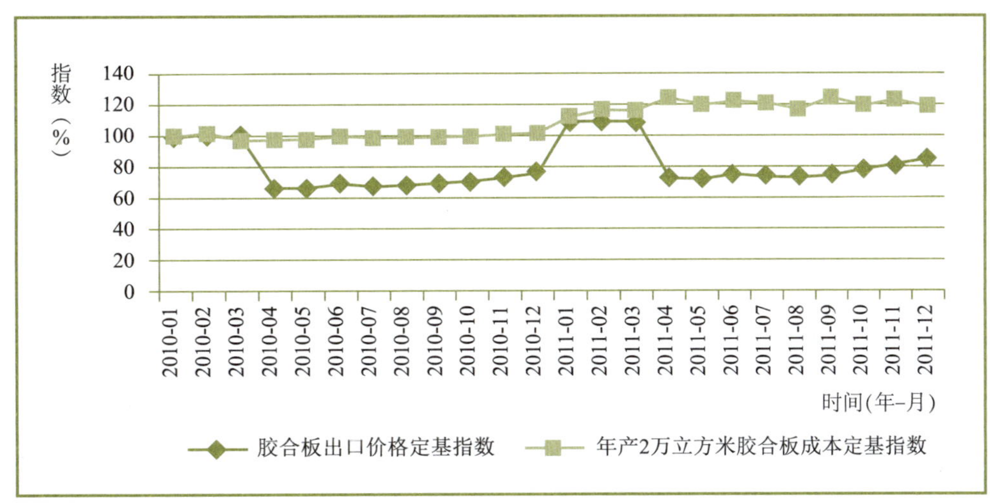

图 9　2010 ～ 2011 年年产 2 万立方米胶合板出口价格定基指数及生产成本定基指数走势

第一季度有较大幅度的上涨，指数涨幅超过 40%，而 4 月起又降至 77，后期呈现小幅上涨态势，12 月份上升至 85，表明胶合板出口价格较上一年度基期是下降的；从成本定基指数看来， 2011 年胶合板生产成本定基指数呈现稳中略涨的趋势，1 月份为 107，到 12 月份上涨至 112，全年无较大波动，表明年产 5 万立方米胶合板生产成本总体上保持平稳，原材料价格等略有上涨，市场购销较为活跃。

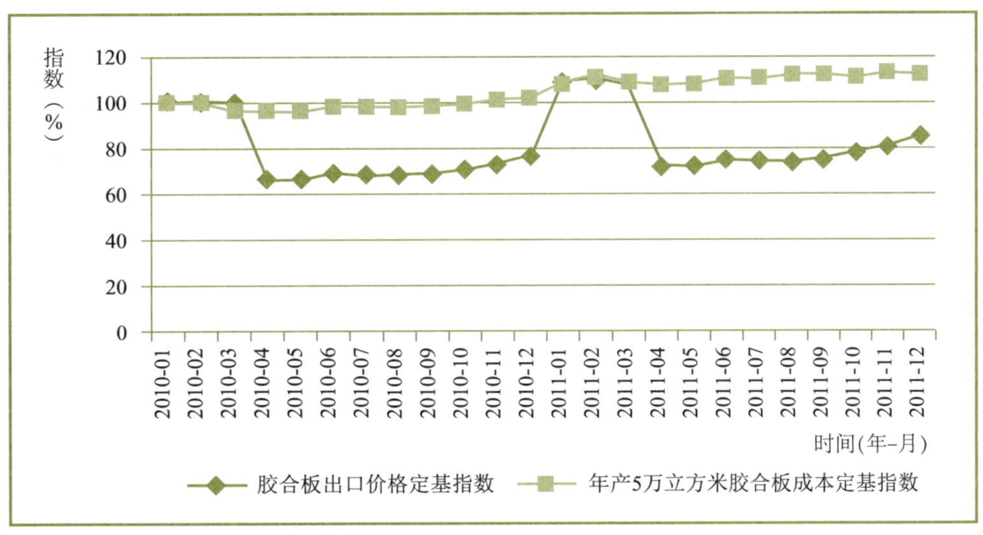

图 10　2010 ～ 2011 年年产 5 万立方米胶合板出口价格定基指数及生产成本定基指数走势

2.3.3　年产 10 万立方米胶合板企业盈利能力测算

根据年产 10 万立方米胶合板企业主要经济指标监测数据，可以得出胶合板出口价格定基指数和成本定基指数变化折线图（见图 11）。从胶合板出口价格定基指数看来，胶合板的出口价格在第一季度有较大幅度的上涨，指数涨幅超过 40%，而 4 月起又降至 77，后期呈现小幅上涨态势，12 月份上升至 85，表明胶合板价格较上一年度基期是下降的；而企业生产成本定基指数呈现稳步上升趋势，全年基本稳定在 110 左右，表明企业生产规模扩大后生产成本较为稳定，当胶合板出口价格上涨时可以获得较大利润。

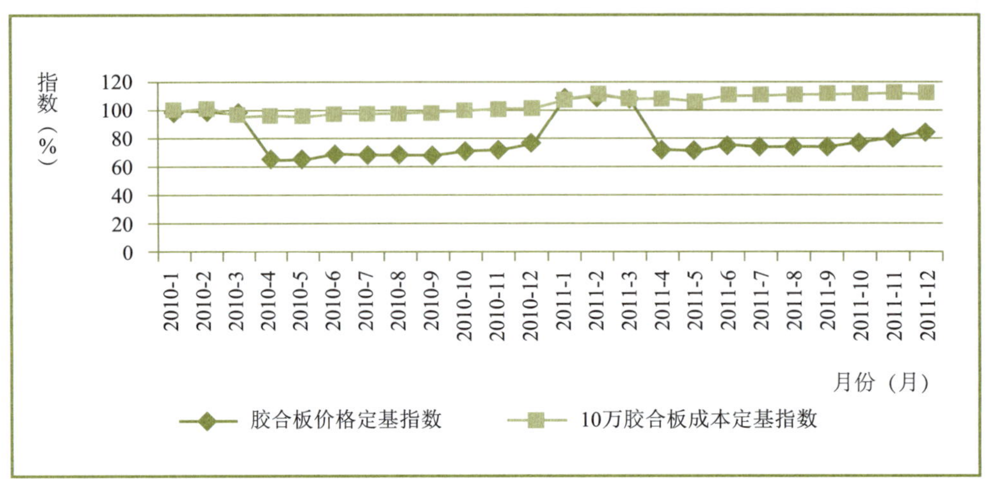

图 11 2010 ～ 2011 年年产 10 万立方米胶合板价格定基指数及生产成本定基指数走势

2.4 纤维板生产收益与风险分析

根据 2011 年监测结果，年产 5 万立方米纤维板生产成本呈现基本维稳的态势，以 2011 年 1 月为基期，年平均指数为 100.46；年产 8 万立方米纤维板生产成本呈现小幅下降的趋势，以 2011 年 1 月为基期，年平均指数为 96.75；年产 20 万立方米纤维板生产成本呈现基本稳定的趋势，年平均指数为 100.02。

2.4.1 年产 5 万立方米纤维板企业盈利能力测算

根据年产 5 万立方米纤维板企业主要经济指标监测数据可以得出纤维板出口价格定基指数和成本定基指数变化趋势图（见图 12）。从图中可以看出，纤维板出口价格定基指数在总体上呈现先上升后小幅盘整的势态，以 2010 年 1 月为基期，2011 年 1 月份，纤维板价格定基指数明显升高，比基期大概高出了 28%，此后盘整在 116.7 左右，这说明纤维板出口价格有上升的趋势，但波动并不大；企业生产成本定基指数与出口价格指数一致，呈现缓慢上升的趋势，以 2010 年 1 月为基期，2011 年纤维板成本平均上涨了 18% 左右，报告期内由于原材料价格及劳工价格上涨等因素导致企业生产成本有小幅上升。

2.4.2 年产 8 万立方米纤维板企业盈利能力测算

根据年产 8 万立方米纤维板主要经济指标，可以得出纤维板出口价格定基指数和成本定基指

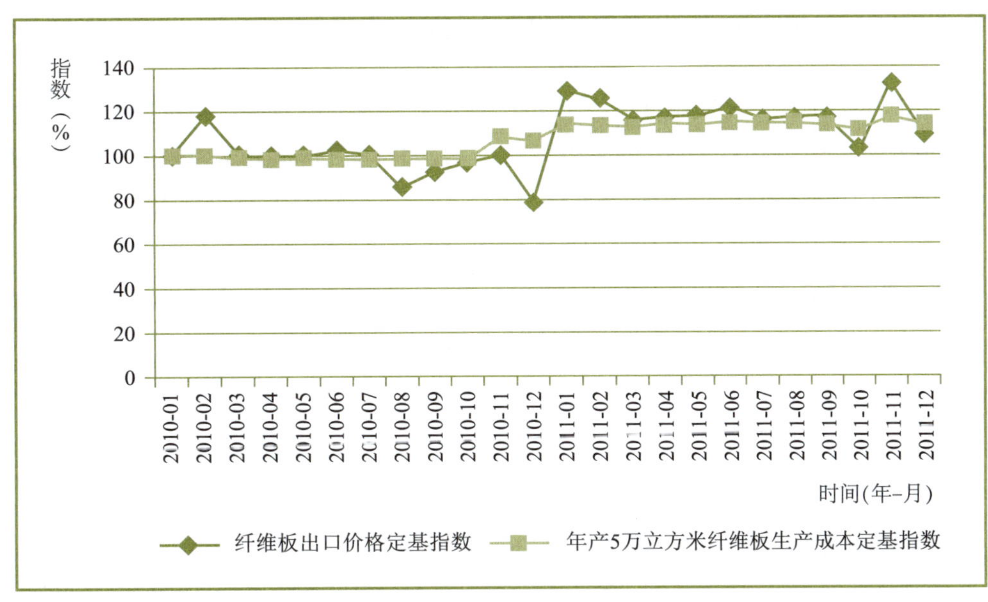

图 12　年产 5 万立方米纤维板出口价格定基指数及生产成本定基指数走势

数变化趋势图（见图 13）。从图中可以看出，纤维板出口价格定基指数在总体上呈现先上升后小幅盘整的势态，以 2010 年 1 月为基期，2011 年 1 月份，纤维板出口价格定基指数明显升高，比基期大概高出了 28%，此后盘整在 116.7 左右，这说明纤维板出口价格有上升的趋势，但波动并不大；企业生产成本定基指数呈现先下降后上升而后窄幅调整的趋势，最高为 2 月份的 114.06，最低为 4 月份的 90.79，其余月份基本保持在 100 左右，这说明企业成本在 2011 年基本不变。

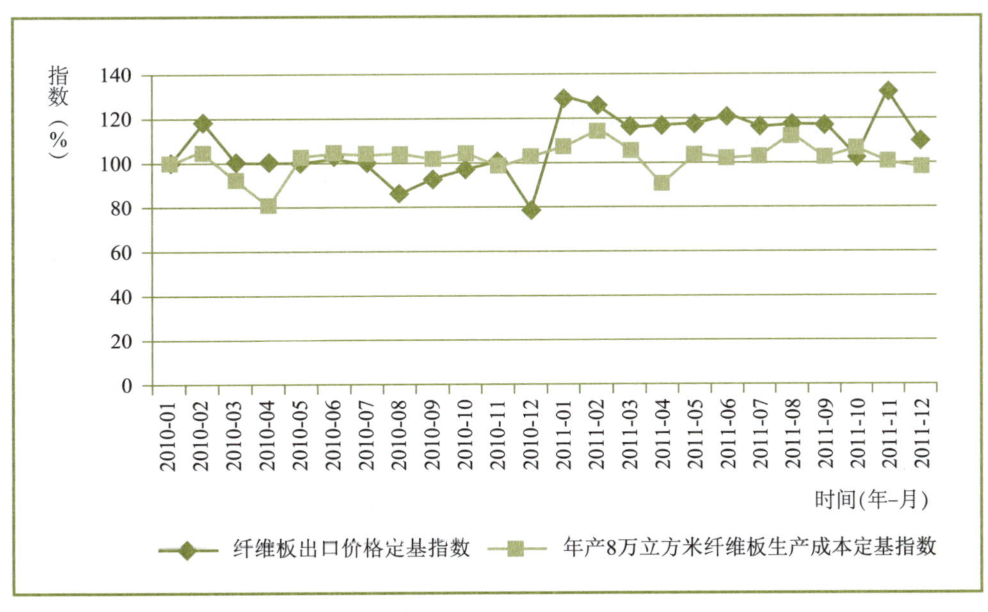

图 13　年产 8 万立方米纤维板价格定基指数及生产成本定基指数走势

2.4.3 年产 20 万立方米纤维板企业盈利能力测算

根据年产 20 万立方米纤维板企业主要经济指标，可以得出纤维板出口价格定基指数和成本定基指数变化趋势图（见图 14）。从图中可以看出，纤维板出口价格定基指数在总体上呈现先上升后小幅盘整的势态，以 2010 年 1 月为基期，2011 年 1 月份，纤维板价格定基指数明显升高，比基期大概高出了 28%，此后盘整在 116.7 左右，这说明纤维板出口价格有上升的趋势，但波动并不大；企业生产成本定基指数在报告期内呈现窄幅缓升的趋势，上升幅度不超过 5%，这说明由于生产规模扩大带了了规模经济效益，有效地降低企业成本，增加企业经济利润。

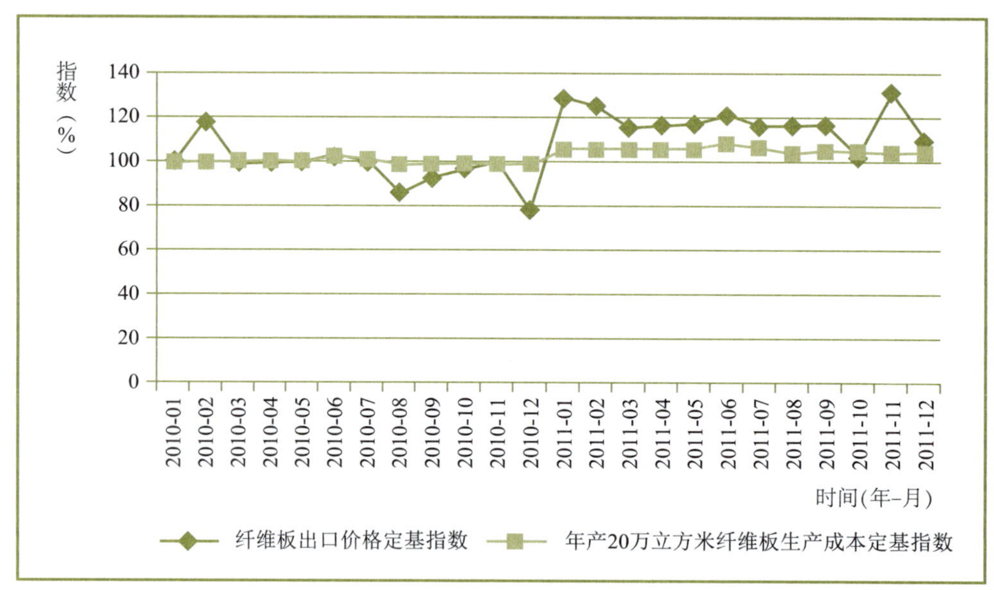

图 14 年产 20 万立方米纤维板价格定基指数及生产成本定基指数走势

2.5 刨花板生产收益与风险分析

根据 2011 年监测结果，年产 10 万立方米刨花板，生产成本整体上稳中有升，年平均定基指数 138.69；年产 15 万立方米刨花板生产成本呈现稳中有降的趋势，年平均定基指数 104.74。刨花板出口价格呈现频繁波动的趋势。

2.5.1 年产 10 万立方米刨花板企业收益能力测算

根据年产 10 万立方米刨花板（单层压机）主要技术经济指标监测数据，可以得出刨花板出口价格定基指数与生产成本定基指数的折线图（见图 15）。从刨花板出口价格定基指数看来，刨花板的出口价格与 2010 年 1 月份基期相比，在 2011 年呈现小幅上涨的趋势，上涨幅度最大达到 6% 左右，其他月份价格指数在 100 左右波动。从成本定基指数看来，2011 年刨花板生产成本呈现大幅上涨趋势，且上涨幅度明显高于刨花板价格的波动，这表明 2011 年刨花板生产企业利润主要影响因素为刨花板的出口价格，生产成本受市场影响较小。

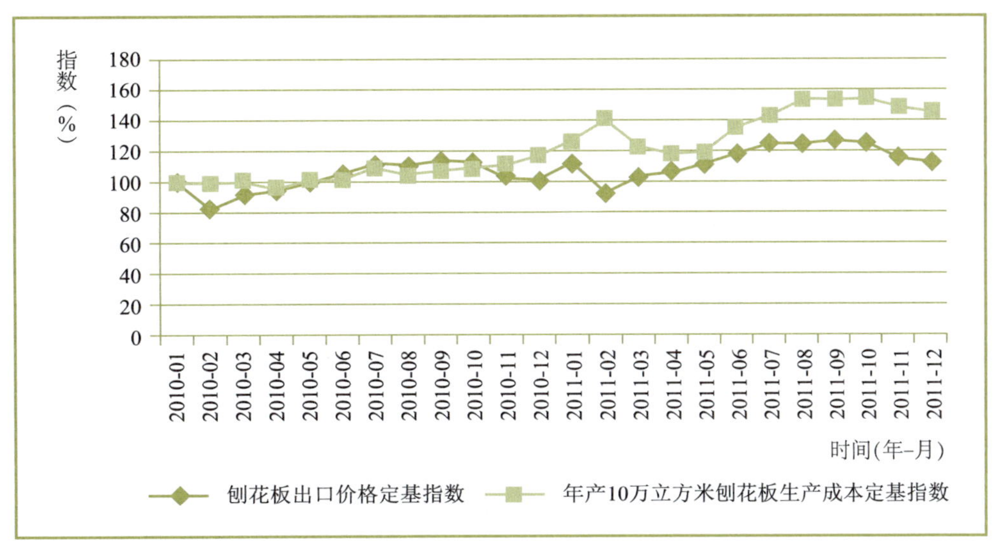

图 15 2010 ～ 2011 年年产 10 万立方米刨花板出口价格定基指数及生产成本定基指数走势

2.5.2 年产 15 万立方米刨花板企业收益能力测算

根据年产 15 万立方米刨花板（单层压机）主要技术经济指标监测数据，可以得出刨花板出口价格定基指数与生产成本定基指数的折线图（见图 16）。从刨花板出口价格定基指数看来，刨花板的出口价格与 2010 年 1 月份基期相比，在 2011 年呈现稳步上涨的趋势，尤其在第三季度定基指数均超过 120，后期又逐步回落至 110 左右。而年产 15 万立方米刨花板成本定基指数则相对平稳，全年基本稳定在 104 左右。出口价格定基指数上涨幅度明显大于成本定基指数，表明企业扩大生产对有效控制生产成本有较好的效果，在出口价格上涨的情况下可以获得较大的利润。

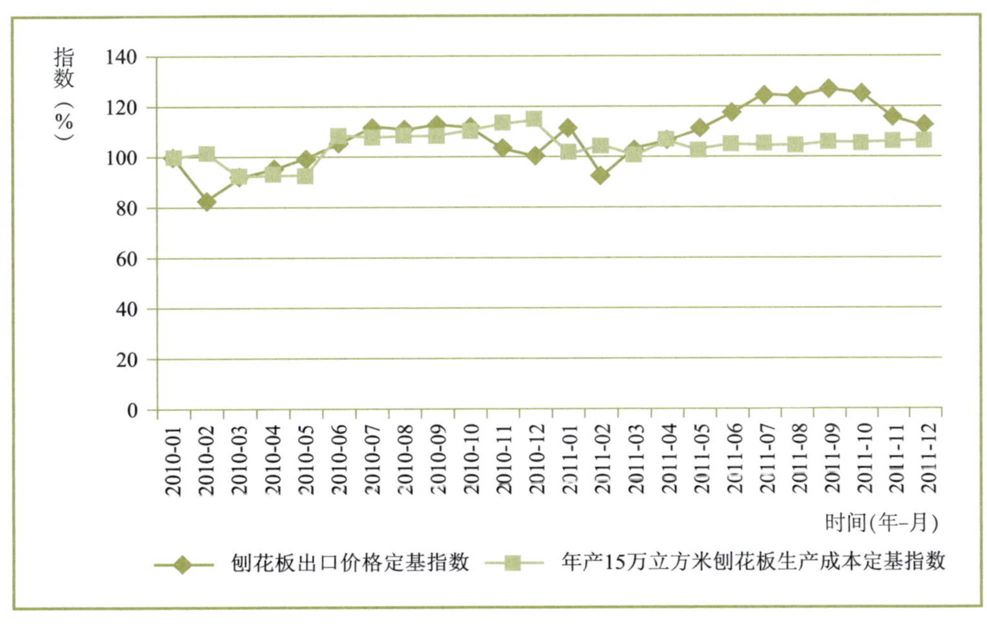

图 16 2010 ～ 2011 年年产 15 万立方米刨花板出口价格定基指数及生产成本定基指数走势

2.6 人造板生产成本分析

2.6.1 年产 20 万平方米实木复合地板成本监测

在报告期内，生产成本定基指数在 2011 年呈现小幅波动的形态（见图 17），成本定基指数最低为 103，最高不超过 108，平均维持在 105.03。这表明 2011 年实木复合地板生产成本与 2010 年基期相比，大概上涨了 5% 左右。从生产成本环比指数来看，2011 年 3 月份和 6 月份生产成本有轻微波动，但幅度不大，波动幅度不超过 5%，情况与成本定基指数相吻合，其他月份环比指数维持在 100 左右。

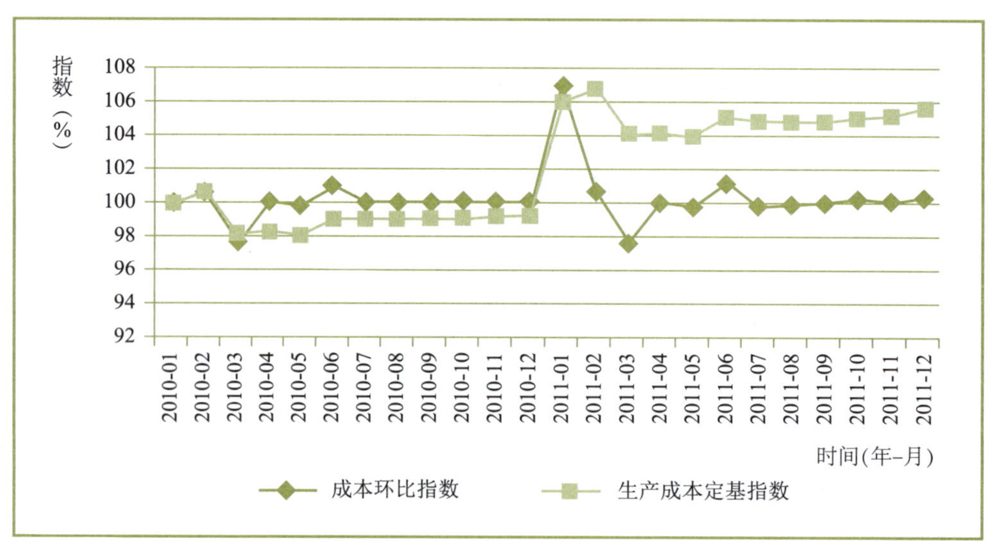

图 17　2010 ～ 2011 年年产 20 万平方米实木复合地板生产成本环比指数及生产成本定基指数走势

2.6.2 年产 200 万平方米实木复合地板成本监测

在报告期内，生产成本定基指数在 2011 年呈现先下降后上升的趋势（见图 18），定基指数最低为 5 月份的 99.64，最高不超过 2 月份的 101.22，平均维持在 99.24。这表明与 2010 年 1 月基期相比，生产成本变化较小，有稍微下降的趋势。从生产成本环比指数来看，2010 年 1 月份至 6 月份生产成本有明显波动，但幅度较小，波动幅度不超过 5%，情况与成本定基指数相吻合。

2.7 林产品进出口分析

2011 年我国木质林产品进出口额 854.38 亿美元，同比增长 26.34%。

2011 年我国木质林产品出口额 479.25 亿美元，同比增长 18.55%。出口产品主要是木竹家具、木竹纸制品、胶合板、木竹制品等林产品，见表 24。

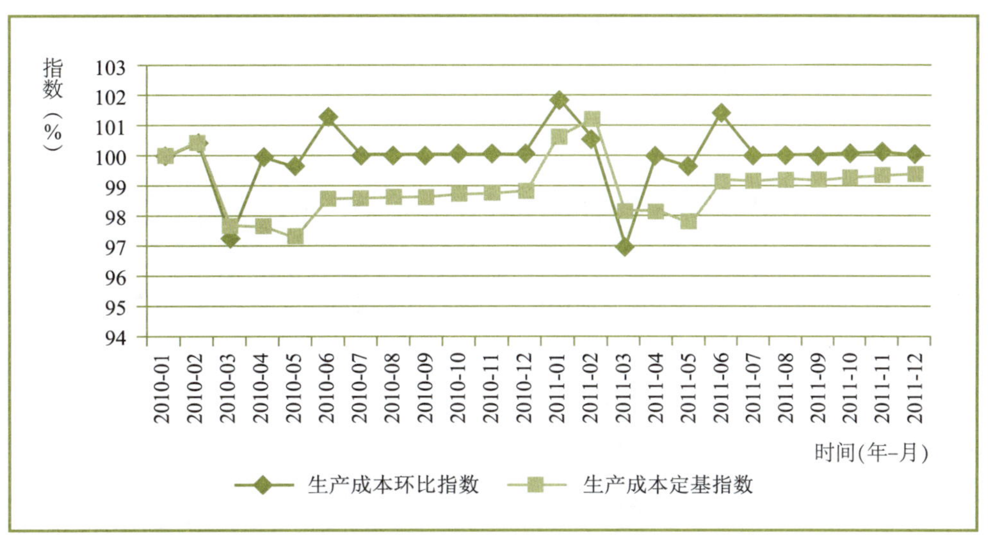

图 18　2010 ～ 2011 年年产 200 万平方米实木复合地板生产成本环比指数及生产成本定基指数走势

表 24 2011 年我国木质林产品出口状况

名　称	单　位	出口数量	同比（%）	出口金额（万美元）	同比（%）
木竹家具			-3.01	1 720 344	6.02
木竹纸制品	千　克	7 395 542 788	11.88	1 266 265	32.63
胶合板	立方米	9 572 456	26.84	433 998	27.57
木竹制品	千　克	1 698 789 722	-4.51	400 670	4.76
印刷品	千　克	1 004 721 231	-5.49	281 586	4.12
纤维板	千　克	2 502 311 025	29.48	143 569	28.85
木竹地板	千　克	451 479 299	-1.52	73 160	3.57
锯　材	立方米	544 194	0.89	36 049	5.41
单　板	千　克	185 168 816	56.10	27 347	29.69
刨花板	千　克	124 087 243	19.82	5 039	32.89
木竹果炭	千　克	67 463 266	6.41	3 909	9.36
木竹浆	千　克	32 966 257	91.43	3 551	162.70
异形材	千　克	17 908 600	-23.89	2 432	-25.38
锯末等	千　克	48 128 422	-16.05	1 056	13.82
原　木	立方米	14 380	-49.33	677	-35.70
强化木	千　克	3 336 902	48.83	642	31.78
废　纸	千　克	3 565 920	347.74	77	403.75
木　片	千　克	5 094 394	-4.63	73	30.13
合　计				4 792 491	18.55

注：印刷品出口金额 = 印刷品出口数量合计 *(木竹纸制品出口金额合计 / 木竹纸制品出口数量合计)。

2011 年我国木质林产品进口额 414.34 亿美元，同比增长 35.82%。进口产品主要是纸浆、原木、废纸、木竹纸制品、锯材、木片等，原木进口额 82.75 亿美元，同比增长 36.26 %，见表 25。

表 25 2011 年我国木质林产品进口状况

名 称	单 位	进口数量	同比（%）	进口金额（万美元）	同比（%）
木竹浆	千 克	14 437 610 615	27.05	1 191 747	35.13
原 木	立方米	42 321 305	23.22	827 475	36.26
废 纸	千 克	27 279 352 635	12.08	696 805	30.22
锯 材	立方米	21 605 851	45.88	572 217	47.54
木竹纸制品	千 克	3 386 192 938	-4.26	481 173	4.35
印刷品	千 克	63 808 990	-18.71	132 638	4.41
木 片	千 克	6 565 328 312	41.75	115 960	72.09
木竹家具	件	5 590 880	26.24	54 852	40.63
木竹制品	千 克	51 795 928	27.31	14 694	25.07
刨花板	千 克	355 266 010	1.48	12 199	7.13
胶合板	立方米	188 469	-11.79	11 977	3.21
单 板	千 克	150 197 211	82.86	11 857	34.58
纤维板	千 克	202 945 307	-24.37	10 711	-14.05
木竹果炭	千 克	188 697 962	7.36	4 491	95.22
木竹地板	千 克	11 401 244	38.74	2 953	63.02
异形材	千 克	4 279 143	13.23	836	18.17
锯末等	千 克	39 626 650	100.85	459	55.15
强化木	千 克	703 984	-28.90	320	6.68
合 计				4 143 365	35.82

注：印刷品出口金额 = 印刷品出口数量合计 *(木竹纸制品出口金额合计 / 木竹纸制品出口数量合计)。

我国林产品出口主要是木家具、纸制品、胶合板、纤维板、木门窗、木地板、单板、刨花板等；其贸易国（地区）以美国、日本、英国、中国香港、澳大利亚等国家和地区为主；贸易方式以一般贸易、来料加工、进料加工为主。单板、木地板、刨花板的出口企业比较集中，前 50 家企业出口金额均占其出口额的 70% 以上，木门窗、纤维板的前 50 家企业出口金额均占其出口额的 50% 以上，胶合板、纸制品、木家具的前 50 家企业出口金额均占其出口额的 20% 以上。

3 林业产业发展与生态建设的关系

3.1 森林培育与生态建设的关系

3.1.1 森林蓄积与固碳能力

森林具有固碳能力，是因为森林是一种有机物，主要由碳（C）氢（H）化合物构成。所以，森林蓄积量的多少直接决定森林的固碳量，森林蓄积增长量与森林固碳增长量成正相关。但是，精确计算森林蓄积量增长与固碳量对应增长是非常困难的，因此，我们把它们之间的关系简化为线性关系。那么不难理解：

森林固碳增长率 = 森林蓄积增长率

根据这一结论，我国森林资源固碳增长情况见表 26。

表 26　我国森林森林资源增长与森林固碳增长情况

项目	单位	第三次森林资源清查(1984~1988)	第四次森林资源清查(1989~1993)	第五次森林资源清查(1994~1998)	第六次森林资源清查(1999~2003)	第七次森林资源清查(2004~2008)
活立木蓄积量	亿立方米	95.2291	117.85	124.88	136.18	149.13
活木木蓄积增长率	%		23.75	5.97	9.05	9.51
森林覆盖率	%	12.98	13.92	16.55	18.21	20.36
森林覆盖率增长率	%		7.24	18.89	10.03	11.81
人工林面积	万公顷	3 101.12	4 138.99	5 128.2	5 325.73	6 168.84
人工林面积增长率	%		33.47	23.90	3.85	15.83
人工林蓄积量	亿立方米	5.30	7.12	10.13	15.05	19.61
人工林蓄积量增长率	%		34.37	42.28	48.57	30.30

3.1.2 我国人工林发展现状

我国对天然林采取保护政策，大力发展人工林，为林业产业奠定基础，同时有利于提高森林固碳及水土保持等生态作用。

人工林面积、蓄积量增长　人工林面积蓄积快速增长，后备森林资源呈上长升趋势。人工林面积净增 843.11 万公顷，人工林蓄积量净增 4.47 亿立方米。未成林造林地面积 1 046.18 万公顷，其中乔木树种面积 637.01 万公顷，比第六次森林资源清查增加 30.17%。

人工林树种结构、林种结构、林龄结构　人工乔木林中，面积排名前 10 位的优势树种（组）是杉木、杨树、马尾松、落叶松、桉树、油松、湿地松、柏木、华山松、云南松，面积合计 2 977.86 万公顷，占人工乔木林面积的 74.44%；蓄积量合计 151 966.59 万立方米，占人工乔木林蓄积量的 77.52%（见表 27）。

表 27　我国人工乔木林主要优势树种（组）面积和蓄积量

主要优势树种（组）	面积（万公顷）	面积比例 (%)	蓄积量（万立方米）	蓄积量比例 (%)
杉　木	853.86	21.35	62 036.45	31.64
杨　树	757.23	18.93	34 034.87	17.36
马尾松	335.85	8.40	15 792.60	8.06
落叶松	285.79	7.14	16 386.14	8.36
桉　树	254.14	6.35	4 570.58	2.33
油　松	148.84	3.72	5 308.37	2.71
湿地松	122.58	3.06	4 586.53	2.34
柏　木	122.51	3.06	4 392.30	2.24
华山松	52.37	1.31	2 565.58	1.31
云南松	44.69	1.12	2 293.17	1.17

人工林面积按林种分，防护林 1 552.31 万公顷，特用林 115.60 万公顷，用材林 2 522.86 万公顷，薪炭林 29.40 万公顷，经济林 1 948.67 万公顷。人工林蓄积量按林种分，防护林 62 201.96 万立方米，特用林 6 424.92 万立方米，用材林 127 049.44 万立方米，薪炭林 375.96 万立方米，经济林 1 948.67 万立方米。

人工乔木林按龄组分，幼龄林面积 1 641.71 万公顷，蓄积量 30 730.38 万立方米；中龄林面积 1 389.57 万公顷，蓄积量 87 315.50 万立方米；近熟林面积 528.59 万公顷，蓄积量 41 512.85 万立方米；成熟林面积量 357.44 万公顷，蓄积量 30 065.94 万立方米；过熟林面积 82.56 万公顷，蓄积量 6 427.61 万立方米。内蒙古、四川、福建、湖南、广东、广西、吉林等省（自治区）近成过熟林面积较大，7 省（自治区）合计 535.07 万公顷，占全国的 55.24%。

人工林分布　广西、广东、湖南、四川、福建等省（自治区）人工林较多，5 省（自治区）面积合计 2 257.57 万公顷，占全国的 36.60%；蓄积量合计 77 629.38 万立方米，占全国的 39.60%。人工林面积在 150 万公顷以上的省（自治区）有 18 个，18 省（自治区）面积合计 5 400.32 万公顷，占全国的 87.54%；蓄积量合计 169 926.64 万立方米，占全国的 86.67%（见表 28）。

表 28　人工林主要分布省（区）面积和蓄积量

统计单位	人工林面积		人工林蓄积量	
	万公顷	占全国比例 (%)	万立方米	占全国比例 (%)
广　西	515.52	8.36	17 127.98	8.74

（续）

统计单位	人工林面积		人工林蓄积量	
	万公顷	占全国比例 (%)	万立方米	占全国比例 (%)
广　东	503.18	8.16	11 520.43	5.88
湖　南	464.04	7.52	16 018.33	8.17
四　川	415.65	6.74	13 361.09	6.81
福　建	359.18	5.82	19 601.55	10.00
云　南	326.77	5.30	7 259.87	3.70
内蒙古	303.91	4.93	7 573.95	3.86
江　西	291.87	4.73	10 734.82	5.47
辽　宁	283.03	4.59	7 299.34	3.72
浙　江	267.44	4.33	6 008.28	3.06
山　东	244.38	3.96	6 202.10	3.16
黑龙江	235.68	3.82	13 519.66	6.90
河　南	217.39	3.52	7 480.12	3.82
河　北	212.27	3.44	4 238.60	2.16
安　徽	209.87	3.40	7 023.22	3.58
贵　州	199.86	3.24	8 718.38	4.45
陕　西	183.27	2.97	2 031.13	1.04
湖　北	167.01	2.71	4 207.79	2.15

3.2　原木生产与生态建设的关系

原木生产对生态建设具有两面性，一方面在短期减少森林资源，减少森林固碳量；另一方面为新造林创造条件，增加森林固碳的作用。只要及时更新合理造林，大幅度提高森林生长率，原木生产是有利于生态建设的。我国商品材采伐量没超过森林生长量，仅占森林生长量的 22%（见表 29）。

表 29　2011 年我国各省（自治区、直辖市）森林生长与森林采伐情况

	第六次森林资源清查年均总生长量（万立方米）	第六次森林资源清查年均总生长率（%）	商品材采伐限额（万立方米）	木材产量（万立方米）	出材率（%）	商品材采伐蓄积量（万立方米）	商品材占森林生长量的比例（%）
合　计	58 495.01	5.08	14 651.5	8 145.92	63.3	12 868.76	22.00
北　京	76.67	6.69	33.0	10.29	55.2	18.63	24.30
天　津	21.45	8.85	7.8	9.88	50.0	19.75	92.09

（续）

	第六次森林资源清查年均总生长量（万立方米）	第六次森林资源清查年均总生长率（%）	商品材采伐限额（万立方米）	木材产量（万立方米）	出材率（%）	商品材采伐蓄积量（万立方米）	商品材占森林生长量的比例（%）
河　北	645.54	7.92	200.5	71.34	50.9	140.16	21.71
山　西	333.39	4.89	55.2	5.36	57.1	9.39	2.82
内蒙古	3 491.56	2.97	319.2	217.88	55.3	394.00	11.28
辽　宁	1 081.77	6.03	427.4	197.57	70.0	282.25	26.09
吉　林	3 085.63	3.88	486.0	434.27	61.7	703.85	22.81
黑龙江	5 639.84	3.78	331.3	336.79	55.1	611.23	10.84
上　海	28.06	15.28	4.8		64.6		
江　苏	604.30	16.20	110.5	166.14	65.7	252.87	41.85
浙　江	1 286.77	9.67	407.9	176.26	60.1	293.27	22.79
安　徽	1 400.92	12.07	526.8	494.85	64.0	773.20	55.19
福　建	4 201.69	9.19	1 743.1	563.26	69.2	813.95	19.37
江　西	3 774.04	11.59	953.6	290.28	62.2	466.68	12.37
山　东	859.62	14.52	416.4	347.98	60.0	579.97	67.47
河　南	1 461.92	11.15	420.1	279.00	64.6	431.88	29.54
湖　北	1 671.59	10.36	598.3	292.15	65.0	449.47	26.89
湖　南	3 556.68	13.34	1 516.1	599.93	64.0	937.40	26.36
广　东	2 752.58	11.75	1 395.0	735.51	63.0	1 167.48	42.41
广　西	4 018.17	10.77	1 990.8	1 525.92	66.0	2 312.00	57.54
海　南	501.83	6.63	424.9	111.24	68.5	162.39	32.36
重　庆	681.21	7.70	58.0	28.63	53.0	54.02	7.93
四　川	4 876.33	3.24	414.7	239.91	50.0	479.81	9.84
贵　州	1 806.08	9.44	370.0	194.08	65.7	295.41	16.36
云　南	6 396.85	4.28	1 085.0	533.03	64.6	825.13	12.90
西　藏	1 320.04	1.08	45.0	97.48	33.3	292.72	22.18
陕　西	1 327.09	3.97	88.6	54.24	48.5	111.83	8.43
甘　肃	580.86	3.00	33.9	5.00	50.4	9.92	1.71
青　海	101.02	2.80		2.30			
宁　夏	39.74	6.75	53.2	0.04	65.0		
新　疆	871.77	3.26	134.4	40.53	54.0	75.06	8.61

原木生产分布。2011 年我国木材生产量为 8 145.92 万立方米，其中东北地区占木材生产量的 12.93%，比 2010 年下降 27.07%；东部地区占木材生产量的 26.91%，比 2010 年增长 0.17%；西部

地区占木材生产量的36.08%，比2010年增长11.47%；中部地区占木材生产量的24.08%，比2010年增长7.76%（见表30）。

表30 2011年我国各地区木材生产分布

单位：万立方米

区 域		木材生产量	占生产量%	采伐限额	占生产量%
全国合计		8 145.92		27023	
东北地区	辽 宁	197.57	2.43	536.20	1.98
	吉 林	434.27	5.33	996.60	3.69
	黑龙江	336.79	4.13	831.90	3.08
	大兴安岭	84.79	1.04	170	0.63
	小 计	1 053.43	12.93	2 534.70	9.38
东部地区	北 京	10.29	0.13	40.00	0.15
	天 津	9.88	0.12	12.40	0.05
	河 北	71.34	0.88	225.20	0.83
	上 海		0	3.20	0.01
	江 苏	166.14	2.04	155.30	0.57
	浙 江	176.26	2.16	635	2.35
	福 建	563.26	6.91	2550	9.44
	山 东	347.98	4.27	823.20	3.05
	广 东	735.51	9.03	2030	7.51
	海 南	111.24	1.37	400	1.48
	小 计	2 191.89	26.91	6 874.30	25.44
西部地区	内蒙古	217.88	2.67	773.10	2.86
	广 西	1 525.92	18.73	3 681.80	13.62
	重 庆	28.63	0.35	119.70	0.44
	四 川	239.91	2.95	1 226.10	4.54
	贵 州	194.08	2.38	842.30	3.12
	云 南	533.03	6.54	3 399.10	12.58
	西 藏	97.48	1.20	210.10	0.78
	陕 西	54.24	0.67	631.30	2.34
	甘 肃	5.00	0.06	111.20	0.41
	青 海	2.30	0.03	15.60	0.06
	宁 夏	0.04	0	8.30	0.03
	新 疆	40.53	0.50	208.40	0.77
	小 计	2 939.03	36.08	11227	41.55

（续）

区域		木材生产量	占生产量 %	采伐限额	占生产量 %
中部地区	山　西	5.36	0.07	144.50	0.53
	安　徽	494.85	6.07	857.90	3.17
	江　西	290.28	3.56	1 996.80	7.39
	河　南	279.00	3.42	577.80	2.14
	湖　北	292.15	3.59	1 000.60	3.70
	湖　南	599.93	7.36	1 809.40	6.70
	小　计	1 961.57	24.08	6 387.00	23.64

3.3　林产加工业与生态建设的关系

2011 年，我国林产加工业产值为 162 359 243 万元。其中广东 28 197 315 万元，占林产加工业产值的 17.37%，比 2010 年增长 18.65%；福建 19 976 194 万元，占林产加工业产值的 12.30%，比 2010 年增长 65.34%；浙江 118 991 362 万元，占林产加工业产值的 11.70%，比 2010 年增长 94.23%；山东 16 969 486 万元，占林产加工业产值的 10.45%，比 2010 年增长 77.83%。

林产加工业主要集中在木（竹、苇）浆造纸、人造板制造、木（竹、藤）家具制造、木制品制造等方面。其中木（竹、苇）浆造纸产值为 39 591 936 万元，占林产加工业产值的 24.39%，比 2010 年增长 35.65%；人造板制造产值为 37 162 883 万元，占林产加工业产值的 22.89%，比 2010 年增长 39.50%；木（竹、藤）家具制造产值为 23 231 559 万元，占林产加工业产值的 14.31%，比 2010 年增长 42.05%；木制品制造产值为 14 785 099 万元，占林产加工业产值的 9.11%，比 2010 年增长 25.64%。

林产加工业有利于原木的合理利用，能提高森林的市场价值，为更新造林提高森林增长率提供资金。同时林产加工业发展增强了原木的利用效率，避免大规模采伐森林。合理的林产加工业能力与分布应与森林生长量相匹配，以利于生态建设。

实现森林资源消耗量小于生长量是发展林产加工业的基本原则，也是检验林产工业发展是否符合生态建设需要的定量指标。因此，监测原木消耗量及其来源与森林资源生长可提供原木量的关系非常必要。

2011 年统计内原木产量 8 145.92 万立方米，比 2010 年增长 0.7%，统计外原木产量 5 676.20 万立方米；进口木（竹）质产品折合原木（扣除废纸，下同） 15 649.66 万立方米，共计消耗原木 23 795.58 万立方米，折合森林蓄积量为 37 591.8 万立方米；中国森林年生长总量 69 701.68 万立方米，中国原木年消耗总量折合森林资源占中国森林年生长总量的 53.93%，符合生态建设目标，不影响全球生态环境。扣除出口木（竹）质产品折合原木 6 210.35 万立方米，国内原木消耗总量 17 585.23 万立方米，折合森林蓄积量为 27 780.8 万立方米，国内原木消耗总量折合森林资源占中国森林年生长总量的 39.86%（见表 31）。

但是中国大量进口木（竹）质产品，消耗森林资源，2010年中国进口木（竹）质产品总量折合森林资源（消耗国外资源）占中国原木年消耗总量折合森林资源的65.77%，其中，原木、锯材、纸浆、废纸等林产品的进口量（折合原木）比2010年增加6 631.41万立方米，我国每年林产品的进口量持续增长，必然引起国际环保组织的关注。

同时，中国也大量出口木（竹）质产品，2010年中国出口木（竹）质产品总量折合森林资源占中国原木年消耗总量折合森林资源的26.10%，其中纤维板、胶合板、木竹纸制品的出口量（折合原木）比2010年增加1 389.71万立方米，为世界林业产业做出了重大贡献（见表32）。

表31　2011年中国森林资源生长与消耗平衡

计算项目	折合原木（万立方米）	折合蓄积量（万立方米）
1. 中国原木消耗总量 = 国内森林消耗量(折合原木)+ 进口木材产品量(折合原木)	23 795.58	37 591.8
2. 中国国内原木消耗总量 = 中国原木消耗总量－中国出口木材产品量(折合原木)	17 585.23	27 780.8
3. 中国森林资源消耗总量与生长总量的平衡关系		
(1) 中国森林年生长总量—中国原木年消耗总量(折合森林资源)	32 109.93	
(2) 中国森林年生长总量—中国国内原木年消耗总量(折合森林资源)	41 920.91	
(3) 中国进口森林资源(消耗国外资源)占中国原木年消耗总量(折合森林资源)的比例	65.77%	
(4) 中国出口森林资源(出口各类产品折合森林资源)占中国原木年消耗总量(折合森林资源)的比例	26.10%	
(5) 中国原木年消耗总量(折合森林资源)占中国森林年生长总量比例	53.93%	
(6) 中国国内原木消耗总量(折合森林资源)占中国森林年生长总量比例	39.86%	
计算依据:		
国内森林消耗总折合原木 = 国内原木(统计内产量 + 统计外产量)	13 822.12	21 835.9
国内原木统计外产量 = 商品森林采伐限额 × 商品材出材率－国内原木统计内产量	5 676.20	8 967.1
进(出)口木材折合原木 = 进(出)口各种木材产品 × 原木折合系数		
商品森林采伐限额	21 835.90	
商品材出材率	63.30%	
国内原木统计内产量	8 145.92	
出口木(竹)质产品折合原木(扣除废纸)	6 210.35	
进口木(竹)质产品折合原木(扣除废纸)	15 649.66	
森林蓄积量	1 372 080.36	

（续）

计算项目	折合原木（万立方米）	折合蓄积量（万立方米）
年森林生长率	5.08%	
年森林生长总量	69 701.68	

表 32　中国 2011 年进出口主要木质林产品折合原木消耗

名称	单位	出口数量	进口数量	原木折合系数	出口折合原木（万立方米）	进口折合原木（万立方米）
木竹地板	吨	451 479	11 401	0.04	1.81	0.05
原　木	立方米	14 380	42 321 305	1	1.44	4 232.13
刨花板	吨	124 087	355 266	1.5	18.61	53.29
纤维板	吨	2 502 311	202 945	1.8	450.42	36.53
锯　材	立方米	544 194	21 605 851	1.82	99.04	3 932.26
单　板	吨	185 169	150 197	1.9	35.18	28.54
胶合板	立方米	9 572 456	188 469	2.6	2 488.84	49.00
纸　浆	吨	32 966	14 437 611	4	13.19	5 775.04
废　纸	吨	3 566	27 279 353	3.2	1.14	8 729.39
锯末等	吨	48 128	39 627	1	4.81	3.96
木　片	吨	5 094	6 565 328	0.5	0.25	328.27
木竹果炭	吨	67 463	188 698	5	33.73	94.35
木竹纸制品	吨	7 395 543	3 386 193	3.2	2 366.57	1 083.58
木竹制品	吨	1 698 790	51 796	2.184	371.02	11.31
强化木	吨	3 337	704	2	0.67	0.14
异形材	吨	17 909	4 279	1.82	3.26	0.78
印刷品	吨	1 004 721	63 809	3.2	321.51	20.42
合计折合原木消耗					6 211.49	24 379.05
扣除废纸折合原木消耗					6 210.35	15 649.66

4 国家林业产业政策

4.1 森林培育主要政策

国家财政（包括地方财政）投入森林资源培育已成为中国财政支出的重要组成部分，对保护和发展森林资源起到了重要作用。随着中国经济增长国家财政投入同步增长，主要表现在以下政策内容。

森林抚育 《关于开展2010年森林抚育补贴试点工作的意见》（财农[2010]113号）、《关于印发〈森林抚育补贴试点检查验收管理办法（试行）〉的通知》（林造发[2010]254号），具体规定了补贴额度以及验收标准。国家发展和改革委员会等9委（部、局）联合出台了《巩固退耕还林成果专项规划建设项目管理办法》，从组织管理、建设管理、验收与管护等7个方面对退耕还林成果专项规划建设项目做出了规定。国务院办公厅印发了《关于做好自然保护区管理有关工作的通知》，指出要加强自然保护区内的开发建设活动管理，提高自然保护区建设管理水平和保护效果。

生态效益补偿 《关于印发〈中央财政森林生态效益补偿基金管理办法〉的通知》（财农[2007]7号）中规定，中央财政补偿基金平均标准为每年每亩5元，其中4.75元用于国有林业单位、集体和个人的管护等开支；0.25元由省级财政部门（含新疆生产建设兵团财务局，下同）列支，用于省级林业主管部门（含新疆生产建设兵团林业局，下同）组织开展的重点公益林管护情况检查验收、跨重点公益林区域开设防火隔离带等森林火灾预防以及维护林区道路的开支。《关于下达2008年中央财政森林生态效益补偿基金的通知》（财农[2008]120号）中列出了2008年中央财政森林生态效益补偿基金分配表。

造林补助 《关于开展2011年造林补贴试点工作的意见》（财农[2011]97号）中规定了补贴标准。中央财政造林补贴试点资金包括造林直接补贴和间接费用补贴。造林直接补贴是对造林主体造林所需费用的补贴，补贴标准为：①人工造林，乔木林和木本油料经济林每亩补助200元，灌木林每亩补助120元，水果、木本药材等其他经济林每亩补助100元，新造竹林每亩补助100元；②迹地人工更新，每亩补助100元。造林直接补贴应全部落实到造林主体。享受中央财政造林补贴营造的乔木林，造林后10年内不准主伐。间接费用补贴是对试点县组织开展有关政策宣传、作业设计、技术指导、检查验收、档案管理等工作所需费用的补贴，补贴标准为中央财政造林补贴总额的5%。试点省、地（市）财政和林业主管部门组织开展造林补贴试点工作所需的经费由同级财政部门预算安排。

地方对油茶林造林制定了相应补助政策。例如，《广西油茶产业发展总体规划》中规定，油茶新造林：国家基本建设投资补助350元/亩，地方配套补助350元/亩，建设主体或群众通过银行信贷400元/亩（中央政策性财政贴息按3%，贴息5年），其他资金由建设主体或群众自筹（含投工投劳）等方式解决。更新造林：国家中央财政补助350元/亩，地方配套补助350元/亩，建设主体或群众通过银行信贷400元/亩（中央政策性财政贴息按3%，贴息5年），其他资金由建设主体或群众自筹（含投工投劳）等方式解决。嫁接改造：国家中央财政补助600元/亩，地方配套补助600元/亩，建设主体或群众通过银行信贷400元/亩（中央政策性财政贴息按3%，贴息5年），其他资金由建设主体或群众自筹（含投工投劳）等方式解决。抚育改造：国家中央财政补助150元/亩，地方配套补助150元/亩，建设主体或群众通过银行信贷150元/亩（中央政策性财政贴息按3%，贴息5年），其他资金由建设主体或群众自筹（含投工投劳）等方式解决。良种苗木繁育基地基础设施建设：国家基本建设投资占80%，地方配套占20%。自治区级种质资源库、种子园建设：国家基本建设投资占80%，地方配套占20%。国家级油茶研究开发推广中心和种质资源库建设：全部由国家基本建设投资解决。技术培训：中央财政补助80%，地方配套20%。

《长沙市人民政府关于加快油茶产业发展的意见》（长政发[2009]3号）中规定实行油茶采穗圃、种子园、良种育苗基地、造林、抚育和低产林改造补贴。根据每年市级财政安排的补贴金额，由市林业部门下达当年油茶新造及低改培育、采穗圃、种子园建设以及育苗等生产计划，计划内用油茶良种苗造林，集中连片高标准造林规模达到个人或联户在100亩以上、企业500亩以上，并经市林业局、市财政局验收合格，造林当年每亩给予一次性补贴300元；由林业部门统筹规划建设并经省林业厅认定的油茶良种采穗圃和种子园，每亩每年补助1000元，良种育苗基地每亩每年补贴1000元。

4.2 林产工业主要政策

近年来，对林产工业有较大影响的政策主要有以下几项。

《财政部、国家税务总局关于对采伐国有林区原木的企业减免农业特产税问题的通知》（财税[2001]200号）。

《财政部、国家林业局关于印发〈林业贷款中央财政贴息资金管理规定〉的通知》（财农[2005]45号）。

《财政部、国家税务总局关于调整和完善消费税政策的通知》（财税[2006]33号）中规定新增税目有：木制一次性筷子税率为5%，本税目征收范围包括各种规格的木制一次性筷子，未经打磨、倒角的木制一次性筷子也属于本税目征税范围；实木地板税率为5%，本税目征收范围包括各类规格的实木地板、实木指接地板、实木复合地板及用于装饰墙壁、天棚的侧端面为榫、槽的实木装饰板未经涂饰的素板也属于本税目征税范围。

《林业产业政策要点》（林计发[2007]173号）。

《财政部、国家税务总局关于以农林剩余物为原料的综合利用产品增值税政策的通知》（财税[2009]148号）。通知明确了包括木（竹）、秸秆纤维板，木（竹）、秸秆、蔗渣刨花板，细木工板等产品的增值税政策。

《财政部、国家税务总局关于调整完善资源综合利用产品及劳务增值税政策的通知》（财税[2011]115号）。通知明确规定了对以三剩物、次小薪材和农作物秸秆为原料生产的综合利用产品继续施行增值税即征即退政策。

《国家林业局关于油茶林抚育改造技术指南的通知》（林造发 [2011]261 号）。通知明确了在实际工作中，要切实加强组织管理和技术服务，积极协调拓宽资金渠道，不断提高建设成效，以点带面，全面推进油茶林抚育改造工作。

《国家林业局关于林业生物能源原料基地检查验收办法的通知》（林造发 [2011]114 号）。通知指出为引导和推动我国林业生物能源原料基地健康发展，对基地建设中涌现出来的典型样板，国家林业局将在严格检查验收的基础上，确定为“林业生物能源示范基地”。

4.3 林产品进出口主要政策

对林产品进出口影响较大的是出口退税政策。出口退税政策变化对林产品出口影响较大，尤其从高退税率调整到低退税率，主要极大地伤害企业利益，因为林产品是传统产品，利润率通常较低，甚至仅靠退税才产生利润。因此，调低或取消林产品出口退税率要给予企业一定时间做准备，以避免政策性亏损。近年来，多次调低或取消木地板、竹木制品、纸制品出口退税率，使林业企业损失巨大。这也是木地板出口大幅度下降的重要原因之一。

以下是林产品出口退税政策的历史沿革。

1997 年亚洲金融危机后至 2003 年，我国对几乎所有林产品的出口都实行了退税政策，税率为 5% 和 13%，主要是为了鼓励林产品出口和出口创汇，结构调整目的不明显。

2004 年，国家开始对林业资源性产品的出口进行限制，取消或降低出口退税率。从 2004 年 1 月 1 日起，我国取消了以国内资源为原料生产的部分木材产品的出口退税率，主要包括原木、木制一次性筷子、软木及软木制品、木浆、纸板、纸浆等，其目的主要是为了调整和优化林业产业结构。

2005 年 5 月 1 日，国家又进一步取消了木片、木粒、木粉的出口退税率。

2006 年我国对林产品出口退税进行了新的调整。从 2006 年 1 月 1 日起取消了纸、纸板和纸浆所享受的 13% 出口退税政策。

2006 年 4 月 1 日起，国家首次将部分木制品（包括实木地板、实木复合地板等）列入消费税征收目录，其税率为 5%，在生产环节征收。2006 年 9 月 14 日，财政部、国家发展和改革委、商务部、海关总署、国家税务总局 5 部门联合发布《关于调整部分商品出口退税率和增补加工贸易禁止类商品目录的通知》（财税 [2006]139 号），自 9 月 15 日起，调整部分出口商品的出口退税率，其中木制品类产品，一是取消了枕木、软木制品的出口退税；二是将胶合板、实木复合地板、强化木、木窗、木门和家具的出口退税率由 13% 下降为 11%。2006 年 12 月 26 日，《财政部、国家税务总局关于出口实木复合地板等有关退税问题的通知》（国税函 [2006]1263 号），规定从 2007 年 1 月 1 日起，取消实木复合地板的出口退税（增值税、消费税）。

2007 年 6 月 18 日，经国务院批准，财政部和国家税务总局商国家发展改革委、商务部、海关总署发布了《财政部、国家税务总局关于调低部分商品出口退税率的通知》，规定自 2007 年 7

月 1 日起，调整部分商品的出口退税政策。其中取消了部分木板和一次性木制品的出口退税，部分木制品出口退税率下调至 5%；家具出口退税率下调至 11% 或 9%。此次出口退税政策调整的目的是为优化出口商品结构，抑制“高耗能、高污染、资源性”产品的出口，促进外贸增长方式的转变和进出口贸易的平衡，缓解由于外贸出口增长过快、外贸顺差过大带来的突出矛盾，减少贸易摩擦。

2008 年，随着美国次贷危机的扩大，世界经济形势不容乐观，我国贸易出口形势急转直下。经国务院批准，财政部、国家税务总局连续 3 次（8 月、11 月、12 月）调整了有关产品出口退税率，涉及林产品共 117 种，主要包括竹制品、人造板、地板类产品从 5% 提高到 9%，家具类产品从 11% 提高到 13%。2009 年国家提高了 27 种林产品出口退税率，其中将部分家具出口退税率由 13% 提高到 15%，部分木制品的出口退税率分别由 9% 和 11 % 提高到 13%。这次调整有 8 个税目的竹制品出口退税率提高到了 13%, 镶嵌木和木制画框等 4 个税目的出口退税率从 2009 年 4 月 1 日提高到 11% 后，再次提高到 13%。

第一章
引　言

1.1　监测背景

林业产业是一种特殊产业，是在市场经济条件下追求经济效益的同时，必须兼顾生态效益的产业。林业产业的外部性从生态意义上讲，是任何产业所不能比拟的。因此，国家必须对林业产业进行有效监管，才能使林业产业的发展既符合经济要求，又满足生态需要。对于林业行业，没有发达的林业产业，就没有林业的市场经济地位。建设现代林业产业体系是全面实现我国现代林业的必由之路。

但当前林业产业发展存在一系列问题，主要有三方面：一是资源利用效率低，市场配置资源能力弱，各自为政，相互封锁，投资规模小，企业规模小，原材料采购恶性竞争，难以形成跨区域大型企业集团；二是生产技术普遍落后，产品质量低，能耗高，附加值低，知名品牌少；三是产业服务体系不完善，信息不灵，盲目建厂生产，价格不稳，损伤农民利益。要解决这些问题需要对林业产业主要产品进行连续的跟踪与监测，才能提出科学、合理的解决方针和政策。

因此，根据国家林业局建设现代林业体系的总体战略部署，国家林业局经济发展研究中心根据国家林业局林业产业监测的要求，对我国林业产业发展状态进行监测，掌握林业产业成本及销售的第一手资料，建立林产品市场预警机制和产品质量预警机制，掌握发展动态，把握发展方向，正确处理“兴林与富民、产业与生态、保护与利用”的关系。通过监测的数据分析，让林业产业部门及时准确了解林产品的质量与市场动态，以利于有效调整生产方案，减少损失，提高效益；便于对林业产业的主要领域进行指导，为林业产业政策的制定提供依据，更好地促进林业产业的发展。

1.2　监测任务及目的

通过监测网络、典型调查获得成本数据，根据指数运算法则计算林产品成本指数，对林业产业监测成本指数进行深入分析，并跟踪成本指数的变化，分析其体现的经济学意义。

通过监测网络、典型调查获得价格数据，根据指数运算法则计算林产品价格指数，对林业产业监测价格指数进行深入分析，并跟踪价格指数的变化，分析其体现的经济学意义。

通过对成本指数与价格指数的对比分析，分析林产品的利润空间，确定相关行业临界指数，实施预测、预警和应急监测，发布林产品产销风险预警报告，为企业未来生产起到预警作用。

建立林产品监测报告制度，设立长期、连续的成本价格与成本跟踪监测定点单位，形成监测网络，建立监测数据自动分析系统，建立林业产业监测体系。

定期发布林业产业发展动态监测年度、季度报告，并逐步过渡到月报，为国家制定宏观调控政策，指导林业产业发展提供决策依据。

1.3 监测范围及内容

林业产业监测范围是林业产业发展的方向，重点是对主要的林产品的成本及价格监测，具体监测内容有以下几个方面。

（1）“十一五”期间及2011年中国林业产业发展概况

（2）森林培育监测

构建杨树、马尾松、桉树、杉木及阔叶树等主要树种的成本模型（见附表1）；根据2011年监测数据对马尾松、桉树、杉木成本进行分析，依照2010年和2011年林业统计数据估计各树种的主要生长量，按照2011年监测价格数据在不考虑采伐成本的情况下进行经济技术评价，运用经济因素分析（见附录1）进行森林培育预警分析。

（3）木材生产（采运）监测

构建南方、北方木材生产（采运）成本模型（见附表2）；根据2011年监测数据进行监测、评估，依据成本贡献模型（见附录2）进行预警分析。

（4）人造板监测

根据不同的规格构建纤维板、刨花板、胶合板及细木工板的成本模型（见附表3）；根据2011年的成本数据、运用指数运算方法计算总成本指数、制造成本指数、固定成本指数及其他成本指数和价格指数，根据两者对比情况进行人造板收益能力分析。

（5）木地板监测

根据不同规格的地板构建木地板成本模型（见附表5）；根据2011年数据进行成本及价格指数分析，根据两者对比情况进行木地板预警分析。

（6）林产品进出口贸易监测

根据海关数据进行产品贸易总量、金额、对外贸易国家、林业投资状况、贸易结构监测；根据主要进出口产品情况，对对外贸易与汇率、进出口退税与国内产品成本之间进行风险分析。

（7）其他监测内容

根据工业设计要求构建家具生产成本模型（见附表4）、木门成本模型（见附表6）及木本油料成本模型（附表7）。

1.4 研究方法

1.4.1 数据收集方法

1. 抽样调查方法

常用的抽样调查方法有简单随机抽样、系统抽样、整群抽样和分层抽样等。由于在开展林业产业监测工作的过程中，需要掌握全国各区域林业产业的发展情况与林产品的成本价格数据等，因此在对林业产业进行监测的时候可以有效的利用上述资料，采用分层随机抽样和简单随机抽样的方法对其进行监测。

2. 典型调查方法

在上述抽样方法的基础上，对一些重点行业收集典型单位资料的调查方法。典型单位主要指在林业各产业中具有突出特征、经营状况较好、规模较大的林业企业。通过在各地区挑选典型企业作为调查数据的必要补充，可以更好的了解当地相关产业的发展状况和市场效益，使最后的监测数据更有说服力。

1.4.2 评价模型构建

林业产业各领域监测评价指标很多，但在实际评价过程中不大可能应用所有的指标，而往往是根据被研究对象的主要特点，抓住影响林业产业评价目标的主导因素和限制性因素给予评价。各指标要全面、准确、系统地反映出被评价对象的整体情况；具有相同的计算口径和计算范围，量纲易于统一；各项指标间相互独立，不存在包含、交叉关系以及大同小异现象；各项指标便于测量，易于量化。根据上述原则构建了森林培育生长、木材生产（采运）、人造板、木浆造纸、木地板、家具及木本油料（油茶）的成本和价格模型。

1.4.3 指数计算方法

1. 价格指数计算方法

价格指数是反映不同时期商品价格水平的变化方向、趋势和程度的经济指标。它是经济指数的一种，通常以报告期和基期相对比的相对数来表示。价格指数是研究价格动态变化的一种工具，它为制定、调整和检查各项经济政策，特别是价格政策提供依据。

价格指数表示在给定的时段里，一组商品的平均价格是如何变化的一种指数。在计算平均数时，不同商品的价格一般要根据其经济重要性做加权处理。具体计算过程如下：

（1）环比价格指数计算：

$$K_t = \frac{P_t}{P_{t-1}}$$

式中：K_t——价格指数；

P_t——报告期 (t) 价格；

P_{t-1}——上期 (t-1) 价格。

（2）定基指数计算：

$$K_t = \frac{P_t}{P_0}$$

式中：K_t——价格指数；

P_t——报告期 (t) 价格；

P_0——基期价格。

2. 成本指数计算方法

成本指数是反映不同时期商品成本水平的变化方向、趋势和程度的经济指标。是经济指数的一种，通常以报告期和基期相对比的相对数来表示。成本指数是研究其动态变化的一种工具，它为制定、调整和检查各项经济政策提供依据。

成本指数表示在给定的时段里，一组商品的平均生产成本变化情况的一种指数。在计算平均数时，不同商品的成本一般要根据其经济重要性作做加权处理。成本调查更多依据价格调查，根据公式 $c=\sum_{i+1}^{n} p_i q_i$ 计算产品成本，其中，c 为要素总成本，p 为要素价格，q 为要素数量，n 为要素的种类，价格调查采用重点调查和典型调查相结合的方法。具体计算过程：

（1）环比价格指数计算：

$$K_t = \frac{c_t}{c_{t-1}}$$

式中：K_t——价格指数；

c_t——报告期 (t) 价格；

c_{t-1}——上期 (t-1) 价格。

（2）定基指数计算：

$$K_t = \frac{c_t}{c_0}$$

式中：K_t——价格指数；

c_t——报告期 (t) 价格；

c_0——上期 (t-1) 价格。

1.4.4 监测预警方法

林业产业监测不仅是对林业产品价格及成本进行了监测，更多的是通过监测结果与林业发展的实际情况结合，进行林业成本及价格分析。从成本及价格模型出发分析林业产业发展失稳机制，形成了如下两个预报预警模型：

（1）非线性动态组织系统模型：林业产业产品的环境、因素与风险之间是复杂的非线性动态关联，所以要对其进行因素分析。

（2）利润空间模型：通过对林业产品成本及价格的监测计算成本指数及价格指数，两者对比进行预警分析。

1.5 研究基本思路

林业产业是我国的基础性产业之一，在国民经济中有着重要地位。林产品成本及价格主要受供

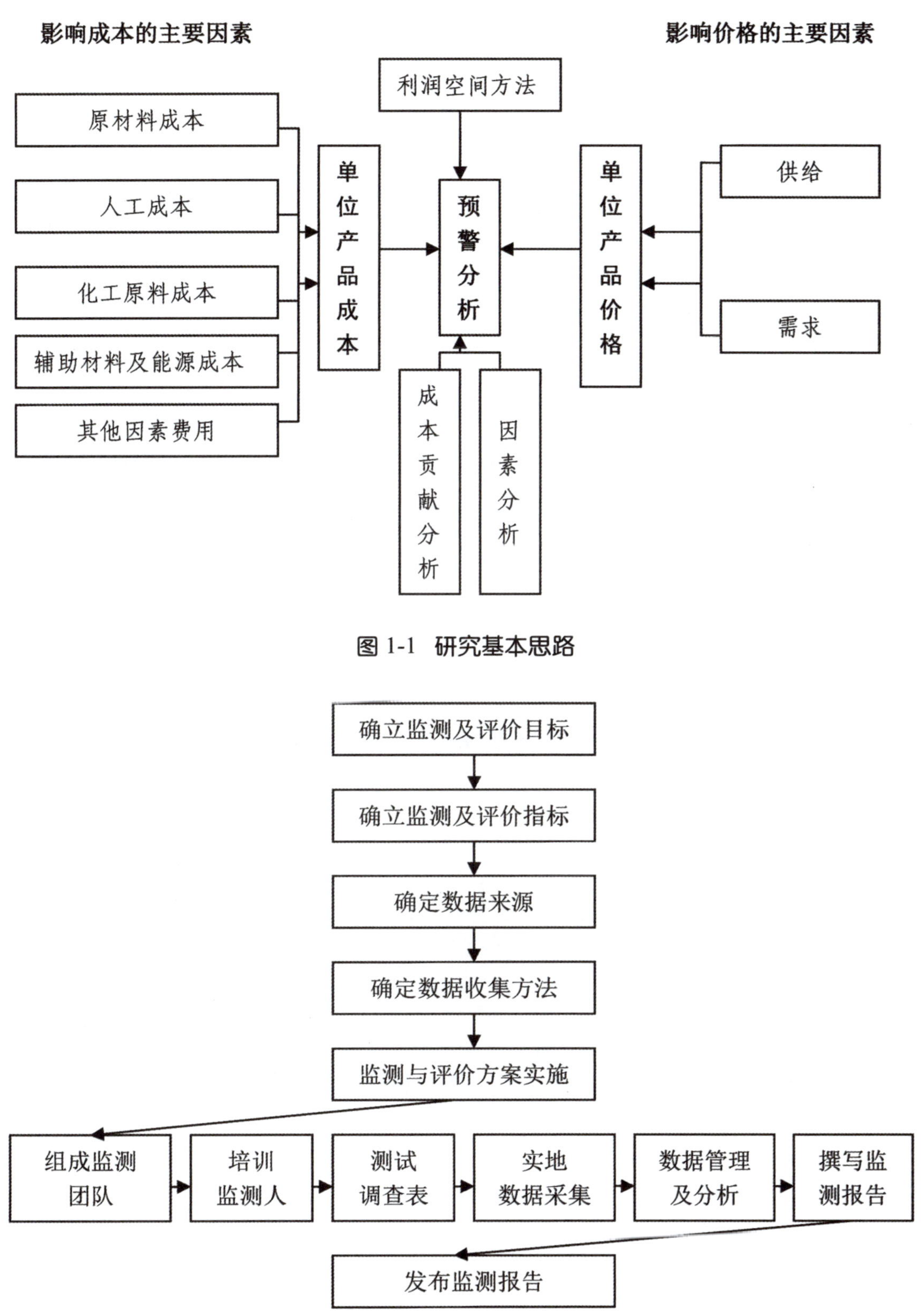

图 1-1 研究基本思路

图 1-2 中国林业产业监测流程

给及需求的影响，主要因素有原材料、辅料以及能源价格、人工成本等。本监测报告主要从成本要素价格及林产品价格监测出发对林业产业进行监测、评价及预警，见图 1-1。

1.6 监测流程

林业产业监测是一项系统的工程，从目标设定、指标确认、数据搜集、方案实施、报告撰写到信息发布是一套完整的流程，具体见图 1-2。

1.7 监测管理

监测管理过程中需要注意以下几方面问题。

1. 监测数据报送的及时性

按照监测方案设计要求，各项目点应于下月上旬对前月监测数据分别上报随机抽样和重点抽样监测数据库。本次监测点均及时上报了随机监测数据；根据研究的需要，对部分企业也及时上报了重点监测数据。

2. 监测采样的有效性

在开展林业产业监测过程中总计有 270 个样本点，有 220 个达到采样量的要求，有效监测率达 81.48 %。

3. 监测的质量控制

按照监测方案设计要求，各样本点应开展相关培训，并至少抽取 10% 的样本点开展现场督导，再在督导样本点抽取 5% 进行实验室复核测定。

第二章
林业产业监测网络技术体系

2.1 林业产业监测总体布局

中国林业产业监测网络的总体布局由监测网带及监测样点构成，根据不同的监测内容布局林业产业监测网带及样本点，沿着网带走向由不同的类型布局样本点样地，共同组成点、线、面的监测网络体系。以森林培育、木材生产（采运）、人造板生产、木地板生产、木门生产等为监测对象。

2.2 林业产业监测网络技术体系建设

2.2.1 监测林产品代表规格品的选择方法

（1）经济效益较高；

（2）发展速度较快；

（3）产值占所属类别份额较高，价格变动趋势和变动程度有较强的代表性，即选中规格品的价格变动特征与未选中规格品之间价格变动的相关性愈高愈好；

（4）选中的规格品之间，性质相隔愈远愈好，价格变动特征的相关性愈低愈好；

2.2.2 监测林产品代表规格品的数量确定方法

一般情况下样本点数量与监测期望的精确度水平、各区域及各企业的差异性及监测成本有直接的关系。样本点数量是根据监测的精度要求（或允许误差）以及抽样总体调查因子的变动大小由一定的公式估算的，而估算公式又取决于抽样方法。如采用分层抽样、样本点数量的分配可以根据比例分配、内部分配和最优分配的方法来计算各层的样本数，如最优分配可以根据 Wenger 就样本点数量的最优分配方法进行计算。

$$n = \left(\frac{t}{E}\right)^2 \left[\sum_{h=1}^{L} w_h \cdot s_h \cdot \sqrt{c_h}\right]^2 \qquad n_h = n \cdot \frac{w_h \cdot s_h / \sqrt{c_h}}{\sum_{h=1}^{L} w_h \cdot s_h / \sqrt{c_h}}$$

式中：n——为抽样调查中所需要的样本量总数；

L——对项目区分层的总层数；

t——为 t 值（95% 置信度）；

E——为允许误差（均值的± 5%）；

S_h——为 h 层的标准差，它可以通过各省（自治区、直辖市）林业发达程度和相关林业企业经营状况的资料获得；

n_h——为按 $w_h \cdot s_h / \sqrt{c_h}$ 比例分配给各层的固定样本量数量；

w_h——为 N_h / N；

n——为所有层采样单位数（$n = \sum n_h$）；

N_h——为 h 层采样单位数；

C_h——为选取 h 层一个固定样本的成本。

每一个基本分类的代表规格品数量一般不能少于制度规定的最低标准，并可根据各类别实际情况适当增加。

2.2.3 样本省（自治区、直辖市）和企业调查点的选择方法

为满足计算全国林产品成本及价格指数的需要，根据各省（自治区、直辖市）相关产业产值排序，应按照大中小兼顾以及地区分布合理原则，采用划类选择法抽选价格调查省（自治区、直辖市）和价格调查点。

（1）调查省（自治区、直辖市）的抽选方法

首先，将各省相关产业产值由高到低排序，然后依据所需调查省（自治区、直辖市）的林业发达程度进行等距抽样。

（2）企业调查点的抽选

将所确定的省（自治区、直辖市）区内所有相关的林业企业按产值从高到低排序，然后依据各省（自治区、直辖市）推荐的优秀企业名录和所需调查企业的数量进行等距抽样。

（3）成本和价格调查点的抽选方法

将各种类型的建材市场、林产品产销基地、林业企业分别以销售额、成交额和经营规模为标志，从高到低排序，再分别将销售额、成交额和经营规模累计起来，然后，依据所需调查点的数量进行等距抽样。

2.2.4 监测指标体系设计原则

国内外研究林业产业各领域监测评价指标很多，但在实际评价过程中不大可能应用所有的指标，而往往是根据被研究对象的主要特点，抓住影响林业产业评价目标的主导因素和限制性因素给予评价。选取指标应该遵循以下几方面原则。

（1）导向性：评价指标要与管理目标一致，且对目标具有导向作用。

（2）系统性：各项指标要全面、准确、系统地反映出被评价对象的整体情况。

（3）可比性：各项指标具有相同的计算口径和计算范围，量纲易于统一。

（4）独立性：各项指标间相互独立，不存在包含、交叉关系以及大同小异现象。

（5）科学性：各项指标要概念清晰，能真实地描述被评价对象在某一方面的本质特征。

（6）可测性：各项指标便于测量，易于量化。

（7）简便性：评价指标体系设计要尽可能精简，易于调查，同时在经济上和技术上是可操作的，节约评价成本。

2.2.5 监测平台建设

监测平台建设主要包括仪器设备、基础设施建设、监测手段的标准化及规范化和监测数据库的标准化及规范化等方面。

（1）仪器设备、基础设施建设

进行监测的设备由各监测单位自行解决，数据上报网络平台由经济研究中心建设及维护。

（2）监测手段的标准化及规范和及监测数据库的标准化及规范化

监测数据包括了林业产业的方方面面。监测数据的标准应严格按照国家相应的标准及规范监测、收集与管理中规定的进行。做到设立专门的样本库及档案库，接受各监测站传输的数据网络系统及数据处理设备，数据信息管理中心还应对数据进行集成、科学处理及数据管理。

第三章
2011 年林业产业发展概述

2011 年国际金融危机对世界经济的冲击和影响仍在持续。作为实施“十二五”规划的开局之年，我国林业产业在国家林业产业政策的扶持和指导下，规模持续壮大、产业结构不断优化，产业竞争力逐步增强，新兴产业快速发展，林产品贸易平稳增长，林业经济整体运行良好。

3.1 林业产业总产值

2011 年林业产业总产值首次突破 3 万亿元大关，达到 3.06 万亿元（按现价计算），比 2010 年增长 34.32%，产业规模再上新台阶。自 2001 年以来，林业产业总产值的平均增速达到 22.29%（图 3-1）。

图 3-1 2001 ～ 2011 年全国林业产业总产值及其增长速度

分产业看，第一产业产值 11 056.19 亿元，占全部林业产业总产值的 36.14%，同比增长 24.29%；第二产业产值 16 688.40 亿元，占全部林业产业总产值的 54.54%，同比增长 40.51%；第三产业产值 2 852.14 亿元，占全部林业产业总产值的 9.32%，同比增长 42.12%。近年来，林业三次产业的产值结构逐步调整，不断优化，已由 2010 年的 39 ∶ 52 ∶ 9，调整为 36 ∶ 55 ∶ 9，林业第二产业所占比重逐年增大、第三产业小幅度增加，产业结构调整迈出新步伐。

第一产业中，包括干鲜果品、茶、中药材以及森林食品等在内的经济林产品种植与采集业产值为 6 319.87 亿元，所占比重最大，为 57.16%；第二产业中，包括锯材、人造板等在内的木材加工及木竹制品制造业产值为 6 789.16 亿元，所占比重最大，为 40.68%；第三产业中，林业旅游与休闲服务业产值为 1 863.07 亿元，所占比重最大，为 65.32%，全年涉及林业旅游和休闲的人数为 11.24 亿人次。油茶产业、林化产品制造业、林产中药材的种植与采集等新兴产业快速发展，增长速度分别达到 75.43%、75.07% 和 49.94%。

分地区看*，东部地区林业产业总产值为 15 545.50 亿元，占全部林业产业总产值的 50.81%；中部地区林业产业总产值为 6 009.91 亿元；西部地区林业产业总产值为 5 772.06 亿元；东北地区林业产业总产值为 3 269.26 亿元。东部地区林业产业总产值的增速最高，所占比重也最大，与其他地区的差距进一步拉大。林业产业总产值超过 2 000 亿元的省份共有 5 个，分别是广东、山东、浙江、福建和江苏（图 3-2）。

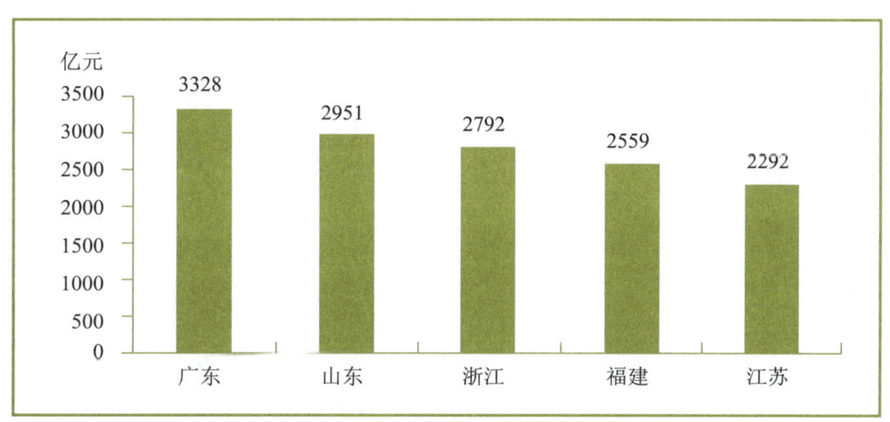

图 3-2　林业总产值超过 2000 亿元的省份

3.2　营造林总体状况

2011 年造林绿化工作稳步推进，全国共完成荒山荒地造林面积 599.66 万公顷，比 2010 年增长 1.47%，完成计划任务的 99.94%。其中人工造林 406.57 万公顷，飞播造林 19.69 万公顷，无林地和疏林地新封山育林 173.40 万公顷。西部 12 个省（自治区、直辖市）（含新疆生产建设兵团）共完成造林面积 324.57 万公顷，占全部造林面积的 54.13%（图 3-3）。

2011 年，中央和各地加强了森林抚育经营的统一管理、技术指导和检查验收。全国森林抚育面积持续增长，共完成中幼龄林抚育面积 733.45 万公顷，比 2010 年增长 10.10%，完成低产低效林改造面积 78.88 万公顷，比 2010 年增长 18.51%。

另外，完成有林地造林面积 41.64 万公顷；更新造林 32.66 万公顷；四旁（零星）植树 24.58 亿株。

* 本分析报告采用国家四大经济区域的分类方法，即将全国划分为东部、中部、西部和东北部四大区域。东部地区包括：北京、天津、河北、上海、江苏、浙江、福建、山东、广东、海南 10 个省（直辖市）；中部地区包括：山西、安徽、江西、河南、湖北、湖南 6 个省；西部地区包括：内蒙古、广西、重庆、四川、贵州、云南、西藏、陕西、甘肃、青海、宁夏、新疆 12 个省（自治区、直辖市）；东北地区包括：辽宁、吉林、黑龙江 3 个省和大兴安岭地区。

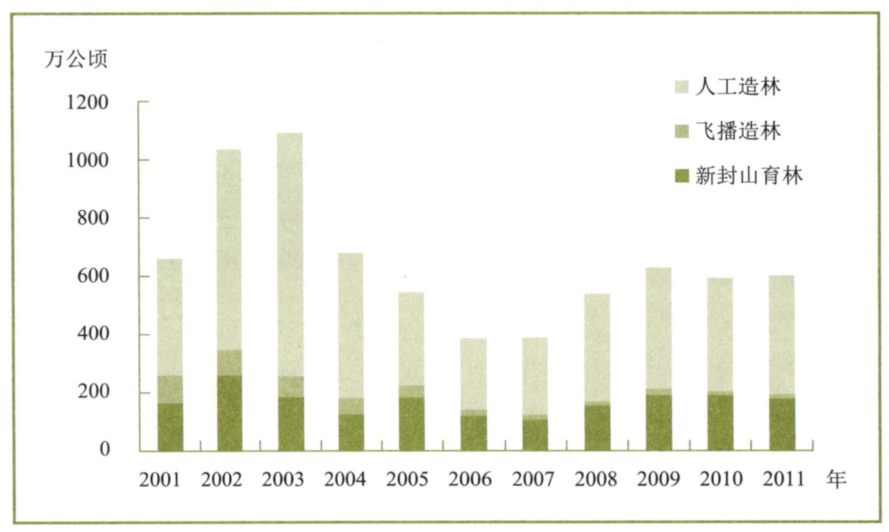

图 3-3 2001 ～ 2011 年全国造林面积

林木种苗管理明显加强，林木种苗产量大幅增加，全国育苗面积、苗木产量和林木种子采集量各为 76.92 万公顷、530.55 亿株和 5.67 万吨，分别比 2010 年增长 16.47%、28.10% 和 11.45%。

2011 年造林总体呈以下几个特点。

（1）用材林和经济林比重有所提高

从林种结构看，在全部造林面积中，用材林 101.93 万公顷、经济林 121.83 万公顷、防护林 368.88 万公顷、薪炭林 3.68 万公顷、特种用途林 3.34 万公顷，占全部造林面积的比重分别为 17.00%、20.32%、61.51%、0.61% 和 0.56%。生态公益林（防护林和特种用途林）占全部造林面积的比重为 62.07%，比 2010 年下降 5 个百分点，但仍保持较高水平。用材林和经济林所占比重分别比 2010 年提高 3 个和 2 个百分点。

（2）乡土树种占较高比重

从树种类型看，在全部造林面积中，使用乡土树种的面积为 379.01 万公顷，所占比重为 63.20%。使用珍贵树种的面积为 5.21 万公顷，使用速生树种的面积为 92.67 万公顷，占全部造林面积的 6.47%。

（3）混交林所占比重有待提高

从结构类型看，在全部造林面积中，纯林面积 352.33 万公顷，混交林面积 199.67 万公顷，其他类型面积为 47.66 万公顷，所占比重分别为 58.75%、33.30% 和 7.95%，纯林所占比重比 2010 年提高了 5 个百分点，而混交林所占比重下降了 3 个百分点，混交林比重仍有待提高。

3.3 经济林、竹、油茶、花卉产业

2011 年，我国水果产量小幅增长，核桃、枣、松子等干果产量大幅增长，全年各类经济林产品总量达到 1.34 亿吨，比 2010 年增长 6.05%。从产品类别看，水果产量为 11 471 万吨，比 2010 年增长 3.99%；干果产量为 927 万吨，比 2010 年增长 24.81%；毛茶等林产饮料产品的产量为 159

万吨；花椒、八角等林产调料产品的产量为 59 万吨；竹笋干、食用菌等森林食品产量为 293 万吨；杜仲、枸杞等木本药材的产量为 144 万吨；油茶等木本油料产量为 155 万吨；松脂、油桐等林产工业原料产量 172 万吨。

2011 年竹材产量为 15.39 亿根，比 2010 年增长 7.64%，其中毛竹 10.26 亿根，篙竹 5.13 亿根。竹产业产值达 1047 亿元。

近年来，中央财政扶持油茶产业发展的力度不断加大，整合和统筹各类资金支持油茶、核桃、油橄榄等木本油料产业发展。2011 年，油茶林面积达到 346 万公顷，当年新造油茶林 23.50 万公顷，低产林改造 9.36 万公顷。繁殖圃 442 个，苗木产量 9.09 亿株，油茶籽产量为 148 万吨，比 2010 年增长 35.51%。从事油茶良种苗木培育、种植、茶油以及其他副产品生产加工的企业有 1174 个，油茶产业产值达 245 亿元。

2011 年，花卉种植面积 86.22 万公顷，比 2010 年增长 12.85%，花卉种植产值达到 940 亿元。切花切叶 142 亿支；盆栽植物 29 亿盆；观赏苗木 121 亿株；草坪 4.08 亿平方米。具有一定规模的花卉市场 4 100 多个，花卉企业 4.24 万个，其中大中型花卉企业 7 900 多个；花卉从业人员 433 万人，花农 117 万户；控温温室面积和日光温室面积分别为 3 332 万平方米和 15 095 万平方米。

3.4 木材生产及林产工业

1. 木材产量

2011 年，天然林资源保护二期工程启动实施，东北、内蒙古等重点国有林区木材产量进一步调减，比 2010 年减少 497 万立方米，集体林区木材产量普遍增长，全国商品材总产量与 2010 年基本持平，为 8 145.92 万立方米（图 3-4）。

在全部木材产量中，原木产量 7 449.64 万立方米，比 2010 年减少 0.85%；薪材产量 696.28 万

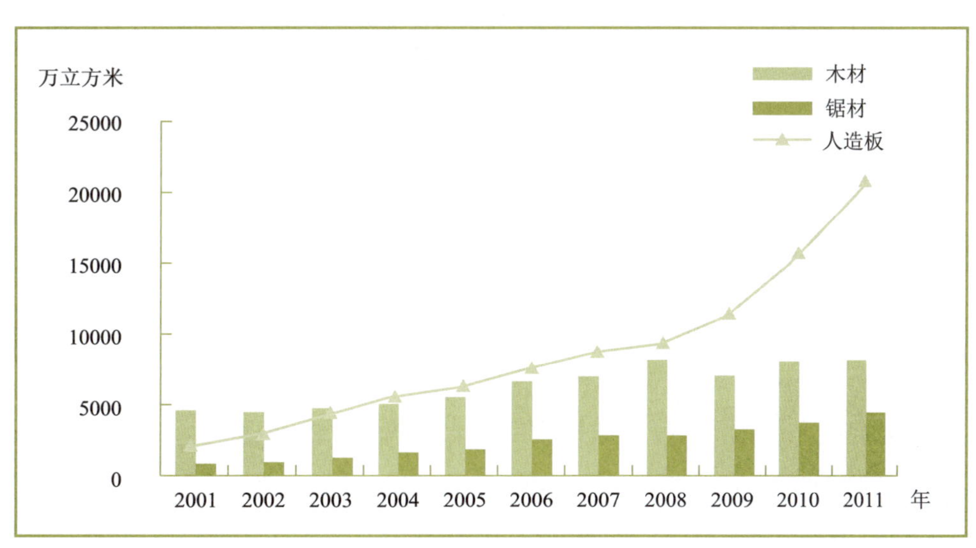

图 3-4　2001 ～ 2011 年全国木材及主要林产工业产品产量

立方米，比 2010 年增长 20.80%。木材产量按生产单位分，林业系统内国有企业单位生产的木材大幅减少，减为 813.75 万立方米；系统内国有林场、事业单位生产木材 1 220.12 万立方米；系统外企、事业单位采伐自营林地的木材 301.67 万立方米；乡（镇）集体企业及单位生产木材产量 535.68 万立方米；村及村以下各级组织和农民个人生产的木材 5 274.70 万立方米。2011 年农民自用材采伐量 668.79 万立方米，农民烧材采伐量 2 150.62 万立方米。

2. 锯材与木片、木粒加工产品产量

2011 年，锯材产量为 4 460.25 万立方米，比 2010 年增长 19.81%。木片、木粒加工产品 2 237.33 万实积立方米，比 2010 年增长 19.42%。

3. 人造板产量

近年来，我国人造板产量保持高速增长，2011 年产量首次突破 2 亿立方米，达到 20919.29 万立方米，比 2010 年增长 36.19%。

受日本地震灾区恢复重建等因素影响，山东、江苏等地的胶合板和刨花板产量大幅增长。在全部人造板产量中，胶合板 9 869.63 万立方米，比 2010 年增长 38.24%，占全部人造板产量的 47.18%；纤维板 5 562.12 万立方米，比 2010 年增长 27.73%，占全部人造板产量的 26.59%，其中中密度纤维板产量为 4 973.41 万立方米；刨花板产量 2 559.39 万立方米，比 2010 年增长 102.45%，占全部人造板产量的 12.23%；其他人造板 2 928.15 万立方米（细木工板占 69.47%），比 2010 年增长 12.52%，占全部人造板产量的 14.00%（图 3-5）。

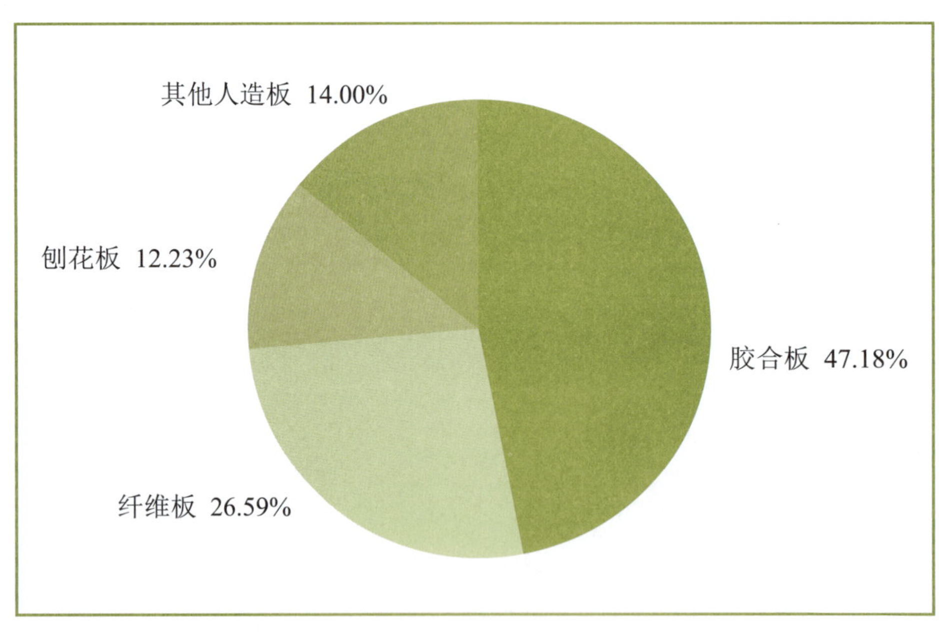

图 3-5　2011 年全国人造板产量结构

从分省情况看，山东、江苏、广西、河南、河北、安徽、福建和广东 8 省（自治区）产量均超过 700 万立方米，8 省（自治区）人造板产量共计 17 121.50 万立方米，占全国人造板总产量的 81.85%，其中山东突破 6 000 万立方米，江苏突破 3 000 万立方米，广西突破 2 000 万立方米（图 3-6）。

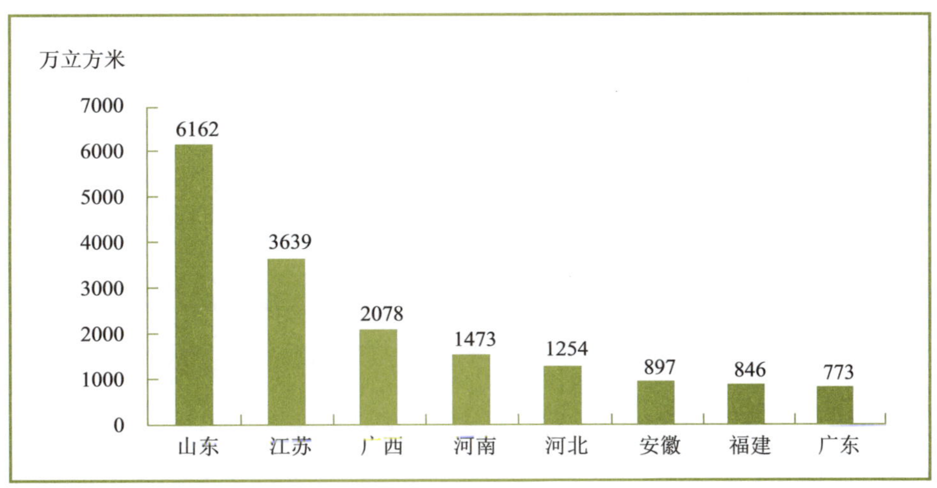

图 3-6　2011 年人造板产量位列前 8 名省份

4. 木竹地板产量

2011 年木竹地板产量达到 6.29 亿平方米，比 2010 年增长 31.29%。在木竹地板产量中，实木木地板 1.22 亿平方米，占全部木竹地板产量的 19.44%；复合木地板 3.57 亿平方米，占全部木竹地板产量的 56.70%；其他木地板 1.03 亿平方米；竹地板 0.47 亿平方米。江苏省和浙江省是木竹地板产量最大的省份，产量分别达到 1.83 亿平方米和 1.15 亿平方米。

5. 林产化工产品产量

2011 年，全国松香类产品产量 141.30 万吨，比 2010 年增长 6.02%。松节油类产品产量 18.17 万吨，比 2010 年增长 14.73%。樟脑产量 1.30 万吨，冰片 665 吨，栲胶类产品 9 129 吨，紫胶类产品产量 2 966 吨。

3.5　林业主要产品销售价格

2011 年全国主要林业工业产品销售价格普遍上涨。木材综合平均价格为每立方米 748 元，比 2010 年提高 7.01%；竹材综合平均价格为每根 7 元，价格没有变化；锯材综合平均价格为每立方米 1 145 元，比 2010 年提高 4.09%；木片综合平均价格为每实积立方米 861 元，比 2010 年提高 37.98%；木地板综合平均价格为每平方米 132 元，比 2010 年提高 5.60%；胶合板综合平均价格为每立方米 2 056 元，比 2010 年提高 24.61%；中密度纤维板综合平均价格为每立方米 1 699 元，比 2010 年提高 13.57%；刨花板综合平均价格为每立方米 1 067 元，比 2010 年下降 5.58%；林化产品中，松香综合平均价格为每吨 12 885 元，比 2010 年提高 21.71%；栲胶综合平均价格为每吨 7 879 元，比 2010 年下降 7.23%；紫胶综合平均价格为每吨 17148 元，比 2010 年提高 9.59%。

3.6　林业利用外资情况

2011 年，我国林业利用外资项目个数为 272 个，实际利用外资规模达到 16.99 亿美元，比

2010年增长158.56%，其中国外借款10.53亿美元，外商直接投资5.48亿美元，无偿援助0.98亿美元，分别占林业实际利用外资总规模的61.97%、32.24%和5.79%。林业实际利用外商直接投资金额占全国实际利用外商直接投资金额的1.46%。

3.7 林业企业景气状况

林业企业景气指数与全国企业景气指数比较，林业企业景气指数低于全国企业景气指数，反映林业企业经营效益低，企业盈利能力低于全国水平（表3-1）。

表3-1 2011年我国林业企业景气指数

项目		全国企业景气指数	林业企业景气指数（木竹加工、家具、造纸）	木材加工及木、竹、藤、棕、草企业	家具制造业	造纸及纸制品业
2011年	一季度	133.8	116.5	109.9	123.9	115.7
	二季度	135.6	118.9	113.7	124.7	118.4
	三季度	133.4	117.5	109.3	125.2	117.9
	四季度	128.2	108.9	103.0	119.5	104.2
2010年	一季度	132.9	112.2	110.8	112.3	113.4
	二季度	135.9	121.3	121.2	125.5	117.3
	三季度	137.9	122.1	123.8	124.3	118.2
	四季度	138.0	117.8	115.6	120.1	117.6
2009年	一季度	105.6	80.9	81.5	75.6	85.7
	二季度	115.9	93.0	90.6	94.8	93.5
	三季度	124.4	106.3	100.1	103.3	115.4
	四季度	130.6	118.2	118.3	123.9	112.5
2008年	一季度	136.2	126.3	124.0	122.6	132.3
	二季度	137.4	124.7	125.8	120.3	127.9
	三季度	128.6	118.0	118.0	111.5	124.5
	四季度	107.0	97.0	93.1	98.9	99.0

2011年一季度林业企业景气指数116.5，比全国企业2011年一季度景气指数133.8低17.3，同比增加4.3，环比减少1.3。木材加工及木、竹、藤、棕、草企业景气指数为109.9，同比减少0.9，环比减少5.7。家具制造企业景气指数为123.9，同比增加11.6，环比增加3.8。造纸及纸制品企业景气指数为115.7，同比增加2.3，环比减少1.9。

2011年二季度林业企业景气指数118.9，比全国企业2011年二季度景气指数135.6低16.7，同比减少2.4，环比增加6.7。木材加工及木、竹、藤、棕、草企业景气指数为113.7，同比减少7.5，环比增加2.9。家具制造企业景气指数为124.7，同比减少0.8，环比增加12.4。造纸及纸制品企业景气指数为118.4，同比增加1.1，环比增加5.0。

2011年三季度林业企业景气指数117.5，比全国企业2011年三季度景气指数133.4低15.9，同比减少4.6，环比减少3.8。木材加工及木、竹、藤、棕、草企业景气指数为109.3，同比减少14.5，环比减少11.9。家具制造企业景气指数为125.2，同比增加0.9，环比减少0.3。造纸及纸制品企业景气指数为117.9，同比减少0.3，环比增加0.6。

2011年四季度林业企业景气指数108.9，比全国企业2011年四季度景气指数128.2低19.3，同比减少8.9，环比减少13.2。木材加工及木、竹、藤、棕、草企业景气指数为103，同比减少12.6，环比减少20.8。家具制造企业景气指数为119.5，同比减少0.6，环比减少4.8。造纸及纸制品企业景气指数为104.2，同比减少13.4，环比减少14.0。

3.8 中国在国际林产品贸易中的地位

2011年，我国林产品进出口贸易受欧美传统市场需求减弱影响，出口增速放缓，但与巴西、印度等新兴市场国家林产品贸易增势良好，总体上保持稳定增长。根据海关统计数据汇总分析，2011年全国林产品进出口贸易总额为1 204.5亿美元，比2010年增长28.4%，占全国全部货物进出口总额3.31%（2011年全国货物进出口总额36 421亿美元，比上年增长22.5%，占国内生产总值471564亿元的7.72%）。

表3-2 2008～2009年世界主要木质林产品出口额前10位的国家

国家	2009年（亿美元）	占世界林产品出口额百分比（%）	国家	2008年（亿美元）	占世界林产品出口额百分比（%）
世界合计	1 855.72	100	世界合计	2 354.92	100
德　国	185.07	9.97	加拿大	240.05	10.19
美　国	176.12	9.49	德国	236.78	10.05
加拿大	171.03	9.22	美国	224.6	9.54
瑞　典	141.22	7.61	瑞典	171.8	7.30
芬　兰	110.95	5.98	芬兰	152.04	6.46
中　国	84.86	4.57	俄罗斯	106.19	4.51
俄罗斯	76.99	4.15	中国	97.14	4.12
法　国	67.02	3.61	法国	87.26	3.71
奥地利	64.07	3.45	奥地利	83.03	3.53
巴　西	57.44	3.10	巴西	79.16	3.36
前10位小计	1 134.75	61.15	前10位小计	1 478.05	62.76

数据来源：联合国粮农组织

表 3-3　2008 ～ 2009 年世界主要木质林产品进口额前 10 位的国家

国家	2009 年（亿美元）	占世界林产品出口额百份比（%）	国家	2008 年（亿美元）	占世界林产品出口额百份比（%）
世界合计	1 903.53	100	世界合计	2 439.88	100
中　国	224.36	11.79	中国	294.42	12.07
美　国	172.16	9.04	美国	244.11	10.00
德　国	158.01	8.30	德国	207.75	8.51
日　本	99.19	5.21	日本	125	5.12
英　国	90.94	4.78	英国	117.76	4.83
意大利	87.97	4.62	法国	117.34	4.81
法　国	87.05	4.57	意大利	114.28	4.68
荷　兰	57.62	3.03	荷兰	78.47	3.22
比利时	57.57	3.02	比利时	73.04	2.99
西班牙	49.51	2.60	西班牙	67.94	2.78
前 10 位小计	1 084.39	56.97	前 10 位小计	1 440.10	59.02

数据来源：联合国粮农组织

第四章 森林培育监测

4.1 理论模型

森林培育是整个林业生产的关键环节，是林业生产的起点。营林成本的高低直接关系着林产品价格的高低及其在市场的竞争力大小。为了对各林种的营林费用进行细致、准确核算，故本研究依据林业勘测设计院对成本研究的结果进行了理论模型设计。森林培育成本包括生产准备费、造林费（种苗费、整地费、栽植费、补植费）、抚育费（中幼林抚育、成熟林抚育）、森林保护费、管理费（含折旧费、修理养路费）、林地使用租金等各阶段的生产费用。其理论数学表达式为：

$$C=c_1+c_2+c_3+c_4+c_5+c_6=\sum_{i=1}^{n}c_i$$

式中，C ——营林成本；

c_1——生产准备费用；

c_2——造林费用；

c_3——抚育费；

c_4——森林保护费；

c_5——管理费；

c_6——其他费用。

本次的林业产业成本监测主要以用材林和经济林的主要树种为对象，其中经济林监测包括杉木、杨树、马尾松、湿地松、泡桐及桉树；经济林主要对油茶、苹果、梨、板栗、核桃、枣、葡萄及茶叶等进行了计算。

4.2 监测结果

本次森林培育成本监测结果主要是根据国家林业局经济发展研究中心产业室林业产业监测课题组 2011 年样本点监测数据平均值进行计算、统计，其中精度 $\alpha \leqslant 0.05$。成本核算主要依据上述理论模型进行核算，但由于树种的不同有些少许的差异；在进行技术经济评价时，选择折现率 r 以 2011 年我国的银行贷款利率 7.05%［金融机构人民币存款基准利率表—贷款利率表（2011 年 7 月 7

日开始执行］作为标准，进行后续运算。

4.2.1 用材林培育成本监测结果

树种 1：杉木

杉木是我国南方的主要树种，也是我国分布较广的用材树种，我国整个杉木分布区可分为 3 个带，北带相当于植被区划的北亚热带，属杉木分布的北部边缘；中带相当于中亚热带，其东部和中部都是杉木的中心产区，如贵州东南部、湖南西南部、广西北部、广东北部、江西南部、福建北部、浙江南部等是历史上杉木的著名产地；南带相当于南亚热带，属杉木分布的南部边缘，林业杉木生产周期根据用材类型的不同，有不同的经营方案，根据用材林的标准，生长周期为 20 年的预测其整个生长周期内蓄积量会达到 12.8 立方米 / 亩。

（1）成本监测

根据森林培育理论模型，构建杉木成本核算模型为：

杉木的营林成本 = 生产准备费用 + 造林费用 + 抚育费 + 森林保护费 + 管理费 + 其他费用

通过上述模型，以样本地监测数据为基础进行整理，结果显示：杉木每亩的营林费用为 739.24 元，其中生产准备费用为 53.6 元，占总营林费用的 7.25%；造林费用为 266.4 元，占总营林费用的 36.04%；抚育费为 206.4 元，占总营林费用的 27.92%；森林保护费为 34.4 元，占总营林费用的 4.65%；管理费为 79.2 元，占总营林费用的 10.71%；其他费用为 99.2 元，占总营林费用的 13.42%，具体见表 4-1。

表 4-1 杉木森林培育成本构成

项目	监测数据（元）	成本构成（%）	备注
每亩成本合计	739.20	100	
1. 生产准备费	53.60	7.25	
2. 造林费	266.40	36.04	
种苗费	64	8.66	
整地费	168.80	22.84	
栽植费	26.40	3.57	
补植费	7.20	0.97	
3. 抚育费	206.40	27.92	
中幼林抚育	206.40	27.92	前二年抚育折算到第一年
成熟林抚育	0	0	
4. 森林保护费	34.40	4.65	
5. 管理费	79.20	10.71	
6. 林地使用租金		0	暂不考虑地租
7. 其他费用	99.20	13.42	

数据来源：中国林业产业监测项目组监测点数据计算所得，2011

（2） 经济分析

为给杉木培育投资者一直观认识，本报告以杉木核心区杉木生产为基础，以 20 年作为经营核算周期，以 2011 年我国的银行贷款利率 7.05%［金融机构人民币存款基准利率表—贷款利率表（2011 年 7 月 7 日开始执行）］作为折现率，中幼林的抚育费用已按照用工量折算标准换算到第一年投资中，其理论生长量、间伐时间及采伐时的估算价格，具体见表 4-2，以核心区的出材率（70%）作为基本出材率。

表 4-2 杉木生长量（蓄积量）等基础数据

生长周期（年）	0～n	n+1	n+2	……	n+i	……	n+j	……	n+k
年生长量（立方米）	幼苗	0.6	0.6	0.6	0.6	0.8	0.8	1	
间伐及采伐量（立方米）					1		2		9.8
价格（元 / 立方米）					960		1 050		1 150
注：2011 年经营水平；n=(3) 年，i=(5) 年；j=(11) 年，k=(17) 年									

构建杉木收益核算模型为：杉木总收益 = 整个生长周期的总收益－总成本，即

$$\text{杉木总收益}=\frac{\text{第}(n+i)\text{年间伐的蓄积量*出材率*间伐当年价格}}{(1+7.05\%)^{n+i-1}}+\frac{\text{第}(n+j)\text{年间伐的蓄积量*出材率*间伐当年价格}}{(1+7.05\%)^{n+j-1}}$$
$$+\frac{\text{第}(n+k)\text{年采伐的蓄积量*出材率*采伐当年价格}}{(1+7.05\%)^{n+k-1}}-\text{第一年末生产成本}$$

根据成本数据及基础数据，计算出杉木营林第一年末成本为 739.20 元 / 亩；把第一次、第二次间伐及最终采伐的收益折算到第一年末，第八年间伐收益为 417.12 元 / 亩，第十四年间伐收益为 638.72 元 / 亩；第二十年采伐收益为 3 427.78 元 / 亩，实现总收益 4 483.62 元 / 亩；实现净收益为 3 744.42 元 / 亩。

树种 2：桉树

桉树是世界著名的三大速生树种之一，其适应性强，材种多样，用途广泛，经济价值高，是十分难得的短周期工业用材树种，一般 7 年可采伐利用，其蓄积量可达到 13.2 立方米 / 亩。桉树是我国南方主要的经济树种，主要分布在广东、广西壮族自治区、海南省、湖南省、江西省、云南省、贵州省、四川省等地。

（1） 成本监测

根据森林培育理论模型，构建桉树成本核算模型为：

桉树的营林成本 = 生产准备费用 + 造林费用 + 抚育费 + 森林保护费 + 管理费 + 其他费用

通过上述模型，以样本地监测数据为基础进行整理及核算，得出监测结果为：桉树每亩的营林

费用为 1354.4 元，其中生产准备费用为 53.6 元，占总营林费用的 3.96%；造林费用为 289.6 元，占总营林费用的 21.38%；抚育费为 790.4 元，占总营林费用的 58.36%；森林保护费为 34.4 元，占总营林费用的 2.54%；管理费为 82.4 元，占总营林费用的 6.08%；其他费用为 104.0 元，占总营林费用的 7.68%，具体见表 4-3。

表 4-3　桉树森林培育成本构成表

项目	监测数据（元）	成本构成（%）	备注
每亩成本合计	1354.40	100	
1. 生产准备费	53.60	3.96	
2. 造林费	289.60	21.38	
种苗费	70.40	5.20	
整地费	191.20	14.12	
栽植费	22.40	1.65	
补植费	5.60	0.41	
3. 抚育费	790.40	58.36	
中幼林抚育	790.40	58.36	前二年抚育折算到第一年
成熟林抚育	0	0	
4. 森林保护费	34.40	2.54	
5. 管理费	82.40	6.08	
6. 林地使用租金		0	暂不考虑地租
7. 其他费用	104	7.68	

数据来源：中国林业产业监测项目组项目点监测数据计算所得，2011

（2）经济分析

为给桉树种植投资者初步认识，本报告以 7 年作为经营核算周期，以 2011 年我国的银行贷款利率 7.05%［金融机构人民币存款基准利率表—贷款利率表（2011 年 7 月 7 日开始执行）］作为折现率，中幼林的抚育费用已按照用工量折算标准换算到第一年投资中，其理论生长量、间伐时间及采伐时的估算价格，具体见表 4-4，以核心区的出材率（65%）作为基本出材率。

表 4-4　桉树生长量（蓄积量）等基础数据

生长周期（年）	0～n	n+1	n+2	……	n+i	……	n+j	……	n+k
年生长量（立方米）	幼苗	1.2	1.8	2.3		2.8			2.3
间伐及采伐量（立方米）					1		2		10.2

（续）

生长周期（年）	0 ～ n	n+1	n+2	……	n+i	……	n+j	……	n+k
价格（元 / 立方米）					400		500		500
注：2011 年经营水平；n=(1) 年，i=(3) 年，j=(5) 年，k=(6) 年									

构建桉树收益核算模型为：桉树总收益 = 整个生长周期的总收益－总成本，即

$$\text{桉树总收益}=\frac{\text{第}(n+i)\text{年间伐的蓄积量*出材率*间伐当年价格}}{(1+7.05\%)^{n+i-1}}+\frac{\text{第}(n+j)\text{年间伐的蓄积量*出材率*间伐当年价格}}{(1+7.05\%)^{n+j-1}}+\frac{\text{第}(n+k)\text{年采伐的蓄积量*出材率*采伐当年价格}}{(1+7.05\%)^{n+k-1}}-\text{第一年末生产成本}$$

根据成本数据、基础数据及基础数据，计算出桉树营林第一年末成本为 1354.4 元 / 亩；把第一次、第二次间伐及最终采伐的收益折算到第一年末，第四年间伐收益为 211.94 元 / 亩，第六年间伐收益为 462.36 元 / 亩；第六年采伐收益为 2 202.74 元 / 亩，实现总收益为 2 877.04 元 / 亩；实现净收益 1 522.64 元 / 亩。

树种 3：马尾松

马尾松是我国南部主要材用树种，经济价值高，其分布极为广泛，北自河南及山东南部，南至两广、台湾，东自沿海，西至四川中部及贵州，遍布于华中华南各地。一般在长江下游海拔 600 ～ 700 米、中游 1 200 米以下，上游 1 500 米以下均有分布。其一般生长周期为 30 年，亩蓄积量可以达到 13.6 立方米。

（1）成本监测

根据森林培育理论模型，构建马尾松成本核算模型为：

马尾松营林成本 = 生产准备费 + 造林费用 + 抚育费 + 森林保护费 + 管理费 + 其他费用

通过上述模型，以样本地监测数据为基础进行整理及核算，得出监测结果为：马尾松每亩的营林费用为 723.2 元，其中生产准备费用为 53.6 元，占总营林费用的 7.41%；造林费用为 255.2 元，占总营林费用的 35.29%；抚育费为 206.4 元，占总营林费用的 28.54%；森林保护费为 34.4 元，占总营林费用的 4.76%；管理费为 76.8 元，占总营林费用的 10.62%；其他费用为 96.8 元，占总营林费用的 13.38%，具体见表 4-5。

表 4-5 马尾松培育营林成本构成表

项目	监测数据（元）	成本构成（%）	备注
每亩成本合计	723.20	100	
1. 生产准备费	53.60	7.41	
2. 造林费	255.20	35.29	

（续）

项目	监测数据（元）	成本构成（%）	备注
种苗费	52.80	7.30	
整地费	168.80	23.34	
栽植费	26.40	3.65	
补植费	7.20	1.00	
3. 抚育费	206.40	28.54	
中幼林抚育	206.40	28.54	前二年抚育折算到第一年
成熟林抚育	0	0	
4. 森林保护费	34.40	4.76	
5. 管理费	76.80	10.62	
6. 林地使用租金		0	暂不考虑地租
7. 其他费用	96.80	13.38	

数据来源：中国林业产业监测项目组项目点监测数据计算所得，2011

（2）经济分析

本报告对马尾松进行技术经济评价以 30 年作为经营核算周期，以 2011 年我国的银行贷款利率 7.05%［金融机构人民币存款基准利率表－贷款利率表（2011 年 7 月 7 日开始执行）］作为折现率，中幼林的抚育费用已按照用工量折算标准换算到第一年投资中，其理论生长量、间伐时间及采伐时的估算价格，具体见表 4-6，以核心区的出材率（60%）作为基本出材率。

表 4-6　马尾松生长量（蓄积量）等基础数据表

生长周期（年）	0～n	n+1	n+2	……	n+i	……	n+j	……	n+k
年生长量（立方米）		0.3	0.3	0.3	0.3	0.5	0.5	0.8	
间伐及采伐量（立方米）	幼苗	0.3	0.3	0.3	1	0.5	2	0.8	10.6
价格（元 / 立方米）					900		1 000		1 300
注：2011 年经营水平；n=(4) 年，i=(8) 年，j=(16) 年，k=(26) 年									

构建马尾松收益核算模型为：马尾松总收益＝整个生长周期的总收益－总成本，即

$$\text{马尾松总收益}=\frac{\text{第}(n+i)\text{年间伐的蓄积量*出材率*间伐当年价格}}{(1+7.05\%)^{n+i-1}}+\frac{\text{第}(n+j)\text{年间伐的蓄积量*出材率*间伐当年价格}}{(1+7.05\%)^{n+j-1}}+\frac{\text{第}(n+k)\text{年采伐的蓄积量*出材率*采伐当年价格}}{(1+7.05\%)^{n+k-1}}-\text{第一年末生产成本}$$

根据成本数据及基础数据，计算出马尾松营林第 1 年末成本为 723.2 元 / 亩；把第一次、第二次间伐及最终采伐的收益折算到第一年末，第 12 年间伐收益为 255.24 元 / 亩，第 20 年间伐收益为 328.88 元 / 亩，第 30 年采伐收益为 1 146.53 元 / 亩，实现总收益为 1 730.65 元 / 亩，净收益为 1 007.45 元 / 亩。

树种 4：杨树

杨树在中国有 50 多种。木材用作民用建筑材、生产家具、火柴梗、锯材等，同时也是人造板及纤维用材；叶是良好的饲料。杨树又是用材林、防护林和四旁绿化的主要树种。

（1）成本监测

为更好地指导杨树生产，对其成本进行科学、合理核算，故构筑杨树成本核算模型为：

杨树营林成本 = 造林费用 + 抚育费 + 森林保护费 + 管理费 + 其他费用

通过上述模型，以样本地监测数据为基础进行整理及核算，得出监测结果为：杨树每亩的营林费用为 1 071 元，其中造林费用为 593.68 元，占总营林费用的 55.41%, 其中种苗费用为 110 元，占总成本的 10.27%，整地费为 380 元，占总成本的 35.47%，栽植费为 82.50 元，占总成本的 7.70%，补植费用为 21.18 元，占总成本的 1.98%；抚育费为 200 元，占总营林费用的 18.67%，其中，中幼林抚育为 120 元，占总成本的 11.20%，成熟林抚育为 80 元，占总成本的 7.47%；森林保护费为 45.7 元，占总成本的 4.27%；管理费 100 元，占总成本的 9.33%；其他费用为 132 元，占总成本的 12.32%，具体见表 4-7。

表 4-7　杨树培育营林成本构成

项目	监测数据（元）	成本构成（%）	备注
每亩成本合计	1071.38	100	
1. 生产准备费		0	
2. 造林费	593.68	55.41	
种苗费	110	10.27	
整地费	380	35.47	
栽植费	82.50	7.70	
补植费	21.18	1.98	
3. 抚育费	200	18.67	已折算到第一年末
中幼林抚育	120	11.20	
成熟林抚育	80	7.47	
4. 森林保护费	45.70	4.27	
5. 管理费	100	9.33	
其中：折旧、修理养路费		0	

（续）

项目	监测数据（元）	成本构成（%）	备注
6. 林地使用租金		0	暂不考虑地租
7. 其他费用	132	12.32	

数据来源：中国林业产业监测项目组项目点监测数据计算所得，2011

（2）经济分析

本报告对马尾松进行技术经济评价以 14 年作为经营核算周期，以 2011 年我国的银行贷款利率 7.05%［金融机构人民币存款基准利率表－贷款利率表（2011 年 7 月 7 日开始执行）］作为折现率，中幼林的抚育费用已按照用工量折算标准换算到第一年投资中，其理论生长量、间伐时间及采伐时的估算价格，具体见表 4-8，以核心区的出材率（60%）作为基本出材率。

表 4-8　杨树生长量（蓄积量）等基础数据表

生长周期（年）	0 ～ n	n+1	n+2	……	n+i	……	n+j	……	n+k
年生长量（立方米）	幼苗	0.8	0.8	1	1	1.1	1.1	1.3	
间伐及采伐量（立方米）					1		2		8.6
价格（元 / 立方米）					638		668		940
注：2011 年经营水平；n=(2) 年，i=(5) 年，j=(9) 年，k=(12) 年									

构建杨树收益核算模型为：总收益 = 整个生长周期的总收益－总成本，即

$$\text{杨数总收益}=\frac{\text{第}(n+i)\text{年间伐的蓄积量*出材率*间伐当年价格}}{(1+7.05\%)^{n+i-1}}+\frac{\text{第}(n+j)\text{年间伐的蓄积量*出材率*间伐当年价格}}{(1+7.05\%)^{n+j-1}}+\frac{\text{第}(n+k)\text{年采伐的蓄积量*出材率*采伐当年价格}}{(1+7.05\%)^{n+k-1}}-\text{第一年末生产成本}$$

根据成本数据及基础数据，计算出营林第 1 年末成本为 1 071.38 元 / 亩；把第一次、第二次间伐及最终采伐的收益折算到第一年末，第七年间伐收益为 254.36 元 / 亩，第十一年间伐收益为 405.59 元 / 亩；第十四年采伐收益为 2 000.56 元 / 亩，实现每亩总收益为 2 660.51 元 / 亩；实现净收益为 1 589.13 元 / 亩。

树种 5：湿地松

湿地松是一种良好的广普性园林绿化树种，它既抗旱又耐涝、耐瘠，有良好的适应性和抗逆力，因此，在世界上分布极广，中国山东以南的大片国土皆适宜栽培；它还是很好的经济树种，油脂和木材的收益率都很高，一般栽植后 10 年就可达到平均每亩 2 000 元左右的收益。

（1）成本监测

为了更好地指导我国湿地松生产，对其生产进行准确、科学的核算，对其成本进行监测，故构造湿地松成本核算模型为：

湿地松的营林成本 = 生产准备费用 + 造林费用 + 抚育费 + 森林保护费 + 管理费 + 其他费用

通过上述模型，以样本地监测数据为基础进行整理及核算，得出监测结果为：湿地松每亩的营林费用为 755.35 元，其中生产准备费用为 100 元，占总营林费用的 13.24%；造林费用为 458.65 元，占总营林费用的 60.72%；抚育费为 120 元，占总营林费用的 15.87%；森林保护费为 45.7 元，占总营林费用的 6.05%；管理费为 25 元，占总营林费用的 3.31%；其他费用为 6 元，占总营林费用的 0.79%，具体见表 4-9。

表 4-9 湿地松森林培育成本构成

项目	监测数据（元）	成本构成（%）	备注
每亩成本合计	755.35	100	
1. 生产准备费	100	13.24	
2. 造林费	458.65	60.72	
种苗费	48.40	6.41	
整地费	380	50.31	
栽植费	30.25	4	
补植费		0	
3. 抚育费	120	15.87	
中幼林抚育	120	15.87	中幼林抚育费用折算到第一年
成熟林抚育	0	0	
4. 森林保护费	45.70	6.05	
5. 管理费	25	3.31	
6. 林地使用租金		0	暂不考虑地租
7. 其他费用	6	0.79	

数据来源：中国林业产业监测项目组项目点监测数据计算所得，2011

（2）经济分析

本报告对湿地松进行技术经济评价以 30 年作为经营核算周期，以 2011 年我国的银行贷款利率 7.05%［金融机构人民币存款基准利率表－贷款利率表（2011 年 7 月 7 日开始执行）］作为折现率，中幼林的抚育费用已按照用工量折算标准换算到第一年投资中，其理论生长量、间伐时间及采伐时的估算价格，具体见表 4-10，以核心区的出材率（65%）作为基本出材率。

表 4-10 湿地松生长量（蓄积量）等基础数据

生长周期（年）	0 ～ n	n+1	n+2	……	n+i	……	n+j	……	n+k
年生长量（立方米）	幼苗	0.4	0.4	0.4	0.4	0.6	0.6	0.8	
间伐及采伐量（立方米）					1		2		13.4
价格（立方米）					800		900		1 200
注：2011 年经营水平；n=(3) 年，i=(6) 年，j=(16) 年，k=(27) 年									

构建湿地松收益核算模型为：总收益 = 整个生长周期的总收益－总成本，即

$$\text{湿地松总收益}=\frac{\text{第}(n+i)\text{年间伐的蓄积量*出材率*间伐当年价格}}{(1+7.05\%)^{n+i-1}}+\frac{\text{第}(n+j)\text{年间伐的蓄积量*出材率*间伐当年价格}}{(1+7.05\%)^{n+j-1}}+\frac{\text{第}(n+k)\text{年采伐的蓄积量*出材率*采伐当年价格}}{(1+7.05\%)^{n+k-1}}-\text{第一年末生产成本}$$

根据成本数据、基础数据及基础数据，计算出营林第 1 年末成本为 755.35 元 / 亩；把第一次、第二次间伐及最终采伐的收益折算到第一年末，第九年间伐收益为 301.52 元 / 亩，第十九年间伐收益为 343.26 元 / 亩；第三十年采伐收益为 1 449.39 元 / 亩，实现总收益为 2 094.17 元 / 亩；实现净收益 1 338.82 元 / 亩。

树种 6：落叶松

落叶松为松科落叶松属的落叶乔木，是我国东北、内蒙古林区以及华北、西南的高山针叶林的主要森林组成树种，是东北地区主要三大针叶用材林树种之一。落叶松的天然分布很广，它是一个寒温带及温带的树种，在针叶树种中是最耐寒的，垂直分布达到森林分布的最上限。

（1）成本监测

为了更好地指导我国落叶松生产，对其生产进行准确、科学的核算，对其成本进行监测，故构造落叶松成本核算模型为：

落叶松的营林成本 = 生产准备费用 + 造林费用 + 抚育费 + 森林保护费 + 管理费 + 其他费用

通过上述模型，以样本地监测数据为基础进行整理及核算，得出监测结果为：落叶松每亩的营林费用为 1 273.92 元，其中生产准备费用为 100 元，占总营林费用的 7.85%；造林费用为 978.2 元，占总营林费用的 76.79%；抚育费为 120 元，占总营林费用的 9.42%；其他费用为 75.72 元，占总营林费用的 5.94%，具体见表 4-11。

表 4-11 落叶松森林培育成本构成

项目	监测数据（元）	成本构成（%）	备注
每亩成本合计	1273.92	100	
1. 生产准备费	100	7.85	
2. 造林费	978.20	76.79	
种苗费	132	8.66	
整地费	360	22.84	
栽植费	473	3.57	
补植费	13.2	0.97	
3. 抚育费	120	9.42	
中幼林抚育		0	
成熟林抚育			
4. 林地使用租金			暂不考虑地租
5. 其他费用	75.72	5.94	

数据来源：中国林业产业监测项目组项目点监测数据计算所得，2011

（2）经济分析

本报告对落叶松进行技术经济评价以 60 年作为经营核算周期，以 2011 年我国的银行贷款利率 7.05%［金融机构人民币存款基准利率表－贷款利率表（2011 年 7 月 7 日开始执行）］作为折现率，中幼林的抚育费用已按照用工量折算标准换算到第一年投资中，其理论生长量、间伐时间及采伐时的估算价格，具体见表 4-12，以核心区的出材率（65%）作为基本出材率。

表 4-12 落叶松生长量（蓄积量）等基本数据

生长周期（年）	0 ～ n	……	$n+i$	……	$n+j$	……	$n+k$
年生长量（立方米）	幼苗	0.2	0.2	0.6	0.6	0.8	
间伐及采伐量（立方米）			1		3		13.1
价格（元 / 立方米）			1 108		1 200		1 300
注：2011 年经营水平；n=(5) 年，i=(15) 年，j=(30) 年，k=(55) 年							

构建落叶松收益核算模型为：总收益 = 整个生长周期的总收益－总成本，即

$$\text{落叶松总收益}=\frac{\text{第}(n+i)\text{年间伐的蓄积量*出材率*间伐当年价格}}{(1+7.05\%)^{n+i-1}}+\frac{\text{第}(n+j)\text{年间伐的蓄积量*出材率*间伐当年价格}}{(1+7.05\%)^{n+j-1}}$$

$$+\frac{\text{第}(n+k)\text{年采伐的蓄积量*出材率*采伐当年价格}}{(1+7.05\%)^{n+k-1}}-\text{第一年末生产成本}$$

根据成本数据及基础数据，计算出营林第一年末成本为 1273.92 元 / 亩；把第一次、第二次间伐及最终采伐的收益折算到第一年末，第二十年间伐收益为 197.38 元 / 亩，第三十五年间伐收益为 230.82 元 / 亩；第六十年采伐收益为 198.84 元 / 亩，实现总收益为 627.04 元 / 亩；亏损 646.88 元 / 亩。

树种 7：泡桐

泡桐属是泡桐科中仅有的一个属，是速生树种，除东北北部、内蒙古、新疆北部、西藏等地区外全国均有分布，栽培或野生，有些地区正在引种，主要用其木材。

（1）成本监测

为了更好地指导我国泡桐生产，对其生产进行准确、科学的核算，对其成本进行监测，故构造泡桐成本核算模型为：

泡桐的营林成本 = 生产准备费用 + 造林费用 + 抚育费 + 森林保护费 + 管理费 + 其他费用

通过上述模型，以样本地监测数据为基础进行整理及核算，得出监测结果为：泡桐每亩的营林费用为 1 053.33 元，其中生产准备费用为 67 元，占总营林费用的 6.36%；造林费用为 542.33 元，占总营林费用的 51.49%；抚育费为 320 元，占总营林费用的 30.38%；森林保护费为 45.7 元，占总营林费用的 4.34%；管理费为 99 元，占总营林费用的 9.40%；其他费用为 124 元，占总营林费用的 11.77%，具体见表 4-13。

表 4-13　泡桐培育成本构成

项目	监测数据（元）	成本构成（%）	备注
亩总成本	1053.33	100	
1. 生产准备费	67	6.36	
2. 造林费	542.33	51.49	
种苗费	84	7.97	
整地费	380	36.08	
栽植费	63	5.98	
补植费	15.33	1.46	
3. 抚育费	320	30.38	
中幼林抚育			所有抚育费用折算到第一年
成熟林抚育			
4. 森林保护费	45.70	4.34	
5. 管理费	99	9.40	
6. 林地使用租金			暂不考虑地租
7. 其他费用	124	11.77	

数据来源：中国林业产业监测项目项目点监测数据计算所得，2011

（2）经济分析

本报告对泡桐进行技术经济核算以10年作为经营核算周期，以2011年我国的银行贷款利率7.05%［金融机构人民币存款基准利率表－贷款利率表（2011年7月7日开始执行）］作为折现率，中幼林的抚育费用已按照用工量折算标准换算到第一年投资中，其理论生长量、间伐时间及采伐时的估算价格，具体见表4-14，以核心区的出材率（60%）作为基本出材率。

表 4-14　泡桐生长量（蓄积量）等基础数据

生长周期（年）	0～n	……	$n+i$	……	$n+j$	……	$n+k$
年生长量（立方米）	幼苗	1.2	1.2	1.7	1.7	1.5	
间伐及采伐量（立方米）			1		2		9.1
价格（元/立方米）			400		500		700
注：2011年经营水平；n=(1)年，i=(4)年，j=(6)年，k=(9)年							

构建泡桐收益核算模型为：总收益＝整个生长周期的总收益－总成本，即

$$泡桐总收益=\frac{第(n+i)年间伐的蓄积量*出材率*间伐当年价格}{(1+7.05\%)^{n+i-1}}+\frac{第(n+j)年间伐的蓄积量*出材率*间伐当年价格}{(1+7.05\%)^{n+j-1}}+\frac{第(n+k)年采伐的蓄积量*出材率*采伐当年价格}{(1+7.05\%)^{n+k-1}}-第一年末生产成本$$

根据成本数据及基础数据，计算出营林第一年末成本为1 053.33元/亩；把第一次、第二次间伐及最终采伐的收益折算到第一年末，第五年间伐收益为182.75元/亩，第七年间伐收益为398.69元/亩；第十年采伐收益为2 070.19元/亩，实现总收益2 651.63元/亩；净收益1 598.30元/亩。

4.2.2　经济林培育成本监测结果

树种1：油茶

油茶属于茶科油茶属常绿小乔木，因其种子可榨油供食用而得名。油茶叶部含有花黄素、茶碱等，是医药工业的原料，木材可做小型农具。油茶是世界四大木本油料作物之一，它生长在我国南方亚热带地区的高山及丘陵地带，是中国的高级油料，产区主要集中在浙江、江西、湖南、广西4省（自治区）。

（1）成本监测

为了更好地指导我国油茶生产，对其生产进行准确、科学的核算，对其成本进行监测，故构造油茶成本核算模型为：

油茶的营林成本＝生产准备费用＋造林费用＋抚育费＋森林保护费＋管理费＋其他费用

通过上述模型，以样本地监测数据为基础进行整理及核算，得出监测结果为：油茶每亩的营林费用为637.20元，其中苗木费用为145.2元，占总营林费用的22.79%；栽植费用为360元，占总营林费用的56.50%；管理费为120元，占总营林费用的18.83%；其他费用为2元，占总营林费用的0.31%，具体见表4-15。

表4-15　油茶培育成本构成

项目	监测数据（元）	成本构成（%）	备注
每亩成本合计	637.20	100	
1. 生产准备费		0	
2. 造林费	515.20	80.85	
种苗费	145.20	22.79	
整地费		0	
栽植费	360	56.50	
补植费	10	1.57	
3. 管理费	120	18.83	
6. 林地使用租金		0	暂不考虑地租
7. 其他费用	2	0.31	

数据来源：中国林业产业监测项目组项目点监测数据计算所得，2011

（2）经济分析

为给油茶培育投资者一直观认识，本报告以油茶核心区油茶生产为基础，以10年作为经营核算周期，以2011年我国的银行贷款利率7.05%［金融机构人民币存款基准利率表－贷款利率表（2011年7月7日开始执行）］作为折现率，一般情况下干油茶籽收购价5元/斤，青茶果收购价0.7元/斤，油茶产量及相对应价格见表4-16。

表4-16　油茶年产量及对应价格

经营周期（年）	1	2	3	4	5	6	7	8	9	10	年平均
油茶果（千克/亩）				121.09	171.12	241.1	343.11	387.96	272.95	202.83	248.59

构建油茶收益核算模型为：总收益＝整个生长周期的总收益－总成本，即

$$\text{油茶总收益}=\sum_{n=1}^{n}\frac{\text{第}i\text{年油茶亩产量*当年价格}}{(1+7.05\%)^{i}}-\sum_{i=1}^{n}\frac{\text{第}i\text{年油茶经营成本}}{(1+7.05\%)^{i}}$$

前期总成本为 637.20 元 / 亩，后期每年需要管理抚育、除草 1 个工，工价为 120 元 / 工；每年的复查验收费用为 2 元 / 亩，因此后期费用为每年 120 元 / 亩。经成本、收益分析及核算后，静态收益为 701.02 元 / 亩，若考虑资金的时间价值则在整个经营周期内每亩会损失 273.64 元，具体计算过程见 4-17。

表 4-17 油茶收益计算过程

经营周期（年）	1	2	3	4	5	6	7	8	9	10	合计
油茶果（千克 / 亩）				121.09	171.12	241.10	343.11	387.96	272.95	202.83	1 740.16
收益（元 / 亩）				169.53	239.57	337.54	480.35	543.14	382.13	283.96	2 436.22
年成本（元 / 亩）	637.20	122	122	122	122	122	122	122	122	122	1 735.20
折现后收入	0	0	0	92.21	121.72	160.21	212.97	224.95	147.84	102.63	1 062.53
折现后成本	595.24	106.46	99.45	92.90	86.78	81.07	75.73	70.74	66.08	61.73	1 336.17

树种 2：核桃

核桃，落叶乔木，羽状复叶，小叶椭圆形，核果状坚果球形，外果皮平滑，中果皮肉质，内果皮坚硬，有皱纹。木材坚韧，可以做器物，果仁可以吃，可以榨油，也可以入药。核桃主要分布在北美洲、南美洲、欧洲和亚洲。

（1）成本监测

为了更好地指导我国核桃生产，对其生产进行准确、科学的核算，对其成本进行监测，故构造核桃成本核算模型为：

核桃的营林成本 = 造林费用 + 整地费用 + 管理费 + 其他费用

通过上述模型，以样本地监测数据为基础进行整理及核算，得出监测结果为：核桃每亩的营林费用为 1 363.22 元，其中造林费用为 711.2 元，占总营林费用的 69.51%（其中种苗费为 420 元，占总营林费用的 41.05%）整地费用为 240 元，占总营林费用的 23.46%；管理费为 310 元，占总营林费用的 30.30%；其他费用为 2 元，占总营林费用的 0.2%，具体见表 4-18。

表 4-18　核桃培育成本构成

项目	监测数据（元）	成本构成（%）	备注
每亩成本合计	1 023.20	100	
1. 生产准备费		0	
2. 造林费	711.20	69.51	
种苗费	420	41.05	
整地费	240	23.46	
苗木转运费	9.20	0.90	
补植费	42	4.10	
3. 管理费	310	30.30	
4. 林地使用租金		0	暂时没有考虑租金问题
7. 其他费用	2	0.20	

数据来源：中国林业产业监测项目组监测数据，2011

（2）经济分析

本报告以核桃核心区核桃生产为基础，以 70 年作为经营核算周期，以 2011 年我国的银行贷款利率 7.05%［金融机构人民币存款基准利率表－贷款利率表（2011 年 7 月 7 日开始执行）］作为折现率，核桃每公斤价格 30 元， 核桃产量等基本情况见表 4-19。

表 4-19　核桃产量及收益

单位：千克

周期（年）	＜6	6～9	10～15	16～20	21～30	31～40	41～50	51～60	61～70
鲜核桃	0	29	67	148	308	397	454	486	543
干核桃		6	13	30	62	79	91	97	109
注：每亩 25 株									

构建核桃收益核算模型为：总收益 = 整个生长总周期的总收益－总成本，即

$$\text{核桃总收益}=\sum_{i=1}^{n}\frac{\text{第}i\text{年亩产量*当年价格}}{(1+7.05\%)^{i}}-\sum_{i=1}^{n}\frac{\text{第}i\text{年经营成本}}{(1+7.05\%)^{i}}$$

前期总成本为 1023.20 元 / 亩，后期每年需要管理抚育、除草 2 个工日，工价为 120 元 / 工日；每年的复查验收费用为 2 元 / 亩，每年施肥 2 次，需 50 元 / 亩，农药 4 次 20 元 / 亩；采摘需要 2 个工日需要 240 元 / 亩，因此后期费用为每年 552 元 / 亩。经成本、收益分析及核算后，静态收益为 106 086.90 元 / 亩，若考虑资金的时间价值则在整个经营周期内会收益 4 726.41 元 / 亩，具体计算过程见 4-20。

表 4-20 核桃收益计算过程

经营周期（年）	鲜核桃（千克）	干核桃（千克）	收益（元 / 亩）	成本（元 / 亩）	折现后收益（元 / 亩）	折现后成本（元 / 亩）
1				1023.20	0	955.82
2				312	0	272.26
3				312	0	254.33
4				312	0	237.58
5				312	0	221.93
6	29	6	174	325.21	115.62	216.10
7	29	6	174	325.21	108	201.86
8	29	6	174	325.21	100.89	188.57
9	29	6	174	325.21	94.25	176.15
10	67	13	401	340.62	202.90	172.35
11	67	13	401	340.62	189.54	161
12	67	13	401	340.62	177.05	150.40
13	67	13	401	340.62	165.39	140.49
14	67	13	401	340.62	154.50	131.24
15	67	13	401	340.62	144.33	122.60
16	148	30	887	378.06	298.22	127.11
17	148	30	887	378.06	278.58	118.74
18	148	30	887	378.06	260.23	110.92
19	148	30	887	378.06	243.10	103.61
20	148	30	887	378.06	227.09	96.79
21	308	62	1850	448.51	442.44	107.26
22	308	62	1850	448.51	413.30	100.20
23	308	62	1850	448.51	386.08	93.60
24	308	62	1850	448.51	360.65	87.44
25	308	62	1850	448.51	336.90	81.68
26	308	62	1850	448.51	314.72	76.30
27	308	62	1850	448.51	293.99	71.27
28	308	62	1850	448.51	274.63	66.58
29	308	62	1850	448.51	256.54	62.20
30	308	62	1850	448.51	239.65	58.10
31	397	79	2384	485.94	288.48	58.80
32	397	79	2384	485.94	269.48	54.93

（续）

经营周期（年）	鲜核桃（千克）	干核桃（千克）	收益（元/亩）	成本（元/亩）	折现后收益（元/亩）	折现后成本（元/亩）
33	397	79	2 384	485.94	251.74	51.31
34	397	79	2 384	485.94	235.16	47.93
35	397	79	2 384	485.94	219.67	44.78
36	397	79	2 384	485.94	205.20	41.83
37	397	79	2 384	485.94	191.69	39.07
38	397	79	2 384	485.94	179.07	36.50
39	397	79	2 384	485.94	167.27	34.10
40	397	79	2 384	485.94	156.26	31.85
41	454	91	2 724	512.37	166.78	31.37
42	454	91	2 724	512.37	155.80	29.30
43	454	91	2 724	512.37	145.54	27.38
44	454	91	2 724	512.37	135.95	25.57
45	454	91	2 724	512.37	127	23.89
46	454	91	2 724	512.37	118.64	22.31
47	454	91	2 724	512.37	110.82	20.85
48	454	91	2 724	512.37	103.53	19.47
49	454	91	2 724	512.37	96.71	18.19
50	454	91	2 724	512.37	90.34	16.99
51	486	97	2 917	525.58	90.37	16.28
52	486	97	2 917	525.58	84.42	15.21
53	486	97	2 917	525.58	78.86	14.21
54	486	97	2 917	525.58	73.66	13.27
55	486	97	2 917	525.58	68.81	12.40
56	486	97	2 917	525.58	64.28	11.58
57	486	97	2 917	525.58	60.05	10.82
58	486	97	2 917	525.58	56.09	10.11
59	486	97	2 917	525.58	52.40	9.44
60	486	97	2 917	525.58	48.95	8.82
61	543	109	3 255	552	51.02	8.65
62	543	109	3 255	552	47.66	8.08
63	543	109	3 255	552	44.52	7.55
64	543	109	3 255	552	41.59	7.05

（续）

经营周期（年）	鲜核桃（千克）	干核桃（千克）	收益（元/亩）	成本（元/亩）	折现后收益（元/亩）	折现后成本（元/亩）
65	543	109	3 255	552	38.85	6.59
66	543	109	3 255	552	36.29	6.15
67	543	109	3 255	552	33.90	5.75
68	543	109	3 255	552	31.67	5.37
69	543	109	3 255	552	29.58	5.02
70	543	109	3 255	552	27.64	4.69
合计	23138	4632	138 837	32 750.10	10 554.35	5 827.931

树种 3：板栗

板栗是壳斗科栗属植物，原产于中国，分布于越南、中国大陆地区以及台湾，生长于海拔 370-2800 米的地区，多见于山地，已由人工广泛栽培。

（1）成本监测

为了更好地指导我国板栗生产，对其生产进行准确、科学的核算，对其成本进行监测，故构造板栗成本核算模型为：

板栗的营林成本 = 造林费用 + 管理费 + 其他费用

通过上述模型，以样本地监测数据为基础进行整理及核算，得出监测结果为：板栗每亩的营林费用为 846.9 元，其中造林费用为 524.9 元，占总营林费用的 61.98%；管理费为 240 元，占总营林费用的 28.34%；其他费用为 82.00 元，占总营林费用的 9.68%，具体见表 4-21。

表 4-21　板栗培育成本构成表

项目	监测数据（元）	成本构成（%）	备注
每亩成本合计	846.90	100	
1. 生产准备费		0	
2. 造林费	524.90	61.98	
种苗费	259	30.58	
整地费	240	28.34	
栽植费		0	
补植费	25.90	3.06	
3. 管理费	240	28.34	
4. 林地使用租金		0	暂不考虑租金
5. 其他费用	82	9.68	

数据来源：中国林业产业监测项目组监测数据，2011

（2）经济分析

为本报告以板栗生产为基础，以 70 年作为经营核算周期，以 2011 年我国的银行贷款利率 7.05%［金融机构人民币存款基准利率表－贷款利率表（2011 年 7 月 7 日开始执行）］作为折现率，板栗每千克价格 8 元，板栗产量等基本情况见表 4-22。

表 4-22　板栗产量及收益基本数据

单位：千克

周期（年）	＜6	6～9	10～15	16～20	21～30	31～40	41～50	51～60	61～70
鲜板栗	0	57	80	150	300	400	480	550	550
干板栗		40	56	105	210	280	336	385	385

构建板栗收益核算模型为：总收益 = 整个生长周期的总收益－总成本，即

$$\text{板栗总收益}=\sum_{i=1}^{n}\frac{\text{第}i\text{年亩产量*当年价格}}{(1+7.05\%)^{i}}-\sum_{i=1}^{n}\frac{\text{第}i\text{年经营成本}}{(1+7.05\%)^{i}}$$

前期总成本为 846.9 元 / 亩，后期每年需要管理抚育、除草 2 个工日，工价为 120 元 / 工日，总计 240 元；每年的复查验收费用为 2 元 / 亩，每年施肥 2 次，需 50 元 / 亩，农药 4 次 20 元 / 亩；采摘需要 4 个工日需要 480 元 / 亩，因此后期费用为每年 792 元 / 亩。经成本、收益分析及核算后，静态收益为 92297.98 元 / 亩，考虑资金的时间价值则在整个经营周期内会收益 3992.75 元 / 亩，具体计算过程见 4-23。

表 4-23　核桃收益计算表

经营周期（年）	鲜板栗（千克）	干板栗（千克）	收益（元 / 亩）	成本（元 / 亩）	折现后收益（元 / 亩）	折现后成本（元 / 亩）
1				846.90	0	791.13
2				312	0	272.26
3				312	0	254.33
4				312	0	237.58
5				312	0	221.93
6	57	40	319	361.87	211.97	240.45
7	57	40	319	361.87	198.01	224.62
8	57	40	319	361.87	184.97	209.83
9	57	40	319	361.87	172.79	196.01
10	80	56	448	381.82	226.68	193.19
11	80	56	448	381.82	211.75	180.47
12	80	56	448	381.82	197.81	168.58
13	80	56	448	381.82	184.78	157.48

（续）

经营周期（年）	鲜板栗（千克）	干板栗（千克）	收益（元/亩）	成本（元/亩）	折现后收益（元/亩）	折现后成本（元/亩）
14	80	56	448	381.82	172.61	147.11
15	80	56	448	381.82	161.24	137.42
16	150	105	840	442.91	282.42	148.91
17	150	105	840	442.91	263.82	139.10
18	150	105	840	442.91	246.44	129.94
19	150	105	840	442.91	230.21	121.39
20	150	105	840	442.91	215.05	113.39
21	300	210	1 680	573.82	401.78	137.23
22	300	210	1 680	573.82	375.32	128.19
23	300	210	1 680	573.82	350.60	119.75
24	300	210	1 680	573.82	327.51	111.86
25	300	210	1 680	573.82	305.94	104.50
26	300	210	1 680	573.82	285.80	97.62
27	300	210	1 680	573.82	266.97	91.19
28	300	210	1 680	573.82	249.39	85.18
29	300	210	1 680	573.82	232.97	79.57
30	300	210	1 680	573.82	217.63	74.33
31	400	280	2 240	661.09	271.06	80
32	400	280	2 240	661.09	253.21	74.73
33	400	280	2 240	661.09	236.53	69.81
34	400	280	2 240	661.09	220.95	65.21
35	400	280	2 240	661.09	206.40	60.92
36	400	280	2 240	661.09	192.81	56.90
37	400	280	2 240	661.09	180.11	53.16
38	400	280	2 240	661.09	168.25	49.66
39	400	280	2 240	661.09	157.17	46.39
40	400	280	2 240	661.09	146.82	43.33
41	480	336	2 688	730.91	164.58	44.75
42	480	336	2 688	730.91	153.74	41.80
43	480	336	2 688	730.91	143.62	39.05
44	480	336	2 688	730.91	134.16	36.48
45	480	336	2 688	730.91	125.32	34.08

（续）

经营周期（年）	鲜板栗（千克）	干板栗（千克）	收益（元/亩）	成本（元/亩）	折现后收益（元/亩）	折现后成本（元/亩）
46	480	336	2 688	730.91	117.07	31.83
47	480	336	2 688	730.91	109.36	29.74
48	480	336	2 688	730.91	102.16	27.78
49	480	336	2 688	730.91	95.43	25.95
50	480	336	2 688	730.91	89.14	24.24
51	550	385	3 080	792	95.42	24.54
52	550	385	3 080	792	89.13	22.92
53	550	385	3 080	792	83.26	21.41
54	550	385	3 080	792	77.78	20.00
55	550	385	3 080	792	72.66	18.68
56	550	385	3 080	792	67.87	17.45
57	550	385	3 080	792	63.40	16.30
58	550	385	3 080	792	59.23	15.23
59	550	385	3 080	792	55.33	14.23
60	550	385	3 080	792	51.68	13.29
61	550	385	3 080	792	48.28	12.41
62	550	385	3 080	792	45.10	11.60
63	550	385	3 080	792	42.13	10.83
64	550	385	3 080	792	39.36	10.12
65	550	385	3 080	792	36.76	9.45
66	550	385	3 080	792	34.34	8.83
67	550	385	3 080	792	32.08	8.25
68	550	385	3 080	792	29.97	7.71
69	550	385	3 080	792	27.99	7.20
70	550	385	3 080	792	26.15	6.72
合计	24 258	16 981	135 844	43 546.02	10 520.28	6 527.529
			静态收益	92 297.98	动态收益	3 992.75

树种 4：枣

枣树是鼠李科落叶灌木或小乔木，枣是枣树的成熟果实。原产于中国，在中国南北各地都有分布。花小蜜多，是一种蜜源植物。果实枣长圆形，未成熟时黄色，成熟后褐红色。枣的品种繁多，大小不一，果皮和种仁药用，果皮能健脾，种仁能镇静安神；果肉可提取维生素 C 及酿酒；核壳可制活性炭。

（1）成本监测

为了更好地指导我国枣类生产，对其生产进行准确、科学的核算，对其成本进行监测，故构造枣类成本核算模型为：

枣的营林成本＝造林费用＋森林保护费＋管理费＋其他费用

通过上述模型，以样本地监测数据为基础进行整理及核算，得出监测结果营林成本与板栗基本一致：枣每亩的营林费用为846.9元。造林费用为524.9元，占总营林费用的61.98%；管理费为240元，占总营林费用的28.34%；其他费用为82.00元，占总营林费用的9.68%，具体见表4-24。

表4-24　枣培育成本构成

项目	监测数据（元）	成本构成（%）	备注
每亩成本合计	846.90	100	
1. 生产准备费		0	
2. 造林费	524.90	61.98	
种苗费	259	30.58	
整地费	240	28.34	
栽植费		0	
补植费	25.9	3.06	
3. 管理费	240	28.34	
4. 林地使用租金		0	暂不考虑租金
5. 其他费用	82	9.68	

数据来源：中国林业产业监测项目组监测数据，2011

（2）经济分析

本报告以枣生产为基础，以70年作为经营核算周期，以2011年我国的银行贷款利率7.05%［金融机构人民币存款基准利率表－贷款利率表（2011年7月7日开始执行）］作为折现率，内地枣子除新疆每千克20元外，其余地区每千克价格6元，其产量等基本情况见表4-25，4-26。

表4-25　内地枣的产量及收益表

单位：千克

周期（年）	＜3	3	4	5	6	6～9	10～15	16～20	21～30	31～40	41～50	51～60	61～70
鲜枣	0	40	80	160	320	400	500	550	605	666	732	805	886
干枣		10	20	40	80	100	125	138	151	166	183	201	221

表 4-26　新疆枣的产量及收益

单位：千克

周期（年）	＜3	3	4	5	6	6～9	10～15	16～20	21～30	31～40	41～50	51～60	61～70
鲜枣	0	40	80	160	320	400	500	550	605	666	732	805	886
干枣		16	32	64	128	160	200	220	242	266	293	322	354

构建枣收益核算模型为：总收益＝整个生长周期的总收益－总成本，即

$$枣总收益=\sum_{i=1}^{n}\frac{第i年亩产量*当年价格}{(1+7.05\%)^{i}}-\sum_{i=1}^{n}\frac{第i年经营成本}{(1+7.05\%)^{i}}$$

前期总成本为 846.9 元 / 亩，后期每年需要管理抚育、除草 2 个工，工价为 120 元 / 工，总计 240 元；每年的复查验收费用为 2 元 / 亩，每年施肥 2 次，需 50 元 / 亩，农药 4 次 20 元 / 亩；采摘需要 4 个工日需要 480 元 / 亩，因此后期费用为每年 792 元 / 亩。经成本、收益分析及核算后，除新疆内地其他地区枣静态收益为 20 257.17 元 / 亩，若考虑资金的时间价值则在整个经营周期内每亩盈利 414.47 元，而新疆枣静态收益为 11 956.51 元，若考虑资金的时间价值则在整个经营周期内每亩收益 36 291.64 元 / 亩，具体计算过程见 4-27。

表 4-27　枣收益计算过程

经营周期（年）	内地其他地区枣收益（元 / 亩）	新疆枣收益（元 / 亩）	内地其他地区成本（元 / 亩）	新疆成本（元 / 亩）	内地其他地区折现后收益（元 / 亩）	新疆折现后收益（元 / 亩）	内地折现后成本（元 / 亩）	新疆折现后成本（元 / 亩）
1			846.90	846.90	0	0	791.13	791.13
2			312.00	312.00	0	0	272.26	272.26
3	60	320	333.67	333.68	48.91	260.78	271.99	272.00
4	120	640	355.34	355.35	91.38	487.16	270.58	270.59
5	240	1280	398.68	398.71	170.72	910.07	283.59	283.61
6	480	2560	485.36	485.41	318.95	1 700.11	322.51	322.55
7	600	3200	528.70	528.77	372.43	1 984.99	328.18	328.21
8	600	3200	528.70	528.77	347.90	1 854.10	306.56	306.60
9	600	3200	528.70	528.77	324.99	1 731.83	286.37	286.41
10	750	4000	582.88	582.96	379.48	2 022.03	294.93	294.96
11	750	4000	582.88	582.96	354.49	1 888.69	275.50	275.54
12	750	4000	582.88	582.96	331.15	1 764.14	257.36	257.39
13	750	4000	582.88	582.96	309.34	1 647.81	240.41	240.44
14	750	4000	582.88	582.96	288.97	1 539.14	224.58	224.61
15	750	4000	582.88	582.96	269.94	1 437.64	209.79	209.81

（续）

经营周期（年）	内地其他地区枣收益（元 / 亩）	新疆枣收益（元 / 亩）	内地其他地区成本（元 / 亩）	新疆成本（元 / 亩）	内地其他地区折现后收益（元 / 亩）	新疆折现后收益（元 / 亩）	内地折现后成本（元 / 亩）	新疆折现后成本（元 / 亩）
16	825	4 400	609.97	610.05	277.37	1 477.12	205.08	205.11
17	825	4 400	609.97	610.05	259.11	1 379.72	191.57	191.60
18	825	4 400	609.97	610.05	242.04	1 288.73	178.96	178.98
19	825	4 400	609.97	610.05	226.10	1 203.75	167.17	167.19
20	825	4 400	609.97	610.05	211.21	1 124.37	156.16	156.18
21	908	4 840	639.95	639.86	217.15	1 155.24	153.05	153.03
22	908	4 840	639.95	639.86	202.85	1 079.06	142.97	142.95
23	908	4 840	639.95	639.86	189.49	1 007.90	133.55	133.53
24	908	4 840	639.95	639.86	177.01	941.44	124.76	124.74
25	908	4 840	639.95	639.86	165.36	879.36	116.54	116.52
26	908	4 840	639.95	639.86	154.47	821.37	108.87	108.85
27	908	4 840	639.95	639.86	144.29	767.20	101.70	101.68
28	908	4 840	639.95	639.86	134.79	716.61	95.00	94.99
29	908	4 840	639.95	639.86	125.91	669.35	88.74	88.73
30	908	4 840	639.95	639.86	117.62	625.21	82.90	82.89
31	998	5 324	672.45	672.64	120.77	642.38	81.37	81.40
32	998	5 324	672.45	672.64	112.81	600.02	76.01	76.03
33	998	5 324	672.45	672.64	105.38	560.45	71.01	71.03
34	998	5 324	672.45	672.64	98.44	523.49	66.33	66.35
35	998	5 324	672.45	672.64	91.96	488.97	61.96	61.98
36	998	5 324	672.45	672.64	85.90	456.73	57.88	57.90
37	998	5 324	672.45	672.64	80.25	426.61	54.07	54.09
38	998	5 324	672.45	672.64	74.96	398.48	50.51	50.52
39	998	5 324	672.45	672.64	70.02	372.20	47.18	47.20
40	998	5 324	672.45	672.64	65.41	347.66	44.08	44.09
41	1 098	5 856	708.57	708.68	67.23	357.18	43.38	43.39
42	1 098	5 856	708.57	708.68	62.80	333.62	40.53	40.53
43	1 098	5 856	708.57	708.68	58.66	311.62	37.86	37.86
44	1 098	5 856	708.57	708.68	54.80	291.07	35.36	35.37
45	1 098	5 856	708.57	708.68	51.19	271.88	33.04	33.04
46	1 098	5 856	708.57	708.68	47.82	253.95	30.86	30.86

（续）

经营周期（年）	内地其他地区枣收益（元 / 亩）	新疆枣收益（元 / 亩）	内地其他地区成本（元 / 亩）	新疆成本（元 / 亩）	内地其他地区折现后收益（元 / 亩）	新疆折现后收益（元 / 亩）	内地折现后成本（元 / 亩）	新疆折现后成本（元 / 亩）
47	1 098	5 856	708.57	708.68	44.67	237.20	28.83	28.83
48	1 098	5 856	708.57	708.68	41.73	221.56	26.93	26.93
49	1 098	5 856	708.57	708.68	38.98	206.95	25.16	25.16
50	1 098	5 856	708.57	708.68	36.41	193.30	23.50	23.50
51	1 208	6 442	748.30	748.38	37.42	198.62	23.18	23.18
52	1 208	6 442	748.30	748.38	34.96	185.53	21.66	21.66
53	1 208	6 442	748.30	748.38	32.66	173.29	20.23	20.23
54	1 208	6 442	748.30	748.38	30.51	161.86	18.90	18.90
55	1 208	6 442	748.30	748.38	28.50	151.19	17.65	17.65
56	1 208	6 442	748.30	748.38	26.62	141.22	16.49	16.49
57	1 208	6 442	748.30	748.38	24.87	131.91	15.40	15.41
58	1 208	6 442	748.30	748.38	23.23	123.21	14.39	14.39
59	1 208	6 442	748.30	748.38	21.70	115.08	13.44	13.44
60	1 208	6 442	748.30	748.38	20.27	107.49	12.56	12.56
61	1 329	7 086	792	792	20.83	110.44	12.41	12.41
62	1 329	7 086	792	792	19.46	103.16	11.60	11.60
63	1 329	7 086	792	792	18.18	96.36	10.83	10.83
64	1 329	7 086	792	792	16.98	90.00	10.12	10.12
65	1 329	7 086	792	792	15.86	84.07	9.45	9.45
66	1 329	7 086	792	792	14.82	78.52	8.83	8.83
67	1 329	7 086	792	792	13.84	73.35	8.25	8.25
68	1 329	7 086	792	792	12.93	68.51	7.71	7.71
69	1 329	7 086	792	792	12.08	63.99	7.20	7.20
70	1 329	7 086	792	792	11.28	59.77	6.72	6.72
合计	66 735	355 880	46 477.83	46 481.93	8 300.65	44 177.83	7 885.61	7 886.19

树种 5：柑橘

柑橘，常绿小乔木或灌木，高约 2 米。小枝较细弱，无毛，通常有刺。叶长卵状披针形，长 4 ～ 8 厘米。花黄白色，单生或簇生叶腋。果扁球形，径 5 ～ 7 厘米，橙黄色或橙红色，果皮薄易剥离。春季开花，10 ～ 12 月果熟。性喜温暖湿润气候，耐寒性较柚、酸橙、甜橙稍强。柑橘属芸香科柑橘亚科，是热带、亚热带常绿果树（枳除外），用作经济栽培的有 3 个属，分别为枳属、柑橘属和金柑属。我国和世界其他国家栽培的柑橘主要是柑橘属。

（1）成本监测

为了更好地指导我国柑橘生产，对其生产进行准确、科学的核算，对其成本进行监测，故构造柑橘成本核算模型为：

柑橘的营林成本 = 造林费用 + 管理费 + 其他费用等

通过上述模型，以样本地监测数据为基础进行整理及核算，得出监测结果为：柑橘每亩的营林费用为 1 301.2 元，其中造林费用为 981.2 元，占总营林费用的 76.02%；管理费为 240 元，占总营林费用的 18.44%；其他费用为 72 元，占总营林费用的 5.53%，具体见表 4-28。

表 4-28　柑橘培育成本构成表

项目	监测数据（元）	成本构成（%）	备注
每亩成本合计	1 301.20	100	
1. 造林费	989.20	76.02	
种苗费	672	51.64	
整地费	240	18.44	
苗木转运	10	0.77	
补植费	67.20	5.16	
2. 管理费	240	18.44	
3. 林地使用租金		0	暂时未考虑在内
4. 其他费用	72	5.53	

数据来源：中国林业产业监测项目组监测数据，2011

（2）经济分析

本报告以 20 年作为柑橘经营核算周期，以 2011 年我国的银行贷款利率 7.05%［金融机构人民币存款基准利率表－贷款利率表（2011 年 7 月 7 日开始执行）］作为折现率，每千克价格 1 元，其产量等基本情况见表 4-29。

表 4-29　柑橘产量

单位：千克

周期（年）	＜2	3	4	5	6	6～9	10～15	16～20
柑橘产量		200	500	800	1 200	2 500	2 500	2 500

构建柑橘收益核算模型为：总收益 = 整个生长周期的总收益－总成本，即

$$\text{柑橘总收益}=\sum_{i=1}^{n}\frac{\text{第}i\text{年亩产量*当年价格}}{(1+7.05\%)^{i}}-\sum_{i=1}^{n}\frac{\text{第}i\text{年经营成本}}{(1+7.05\%)^{i}}$$

前期总成本为 1 301.2 元 / 亩，后期每年需要管理抚育、除草 2 个工日，工价为 120 元 / 工日，

总计 240 元；每年的复查验收费用为 2 元 / 亩，每年施肥 2 次，需 50 元 / 亩，农药 4 次 20 元 / 亩；采摘需要 2 个工日需要 240 元 / 亩，因此后期费用为每年 552 元 / 亩。经成本、收益分析及核算后，静态收益为 30 001.6 元 / 亩，若考虑资金的时间价值则在整个经营周期内每亩盈利 13 130.05 元，具体计算过程见 4-30。

表 4-30 柑橘收益估算表

经营周期（年）	收益（元 / 亩）	成本（元 / 亩）	折现后收益（元 / 亩）	折现后成本（元 / 亩）
1		1 301.20	0	1 215.51
2		312	0	272.26
3	200	331.20	163.03	269.98
4	500	360	380.74	274.13
5	1200	427.20	853.59	303.88
6	2500	552	1 661.19	366.79
7	2500	552	1 551.79	342.64
8	2500	552	1 449.59	320.07
9	2500	552	1 354.13	298.99
10	2500	552	1 264.95	279.30
11	2500	552	1 181.64	260.91
12	2500	552	1 103.82	243.72
13	2500	552	1 031.13	227.67
14	2500	552	963.22	212.68
15	2500	552	899.79	198.67
16	2500	552	840.53	185.59
17	2500	552	785.18	173.37
18	2500	552	733.47	161.95
19	2500	552	685.16	151.28
20	2500	552	640.04	141.32
合计	39400	9 398.40	17 542.99	4 412.94
收益核算	静态收益	30 001.60	动态收益	13 130.05

树种 6：茶叶

（1）成本监测

为了更好地指导我国茶叶生产，对其生产进行准确、科学的核算，对其成本进行监测，故构造茶叶成本核算模型为：

茶林成本 = 造林费用 + 抚育费 + 茶园生物防治机械费 + 管理费 + 其他费用

通过上述模型，以样本地监测数据为基础进行整理及核算，得出监测结果为：茶林每亩的营林费用为4 062元，其中造林费用为2 100元，占总营林费用的51.70%；茶园生物防治器械费用为100元，占总营林费用的2.46%；管理费为600元，占总营林费用的14.77%；其他费用为1 262元，占总营林费用的31.07%，具体见表4-31。

表4-31　茶叶培育成本构成

项目	监测数据（元）	成本构成（%）	备注
每亩成本合计	4 062	100	
1. 生产准备费		0	
2. 造林费	2 100	51.70	
种苗费	900	22.16	
整地费	800	19.69	
栽植费	400	9.85	
4. 茶园生物防治器械	100	2.46	
5. 管理费	600	14.77	
6. 林地使用租金		0	暂未考虑
7. 其他费用	1262	31.07	

数据来源：中国林业产业监测项目组监测数据，2011

（2）经济分析

为本报告茶叶以30年作为经营核算周期，以2011年我国的银行贷款利率7.05%［金融机构人民币存款基准利率表－贷款利率表（2011年7月7日开始执行）］作为折现率，每公斤价格100元，其产量等基本情况见表4-29。

表4-32　茶叶产量

单位：千克

周期（年）	＜3	4	5	6	6～9	10～15	16～20	21～30
干茶叶		10	30	40	60	80	90	90

构建茶叶收益核算模型为：总收益＝整个生长周期的总收益－总成本，即

$$茶叶总收益=\sum_{i=1}^{n}\frac{第i年亩产量*当年价格}{(1+7.05\%)^{i}}-\sum_{i=1}^{n}\frac{第i年经营成本}{(1+7.05\%)^{i}}$$

前期总成本为4 062元/亩，后期每年需要管理抚育、除草5个工日，工价为120元/工日，总计600元；每年的复查验收费用为2元/亩，每年施肥需1 260元/亩，生物防治器械费用100元/亩；采摘需要15个工日需要1 800元/亩，因此后期费用为每年3 762元/亩。经成本、收益分析及核算后，静态收益为114 026元/亩，若考虑资金的时间价值则在整个经营周期内每亩盈利33 608.31元，具体计算过程见4-33。

表 4-33 茶叶收益计算表

经营周期（年）	收益（元/亩）	成本（元/亩）	折现后收益（元/亩）	折现后成本（元/亩）
1	0	4 062	0	3 794.49
2	0	1 962	0	1 712.09
3	0	1 962	0	1 599.33
4	1 000	2 162	761.47	1 646.30
5	3 000	2 762	2 133.97	1 964.67
6	4 000	2 762	2 657.91	1 835.29
7	6 000	3 162	3 724.30	1 962.71
8	6 000	3 162	3 479.03	1 833.45
9	6 000	3 162	3 249.91	1 712.70
10	8 000	3 562	4 047.84	1 802.30
11	8 000	3 562	3 781.26	1 683.61
12	8 000	3 562	3 532.24	1 572.73
13	8 000	3 562	3 299.61	1 469.15
14	8 000	3 562	3 082.31	1 372.40
15	8 000	3 562	2 879.32	1 282.02
16	9 000	3 762	3 025.91	1 264.83
17	9 000	3 762	2 826.63	1 181.53
18	9 000	3 762	2 640.48	1 103.72
19	9 000	3 762	2 466.58	1 031.03
20	9 000	3 762	2 304.14	963.13
21	9 000	3 762	2 152.40	899.70
22	9 000	3 762	2 010.65	840.45
23	9 000	3 762	1 878.23	785.10
24	9 000	3 762	1 754.54	733.40
25	9 000	3 762	1 638.99	685.10
26	9 000	3 762	1 531.05	639.98
27	9 000	3 762	1 430.22	597.83
28	9 000	3 762	1 336.03	558.46
29	9 000	3 762	1 248.04	521.68
30	9 000	3 762	1 165.85	487.32
合计	209 000	94 974	66 038.89	32 430.59
收益核算	静态收益	114 026	动态收益	33 608.31

第五章
木材生产（采运）监测

5.1 理论模型

为了对森林采伐成本进行准确、科学核算，便于国家指导我国森林培育，便于企业进行培育成本核算，但由于南方及北方存在很大的差异，故建立南方及北方森林采伐成本核算模型。

（1）北方森林采伐模型

北方是我国国有林场的主要分布区域，一般情况下为自主采伐，因此其理论模型为：

$$C=c_1+c_2+c_3+c_4+c_5+c_6+c_7+c_8=\sum_{i=1}^{n}c_i$$

式中：

C ——总成本；

c_1——代表燃料及动力费用；

c_2——代表直接工资；

c_3——代表生产准备费；

c_4——代表维简费；

c_5——代表委托生产费；

c_6——代表其他费用；

c_7——代表制造费用；

c_8——代表原材料费用。

（2）南方森林采伐模型

南方是我国典型的集体林区，一般情况下采用外包的形式进行森林采伐，因此理论模型为：

$$C=c_1+c_2=\sum_{i=1}^{n}c_i$$

其中：C 代表总成本；c_1 代表劳动力成本；c_2 代表外包平均费用。

5.2 监测结果

5.2.1 杉木原条生产监测

（1）成本监测

杉树是南方主要的树种，以经营周期长、生产速度快、木质好等优点成为南方重要树种。杉木采运成本主要包括直接成本、间接成本以及原木收购环节税费三个部分。根据监测结果显示：以2010年为基期，2011年杉木原条总成本定基指数为120.57，其中直接成本定基指数为136.36，明显比2010年上升了36%左右，间接成本指数为99.69，下降了0.31%，原木收购环节费用指数为111.32，比2010年上升了11.32%。2011年杉木原条采运总成本的环比指数为105.25，其中，直接成本环比指数为115.38，间接成本环比指数为91.08，原木收购环节费用环比指数为90.77。由以上定基指数和环比指数来看杉木原条的采运总成本在逐年上升，并呈现上升幅度逐渐放缓的趋势。

（2）价格监测

杉木原条的规格很多，因此杉木价格根据不同的口径进行核算。以2010年的平均价格作为基期价格，2011年大径（20厘米以上）杉原条平均价格指数为103.52；中径（16～20厘米）杉原条平均价格指数为118.52；小径（8～14厘米）杉原条平均价格指数为131.16。从各不同规格的杉木原条价格指数来看，杉木原条存在不同幅度的涨价，其中小径杉木原条涨价幅度较大。

（3）利润空间测算

相比2010年，2011年杉木原条成本指数上升的幅度在5%左右，而价格指数除去大径（20厘米以上）杉原条平均价格指数只上涨3.52个百分点外，另外两个规格的价格指数均上升18个百分点以上，因此价格上升的幅度大于其成本指数，因此进行杉木采伐是有利可图的。

5.2.2 松木原条生产监测

（1）成本监测

马尾松是我国南方主要用材树种，也是荒山造林的先锋树种，其经济价值较高。松原条采伐成本监测是依据每立方米的马尾松木材生产（采运）成本进行核算。根据2009～2011年马尾松原木采运成本数据及其构成情况，做马尾松采运成本构成变动图，从各年度直接成本、间接成本和原木收购环节税费所占总成本的百分比变动可以看出，直接成本由于用工成本增加而每年上升3%，间接成本所占比重逐年下降，原木收购环节税费基本保持不变，见图5-1。

从马尾松原木采运成本定基指数来看，以2010年为基期，每立方米总成本呈现不断上升的趋势，2010年总成本定基指数为115，2011年达到122；直接成本定基指数为136，间接成本定基指数为103，原木收购环节税费定基指数为109，表明直接成本上升幅度较大，而用工价格的提高是导致松原木采运成本上升到主要原因。

以2010年为基期，马尾松原木采运成本环比指数在2010年为115，2011年为106，表明2011年采运成本上升幅度略低于2010年；直接成本环比指数在2010年为118，2011年为115；间接成

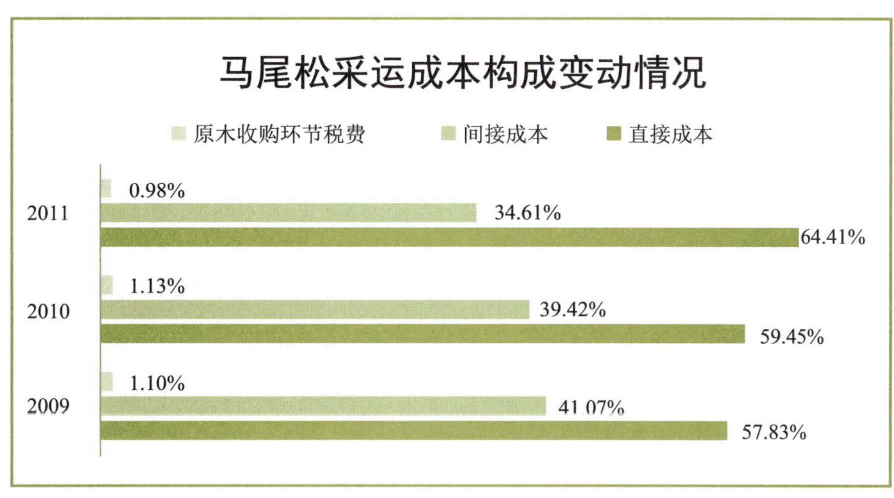

图 5-1　马尾松采运成本构成变动情况

本环比指数在 2010 年为 110，2011 年为 94；原木收购环节税费环比指数在 2010 年为 118，2011 年为 92，这表明从环比指数来看，2011 年采运成本从总体上是上升的，但上升速度低于上一年度。

（2）价格监测

松原条价格根据不同的口径进行核算，以 2010 年的价格指数为基期数据，2011 年大径（20 厘米以上）松原条平均价格指数为 114.29；中径（16 ～ 20 厘米）松原条平均价格指数为 115.00；小径（8 ～ 14 厘米）松原条平均价格指数为 116.92。

（3）利润空间测算

根据上述利润空间测算方法，马尾松的采运成本平均上涨率为 13%，而价格指数上涨的幅度最大为 16%，价格上涨幅度略高于成本上涨幅度，再加上马尾松的生长周期较长，因此马尾松采伐的盈利能力较弱。

5.3　风险分析

要素对总成本的贡献率，即各要素增长率在总成本增长率中的份额，这是一个动态指标。一般来说，总成本的增长率等于各要素增长率的加权和，权数就是各要素在基期占总成本的份额，其表达式为：

$$\frac{Y}{Y_0}-1=\sum_{i=1}^{n}S_{i_0}\left[\frac{VA_i}{VA_{i_0}}-1\right]$$

式中：Y 表示总成本，Y_0 是基期总成本，VA_i 是第 i 个成本要素的增加值，VA_{i_0} 是第 i 个产成本要素基期的增加值，S_{i_0} 是基期 VA_{i_0} 占总成本的份额。国际学术期刊上常用对数方式表示增长率，则表达式可写成 $\Delta\ln Y=\sum_{i=1}^{n}S_i\Delta\ln VA_i$ 。于是 $\frac{S_i\Delta\ln VA_{i_0}}{\Delta\ln Y}$，即第 i 个成本要素增长对总成本增长的贡献率。

根据2010及2011年对木材生产（采运）成本监测获得的数据进行计算，得出以下结果。

（1）松原条生产（采运）成本分析

2011年松原条生产（采运）成本由2010年到2011年上涨比率为6.50%。其中，对于成本上涨起主要作用的为直接成本，其影响程度为9.15%，在直接成本中影响较大的为集运材成本为1.82%，其次为打枝、造材成本，达到了1.71%，清理成本的影响程度也较大，为1.70%；间接成本对于成本上涨的贡献率为2.56%，其中影响最大的为其他费用（外包平均费用），达到了2.34%；税费对于成本的影响程度为0.09%，具体见表5-1。

（2）杉原条生产（采运）成本分析

2011年杉原条生产（采运）成本由2010年到2011年上涨比率为5.25%。其中，对于成本上涨起主要作用的为直接成本，其影响程度为8.97%，在直接成本中影响较大的为归楞成本，为2.26%，其次为清理成本2%，其他费用和集运材成本分别达到了1.73%及1.43%；间接成本对于成本上涨的贡献率为3.60%，其中影响最大的为其他费用，达到了2.47%；税费对于成本的影响程度为0.12%，具体见表5-2。

表5-1　松原条成本各要素对总成本的贡献率

项目	计量单位	序号关系	份额（%）	增长率（%）	贡献率（%）
每亩采运成本	元	2=3+15+19	100	6.50	
1 直接成本	元	3=3+4+…+14	64.41	15.38	9.15
1.1 伐木成本	元	4	6.59	15.38	0.94
1.2 伐木燃油消耗	元	5	0		0
1.3 打枝、造材成本	元	6	12.08	15.38	1.71
1.4 打枝、造材燃油消耗	元	7	0		0
1.5 集运材成本	元	8	12.84	15.38	1.82
1.6 集运材燃油消耗	元	9	0		0
1.7 归楞成本	元	10	10.97	15.38	1.56
1.8 归楞燃油消耗	元	11	0		0
1.9 清理成本	元	12	11.94	15.38	1.70
1.10 清理燃油消耗	元	13	0		0
1.11 其他费用	元	14	9.99	15.38	1.42
2 间接成本	元	15=16+17+18	34.61	-6.50	-2.56
2.1 管理费（在此选用育林费用）	元	16	4.65	-4.29	-0.22
2.2 修路费	元	17	0		0
2.3 其他费用（外包平均费用）	元	18	29.96	-6.83	-2.34
3 原木收购环节税费	元	19	0.98	-7.61	-0.09

表 5-2 杉原条成本各要素对总成本的贡献率

项目	计量单位	序号及关系	份额（%）	增长率（%）	贡献率（%）
每亩采运成本	元	2=3+15+19	100	5.25	
1 直接成本	元	3=3+4+5+…+14	63.94	15.38	8.97
1.1 伐木成本	元	4	5.21	15.38	0.73
1.2 伐木燃油消耗	元	5	0		0
1.3 打枝、造材成本	元	6	5.87	15.38	0.82
1.4 打枝、造材燃油消耗	元	7	0		0
1.5 集运材成本	元	8	10.17	15.38	1.43
1.6 集运材燃油消耗	元	9	0		0
1.7 归楞成本	元	10	16.13	15.38	2.26
1.8 归楞燃油消耗	元	11	0		0
1.9 清理成本	元	12	14.23	15.38	2
1.10 清理燃油消耗	元	13	0		0
1.11 其他费用	元	14	12.33	15.38	1.73
2 间接成本	元	15=16+17+18	34.91	-8.92	-3.60
2.1 管理费	元	16	5.54	-16.25	-1.13
2.2 修路费	元	17	0		0
2.3 其他费用	元	18	29.37	-7.39	-2.47
3 原木收购环节税费	元	19	1.15	-9.23	-0.12

第六章
森林培育监测

人造板（Wood Based Panel），以木材或其他非木材植物为原料，经一定机械加工分离成各种单元材料后，施加或不施加胶黏剂和其他添加剂胶合而成的板材或模压制品，一般而言，人造板包括胶合板、纤维板、刨花板及细木工板等。目前，人造板在建筑业、家具业、地板等行业中被广泛应用，对国民经济发展也至关重要。

6.1 研究内容与方法

6.1.1 研究目标

为了更好地掌握人造板产业发展态势，需对人造板生产成本与销售价格进行监测，便于企业掌握人造板产业成本及价格信息，为企业生产决策提供参考及借鉴，利于国家制定人造板产业发展的政策，促进人造板产业的发展。

6.1.2 主要研究内容

（1）根据人造板产业不同板种、不同规格构建人造板成本模型，结合实际与林业专家的意见进行调整，在样本地进行试运行后最终确定，进行人造板成本监测。

（2）根据市场监测价格信息，以指数运算法则构筑价格指数模型。

（3）根据成本及价格指数进行成本盈利空间测算，预测风险。

6.1.3 数据来源

（1）随机抽样监测。根据监测方案设计要求，每年每月以县（市、区、旗）为单位的样本点开展企业人造板成本及价格随机抽样监测。

（2）重点抽样监测。按照监测方案设计要求，监测组对人造板产业发展比较成熟的企业进行重点抽样监测，作为监测数据的补充。

（3）监测时间。人造板成本及价格监测报告时间为 2011 年 1 月至 12 月。

6.1.4 理论模型构建

人造板生产企业由于企业规模的大小不同，对成本指标的统计也存在差异，但一般情况下，人造板生产企业的成本包括直接制造成本、固定成本、其他成本，还包括在人造板生产过程中的优惠政策收入及废旧物资处理收入等，可以得到以下公式：

生产成本 = 直接制造成本 + 固定成本 + 其他成本

其中：直接制造费用包括木材耗用费用（含组供、育林、卸材等费用）、燃料费用、胶水耗用费、其他化工原料费用、固蜡耗用费用、防水剂（植物蜡）单耗费用、电成本、水成本、包装材料费、生产线机配件领用费用、短拨费用、大修费用、技改费用、抓机费用、装载机费用、港口清淤费用、钢带摊销费用、成品仓库转运费、其它部门领用费用；固定成本包括工资、折旧、财务利息、管理费用、退税损失。

6.2 监测结果

6.2.1 刨花板生产监测

6.2.1.1 成本监测

1. 10 万立方米刨花板成本监测

在 2011 年，刨花板生产成本环比指数出现小幅波动，总体趋势保持平稳，这说明刨花板生产成本总体维稳；成本定基指数较 2010 年有大幅上涨，最大涨幅接近 60%（见图 6-1）。

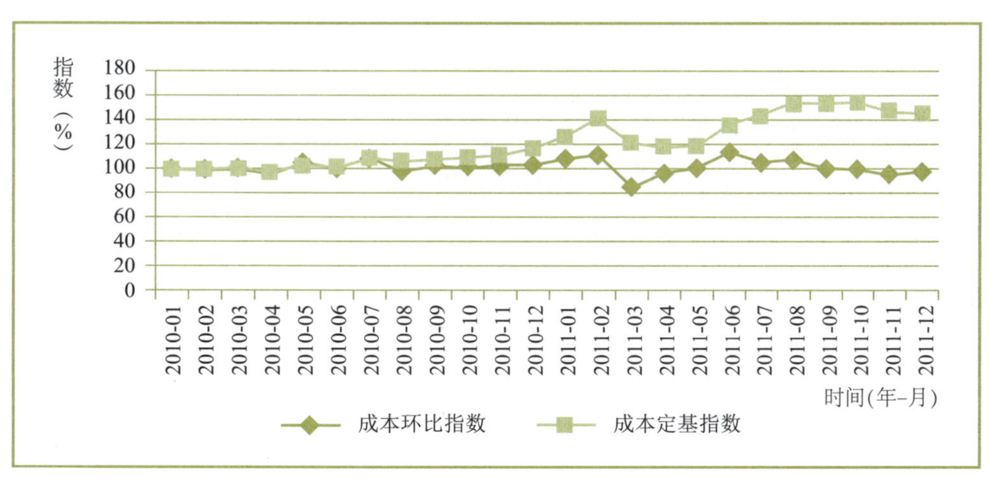

图 6-1 2010 ～ 2011 年产 10 万立方米刨花板生产成本环比指数与定基指数变化走势

2011 年年初，生产成本延续上一年上涨态势，在 2 月份环比指数达到 113，3 月开始迅速降至 86.12，后期相继出现几次小幅波动，基本维持在 100 左右；从成本定基指数来看，生产成本较上一年度有较大幅度上涨，在 2011 年 2 月率先上涨至第一个峰值 140，3 月份起又回落至 120，从 6 月开始第二轮上涨高峰，最高可达 155。

（1）直接制造成本监测

在整个报告期内，直接制造成本环比指数基本稳定在 100，这说明刨花板价格延续弱势调整趋势，市场购销相对活跃（见图 6-2）；辅助材料消耗环比指数在报告期内整体维稳，价格呈现窄幅调整态势；水、电、热消耗环比指数相对波动较为明显，在 3 月跌至最低值 70，而同年 6 月则上涨至 133，增幅达到 90%。木材消耗环比指数也是呈现总体稳定趋势，局部略有波动。

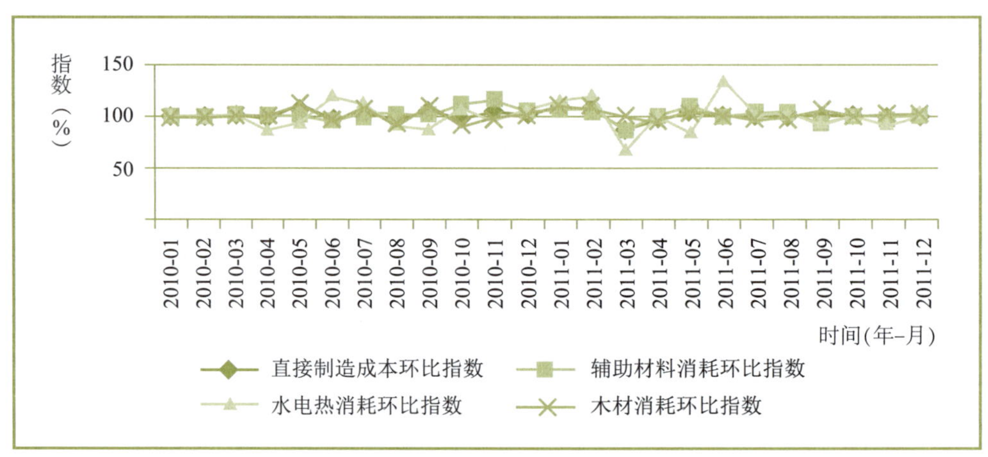

图 6-2　2010 ～ 2011 年产 10 万立方米刨花板直接制造成本及其构成环比指数变化走势

与直接制造成本环比指数相比，定基指数在报告期内波动较为明显（见图 6-3），1 月份受节日效应等影响价格持续攀升，延续上一年度上升趋势，定基指数达到 140，后期又平缓降至 120，从 5 月开始进入生产旺期，价格小幅上涨，到 12 月份又升至 140；与上一年度的稳中有升相比，辅助材料消耗定基指数在 2011 年呈现大幅上涨态势，2 月份达到 160，后期基本在 140 ～ 160 之间徘徊波动，这说明辅助材料价格在本年度涨幅较大；水、电、热消耗定基指数在上半年波动较大，在 2 月份达到历史最高点 155，而从 3 月份开始持续下跌，5 月已经跌至 94，下半年整体维持在 120 左右。木材消耗价值定基指数呈现稳中有升的态势，波动幅度较小。

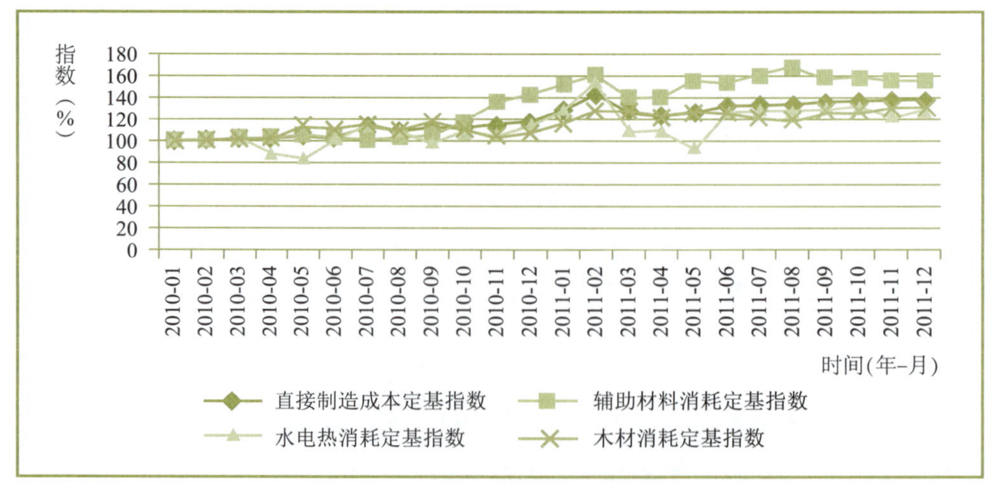

图 6-3　2010 ～ 2011 年产 10 万立方米刨花板直接制造成本及其构成定基指数变化走势

（2）固定成本监测

与同期相比，固定成本环比指数在 2011 年继续保持稳中有升的态势，最低为 3 月份的 77，最高为 6 月份的 155（见图 6-4）。其他月份固定成本环比指数基本持平，保持在 100 左右。

与此同时，固定成本定基指数则呈现较大波动趋势，上半年度基本维稳，随着工厂生产旺期的到来，聘请了较多临时工人加上发放高温补贴等，固定成本定基指数从 6 月开始急速上涨，到 8 月份达到 318。

图 6-4　2010 ～ 2011 年产 10 万立方米刨花板固定成本环比指数与定基指数变化走势

（3）其他成本监测

在整个报告期内，其他成本环比指数总体呈现窄幅波动趋势，其中在 6 月份有最大值为 235，可能由于该月份支付运费和银行利息数额较大。与其他成本变化趋势图相吻合，其他成本定基指数也是呈现小幅波动态势（见图 6-5），6 月份达到最高点 142，其他月份维持在 100 左右。

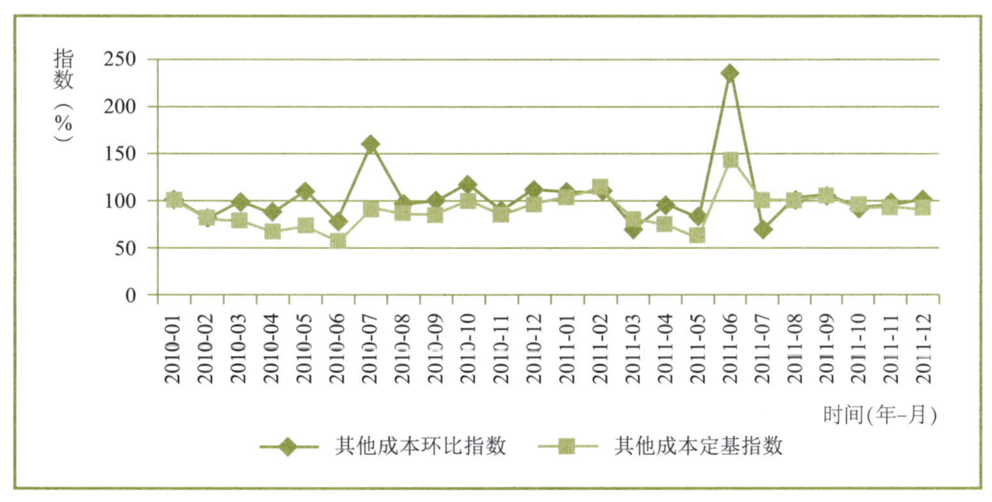

图 6-5　2010 ～ 2011 年产 10 万立方米刨花板其他成本环比指数与定基指数变化走势

2. 15 万立方米刨花板成本监测

在 2011 年，年产 15 万立方米刨花板生产成本环比指数出现小幅波动，总体趋势保持平稳，这说明刨花板生产成本总体维稳；成本定基指数较 2010 年略有上涨（见图 6-6）。2011 年年初，生产成本较上一年度有所下降，从 2010 年 12 月份的 101.32 降至 88.54， 2 月份平缓上涨至 102.40，3 月至 5 月延续盘整态势，相继出现几次小幅波动，从 6 月开始基本维持在 100 左右；从成本定基指数来看，生产成本较上一年度整体维稳，成本指数略有回落。

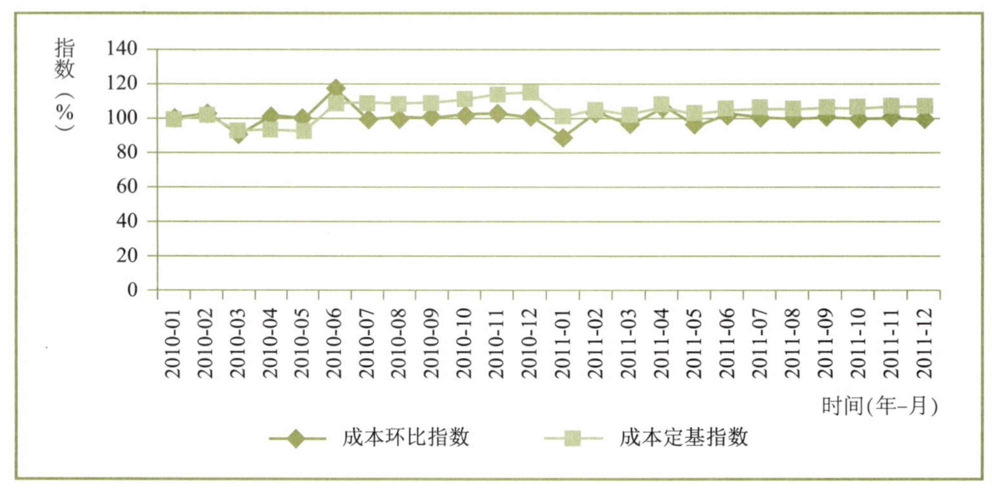

图 6-6　2010 ～ 2011 年产 15 万立方米刨花板生产成本环比指数与定基指数变化走势

（1）直接制造成本监测

在整个报告期内，直接制造成本环比指数基本稳定在 100，这说明由于企业扩大生产规模，改良生产技术使得刨花板生产成本延续弱势调整趋势，市场购销相对活跃（见图 6-7）；辅助材料消耗环比指数在报告期内整体维稳，价格呈现小幅调整态势；水、电、热消耗环比指数以及木材消耗环比指数也是呈现总体稳定趋势，局部略有波动。

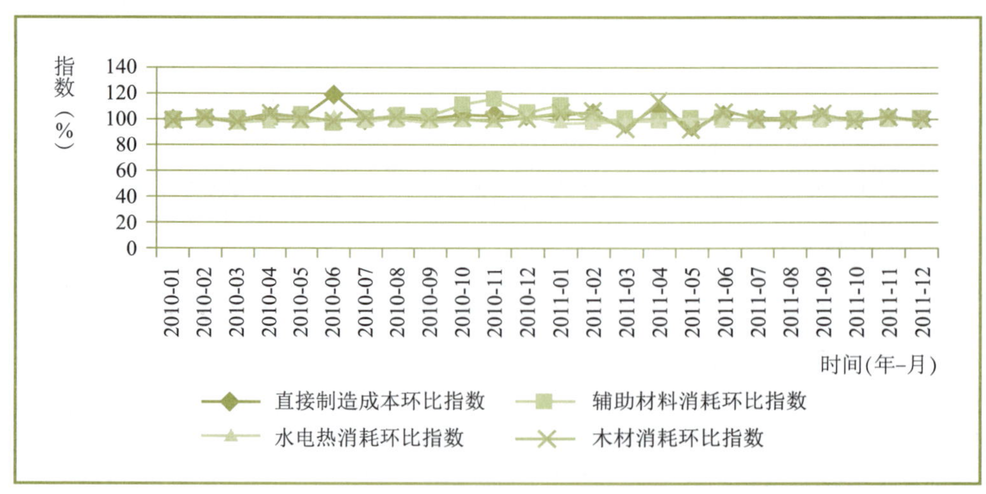

图 6-7　2010 ～ 2011 年产 15 万立方米刨花板直接制造成本及其构成环比指数变化走势

与直接制造成本环比指数相比，定基指数在报告期内波动较为明显（见图 6-8），从 2011 年 1 月份受节日效应等影响价格持续攀升，延续上一年度上升趋势，定基指数达到 138，全年制造成本环比指数稳定在 140 左右；与上一年度的稳中有升相比，辅助材料消耗定基指数在 2011 年呈现大幅上涨态势，稳定在 150 左右，较上一年度上升幅度接近 10%，这说明辅助材料价格在本年度涨幅较大；水、电、热消耗定基指数呈现稳中有升的态势，波动幅度较小；木材消耗定基指数呈现稳中略涨，局部小幅调整态势，2011 年 1 月定基指数为 108，到 12 月上升至 118，平均每月上升 1 个百分点。

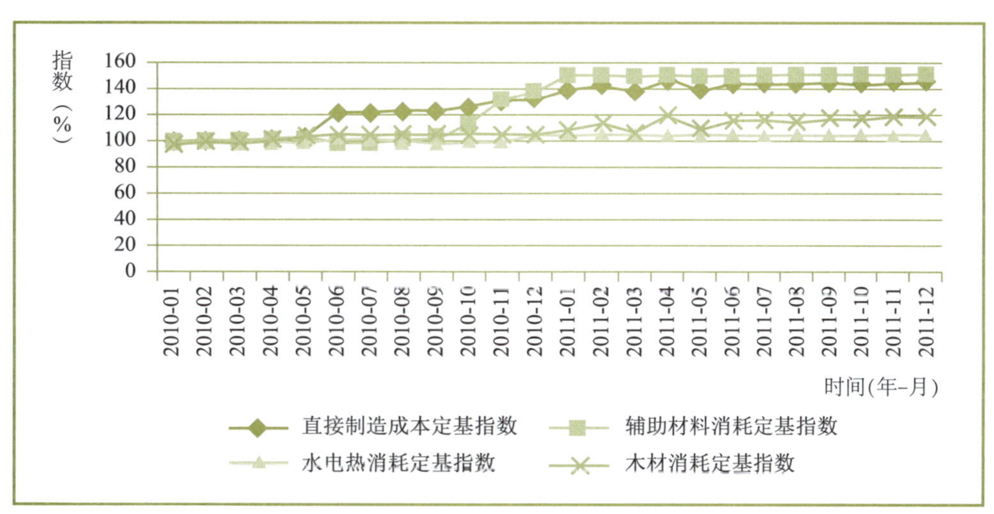

图 6-8 2010 ～ 2011 年产 15 万立方米刨花板直接制造成本及其构成定基指数变化走势

（2）固定成本监测

与同期相比，固定成本环比指数在 2011 年继续保持稳中有降的态势，最低为 3 月份的 64.64，最高为 6 月份的 120.65（见图 6-9）。其他月份固定成本环比指数基本持平，保持在 80 左右。

与环比指数相类似，固定成本定基指数也呈现稳中有降的趋势，上半年度呈现大幅下降态势，

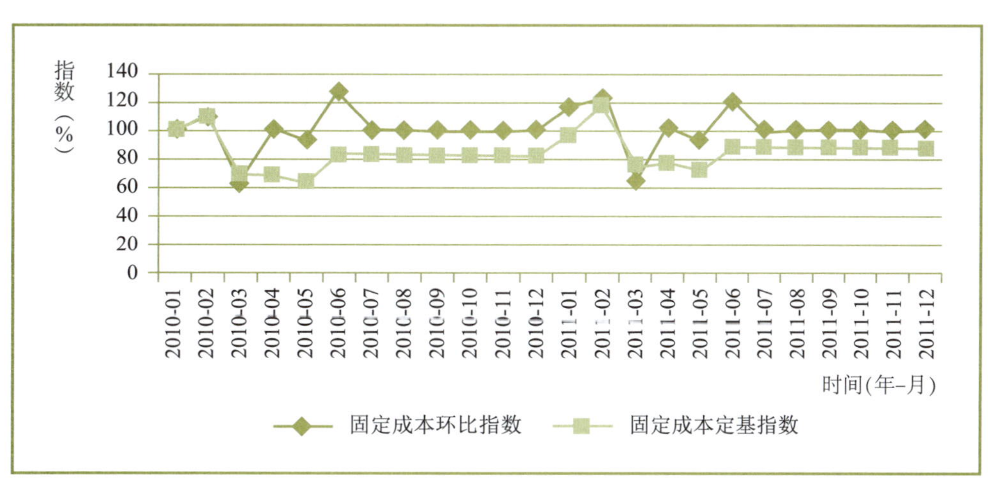

图 6-9 2010 ～ 2011 年产 15 万立方米刨花板固定成本及环比指数与定基指数变化走势

2 月至 3 月从最高点 118 降至 76，5 月份随着生产旺期的到来，增加工人工资福利费等使得固定成本定基指数从 6 月开始上涨，后期又回落至 100 左右。

（3）其他成本监测

在整个报告期内，其他成本环比指数和定基指数较上一年度保持稳定（见图 6-10），说明由于企业生产规模的扩大，企业的可变生产成本得到了较好的控制。

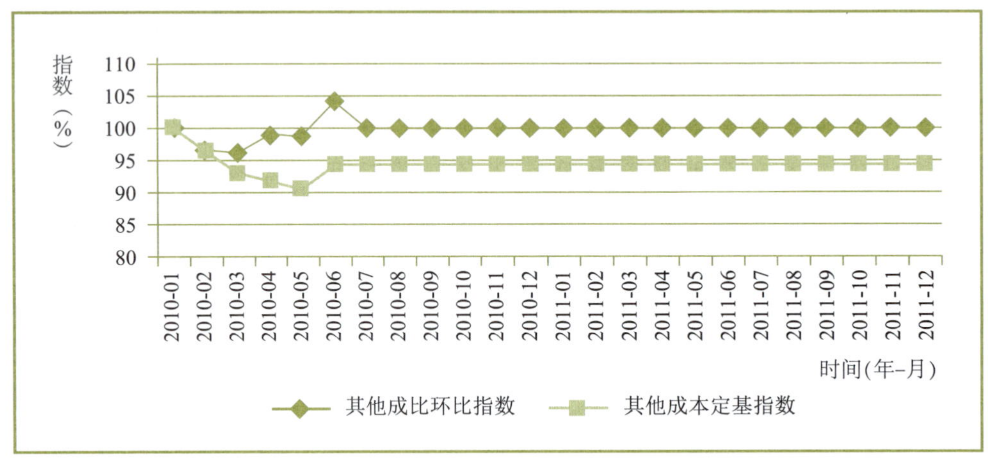

图 6-10　2010 ～ 2011 年产 15 万立方米刨花板其他成本环比指数与定基指数变化走势

6.2.1.2　价格监测

根据 2011 年刨花板出口价格监测数据得出刨花板出口价格定基指数和价格环比指数走势图（见图 6-11）。刨花板实际出口价格总体略有上涨，在年内局部小幅调整，从价格定基指数来看，以上一年度 1 月为基期，在 2011 年 1 月迅速上升至 112，2 月又降至 93，3 月又回升至 103，后期继续保持上扬态势，到 9 月份上涨至历史最高点 127，后期又有所下降至 80，这表明 2011 年刨花板价格比起基期来说有所上涨。从环比指数来看，价格上涨幅度最大的是 3 月份，达到了 111。其余月份价格环比指数有小幅变化，基本维持在 101 左右。

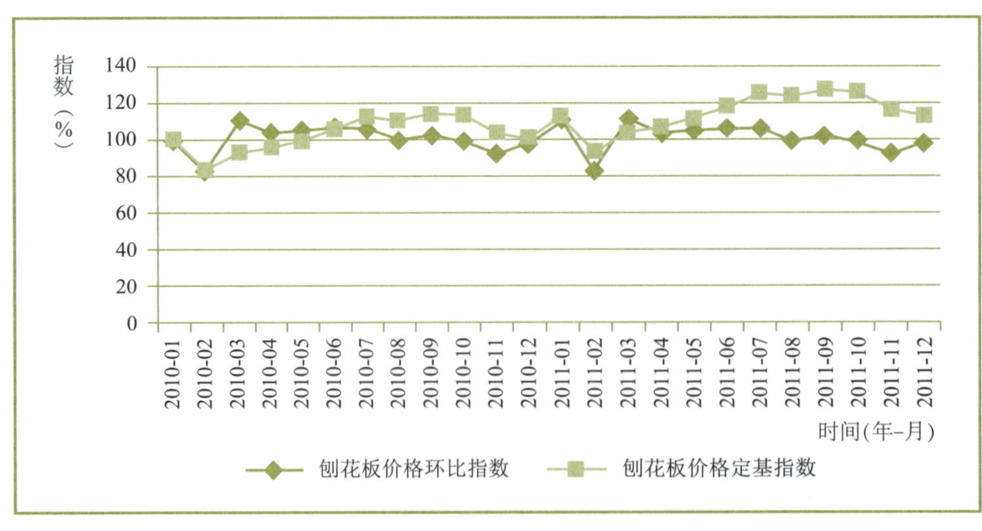

图 6-11 2010 ～ 2011 年刨花板出口价格环比指数及定基指数走势

6.2.1.3　利润空间测算

1. 10 万立方米刨花板企业盈利能力测算

根据年产 10 万立方米刨花板（单层压机）主要技术经济指标监测数据可以得出刨花板出口价格定基指数与生产成本定基指数的折线图（见图 6-12）。从刨花板出口价格定基指数看来，刨花板的出口价格与 2010 年 1 月份基期相比，在 2011 年呈现小幅上涨的趋势，上涨幅度最大达到 6% 左右，其他月份价格指数在 100 左右波动。从成本定基指数看来，2011 年刨花板生产成本呈现大幅上涨趋势，且上涨幅度明显高于刨花板价格的波动，这表明 2011 年刨花板生产企业利润主要影响因素为刨花板的出口价格，生产成本受市场影响较小。

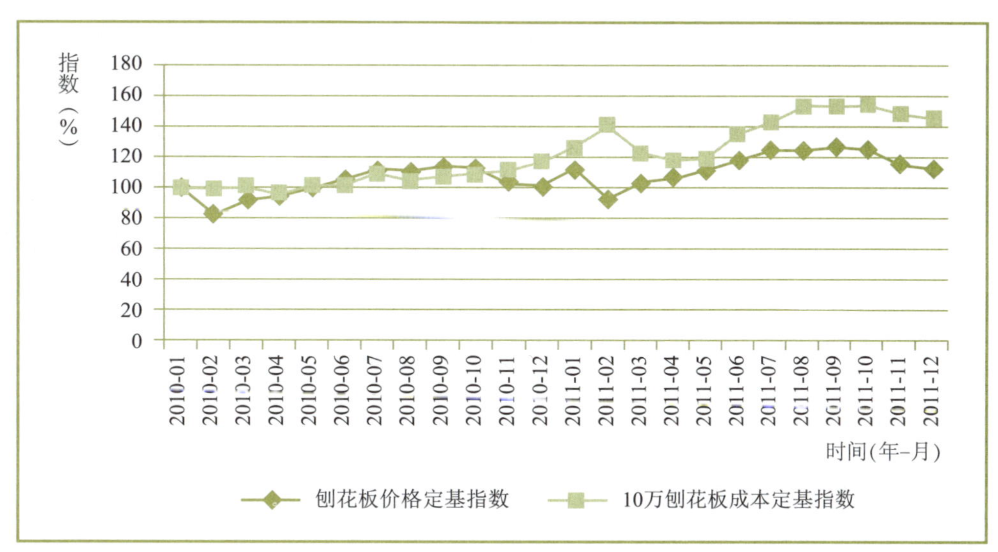

图 6-12　2010 ～ 2011 年 10 万立方米刨花板出口价格定基指数及环比指数走势

（2）15 万立方米刨花板企业盈利能力测算

根据年产 15 万立方米刨花板（单层压机）主要技术经济指标监测数据可以得出刨花板出口价格定基指数与生产成本定基指数的折线图（见图 6-13）。从刨花板出口价格定基指数看来，刨花板的出口价格与 2010 年 1 月份基期相比，在 2011 年呈现稳步上涨的趋势，尤其在第三季度定基指数均超过 120，后期又逐步回落至 110 左右。而年产 15 万立方米刨花板成本定基指数则相对平稳，全年基本稳定在 104 左右。下图中，价格定基指数上涨幅度明显大于成本定基指数，表明企业扩大生产对有效控制生产成本有较好的效果，在市场价格上涨的情况下可以获得较大的利润。

6.2.2　胶合板生产监测

6.2.2.1　成本监测

1. 2 万立方米胶合板成本指数监测

在报告期内，2 万立方米胶合板生产成本定基指数在 2011 年 1 月起延续上涨态势，全年基本保持在 120 左右，局部略有波动。由于从 2011 年起各种原料价格和劳动力价格全面涨价，胶合板

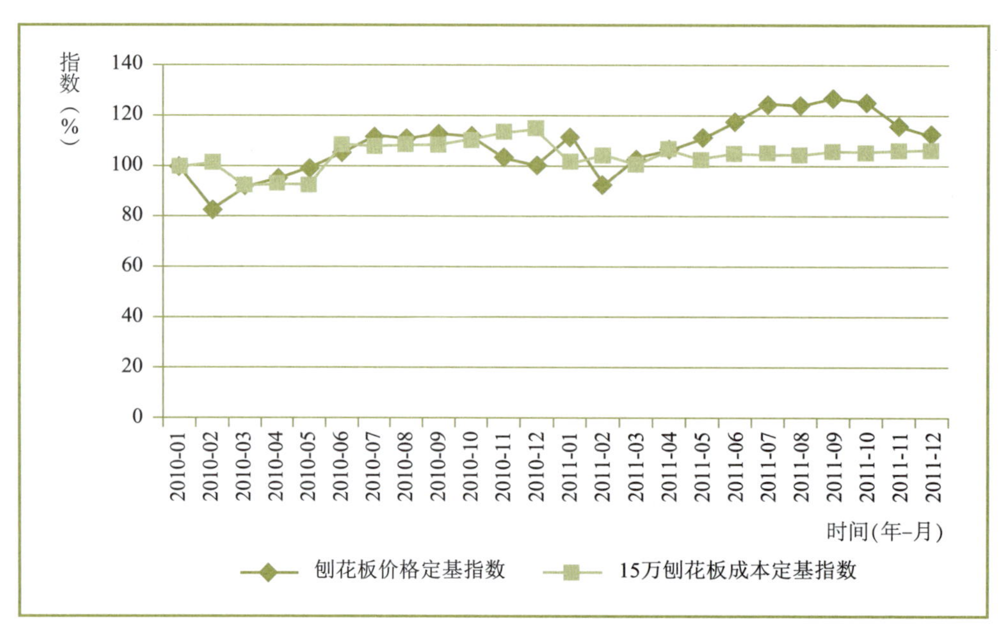

图 6-13　2010 ～ 2011 年 2 万立方米胶合板出口价格定基指数与生产成本定基指数变化走势

生产成本也相继上扬，胶合板市场购销较为活跃（见图 6-14）。从成本环比指数来看，价格指数整体维稳，在报告期内出现了几次小幅波动，2011 年 1 月份迅速上涨至 109，后期生产成本呈现周期波动态势，但波动幅度较小，全年环比指数维持在 101 左右。

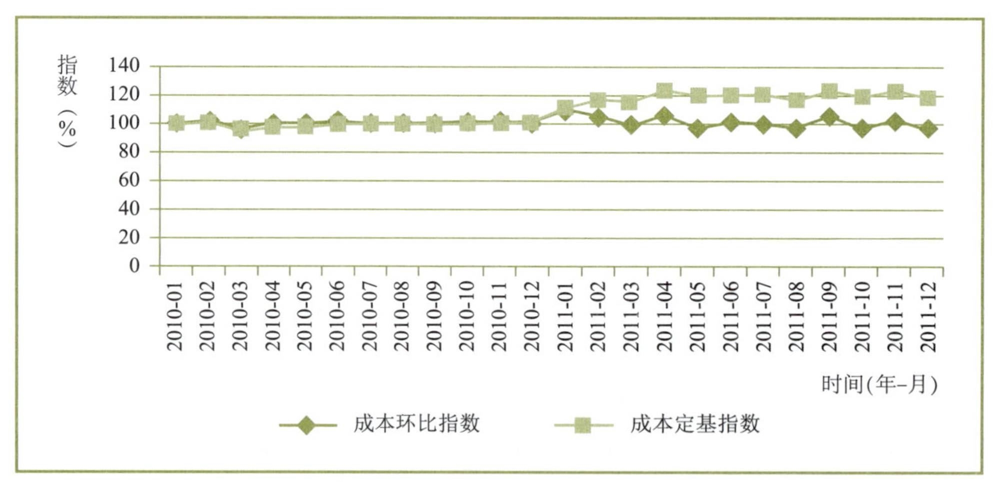

图 6-14　2010 ～ 2011 年 2 万立方米胶合板成本环比指数与定基指数变化走势

（1）直接制造成本监测

与 2010 年同期相比，2011 年 2 万胶合板直接制造成本环比指数几乎保持水平，波动幅度不超过 0.5%，平均维持在 101（见图 6-15），这说明整个报告期内，胶合板直接制造成本较上一年度基本不变；辅助材料消耗环比指数在 2011 年波动较小，维持在 100 左右；水、电、热消耗环比指数及废料消耗环比指数总体趋势上保持稳定，基本维持在 99 ～ 104 之间，波动较小；木材消耗环比指数相对波动较为明显，这是由于近年来木材价格连续上扬，在 2011 年 4 月和 9 月达到最高点 117，8 月和 10 月又降至最低点 91，这说明木材消耗对直接制造成本的影响极为重要，市场购销较为活跃。

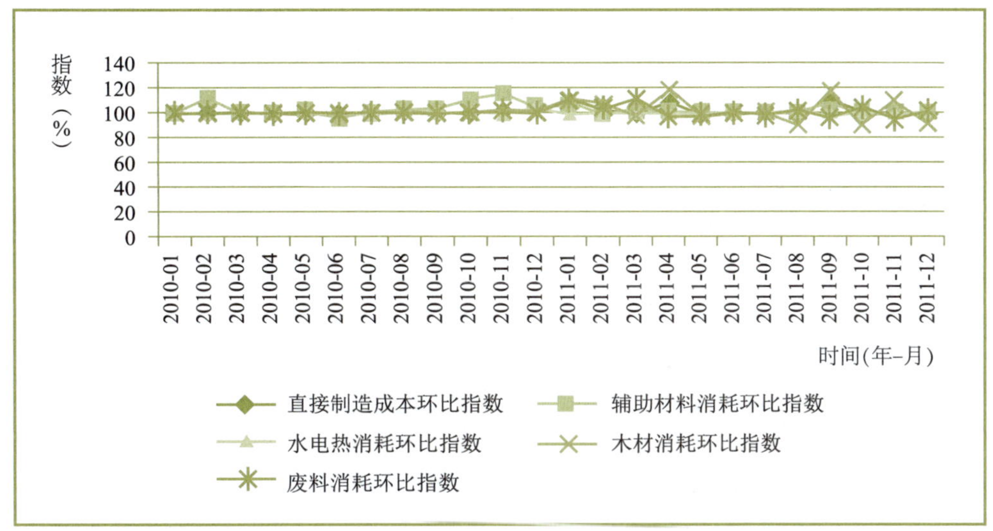

图 6-15　2010 ～ 2011 年 2 万立方米胶合板成本及其构成环比指数变化走势

与环比指数相比，直接制造成本定基指数在报告期内呈现快速上涨趋势，1 月份就以 112 创下历史最高，后期仍有平缓上升趋势，到 4 月份上涨至 130，全年平均值在 124 左右，最高涨幅在 7.15% 左右（见图 6-16）；在直接制造成本中，主要是由辅助性材料价格暴涨所致；辅助材料消耗定基指数在总体上呈现大幅上涨趋势，与 2010 年同期相比价格上扬幅度超过 50%，这是由脲醛树脂价格上涨过快引起的；水、电、热消耗定基指数在报告期内基本不变；以 2010 年 1 月为基期，木材消耗定基指数在报告期内呈现震荡上涨趋势，在 1 ～ 3 月，木材价格小幅上升，从 4 月开始迅速攀升至 133，后期又出现几次小幅波动，木材价格指数全年维持在 124 左右，这说明木材价格相对 2010 年相比价格上涨较快，市场购销活跃；废料消耗定基指数在报告期内也是大幅上涨趋势，全年平均

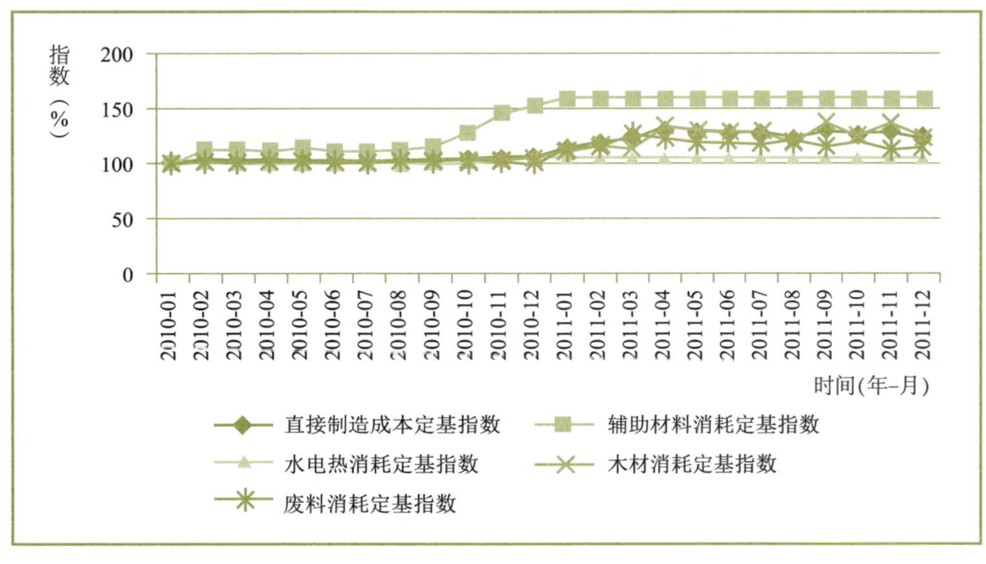

图 6-16　2010 ～ 2011 年 2 万立方米胶合板成本及其构成定基指数变化走势

值为 118 左右，废料消耗主要包括废单板、木芯等原料，这是由于在木材价格上涨的市场大环境下，废单板等废料的价格也一再上涨。

（2）固定成本监测

从总体上看，固定成本环比指数在 2011 年上半年出现较大波动，在 2 月份上升至最大值 122，3 月又迅速下降至 64，后期又有几次小幅波动（见图 6-17），其他月份固定成本环比指数基本持平，保持在 100 左右。

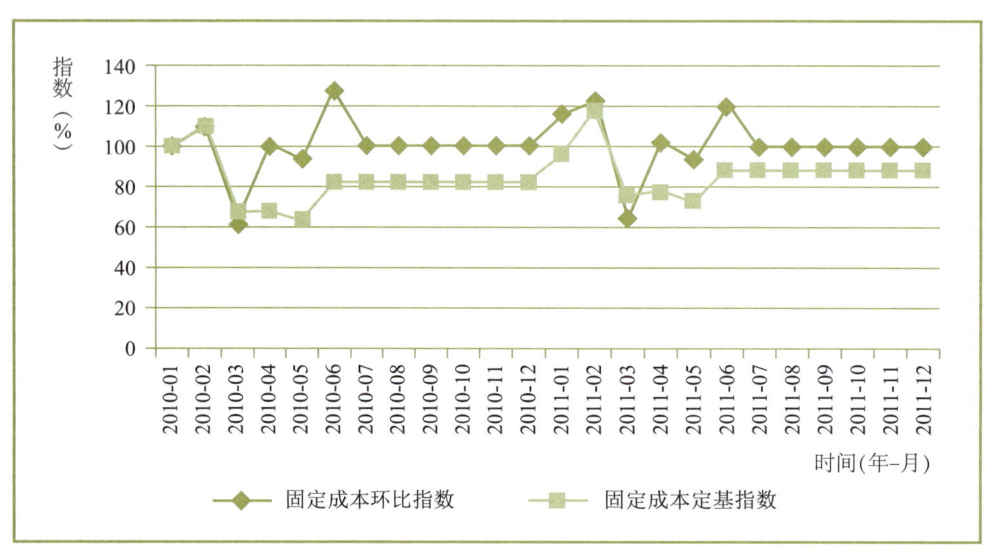

图 6-17　2010 ～ 2011 年 2 万立方米胶合板固定成本环比指数及定基指数变化走势

与环比指数相类似，在整个报告期内固定成本定基指数在 1 ～ 5 月有明显变化，2 月定期指数为 117，3 月迅速降至 76 并保持稳定，从 6 月开始平缓上升至 88。由图 6-17 可看出，固定成本在 3 ～ 5 月较低。6 ～ 12 月固定成本基本保持不变，略比基期成本低些。

（3）其他成本监测

在整个报告期内，其他成本环比指数呈现小幅下降的趋势，总体保持在 101 左右，这表明其他工厂成本在整个报告期内波动很小。与其他成本变化趋势图相吻合，其他成本定基指数也呈现先下

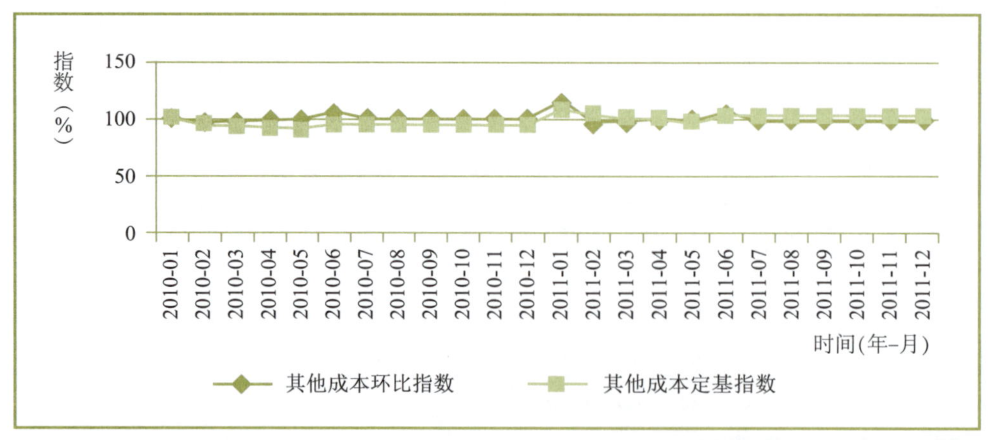

图 6-18　2010 ～ 2011 年 2 万立方米胶合板其他成本环比指数与定基指数变化走势

降后保持稳定的趋势（见图 6-18），综上说明其他成本较 2010 年同期变动较小。

2. 5 万立方米胶合板成本指数监测

在 2011 年，成本环比指数和成本定基指数曲线呈现波动上涨的变化趋势（见图 6-19）。环比指数从 1 月开始就急速下降，至 3 月已降至全年最低点 97，说明各月份之间的价格波动不大，后期开始平缓上上，到 6 月份上升至 102，下半年环比指数变化较小，稳定在 100 左右，说明这一时期生产成本延续盘整，价格变动幅度较小；以 2010 年 1 月为基期，成本定基指数在 2011 年呈现大幅上涨趋势，从 1 月开始定基指数就延续上一年度上涨态势，到 2 月份上升至 111，3 月开始平缓下降，6 月又迎来新一轮上涨高潮并延续至年末，到 12 月份又回升至 113。

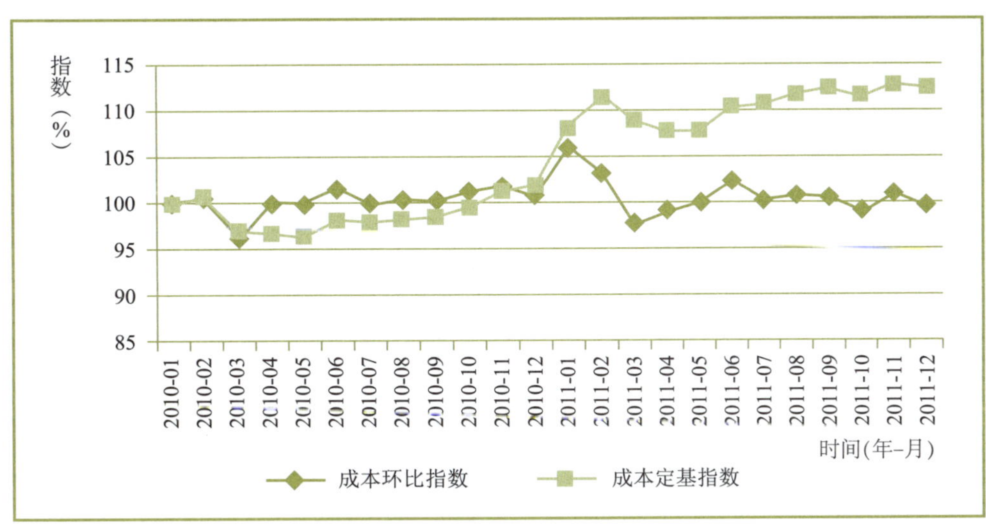

图 6-19　2010 ～ 2011 年 5 万立方米胶合板生产成本环比指数与定基指数变化走势

（1）直接制造成本监测

2011 年，直接制造成本环比指数基本保持稳定，维持在 100 左右（见图 6-20），全年无较大波动，说明在报告期内各月份之间变化幅度较小；辅助材料环比指数消耗在 1 ～ 4 月呈现小幅下降趋势，

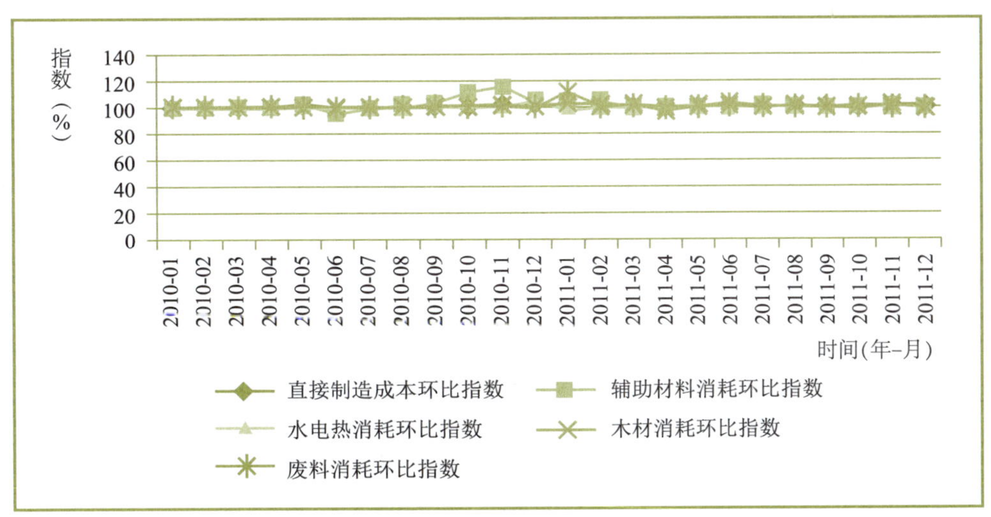

图 6-20　2010 ～ 2011 年 5 万立方米胶合板直接制造成本及其构成环比指数变化走势

后期保持稳定，全年平均值在100左右，这说明辅助材料消耗价格在各月份之间波动较小或基本持平；水、电、热消耗环比指数和木材消耗环比指数在全年基本保持水平状态，废料消耗环比指数在2011年年初受节日效应影响，出现一次小幅波动，整个报告期内稳定在100左右，没有出现较大波动。

与直接制造成本环比指数相比，直接制造成本定基指数在整个报告期内呈现稳定上升趋势（见图6-21），平均值比上一年度提高了10个百分点；以2010年1月为基期，辅助材料消耗定基指数呈现稳定上涨趋势，上涨幅度较大，超过了50%；水、电热消耗价值在报告期内稳定在100，未出现较大波动；木材消耗定基指数和废料消耗定基指数呈现小幅上涨态势，局部略有波动，这说明木材消耗和废料消耗在年内变化较小。

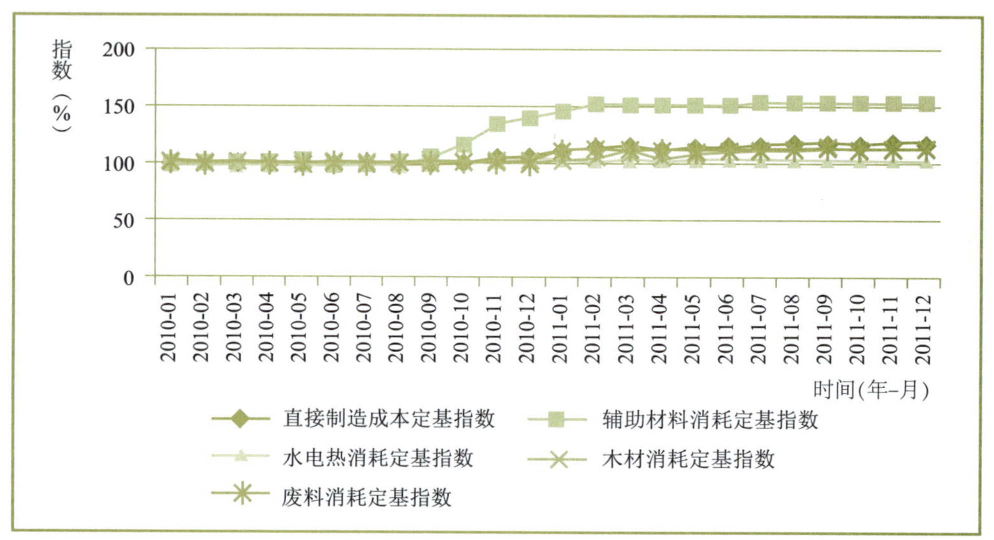

图6-21　2010～2011年5万立方米胶合板直接制造成本及其构成定基指数变化走势

（2）固定成本监测

从总体上看，固定成本环比指数在1～7月出现3次震荡波动（见图6-22），后期开始维持稳定。

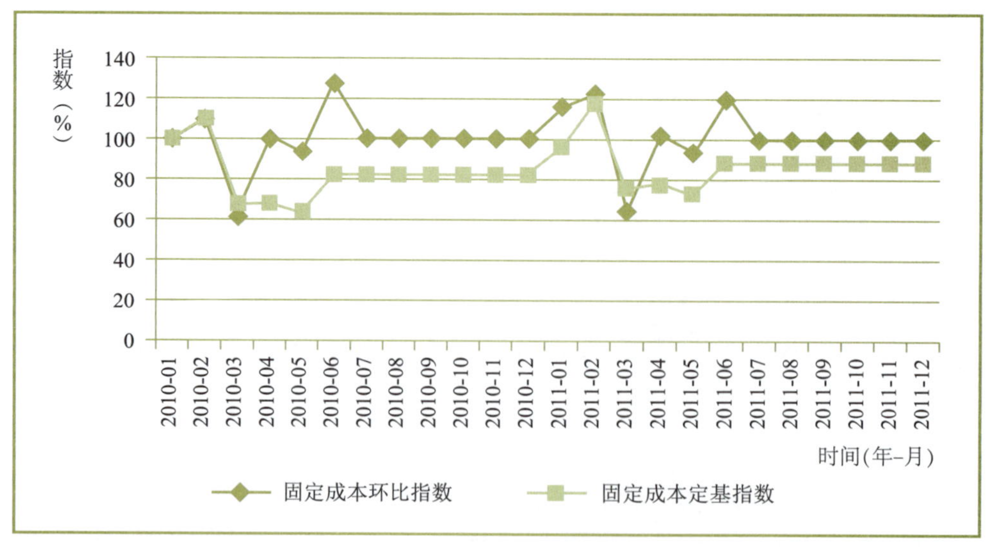

图6-22　2010～2011年5万立方米胶合板固定成本环比指数和定基指数变化走势

1 月环比指数为 116，2 月继续保持上涨态势达到 122，从 3 月开始迅速下降至 65，4 月又有所回升，6 月逐步攀升至 121，后期波动较小，稳定在 100 不变. 固定成本中受市场价格因素影响较大的是工资，与固定成本环比指数曲线相吻合，2011 年受劳工价格上涨等因素影响，工资环比指数在 2011 年 1 ～ 7 月出现 3 次震荡波动，后期保持稳定不变。

在整个报告期内，与固定成本环比指数相似，固定成本定基指数（见图 6-22）在 2011 年 1 ～ 7 月呈现震荡波动趋势，后期稳定在 100 左右；2011 年 2 月受市场价格因素影响，迅速上升至 117，3 月又回落至 76。

（3）其他成本监测

在整个报告期内，其他成本环比指数和定基指数在全年基本呈水平态势（见图 6-23）。其中，环比指数基本保持在 100 左右，说明全年各月份中其他成本价格无明显变动；定基指数则延续上一年度低值趋势，稳定在 95 左右。这说明 2011 年其他成本较 2010 年基期有所下降。

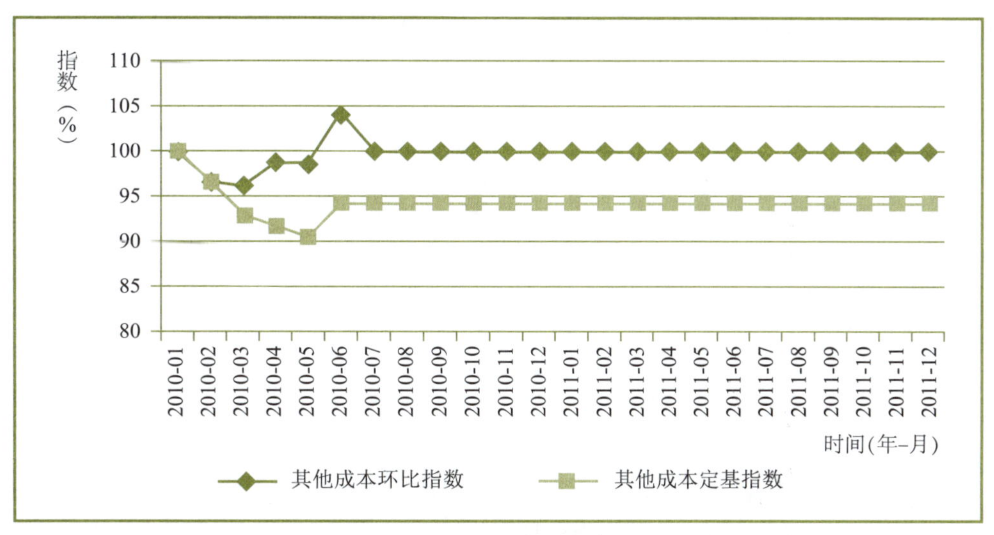

图 6-23　2010 ～ 2011 年 5 万立方米胶合板其他成本环比指数与定基指数变化走势

3. 10 万立方米胶合板成本监测

2011 年，10 万胶合板生产成本环比指数和成本定基指数曲线均出现较大波动（见图 6-24）。以环比指数为例，从 2011 年 1 月开始呈现平缓下降趋势，说明这一时期价格略有下降；5 月开始又有所上升，后期未出现较大波动，基本维持在 100 左右。而生产成本定基指数从 1 月开始就延续上一年度上涨趋势，到 2 月份上升至 112，后期继续保持上扬趋势，稳定在 112 左右，这说明 2011 年全年生产成本比上一年度有较大提高，主要是由于人工成本和辅助材料的增加导致总成本的上升。

（1）直接制造成本监测

2011 年，直接制造成本环比指数在总体上基本保持稳定（见图 6-25），维持在 100 左右；辅助材料环比指数消耗在 1 ～ 4 月期间有小幅波动，从 105 逐步下降至 100，后期保持稳定不变，说明全年辅助材料价格稳中略涨；水、电、热消耗环比指数在全年基本稳定在 100，变动幅度较小；木材消耗环比指数在全年出现多次震荡波动，但波动幅度较小，最大波动不超过 5%，说明木材价

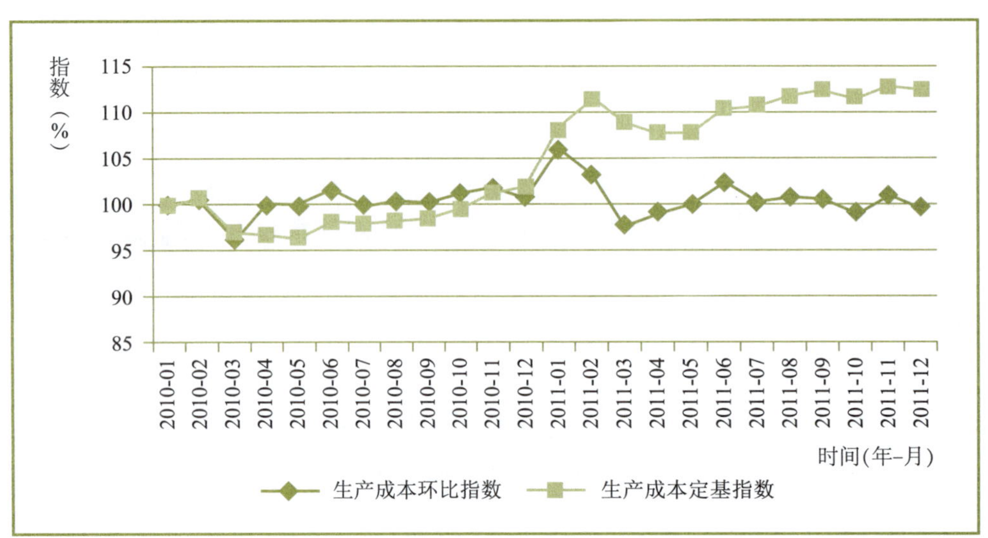

图 6-24 2010 ～ 2011 年 10 万立方米胶合板生产成本环比指数与定基指数变化走势

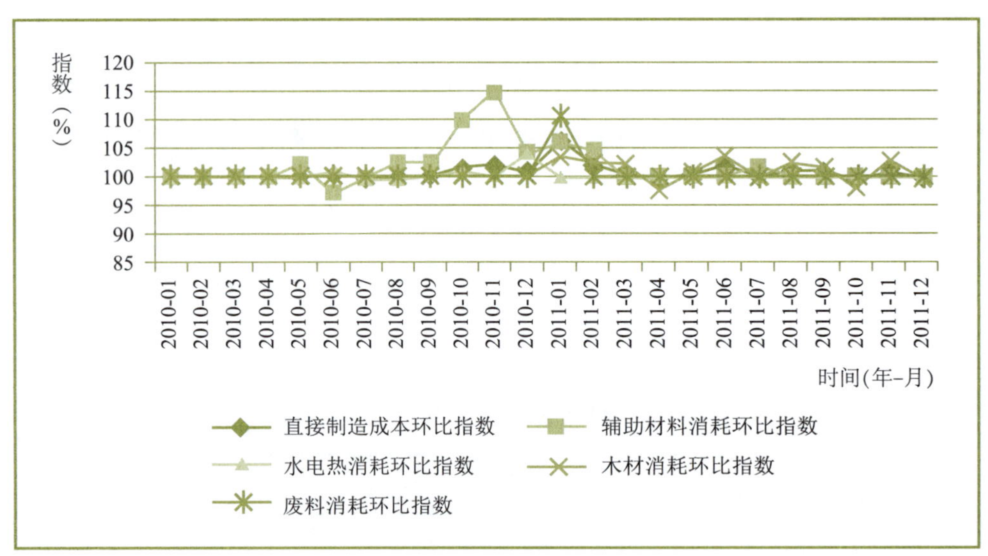

图 6-25 2010 ～ 2011 年 10 万立方米胶合板直接制造成本及其构成环比指数变化走势

格受市场大环境影响波动较为明显，市场购销活跃；废料消耗环比指数在 2011 年 1 月受节日影响突然上涨至 110，从 2 月开始又骤降至 100，后期稳定在 100，未出现较大波动。

与直接制造成本环比指数相吻合，直接制造成本定基指数在整个报告期内呈现稳中略涨趋势（见图 6-26），全年基本保持 114 左右，说明当年直接制造成本较上一年度有所上升；辅助材料消耗定基指数从年初就呈现大幅上涨趋势，比上一年度同期上涨 50%；水、电热消耗价值、木材消耗定基指数和废料消耗定基指数在报告期内均呈现稳中略涨趋势，基本稳定在 110 左右。在直接制造成本构成因子中，辅助材料消耗的影响最大。

（2）固定成本监测

从总体上看，固定成本环比指数在 1 ～ 7 月出现 3 次震荡波动（见图 6-27），后期维持稳

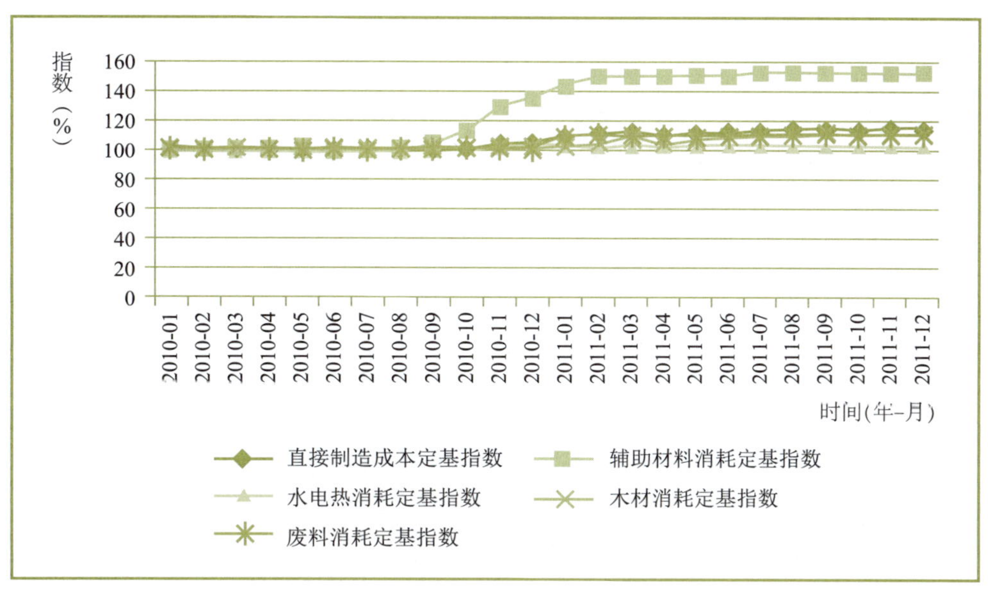

图 6-26 2010 ～ 2011 年 10 万立方米胶合板直接制造成本及其构成定基指数变化走势

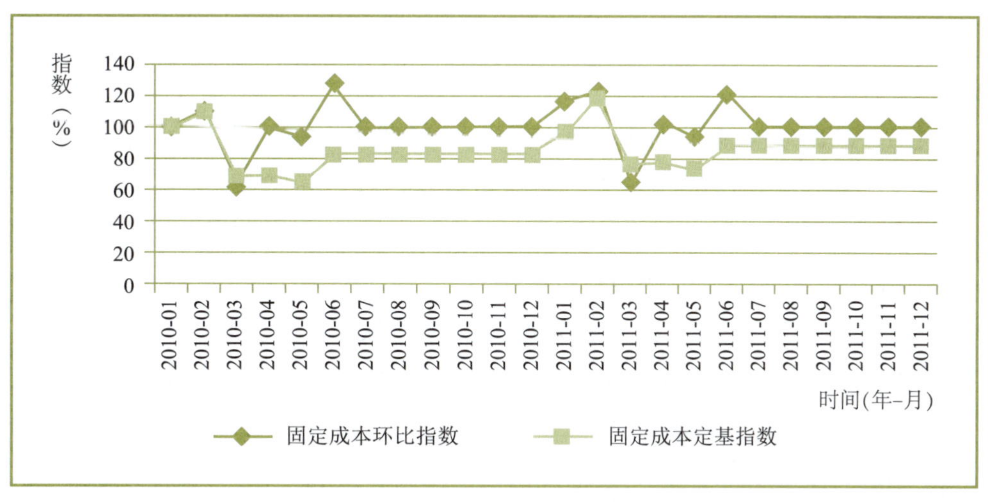

图 6-27 2010 ～ 2011 年 10 万立方米胶合板固定成本及其构成环比指数变化走势图

定。2 月从 110 上升至 122，3 月迅速下降至 64，4 月又回升至 102，5 月又降至 93，到 6 月骤升至 120，从 7 月开始稳定在 100 不变；固定成本中受市场价格因素影响较大的是工资，从 2011 年年初受劳工价格上涨等因素影响，固定成本波动较大。固定成本定基指数曲线基本与环比指数曲线吻合，在整个报告期内，固定成本定基指数在 2011 年 2 月受市场价格因素影响，迅速上升至 117，3 月又回落至 76，1 ～ 7 月呈现震荡波动趋势，后期稳定在 88 左右呈现水平状态说明全年固定成本波动幅度较小。

（3）其他成本监测

在整个报告期内，其他成本环比指数和定基指数在 1 ～ 7 月出现几次波动（见图 6-28）。以其他成本定基指数为例，从 2011 年 1 月开始呈现直线下降趋势，从 1 月份的 100 到 5 月降至

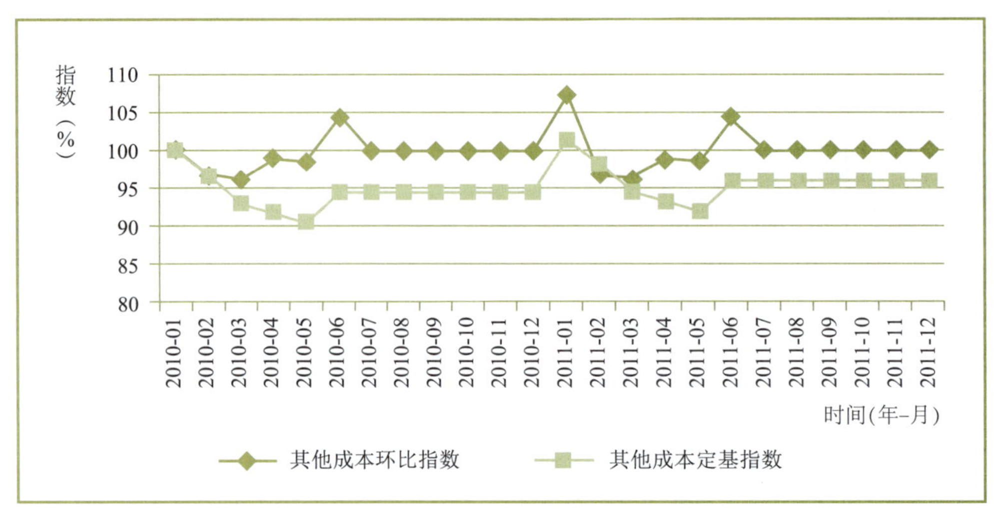

图 6-28　2010 ～ 2011 年 10 万立方米胶合板其他成本环比指数与定基指数变化走势

最低点 91，6 月开始又回升至 96，价格波动较小，最后稳定在 95 左右。其他成本环比指数曲线则略高于定基指数曲线，这是因为定基指数相对环比指数更能从总体上反映价格的波动情况。

6.2.2.2　价格监测

根据 2011 年胶合板销售价格监测数据得出胶合板销售价格定基指数与价格环比指数走势图（见图 6-29）。从定基指数来看，以 2010 年 1 月为基期，自 2011 年年初开始，价格定基指数就迅速从 77 上涨至 108 并稳定保持到 3 月，涨幅超过 40%，4 月份迅速回落至 72，后期呈现平缓上涨趋势，到 12 月份价格定基指数为 82，这表明胶合板价格与上一年度相比总体上是略有下降。价格环比指数曲线走势与定基指数基本相同，1 月份由于价格迅速攀升环比指数从 105 上升至 141，2 月降至 100，4 月份价格继续下滑至历史最低点 66，后期又逐步回升，基本稳定在 100 左右。

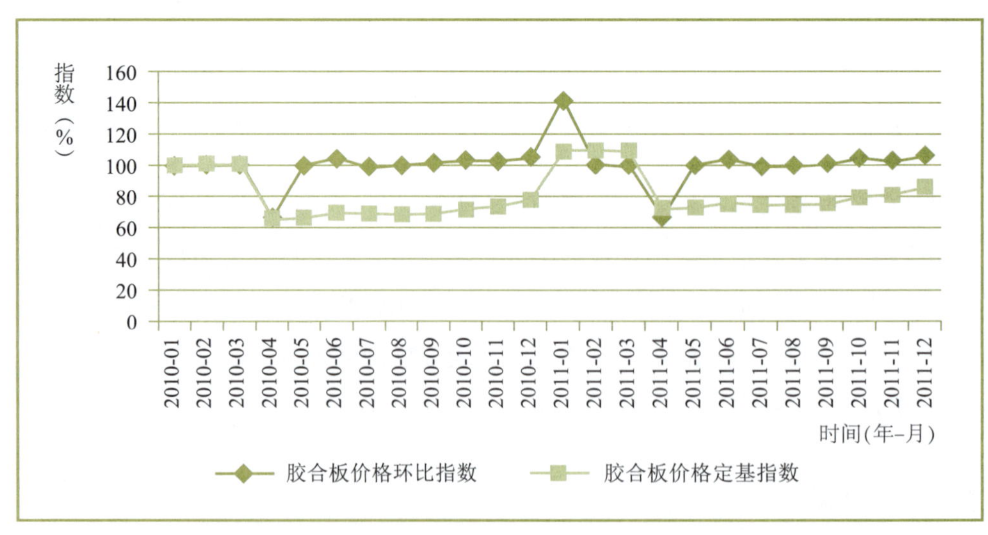

图 6-29　2010 ～ 2011 胶合板销售价格环比指数与定基指数趋势图

6.2.2.3 利润空间测算

1. 2 万立方米胶合板企业盈利能力测算

根据年产 2 万立方米胶合板主要技术经济指标监测数据可以得出胶合板出口价格定基指数与生产成本定基指数的折线图（见图 6-30）。胶合板的出口价格在第一季度有较大幅度的上涨，指数涨幅超过 40%，而 4 月起又降至 77，后期呈现小幅上涨态势，12 月份上升至 85，表明胶合板价格较上一年度基期是下降的。从成本定基指数来看，2011 年胶合板生产成本呈现稳中有升的趋势，1 月定基指数为 111，到 12 月份升至 118，期间没有出现较大波动，全年成本定基指数稳定在 119 左右，表明 2 万胶合板生产成本在 2011 年有所上升，企业受市场价格波动影响较大。

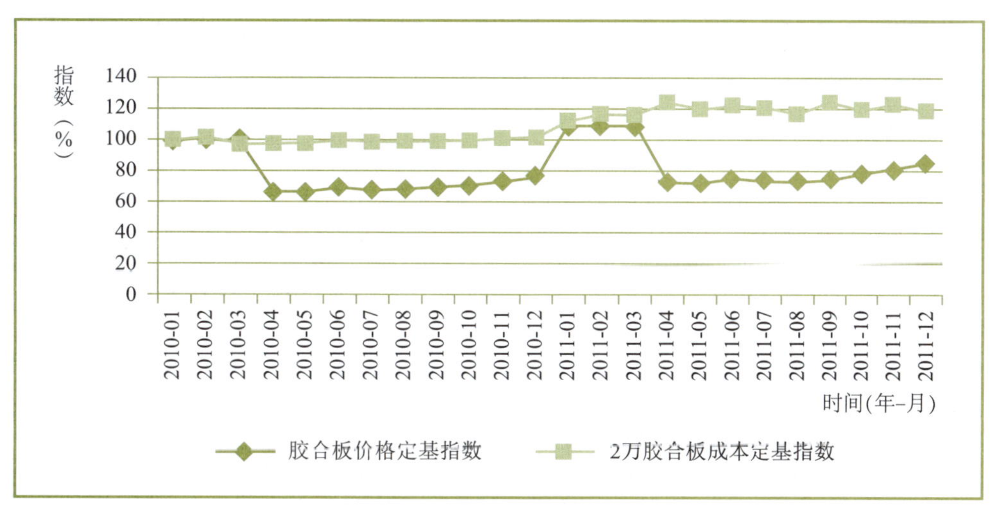

图 6-30 2010 ～ 2011 年胶合板出口价格定基指数及环比指数走势

2. 5 万立方米胶合板企业盈利能力测算

根据年产 5 万立方米胶合板主要技术经济指标监测数据可以得出胶合板出口价格定基指数与生产成本定基指数的折线图（见图 6-31）。胶合板的出口价格在第一季度有较大幅度的上涨，指数涨

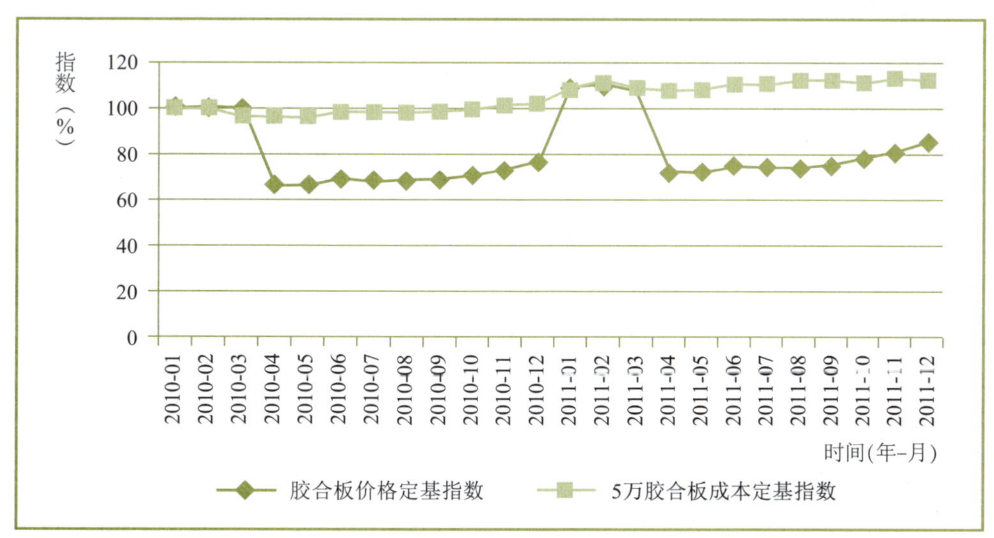

图 6-31 2010 ～ 2011 年胶合板出口价格定基指数及环比指数走势

幅超过40%，而4月起又降至77，后期呈现小幅上涨态势，12月份上升至85，表明胶合板价格较上一年度基期是下降的；从成本定基指数看来，2011年胶合板生产成本定基指数呈现稳中略涨的趋势，1月份为107，到12月份上涨至112，全年无较大波动，表明5万胶合板生产成本总体上保持平稳，原材料价格等略有上涨，市场购销较为活跃。

3. 10万立方米胶合板企业盈利能力测算

根据年产10万立方米胶合板企业成本监测数据和出口价格监测数据得出胶合板出口价格定基指数和成本定基指数变化趋势图（见图6-32）。从胶合板出口价格定基指数看来，胶合板的出口价格在第一季度有较大幅度的上涨，指数涨幅超过40%，而4月起又降至77，后期呈现小幅上涨态势，12月份上升至85，表明胶合板价格较上一年度基期是下降的；而企业生产成本定基指数呈现稳步上升趋势，全年基本稳定在110左右，表明企业生产规模扩大后生产成本较为稳定，当胶合板销售价格上涨时可以获得较大利润。

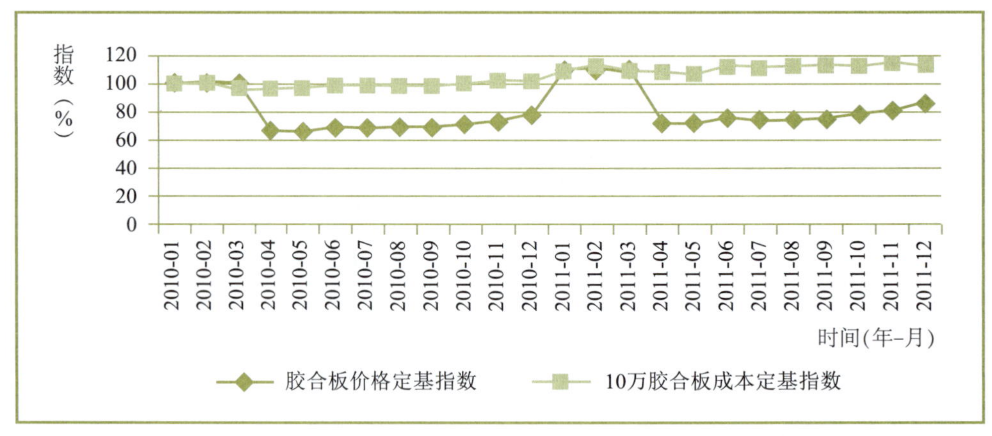

图6-32 2010～2011年胶合板价格定基指数与成本定基指数变化走势

6.2.3 纤维板生产监测

6.2.3.1 成本监测

1. 5万立方米纤维板成本监测

在整个报告期内，成本环比指数整体维持稳定，成本定基指数稳中略涨（见图6-33）。2011年，成本环比指数比较平稳，接近100，说明这一时期价格变化波动较小，只有1月份和11月份成本稍微上涨，涨幅均不超过10%，市场购销相对较均衡，各原材料价格变动幅度不大；从成本定基指数来看，以2010年1月份为基期，纤维板生产成本2011年定基指数曲线明显比2010年平均高出13%，这表明纤维板的生产成本涨幅在13%左右，原因在于各种原材料的价格存在不同幅度的增长，工资水平平均也比去年增长了大约14%。

（1）直接制造成本指数监测

2011年，直接制造成本环比指数基本保持稳定（见图6-34），变动幅度不超过5%；其中辅助材料环比指数消耗在2011年年初小幅回落，而后一直保持稳定，表明各种辅助材料价格在2011年

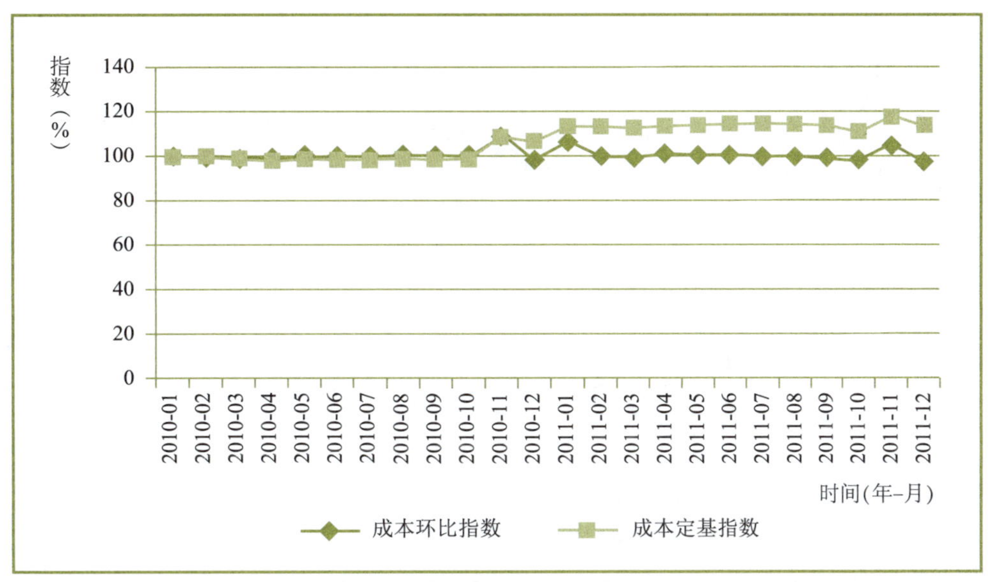

图 6-33 2010 ～ 2011 年 5 万立方米纤维板生产成本环比指数与定基指数变化走势

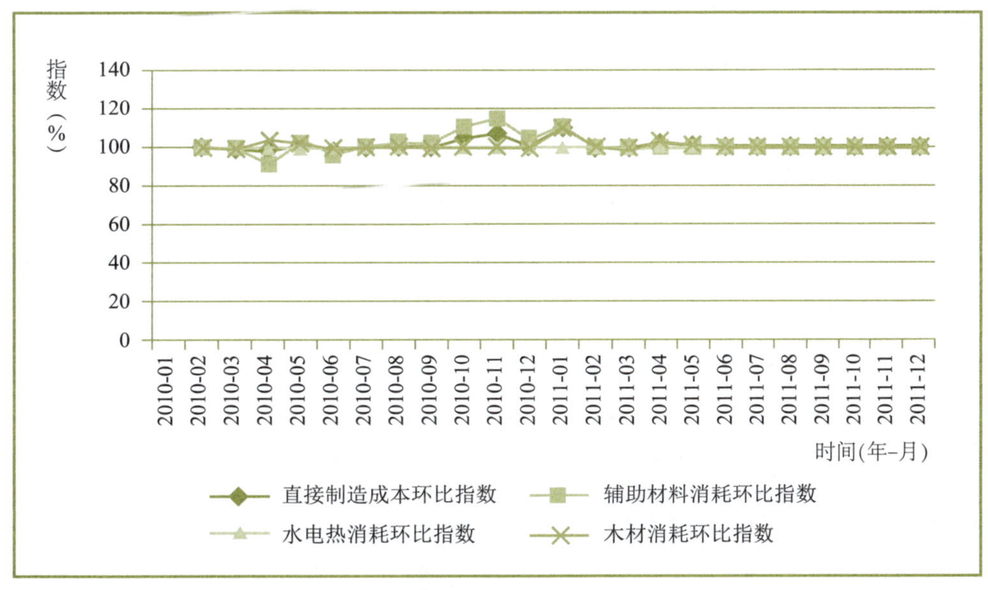

图 6-34 2010 ～ 2011 年 5 万立方米纤维板直接制造成本及其构成环比指数变化走势

度变化幅度较小；水、电、热消耗环比指数在 1 ～ 6 月整个报告期内基本稳定在 100，变动幅度很小。2010 年以来，工业用水用电价格比较稳定，所以水、电、热消耗的成本基本没有什么变化；木材消耗价值环比指数整体看来稳重略涨，涨幅较小。

与直接制造成本环比指数相比，直接制造成本定基指数在整个报告期内呈现延续上涨的态势（见图 6-35）。从 2010 年 10 月份开始，纤维板直接制造成本就开始上涨，持续上涨到 2011 年 4 月份，而后直至 2011 年底，基本稳定在 127% 左右；与直接制造成本定基指数相适应，辅助材料消耗也呈现持续上涨的形势，从 2010 年 9 月份开始，辅助材料价格上涨，然后持续攀升，直至涨

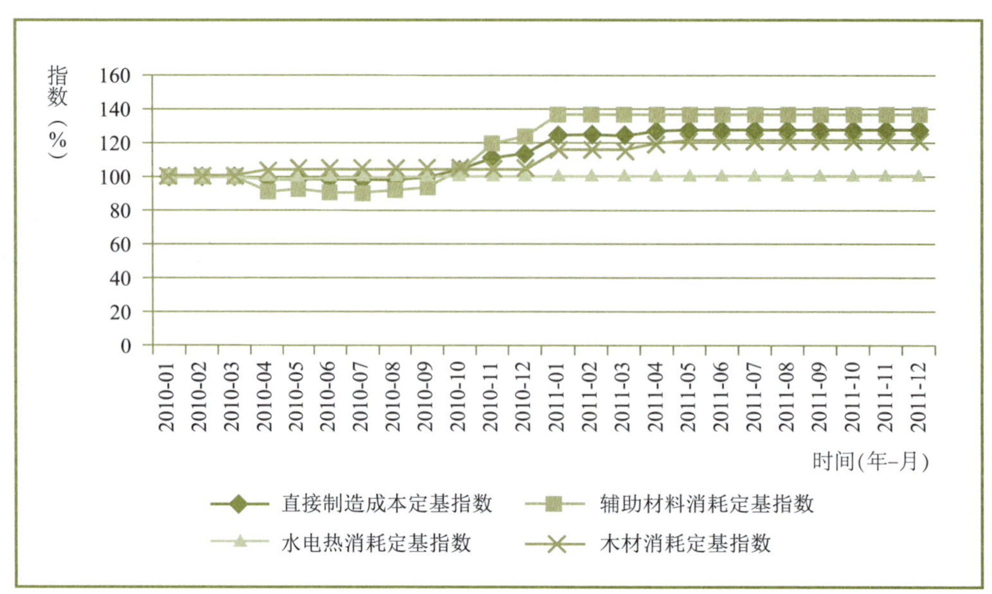

图 6-35　2010 ～ 2011 年 5 万立方米纤维板直接制造成本及其构成定基指数变化走势

幅达到 36% 以后，价格开始盘整；水、电热消耗价值无明显变化，对纤维板直接制造成本变动几乎无影响；由于 2011 年木材价格有小幅上涨，木材消耗定基指数也呈现持续上涨的趋势，最大涨幅在 20.39%。

（2）固定成本指数监测

从总体上看，固定成本环比指数除了在 2010 年 11 月与 2011 年 11 月有较大波动以外，其他月份都比较平稳（见图 6-36）。由于企业按照平均折旧法计提折旧，所以工厂各月折旧基本保持不变，固定成本中受市场价格因素影响较大的是工资，与固定成本环比指数曲线相吻合，从 2011 年年初受劳工价格上涨等因素影响，工资环比指数在 2011 年 1 月出现小幅上升，后期保持稳定不变。

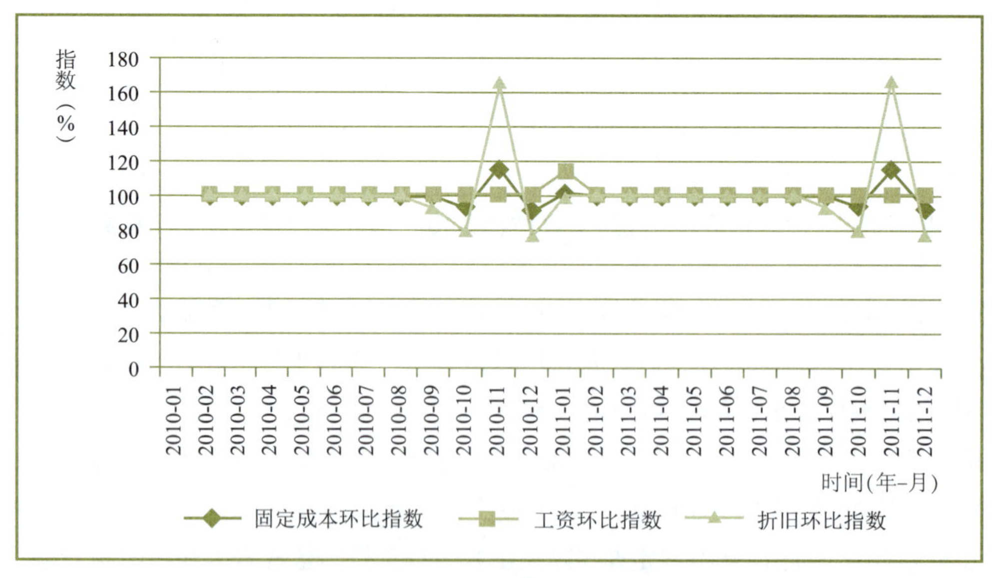

图 6-36　2010 ～ 2011 年 5 万立方米纤维板固定成本及其构成环比指数变化走势

在整个报告期内，与固定成本环比指数相似，固定成本定基指数（见图 6-37）在 2011 年呈现稳中略涨的趋势，后期稳定在 101.7 左右；2011 年受市场工资水平因素的影响，工资定基指数明显比 2010 年上升了，幅度在 14% 左右。折旧水平基本与 2010 年一致。正是由于工资水平的普遍上升，才导致了 2011 年纤维板固定成本的上升。

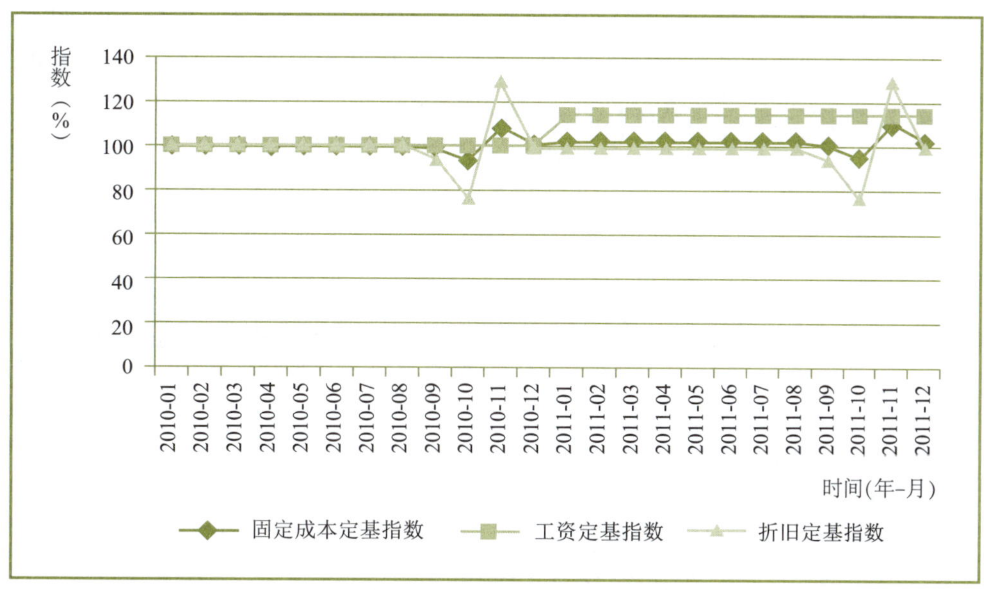

图 6-37 2010 ～ 2011 年 5 万立方米纤维板固定成本及定基指数变化走势

（3） 其他成本监测

在整个报告期内，其他成本环比指数和定基指数在 1 ～ 7 月出现几次波动，但变动幅度较小（见图 6-38）。以其他成本定基指数为例，从 2010 年 1 月开始呈现直线下降趋势，到 5 月降至最低点 90，6 月开始又回升至 94，价格波动较小，最后稳定在 95 左右。

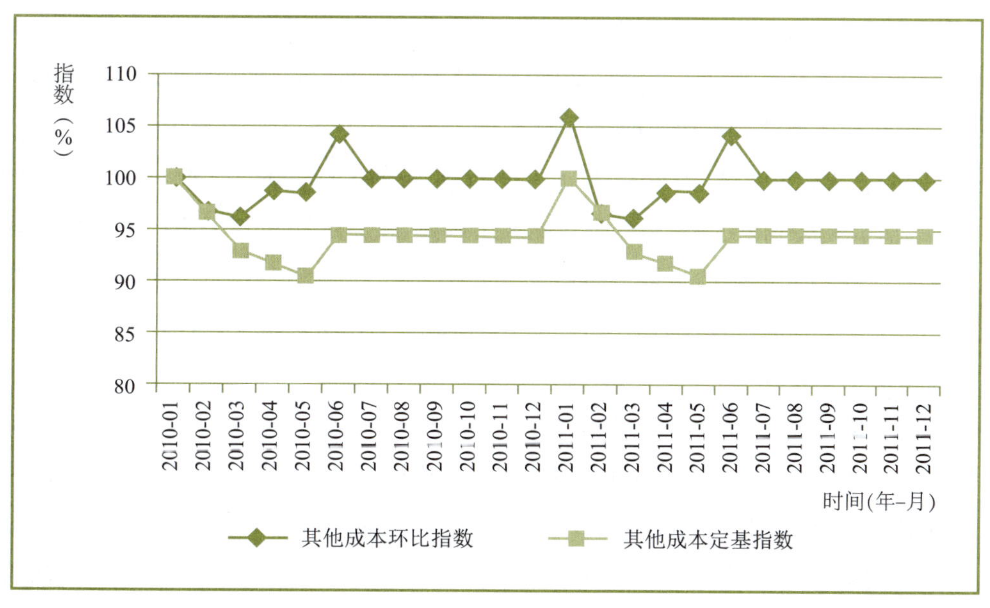

图 6-38 2010 ～ 2011 年 5 万立方米纤维板其他成本环比指数与定基指数变化走势

2．8万立方米纤维板成本指数监测

在整个报告期内，成本环比指数和成本定基指数的变化趋势基本保持稳定（见图6-39）。在2011年 的4月份和9月份，纤维板生产成本环比指数有小幅下降，降幅在15%以内；同年5月份和8月份，成本有小幅上扬，涨幅不超过15%。从2010年年初，成本环比指数开始有几次短幅波动变化，最高到达114.03，最低为86.12，而成本定基指数则维持在102左右，这是因为环比指数与定基指数相比，受季节、气候、突发事件的影响较大，因此变动程度更大。但总体来看纤维板成本2011年比2010年稍微上涨，涨幅在0.03%，主要是由于工资价格及辅助材料价格上涨所导致。

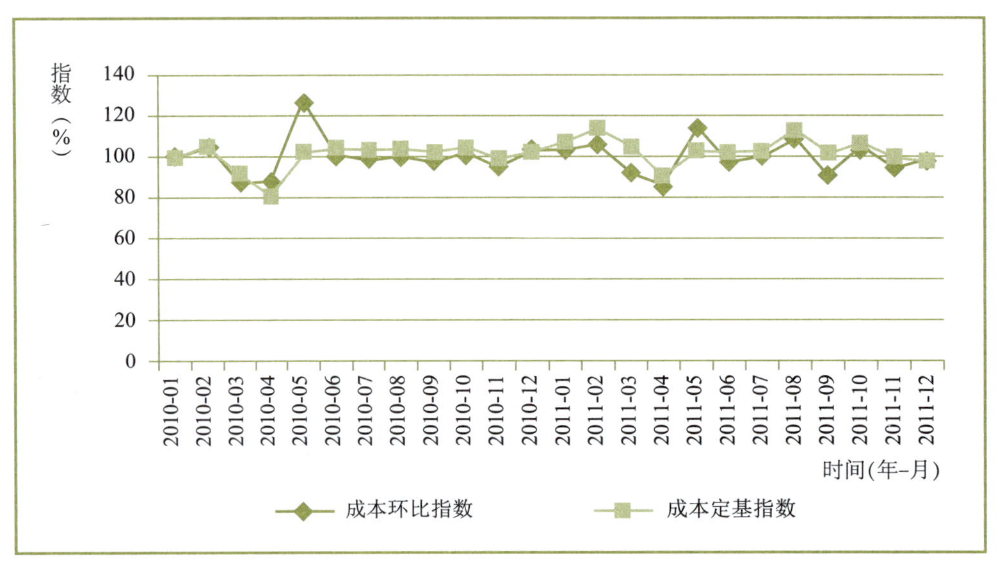

图6-39 2010～2011年8万立方米纤维板生产成本环比指数与定基指数变化走势

（1）直接制造成本监测

指数分析：报告期内1月份至5月份，纤维板直接制造成本有小幅波动，涨跌幅都不超过15%；2011年6月至2011年年底，直接制造成本环比指数比较平稳（见图6-40），维持在99左右，与2010年相比，纤维板直接制造成本略微下降。

其中辅助材料消耗环比指数在2011年1～5月期间有较大波动，主要由于氯化铵的价格不稳定所导致，环比指数最高为135.83，最低为76.87，从6月份开始保持平稳；水、电、热消耗环比指数在2011年波动较小，环比指数基本维持在101.23。木材消耗价值环比指数曲线在整个报告期内比较平缓，且波动幅度很小，仅是在2011年1月和3月稍有变动，其他月份基本保持在101.26左右。

与直接制造成本环比指数相比，直接制造成本定基指数曲线在整个报告期内呈现小幅波动的形态（见图6-41）。2010年4月份和2011年12月份，直接制造成本偏离平均值较多，在报告期内直接成本定基指数平均维持在101.48，比2010年上升了1.48%；辅助材料消耗定基指数波动较大，到2010年5月达到最大值105，主要是由于一些胶粘剂的价格不稳定造成；水、电热消耗价值在2011年度保持稳定，基本保持在93.44左右；木材消耗定基指数与环比指数相类似，波动较小。

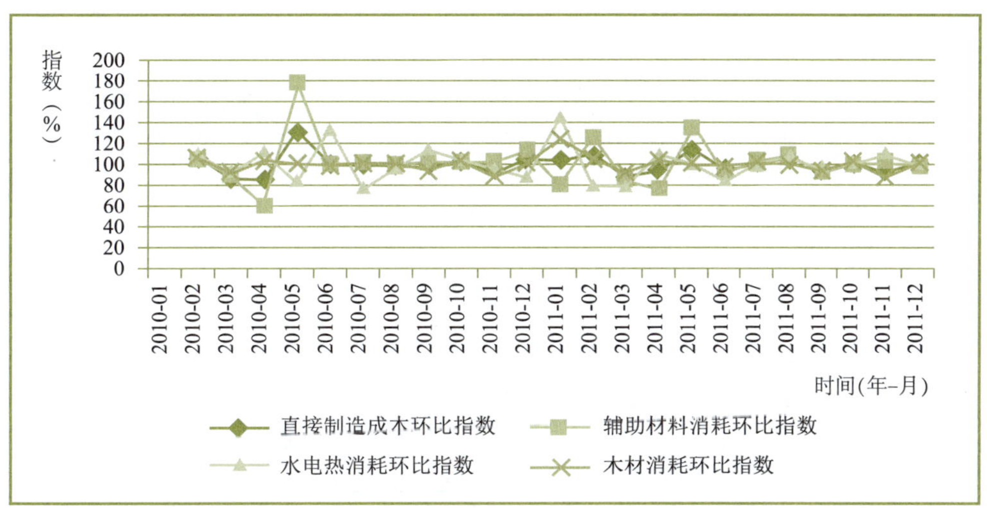

图 6-40　2010 ～ 2011 年 8 万立方米纤维板直接制造成本及其构成环比指数变化走势

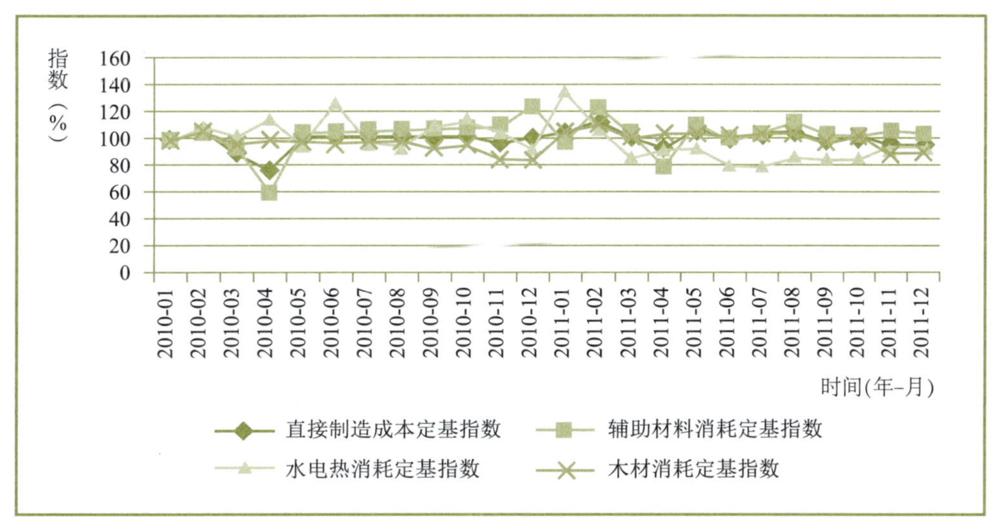

图 6-41　2010 ～ 2011 年 8 万立方米纤维板直接制造成本及其构成定基指数变化走势

（2）固定成本监测

从总体上看，固定成本环比指数变化幅度较小，在 2011 年 6 月份达到最大值 110.2，其他月份环比指数平均维持在 102.43（见图 6-42）。从固定成本的平均值来看，2011 年纤维板生产固定成本比 2010 年上涨了 24%，其中工资水平的增长是导致固定成本增长的主要原因，工资环比指数在 2011 年 6 月份之后基本保持稳定，维持在 103.37。

在整个报告期内，与固定成本环比指数相吻合，固定成本定基指数（见图 6-43）在 2011 年呈现平缓上升的趋势，其中工资定基指曲线上升较大，从 2011 年年初就开始平稳上升，最大值达到 138.64。在固定成本中，受市场价格影响最大的是工资，工资定基指数与固定成本定基指数类似，固定成本定基指数受工资增长的影响上提。

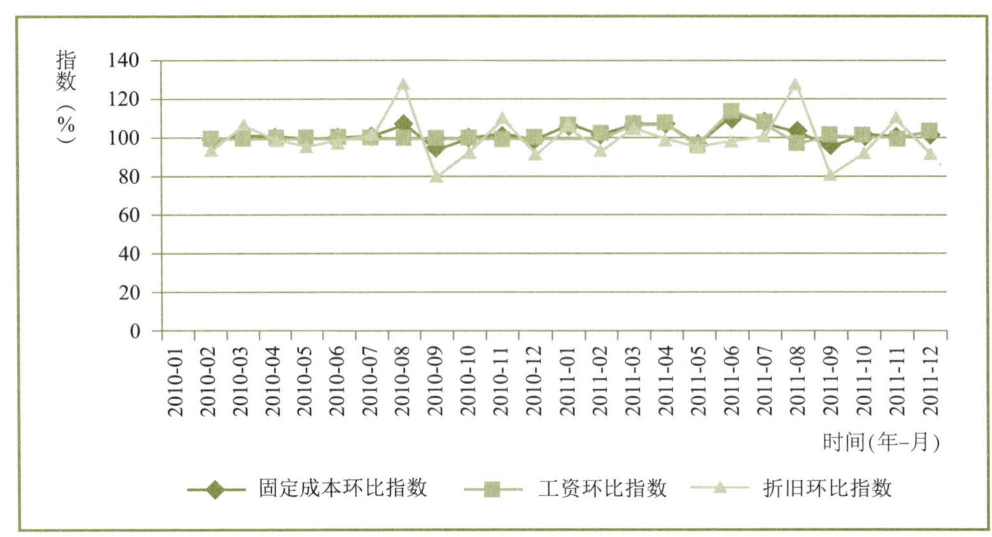

图 6-42 2010 ～ 2011 年 8 万立方米纤维板固定成本及其构成环比指数变化走势

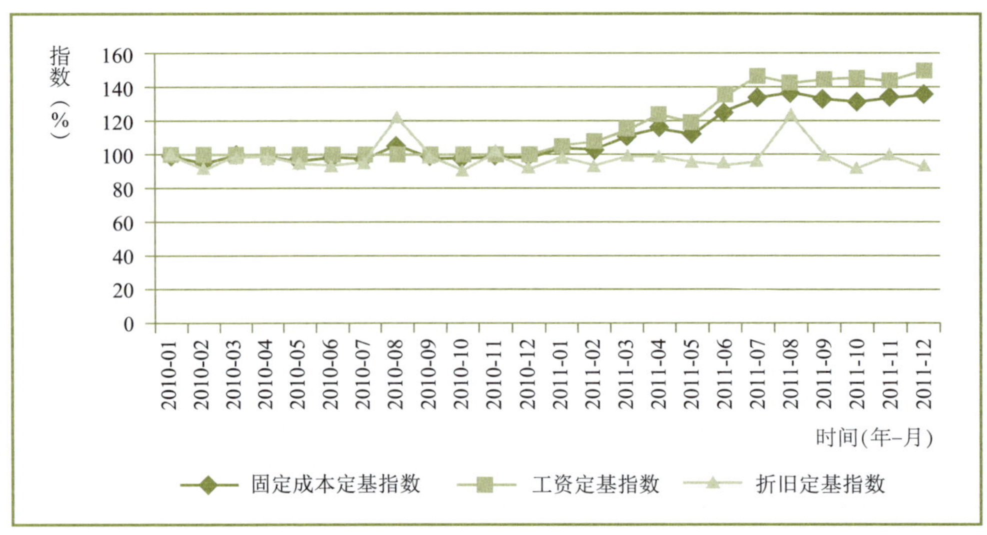

图 6-43 2010 ～ 2011 年 8 万立方米纤维板固定成本及定基指数变化走势

（3）其他成本监测

在整个报告期内，其他成本环比指数和定基指数出现频繁波动，波动幅度较大（见图 6-44）。以其他成本环比指数为例，2011 年 5 月，其他成本环比指数达到最低值 74.41，8 月份达到最高点 121.99，期间出现几次短幅震荡，价格波动较大，固定成本定基指数维持在 103.34。从其他成本平均值来看，2011 年纤维板其他成本比 2010 年上升了 11.65%。

3. 20 万立方米纤维板成本指数监测

在整个报告期内，成本环比指数和成本定基指数呈现震荡盘整的趋势（见图 6-45）。2011 年 1 月份至 5 月份，成本环比指数比较平稳，接近 100，说明这一时期各原材料价格波动较小；从 2011 年 6 月开始，成本环比指数开始有几次短幅波动变化，最高到达 104.30，最低降至 96.97。从成本

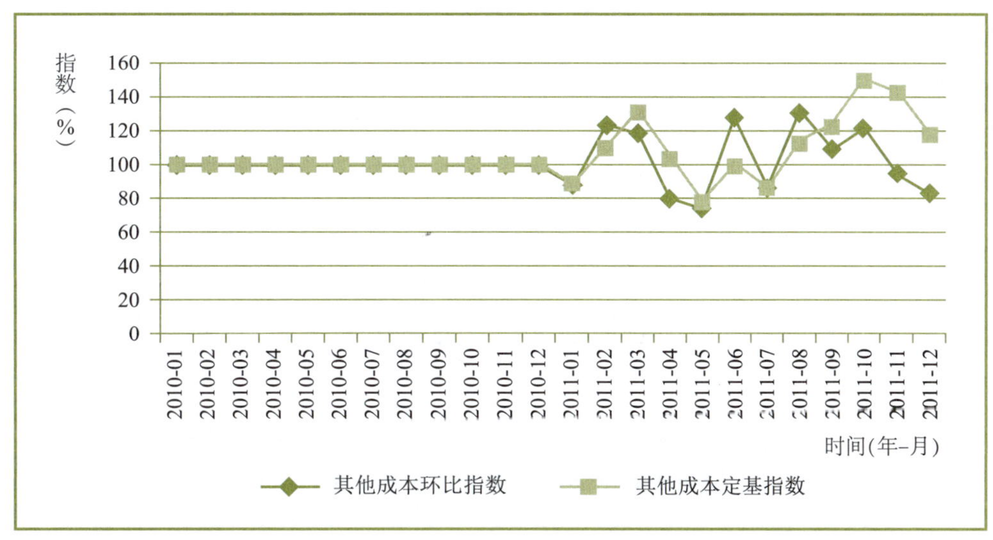

图 6-44　2010 ～ 2011 年 8 万立方米纤维板其他成本环比指数与定基指数变化走势

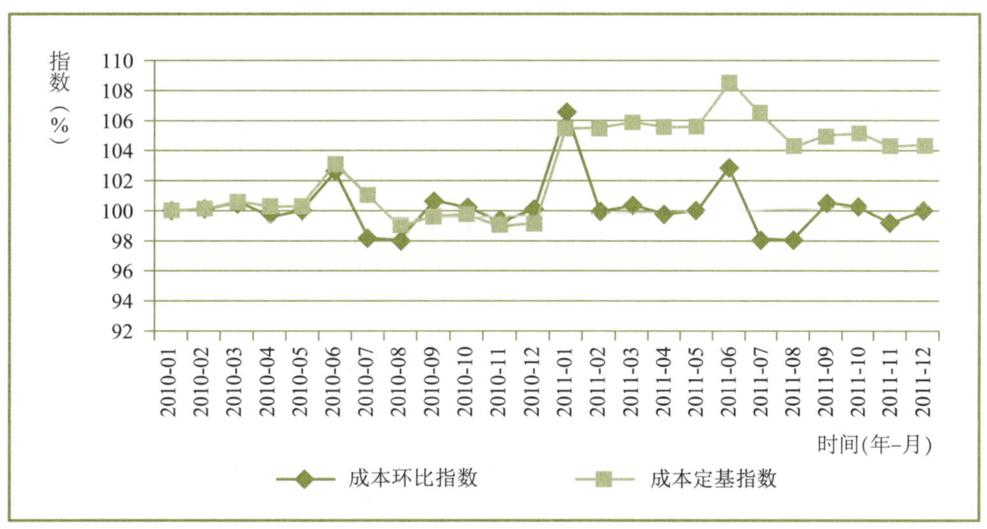

图 6-45　2010 ～ 2011 年 20 万立方米纤维板生产成本环比指数与定基指数变化走势

定基指数来看，2011 年纤维板成本要比 2010 年稍涨，平均涨幅在 5.42% 左右。2011 年 1 月开始，与生产成本相吻合，受市场因素影响，成本环比指数成本定基指数稍有上升，之后趋于稳定。

（1）直接制造成本监测

指数分析：在整个报告期内，直接制造成本环比指数基本保持稳定（见图 6-46），维持在 100 左右，这表明直接制造成本在 2011 年波动非常小，几乎与 2010 年持平。

辅助材料环比指数消耗与水、电、热消耗环比指数在 2011 年全年基本稳定；木材消耗价值环比指数总体来讲也比较平稳，仅在 2011 年 1 月份有小幅上涨，涨幅在 11% 左右，而后保持稳定，表明木材价格在 2011 年有小幅上升，木材成本占纤维板总成本的 29% 左右，该项成本支出的变化对纤维板直接制造成本影响较为明显。

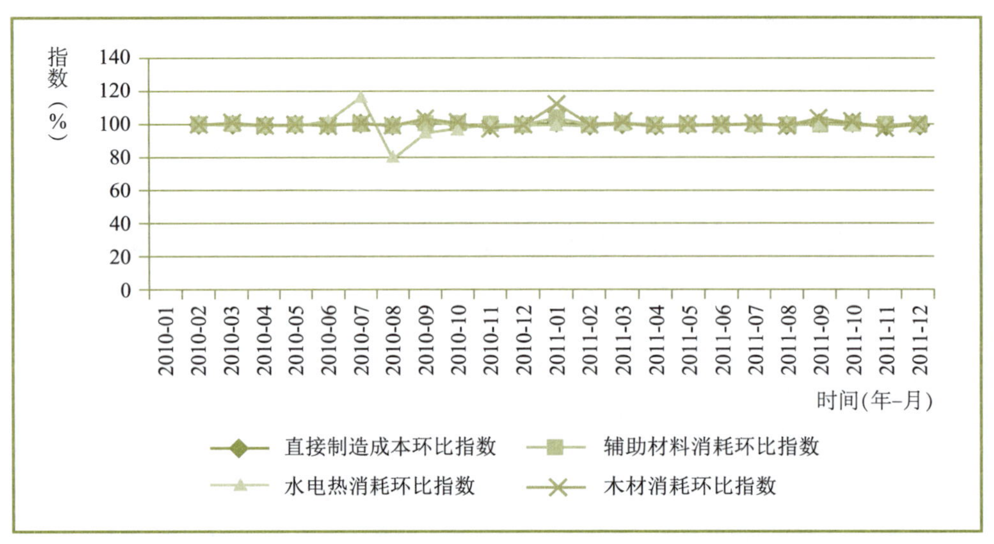

图 6-46　2010 ～ 2011 年 20 万立方米纤维板直接制造成本及其构成环比指数变化走势

与直接制造成本环比指数相比，直接制造成本定基指数在整个报告期内呈现平缓上升后稳定的趋势（见图 6-47）。从 2011 年 1 月份开始，直接制造成本有明显上涨，涨幅在 4% 左右；辅助材料消耗定基指数也是逐步上升，辅助材料成本占到直接制造成本的 61.25%，直接制造成本的上升很大程度上受辅助材料价格的影响；水、电热消耗价值比 2010 年略低，降幅在 8% 左右；木材消耗定基指数与环比指数相吻合，从 2011 年 1 月份开始上涨，然后持续盘整，平均涨幅在 13% 左右。

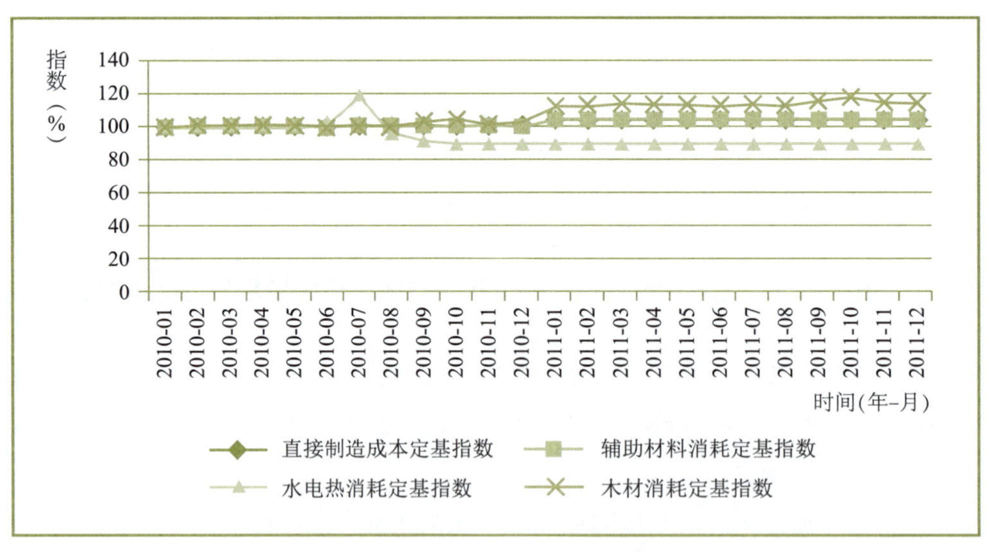

图 6-47　2010 ～ 2011 年 20 万立方米纤维板直接制造成本及其构成定基指数变化走势

（2）其他成本监测

在整个报告期内，其他成本环比指数和定基指数出现频繁波动，但变动幅度较小（见图 6-48），变动幅度不超过 7%。整体看来，2011 年其他成本平均水平与 2010 年平均水平基本持平。

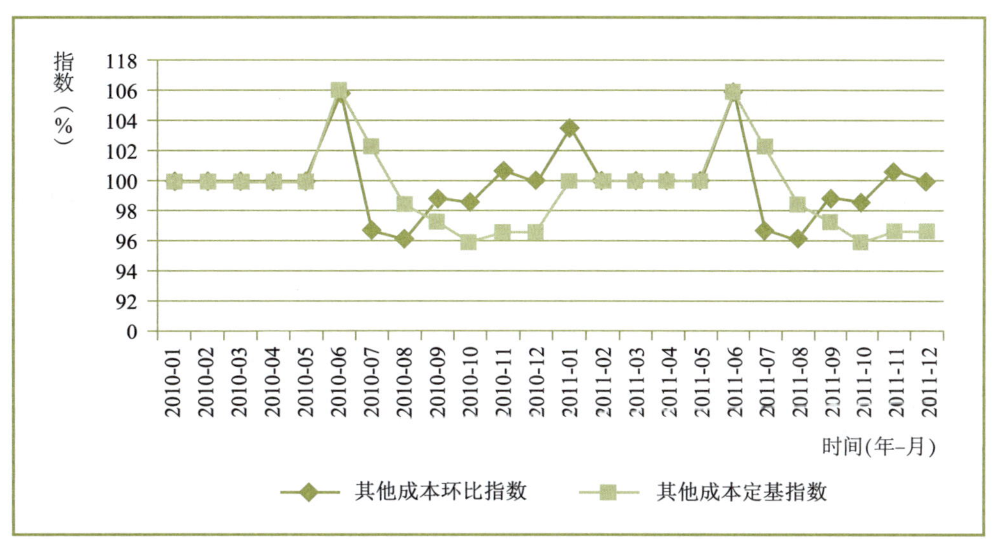

图 6-48　2010 ～ 2011 年 20 万立方米纤维板其他成本环比指数与定基指数变化走势

6.2.3.2　价格监测

根据 2010 ～ 2011 年纤维板出口价格监测数据得出纤维板销售价格定基指数和价格环比指数变化趋势图（见图 6-49）。纤维板出口价格环比指数在报告期内除了 2011 年 1 月份和 11 月份有较大波动之外，其余月份小幅盘整，1 月份达到最高点 160.82，此后 2 月份至 10 月份小幅波动，指数平均维持在 97.64，这说明纤维板 201，1 年的实际销售价格总体趋势是波动较小的；出口价格定基指数呈现先上升后保持平稳的趋势，以 2011 年 1 月为基期，总体看来 2011 年纤维板平均售价比 2010 年高出 20% 左右。

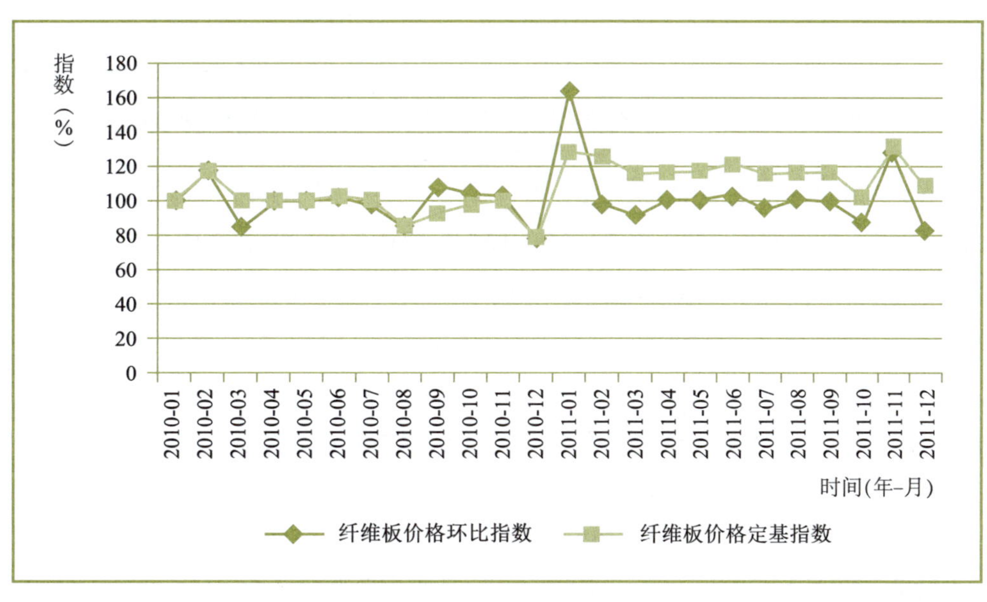

图 6-49　2010 ～ 2011 年纤维板出口价格与价格环比指数、定基指数变化走势

6.2.3.3 利润空间测算

1. 5 万立方米纤维板企业盈利能力测算

根据年产 5 万立方米纤维板企业成本监测数据和出口价格监测数据得出纤维板出口价格定基指数和成本定基指数变化趋势图（见图 6-50）。从图中可以看出，纤维板出口价格定基指数在总体上呈现先上升后小幅盘整的势态，以 2010 年 1 月为基期，2011 年 1 月份，纤维板价格定基指数明显升高，比基期大概高出了 28%，此后在盘整在 116.7 左右，这说明纤维板出口价格在有上升的趋势，波动并不大；企业生产成本定基指数与价格指数一致，呈现缓慢上升的趋势，以 2010 年 1 月为基期，2011 年纤维板成本平均上涨了 18% 左右，报告期内由于原材料价格及劳工价格上涨等因素导致企业生产成本有小幅上升。

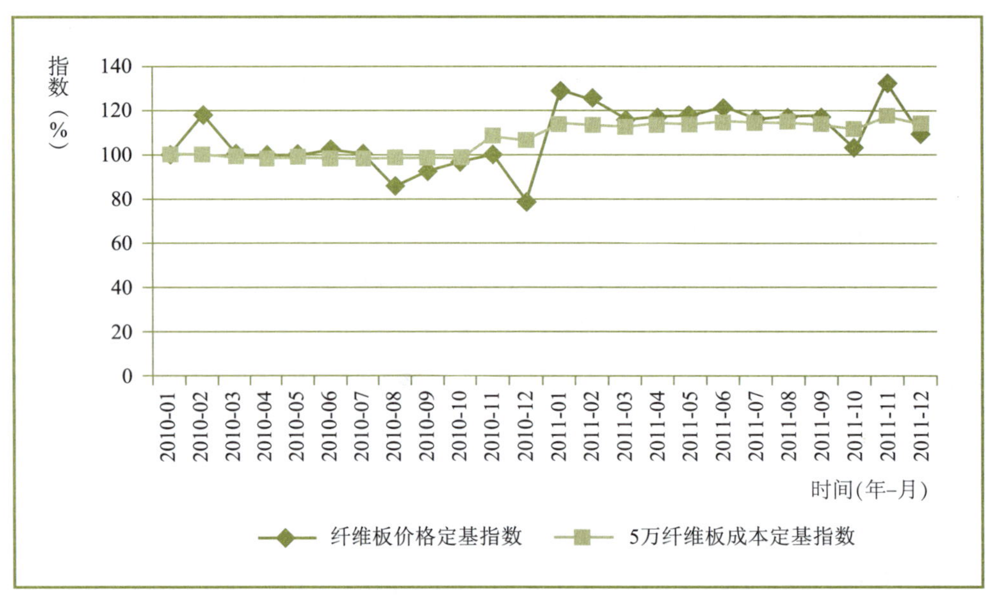

图 6-50 2010～2011 年纤维板价格定基指数与成本定基指数变化走势

2. 8 万立方米纤维板企业盈利能力测算

根据年产 8 万立方米纤维板企业成本监测数据和出口价格监测数据得出纤维板出口价格定基指数和成本定基指数变化趋势图（见图 6-51）。从图中可以看出，纤维板出口价格定基指数在总体上呈现先上升后小幅盘整的势态，以 2010 年 1 月为基期，2011 年 1 月份，纤维板价格定基指数明显升高，比基期大概高出了 28%，此后在盘整在 116.7 左右，这说明纤维板出口价格在有上升的趋势，波动并不大；企业生产成本定基指数呈现先下降后上升而后窄幅调整的趋势，最高为 2 月份的 114.06，最低为 4 月份的 90.79，其余月份基本保持在 100 左右，这说明该企业成本在 2011 年基本不变。

3. 20 万立方米纤维板企业盈利能力测算

根据年产 20 万立方米纤维板企业成本监测数据和出口价格监测数据得出纤维板出口价格定基指数和成本定基指数变化趋势图（见图 6-52）。从图中可以看出，纤维板出口价格定基指数在总体

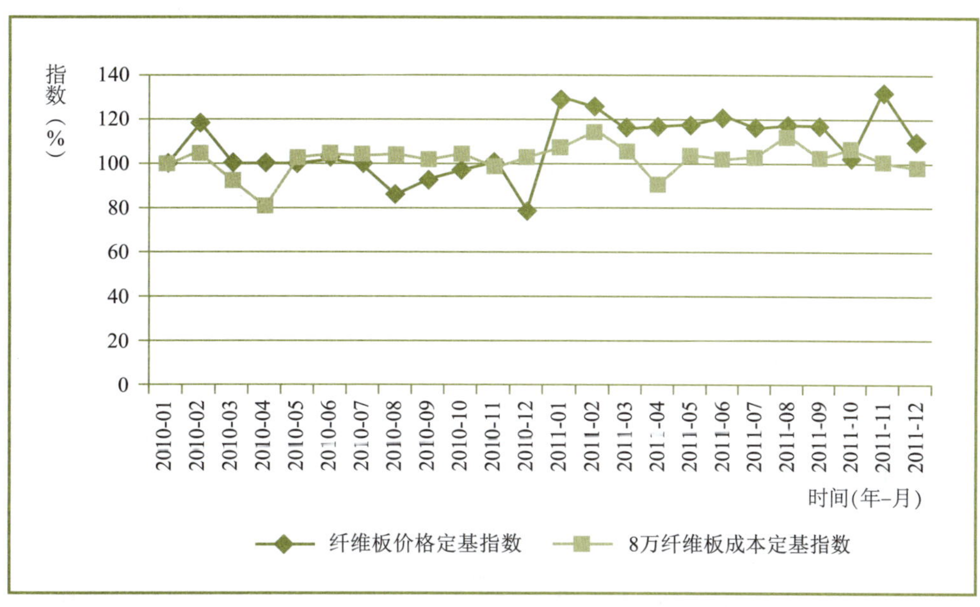

图 6-51　2010 ～ 2011 年纤维板价格定基指数与成本定基指数变化走势

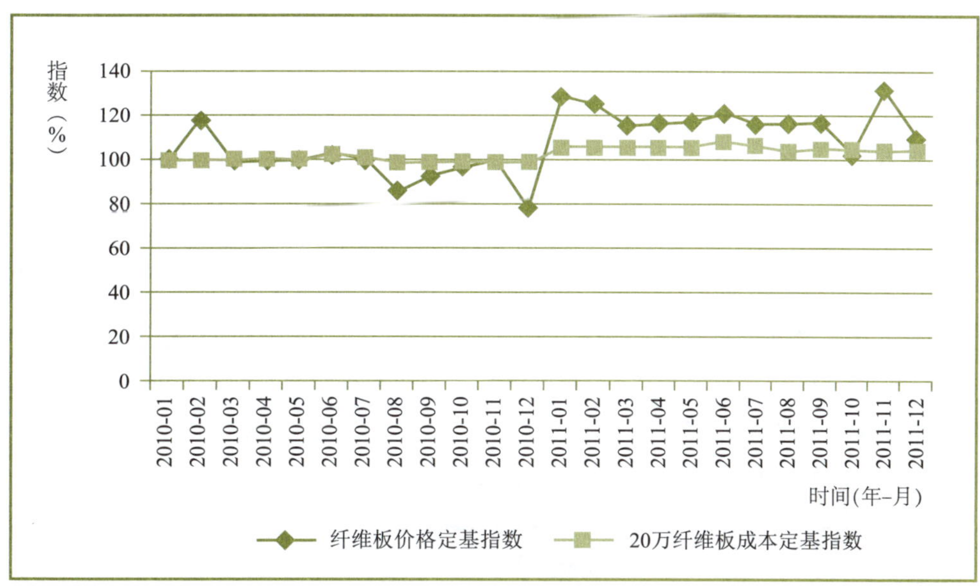

图 6-52　2010 ～ 2011 年纤维板价格定基指数与成本定基指数变化走势

上呈现先上升后小幅盘整的势态，以 2010 年 1 月为基期，2011 年 1 月份，纤维板价格定基指数明显升高，比基期大概高出了 28%，此后在盘整在 116.7 左右，这说明纤维板出口价格在有上升的趋势，波动并不大；企业生产成本定基指数在报告期内呈现窄幅缓升的趋势，上升幅度不超过 5%，这说明该企业由于生产规模扩大带了了规模经济效益，有效的降低企业成本，增加企业经济利润。

6.2.4 细木工板生产监测

1．5 万立方米细木工板成本指数监测

2011 年，5 万立方米细木工板生产成本环比指数和成本定基指数曲线呈现震荡波动变化趋势（见

图 6-53）。以环比指数为例，1 月份为 105，以后开始缓慢下降，到 3 月降至历史最低点 96，4 ～ 5 月份又处于上涨态势，6 月又有所下降，后期又出现两次波动。这说明 5 万细木工板的生产成本受市场价格因素的影响波动较大，市场购销较为活跃。从下图来看，定基指数的曲线在环比指数之上，全年波动幅度较小，整体呈现稳中有升的趋势。1 月份就延续上一年度的上涨趋势，2 月迅速攀升至 108，后期虽局部出现波动调整，但变化幅度较小，基本稳定在 106 左右，表明细木工板生产成本与上一年度相比有小幅上升。

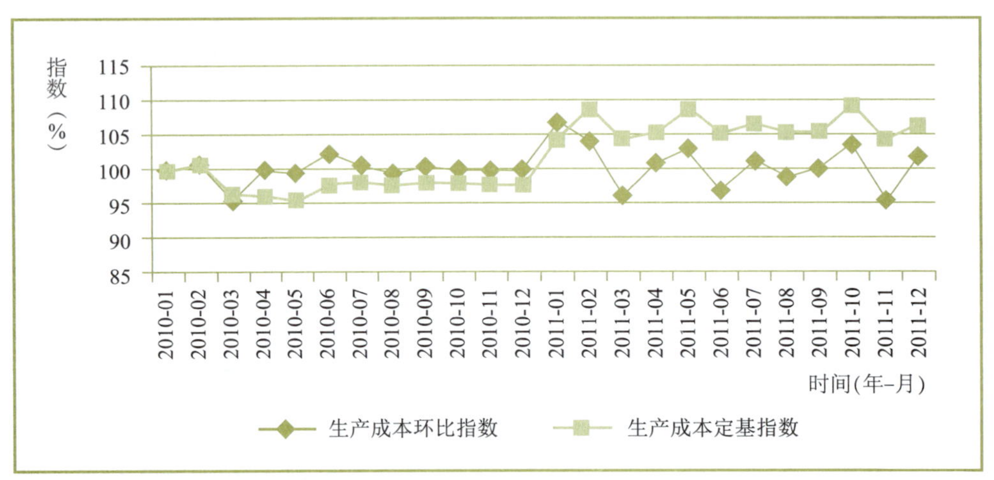

图 6-53 2010 ～ 2011 年 5 万立方米细木工板生产成本环比指数与定基指数变化走势

（1）直接制造成本监测

2011 年，直接制造成本环比指数基本保持稳定（见图 6-54），维持在 100 左右；辅助材料环比指数消耗在 1 至 6 月期间呈现稳中略降的趋势，从 104 降至 100，后期保持稳定；水、电、热消耗环比指数、木材消耗环比指数总体上也保持不变，曲线波动不明显，对直接制造成本变动影响较小；废料消耗环比指数在整个报告期内呈现小幅波动趋势，但基本维持 100 左右，主要是由于受市场大环境价格影响，废料价值上升幅度大于木材变动。

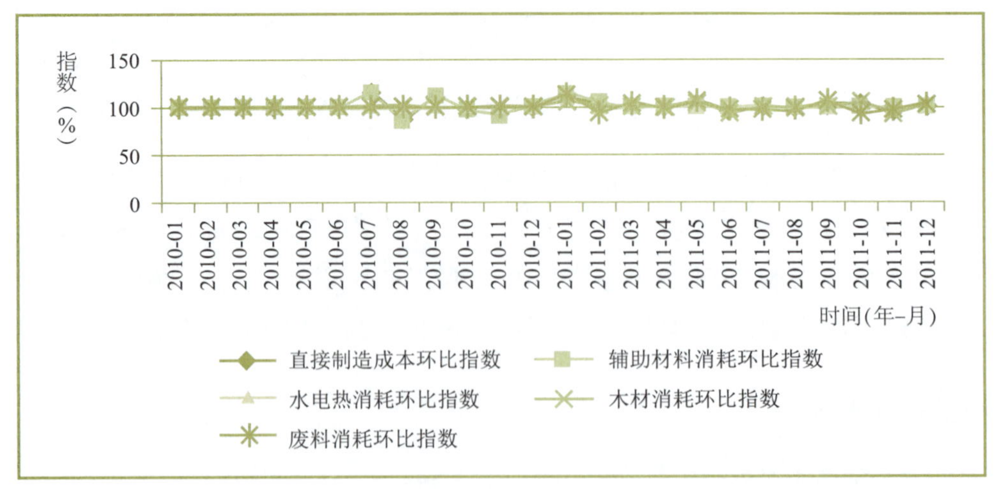

图 6-54 2010 ～ 2011 年 5 万立方米细木工板直接制造成本及其构成环比指数变化走势

与直接制造成本环比指数相比，直接制造成本定基指数在整个报告期内也稳步上涨的趋势（见图 6-55），2011 年 1 月，定基指数就迅速上升至 106，后期继续上升，到 5 月份上涨至最高点 115，6 月略有下滑，但后期基本维持在 110 左右，说明 5 万细木工板生产成本较上一年度有较大幅度的增长；辅助材料消耗定基指数在全年呈现大幅上涨的趋势，1 月份，就从 100 迅速上升至 115，后期基本保持不变，主要是由于脲醛树脂的价格在 2011 年出现大幅上涨；水、电热消耗定基指数曲线和木材消耗定基指数曲线也在 2011 年年初就出现小幅上涨并在全年保持稳定；废料消耗定基指数则呈现波动上涨的趋势，全年平均值为 114。这表明直接制造成本各影响因子价格变动主要受市场大环境变化和国家经济政策相关。

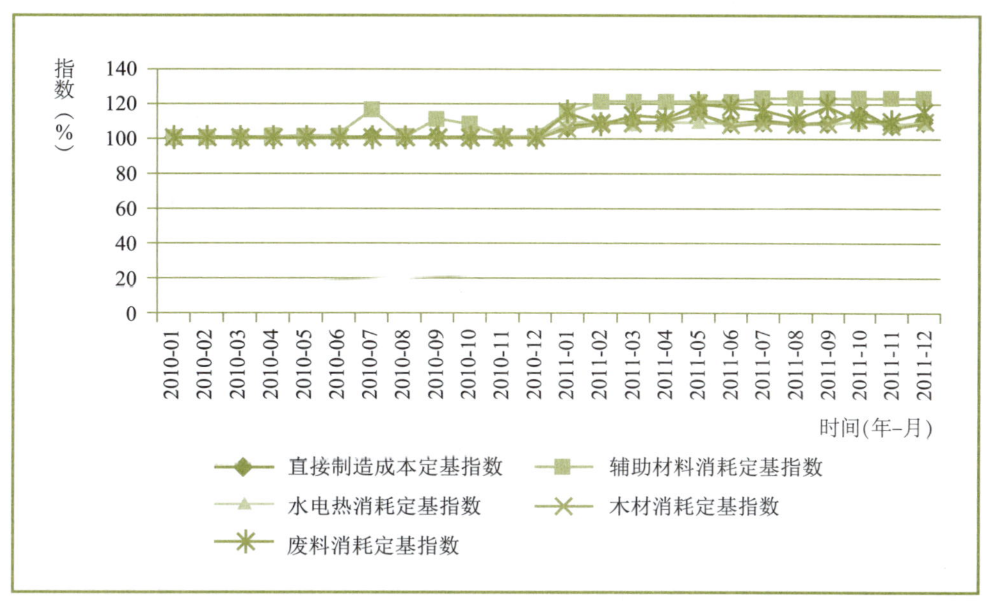

图 6-55　2010 ～ 2011 年 5 万立方米细木工板直接制造成本及其构成定基指数变化走势

（2）固定成本监测

从总体上看，固定成本环比指数在 1 ～ 6 月出现 3 次震荡波动（见图 6-56），后期维持稳定。

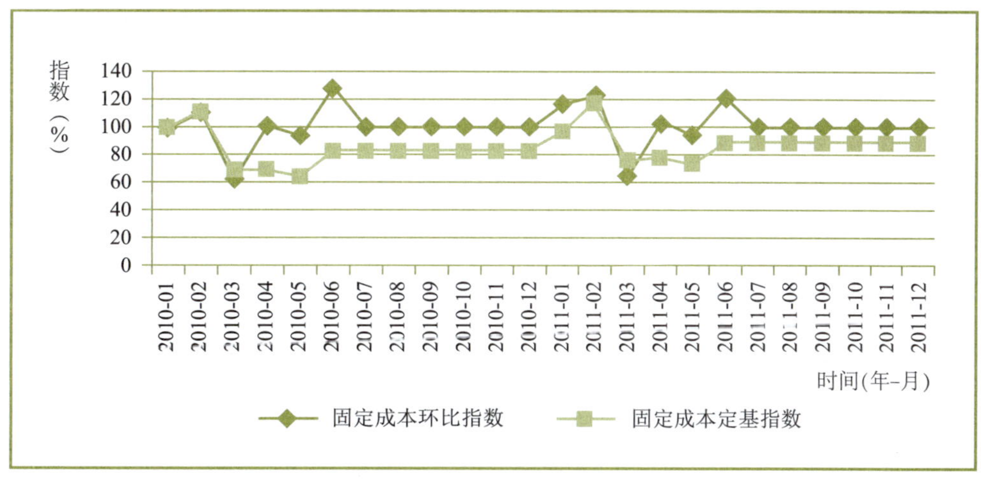

图 6-56　2010 ～ 2011 年 5 万立方米细木工板固定成本及其构成环比指数变化走势

1月从上一年度的100上升至116，2月继续保持上涨态势达到123，而3月迅速下降至64，4月又回升至102，到6月骤升至120，从7月开始稳定在100不变，这是由于企业上半年由于扩大生产增加雇工人数等引起的固定成本增加；在整个报告期内，固定成本定基指数在2011年1～3月呈现震荡波动趋势，1月为95，到2月迅速上涨至118，3至6月进入低谷期，基本保持在75，后期逐步上升并稳定在100左右。

（3）其他成本监测

在整个报告期内，其他成本环比指数和定基指数曲线均呈现水平状态（见图6-57）。但环比指数稳定在100，这表明各月份之间的成本相差较小；而定基指数则稳定在95左右，表明其他成本与上一年度同期相比出现了小幅下降。

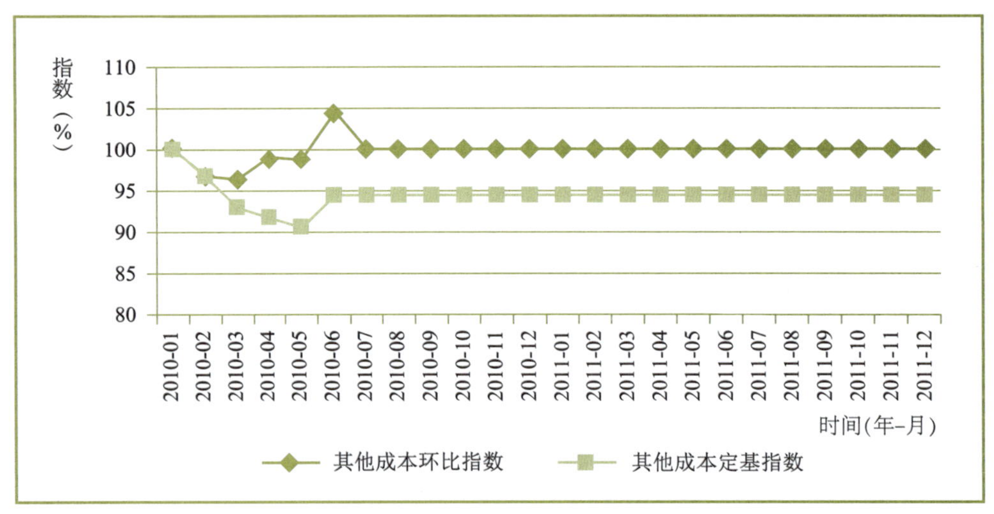

图6-57　2010～2011年5万立方米细木工板其他成本环比指数与定基指数变化走势

2. 8万立方米细木工板成本指数监测

2011年，8万立方米细木工板生产成本环比指数和成本定基指数曲线呈现前期先下降后保持稳定的变化趋势（见图6-58）。以成本环比指数为例，1月份受节日效应影响骤增至110，2月开始

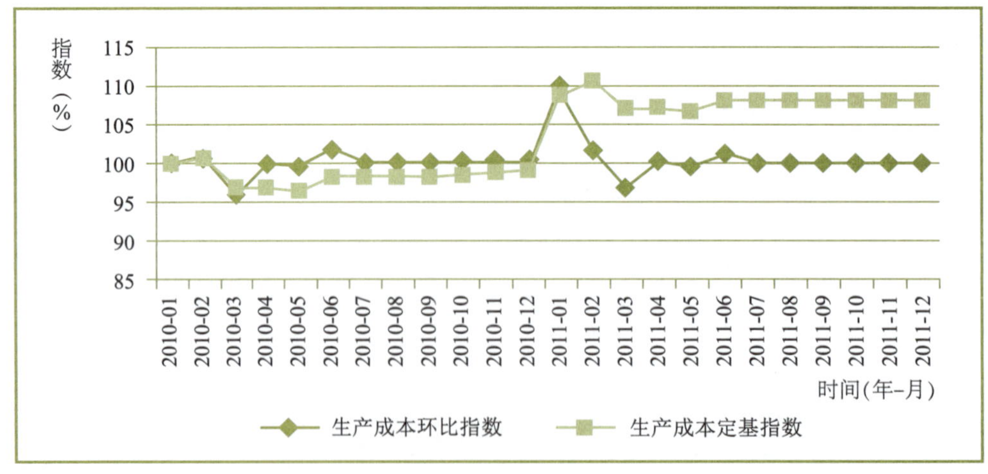

图6-58　2010～2011年8万立方米细木工板生产成本环比指数与定基指数变化走势

又有所下降，到 3 月份降至最低点 96，后期回升至 100 并保持稳定，表明细木工板生产成本在年初略有波动，全年基本保持稳定；成本定基指数 1 月份为 109，2 月继续上涨至最高点 111，3 月略有下降，后期基本稳定在 108 左右，表明生产成本较上一年度上涨了 8% 左右。

（1）直接制造成本监测

2011 年，直接制造成本环比指数基本保持稳定（见图 6-59），维持在 100 左右；辅助材料环比指数 1 月份为 103，2 月开始下降至 100，其他月份保持在 100 左右；水、电、热消耗环比指数在报告期内保持稳定；木材消耗环比指数在年初有一次大幅波动，1 月份为 110，2 月又回落至 100 并保持稳定，废料消耗环比指数在整个报告期内稳定在 100，未出现较大波动。

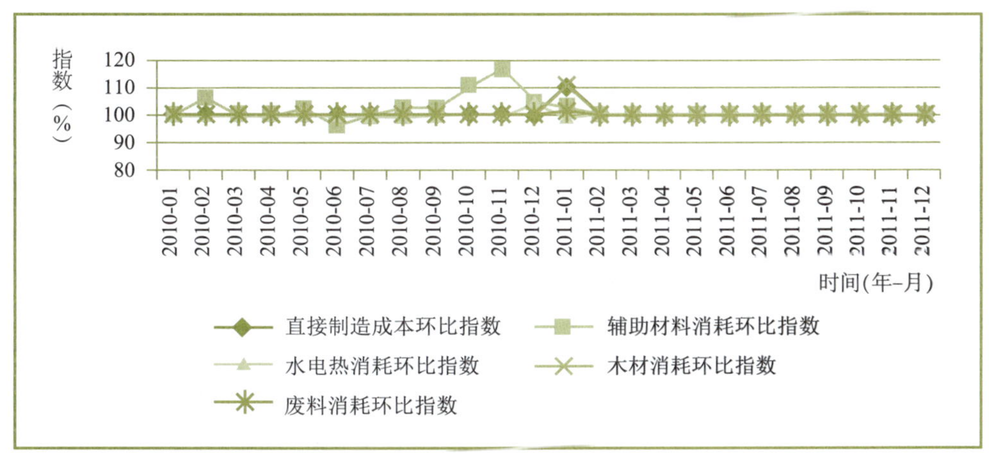

图 6-59　2010 ～ 2011 年 8 万立方米细木工板直接制造成本及其构成环比指数变化走势

直接制造成本定基指数在整个报告期内呈现稳中有升的趋势（见图 6-60），较上一年度平均指数上升了 12 左右；辅助材料消耗定基指数延续上一年度上涨趋势，在 2011 年全年保持在 150 左右；水电热消耗定基指数在年内略有上涨，全年基本保持在 104 左右；木材消耗定基指数较上一年度有所上升，全年稳定在 110 左右；废料消耗定基指数在报告期内稳定在 100，未出现较大波动。

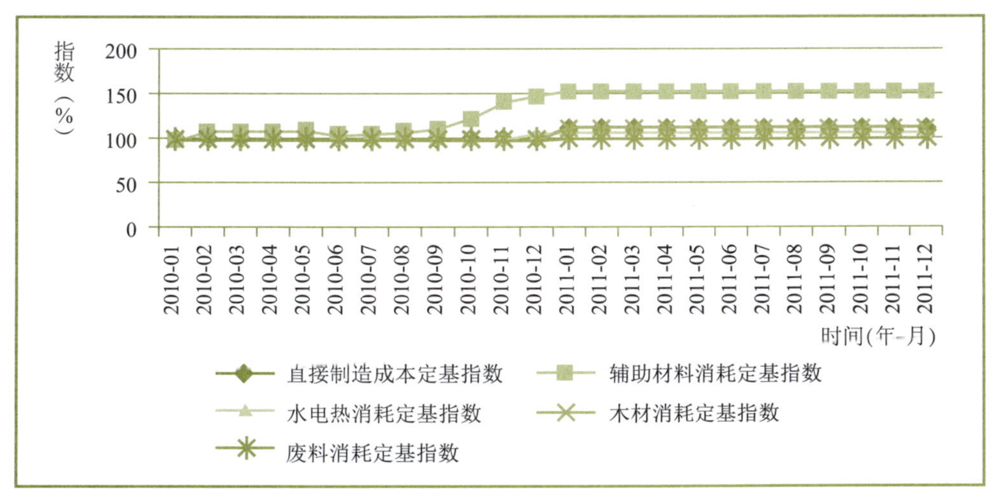

图 6-60　2010 ～ 2011 年 8 万立方米细木工板直接制造成本及其构成定基指数变化走势

（2）固定成本监测

从总体上看，固定成本环比指数在 1 ～ 7 月出现 3 次震荡波动（见图 6-61），后期维持稳定。在 2011 年 1 月份为 116，2 月份迅速上升至 122，3 月迅速下降至 65，4 月又回升至 102，5 月又降至 93，到 6 月骤升至 120，从 7 月开始稳定在 100 不变；固定成本中受市场价格因素影响较大的是工资，经过查询国家统计年鉴在 2011 年人员用工工资上升 114% 左右，这是导致固定成本上涨的最重要因素。

在整个报告期内，与固定成本环比指数相似，固定成本定基指数在 2011 年 1 ～ 6 月呈现震荡波动趋势，后期稳定在 100 左右；2011 年 1 月受市场价格因素影响，迅速上升至 96，2 月继续保持上涨态势达到 118，3 月又回落至 76，在 6 月份降至最低点 73，后期基本保持在 88 左右。这说明 2011 年 8 万立方米细木工板生产成本较上一年度 1 月下降了 12%。

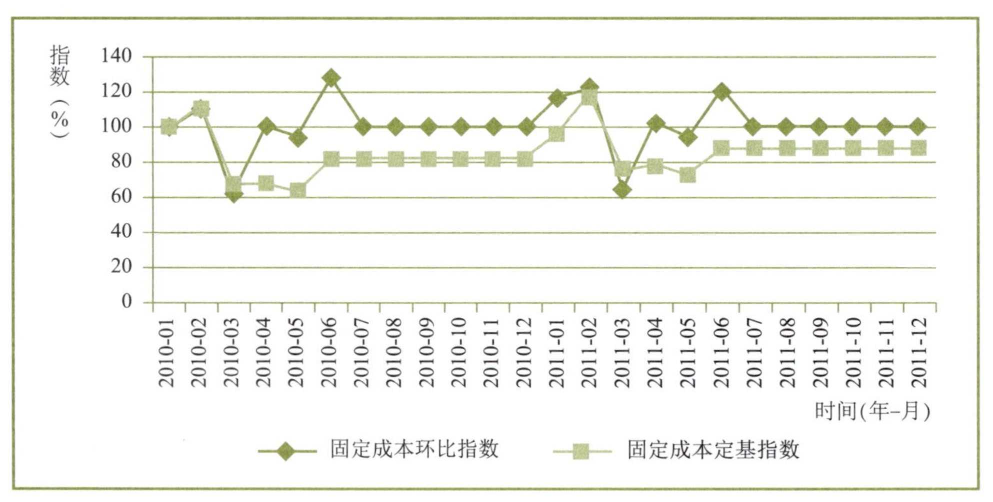

图 6-61　2010 ～ 2011 年 8 万立方米细木工板固定成本及其构成环比指数变化走势

（3）其他成本监测

在整个报告期内，其他成本环比指数和定基指数在基本保持稳定不变，曲线均呈现水平状态（见图 6-62）。其他成本环比指数稳定在 100，这表明各月份之间的成本相差较小；而定基指数则稳定在 95 左右，表明其他成本与上一年度同期相比出现了小幅下降。

6.2.5　强化板生产监测

1. 200 万平方米强化板成本指数监测

2011 年，200 万平方米强化板生产成本环比指数除了 10 月份波动较大之外，其余各月份都比较稳定，平均水平维持在 103.13 左右，表明这一时间段成本有小幅波动（见图 6-63）；从生产成本定基指数来看，2011 年成本平均水平明显比 2010 年略高，平均维持在 113.17，平均涨幅为 13% 左右，2011 年 9 月份涨幅最大，而后几个月基本保持平稳。强化板生产成本的上涨主要由于其表层材料价格的上升所致。

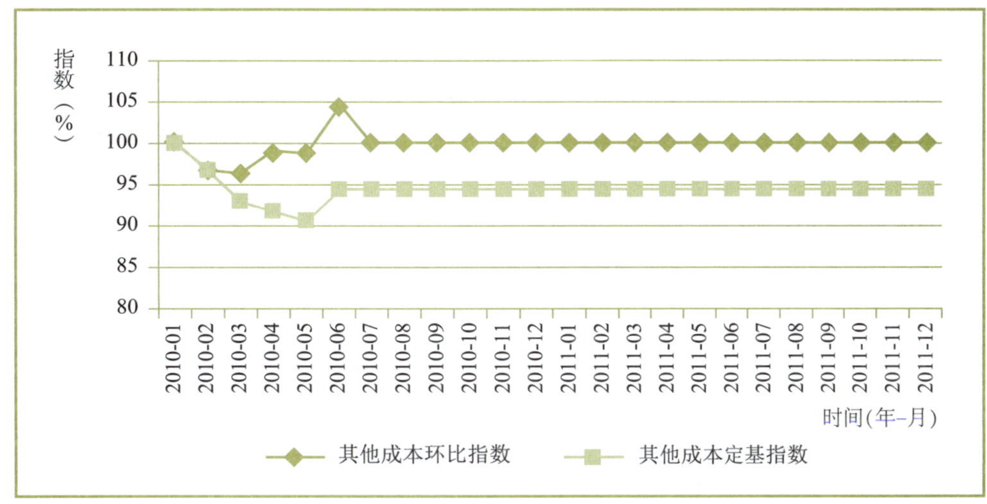

图 6-62　2010 ～ 2011 年 8 万立方米细木工板其他成本环比指数与定基指数变化走势

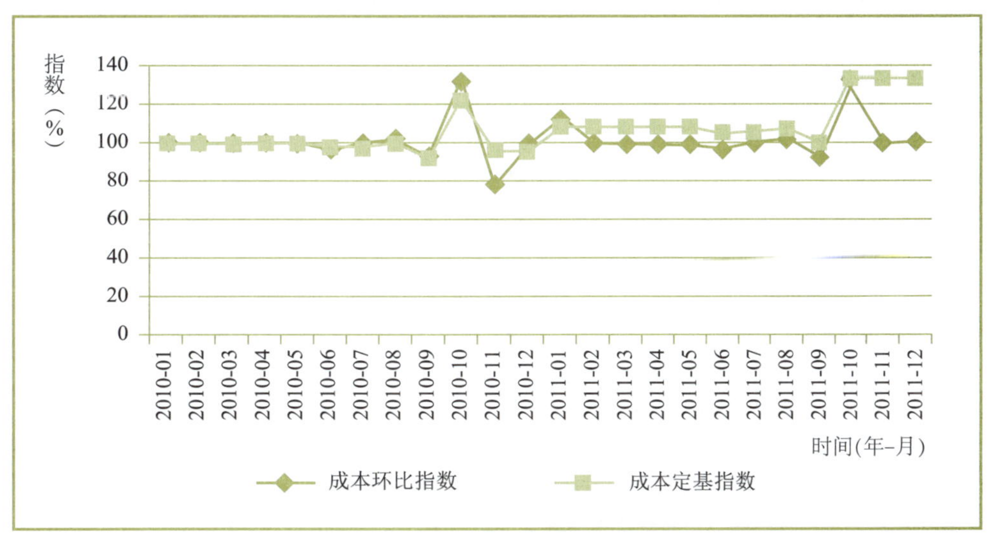

图 6-63　2010 ～ 2011 年 200 万平方米强化板生产成本环比指数与定基指数变化走势

（1）直接制造成本监测

2011 年，直接制造成本环比指数基本保持稳定（见图 6-64），只有 2010 年 1 月份开始有个小起伏，而后的 11 个月指数基本维稳在 99.51，直接制造成本总体看来比较平稳；与直接制造成本环比指数相适应，辅助材料环比指数在整个报告期内也比较平稳，2011 年强化板的表层耐磨纸和装饰纸价格与 2010 年持平。

水、电、热消耗环比指数在 7 月份有小幅上升之外，其他月份波动较小。木材消耗中密度纤维板消耗环比指数在整个报告期内有小幅波动，中密度纤维板价格受市场受市场供销的影响，稍有变动。

直接制造成本定基指数在整个报告期内比较平稳（见图 6-65），报告期指数平均保持在 107.02，比 2010 年平均水平增长了 7%；辅助材料消耗定基指数与直接制造成本定基指数类似，2011 年辅助材料消耗定基指数总体水平比 2010 年高，平均高出 3.9% 左右；水电热消耗定基指数

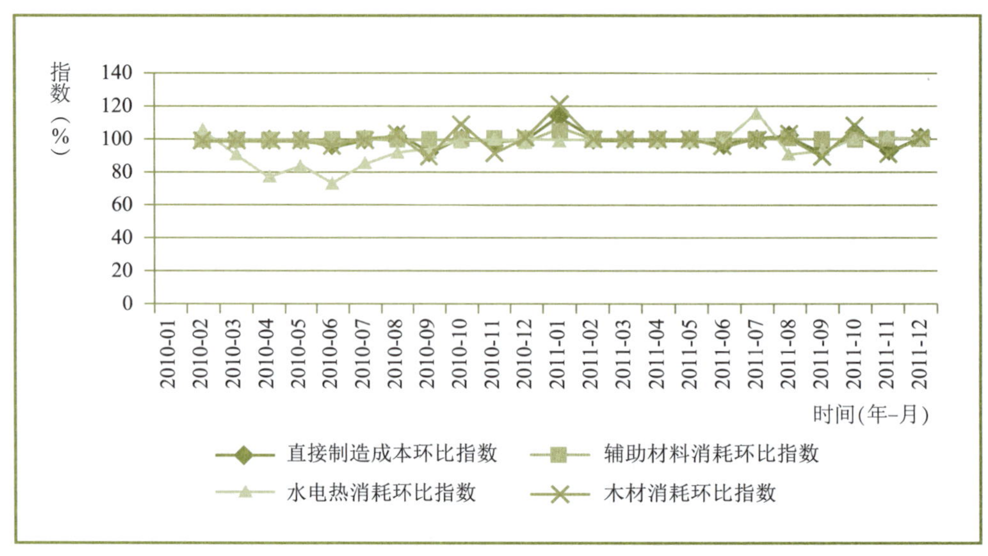

图 6-64　2010 ～ 2011 年 200 万平方米强化板直接制造成本及其构成环比指数变化走势

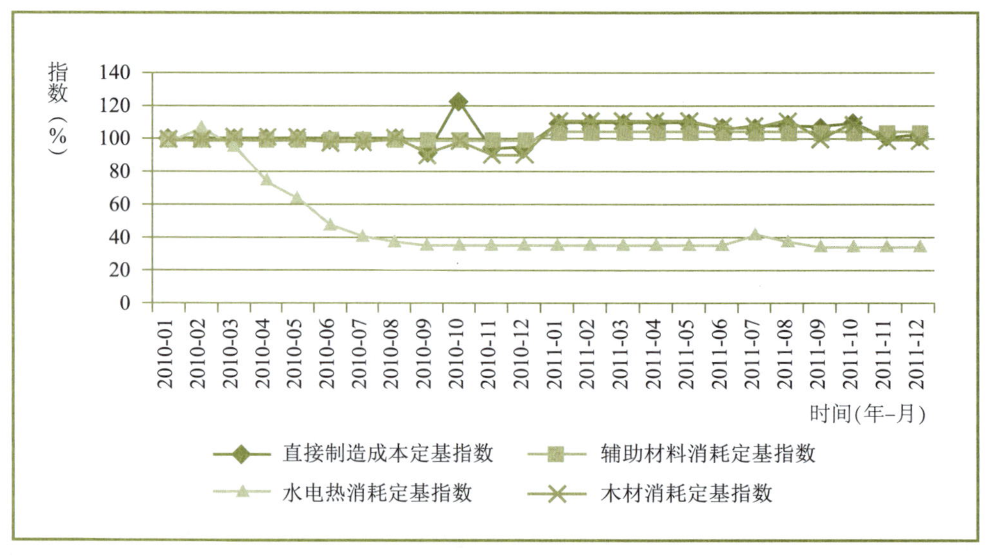

图 6-65　2010 ～ 2011 年 200 万平方米强化板直接制造成本及其构成定基指数变化走势

曲线是先下降后平稳的，2011 年水电热的消耗成本要比 2010 年要低，但水电热消耗成本所占直接制造成本的比重不到 10%，所以对强化板直接制造成本的影响较小；中密度纤维板消耗定基指数曲线在报告期内呈现先上升后小幅波动的趋势，平均维持在 107 左右，比 2010 年平均上升了 7%。

（2）固定成本监测

从总体上看，固定成本环比指数与工资环比指数基本重合（见图 6-66），这表明固定成本中工资成本所占比重比较大，从工资环比指数中可以看出 2011 年工资水平在持续上升，上升幅度基本维持在 14% 左右；折旧成本个月都基本不变。

在整个报告期内，固定成本定基指数（见图 6-67）呈现基本维稳的趋势；在固定成本中，受市场价格影响最大的是工资，工资定基指数呈现持续上升的趋势，平均涨幅在 14% 左右。

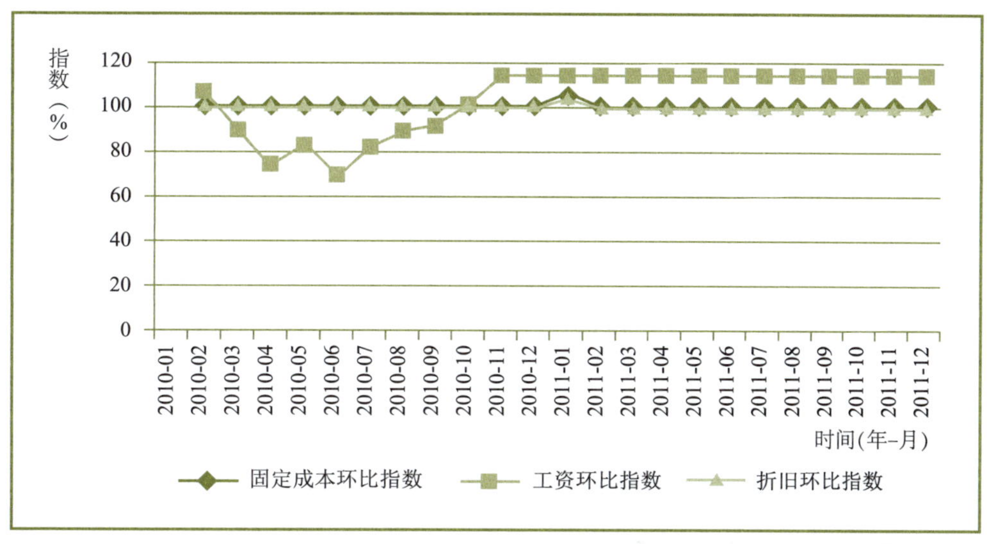

图 6-66　2010 ～ 2011 年 200 万平方米强化板固定成本及其构成环比指数变化走势

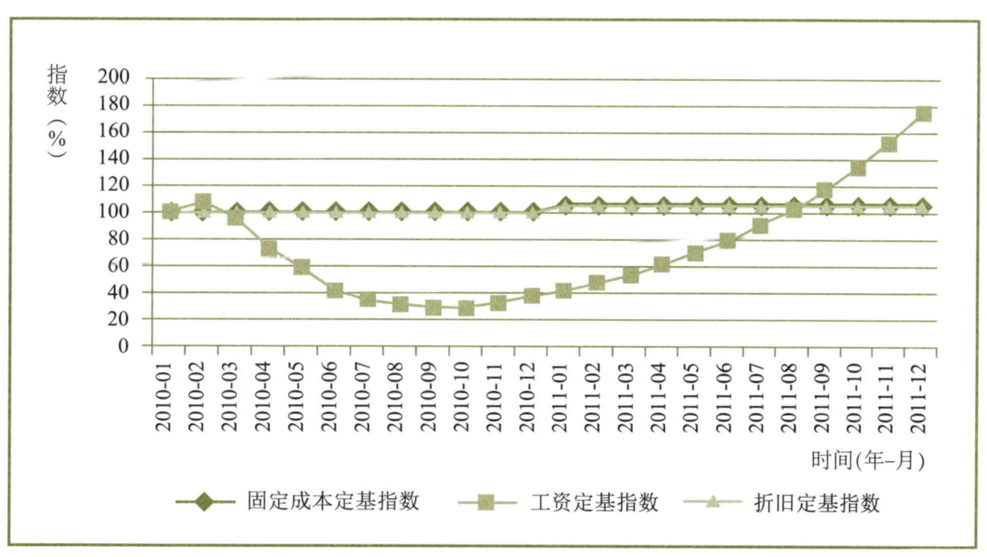

图 6-67　2010 ～ 2011 年 200 万平方米强化板固定成本及定基指数变化走势

（3）其他成本监测

在整个报告期内，其他成本环比指数和定基指数在 1 ～ 7 月基本维持在 100（见图 6-68），后期出现几次短幅波动，以其他成本环比指数为例，8 月从 100 上升至 103，9 月迅速下降至 90，10 月又攀升至 108，11 月下降至 91，后期恢复至 100。

2. 600 万平方米强化板成本指数监测

在报告期内，生产成本环比指数在 2011 年 1 月份上涨明显，上涨幅度在 22% 左右，而后 2 月份至 8 月份指数比较平稳，平均在 100 左右（见图 6-69），9 月份至 12 月份，成本有小幅波动。从生产成本定基指数来看，2011 年开始，生产成本就明显上涨了，上涨后基本保持平稳势态，指数平均维持在 116.51，比 2010 年平均上涨了 20% 左右。

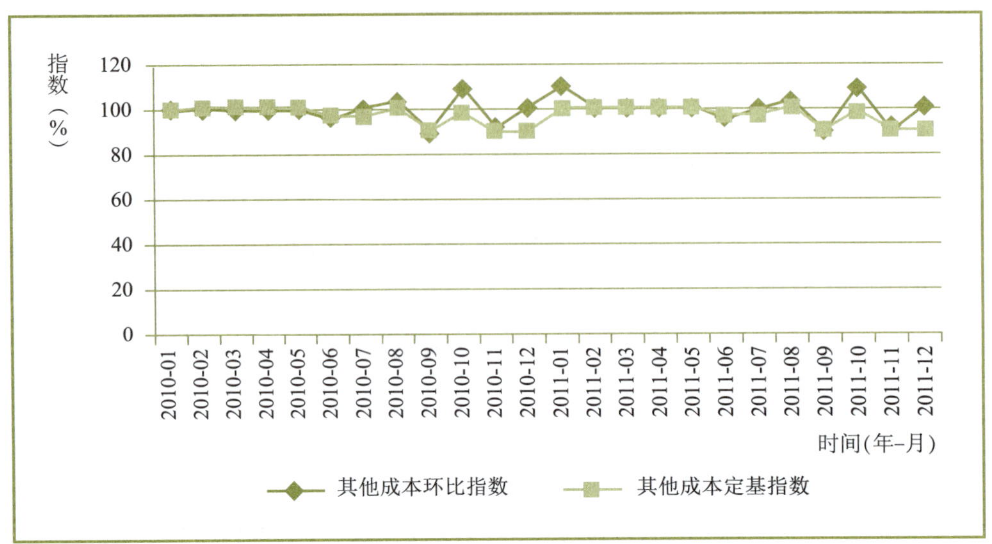

图 6-68　2010 ～ 2011 年 200 万平方米强化板其他成本环比指数与定基指数变化走势图

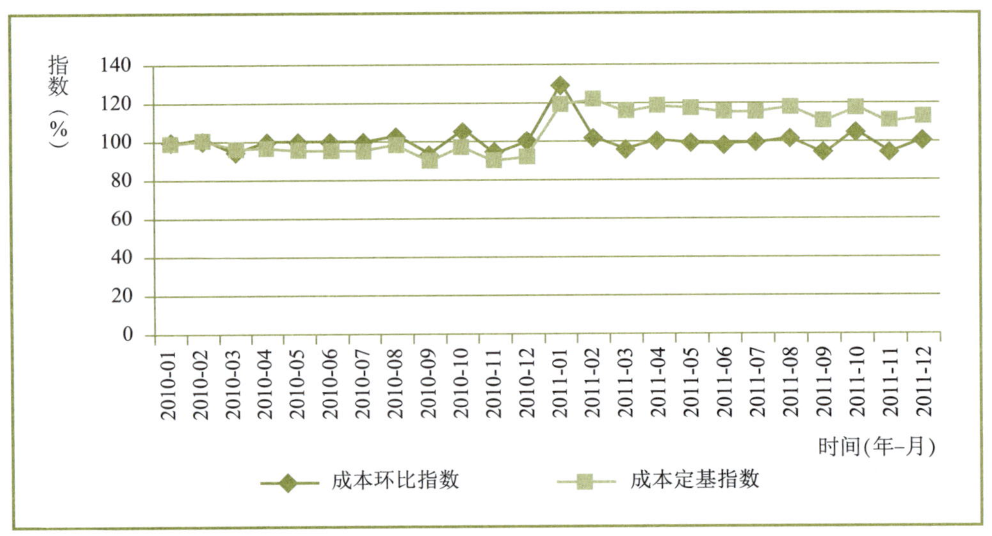

图 6-69　2010 ～ 2011 年 600 万平方米强化板生产成本环比指数与定基指数变化走势

（1）直接制造成本监测

2011 年，600 万平方米强化板产量的企业的强化板直接制造成本环比指数在 1 月份和 11 月份有小幅波动，波动幅度在 20 以内，这主要是由于中密度纤维板价格的变动所导致。其他月份直接制造成本指数变化不大，平均维持在 99.2（见图 6-70）；辅助材料消耗环比指数在 2011 年持续盘整化，变动幅度不超过 5%，主要是辅助材料中的部分表层装饰纸价格变动导致；水、电、热消耗环比指数总体趋势上保持稳定，指数曲线接近水平。中密度纤维板环比指数震荡盘整，其中 2011 年 1 月份中密度纤维板价格上涨了约 20%，而后 2 月份到 7 月份中纤板价格基本保持稳定，9 月份至 12 月份有价格有小幅波动。

与直接制造成本环比指数相类似，直接制造成本定基指数在 2011 年也非常平稳，总体看来，

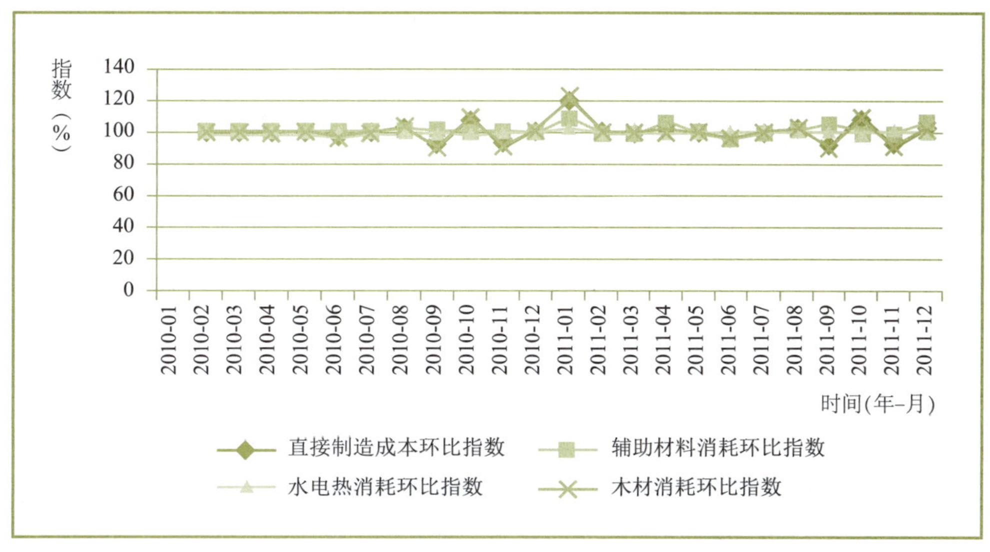

图 6-70　2010 ～ 2011 年 600 万平方米强化板直接制造成本及其构成环比指数变化走势

2011 年强化板直接制造成本比 2010 年高了 10% 左右（见图 6-71），主要是由辅助性材料价格上涨以及中密度纤维板价格变动所致；辅助材料消耗定基指数曲线在报告期内有小幅盘整，平均维持在 108 左右，比 2010 年平均上涨了约 8%，这是由表层装饰纸价格上涨导致的；水、电、热消耗定基指数几乎接近水平，表明水电价格与 2010 年基本持平；中密度纤维板消耗价值定基指数在 1 月份至 8 月份比较平稳，平均维持在 111.61 左右，9 ～ 12 月份略有波动，接近基期水平，总体上看，中密度纤维板 2011 年平均价格比 2010 年平均价格上涨了 8% 左右。

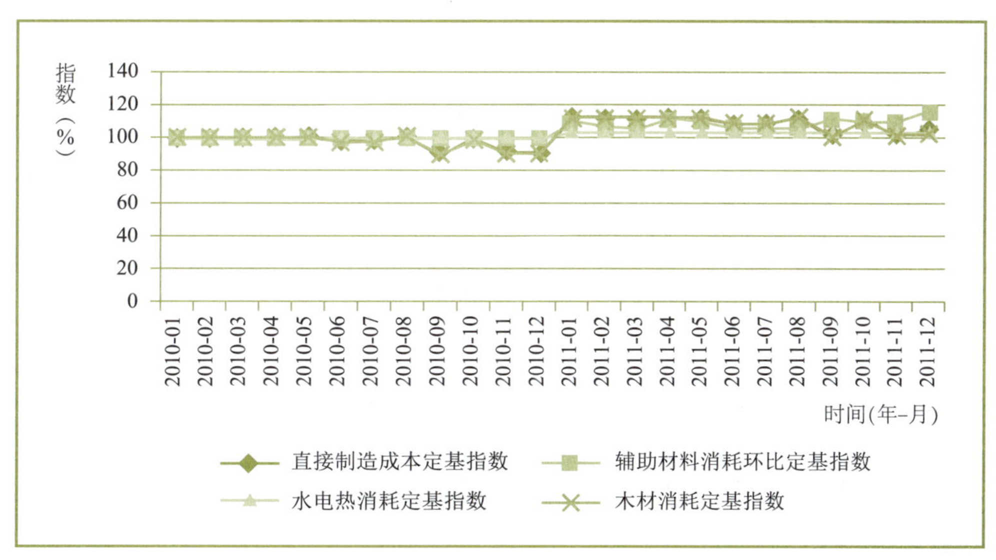

图 6-71　2010 ～ 2011 年 600 万平方米强化板直接制造成本及其构成定基指数变化走势

（2） 固定成本监测

从总体上看，固定成本环比指数在 2011 年 3 月和 6 月波动幅度较大，最低为 3 月份的 64.64，最高为 6 月份的 120.64（见图 6-72）。其他月份固定成本环比指数基本持平，保持在 100 左右，主

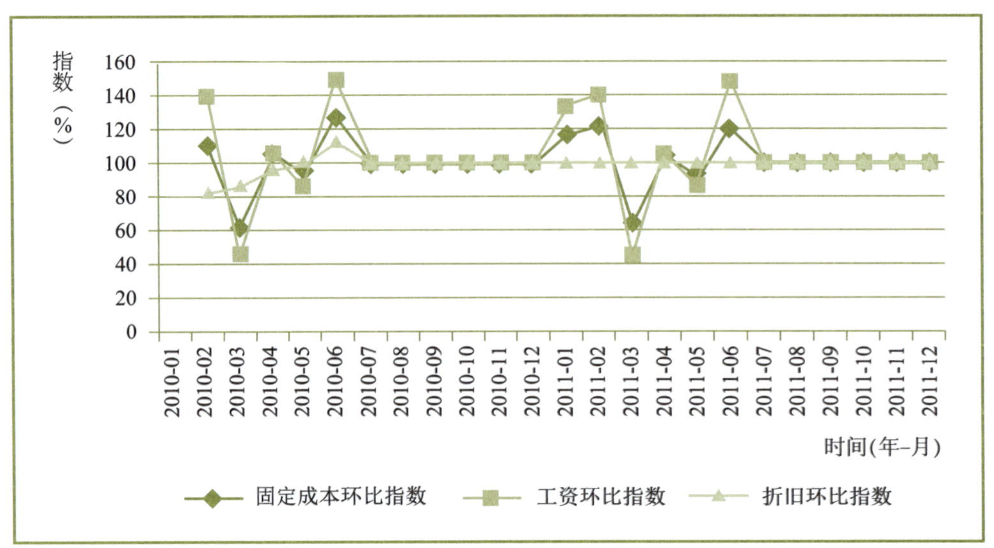

图 6-72 2010 ～ 2011 年 600 万平方米强化板固定成本及其构成环比指数变化走势

要是由于工资水平的波动所导致。折旧环比指数在报告期基本保持不变。

在整个报告期内，固定成本定基指数在 2 月到 6 月有明显变化，变化幅度最大为 2 月份，涨幅达到 17.6% 左右。由图 6-73 可看出，固定成本在 3 月到 5 月较低。6 月到 12 月固定成本基本保持不变，略比基期成本高些。

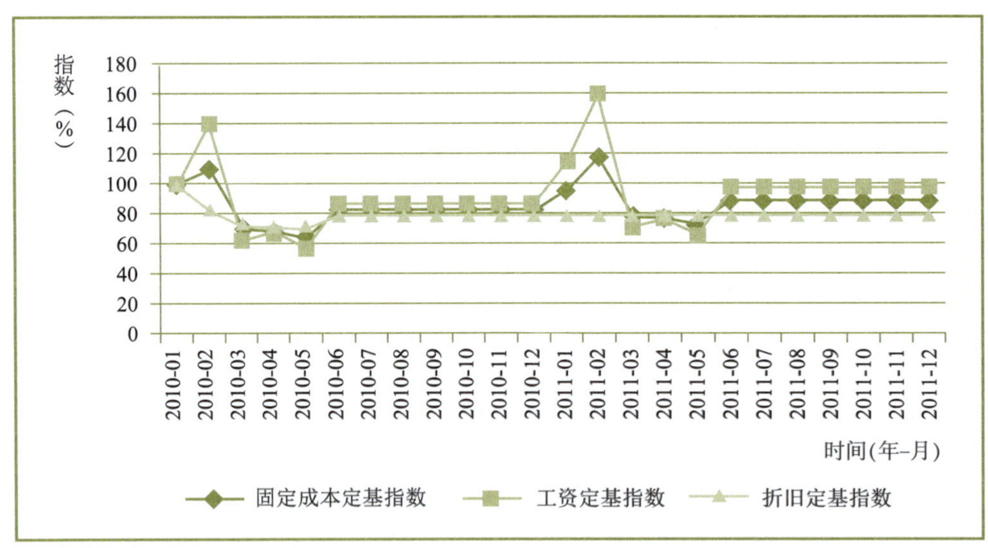

图 6-73 2010 ～ 2011 年 600 万平方米强化板固定成本及其构成环比指数变化走势

（3）其他成本监测

在整个报告期内，其他成本环比指数在 1 月份有最大值为 108.03，这说明工厂其他成本比 2010 稍有上涨，其余月份波动幅度不超过 5%，这表明其他工厂成本在整个报告期内波动很小。与其他成本变化趋势图相吻合，其他成本定基指数也是先下降后稳定（见图 6-74），5 月份达到最低点 92.4，6 月到 12 月稳定在 96.3。

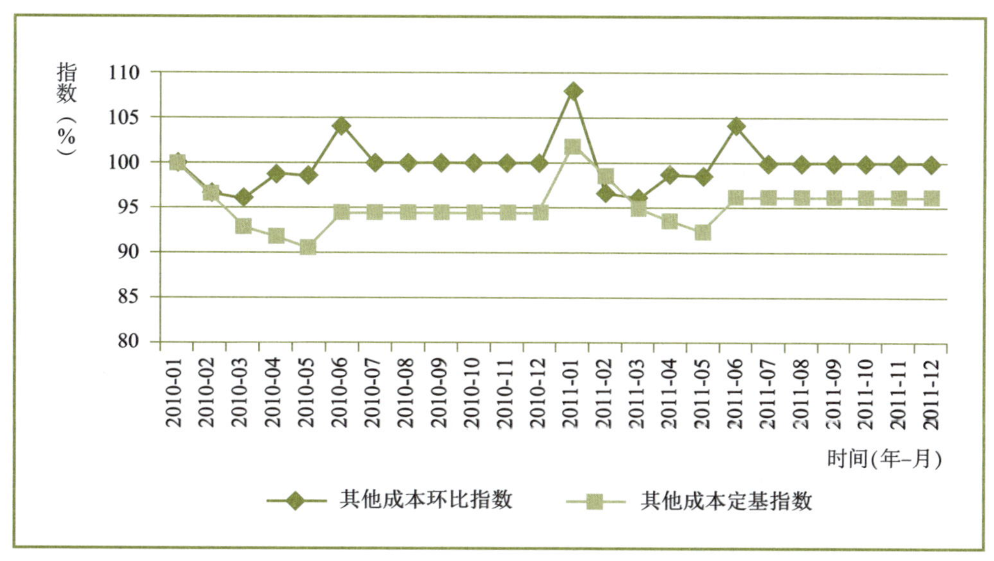

图 6-74 2010 ～ 2011 年 600 万平方米强化板其他成本环比指数与定基指数变化走势

6.2.6 指接集成材生产监测

1. 2 万立方米指接集成材成本指数监测

在报告期内，生产成本定基指数呈现震荡中上升的趋势，在 2011 年 5 月份和 10 月份，指接集成材生产成本有明显上升（见图 6-75），上升幅度在 18% 左右。总体看来 2011 年指接集成材生产成本比 2010 年上升了 8% 左右。从生产成本环比指数来看，2011 年生产成本波动较明显，最低降至 89.83，最高达到 119.23，由图中明显可以看到指接集成材生产成本变动较大，部分原材料价格受到市场购销的影响变动比较活跃。

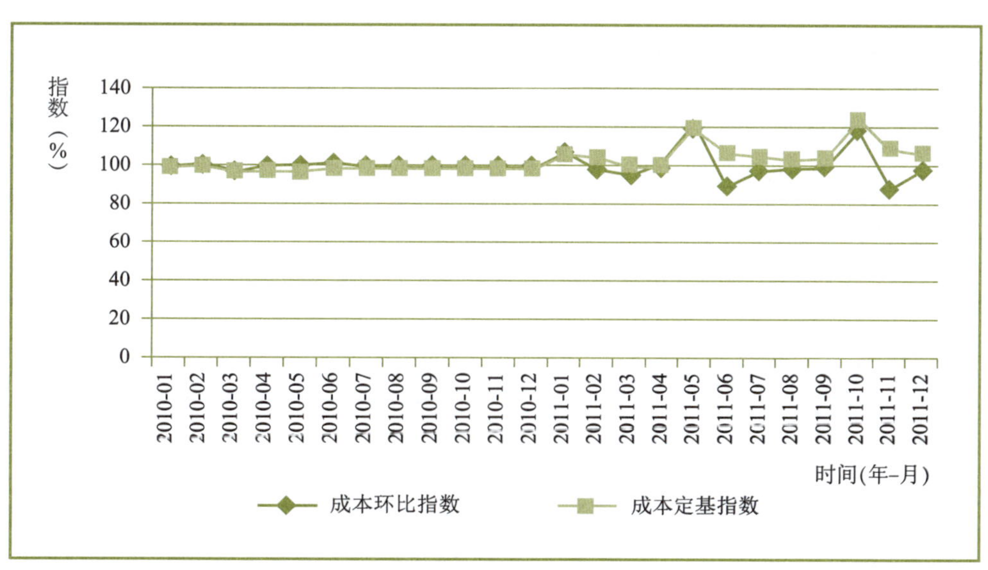

图 6-75 2010 ～ 2011 年 2 万立方米指接集成材生产成本环比指数与定基指数变化走势

（1）固定成本指数监测

从总体上看，固定成本环比指数在 2010 年 3 月和 6 月波动幅度较大，最低为 3 月份的 61.82，最高为 6 月份的 127.60（见图 6-76）。其他月份固定成本环比指数基本持平，保持在 100 左右。

在整个报告期内，固定成本定基指数在 3 月到 6 月有明显变化，变化幅度最大为 5 月份，振幅达到36%左右。固定成本在3月到5月较低。6月到12月固定成本基本保持不变，略比基期成本低些。

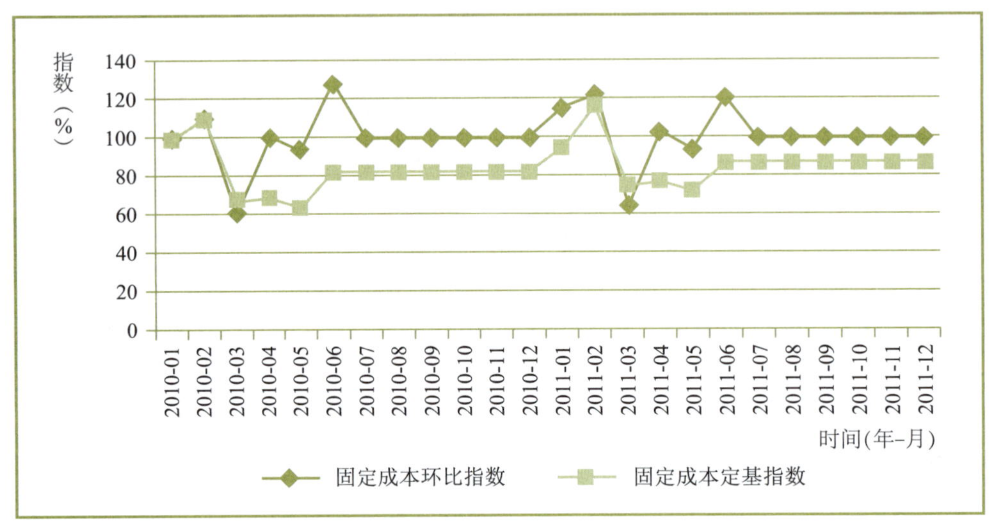

图 6-76 2010 ～ 2011 年 2 万立方米指接集成材固定成本环比指数与定基指数变化走势

（2）其他成本指数监测

在整个报告期内，其他成本环比指数在报告期内小幅盘整，幅度不超过 2%，这说明工厂其他成本在 2011 年各月基本保持稳定，波动很小。2011 年 1 月份，其他成本环比指数有较明显的上升，故 2011 年工厂其他成本比 2010 年有明显上升。与其他成本变化趋势图相吻合，其他成本环比指数和定基指数也是先下降后稳定（见图 6-77）。

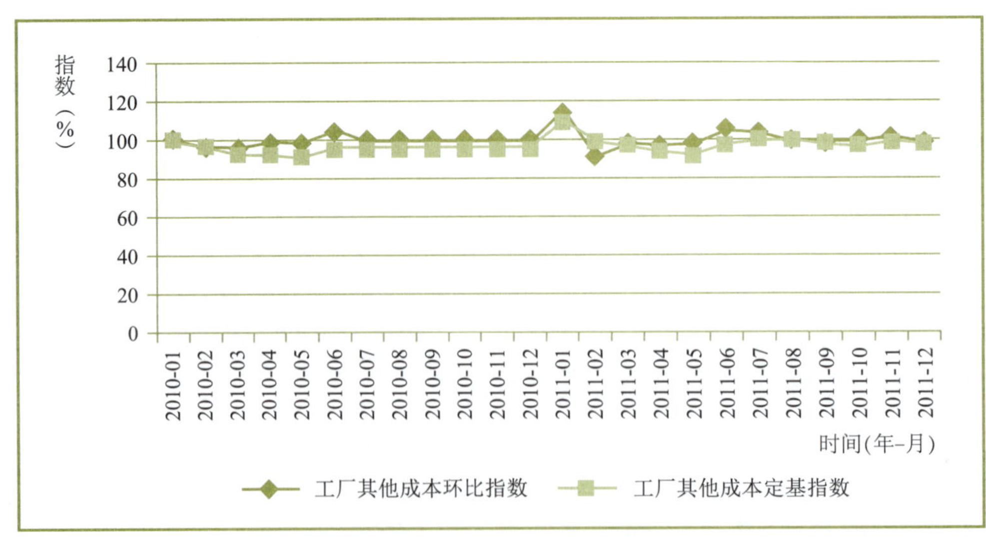

图 6-77 2010 ～ 2011 年 2 万立方米指接集成材其他成本环比指数与定基指数变化走势

2. 5 万立方米指接集成材成本指数监测

在报告期内，生产成本定基指数呈现震荡中上升的趋势，在 2011 年 5 月份和 10 月份，指接集成材生产成本有明显上升（见图 6-78），上升幅度在 18% 左右。总体看来 2011 年指接集成材生产成本比 2010 年上升了 8% 左右。从生产成本环比指数来看，2011 年生产成本波动较明显，最低降至 89.83，最高达到 119.23，由图中明显可以看到指接集成材生产成本变动较大，部分原材料价格受到市场购销的影响变动比较活跃。

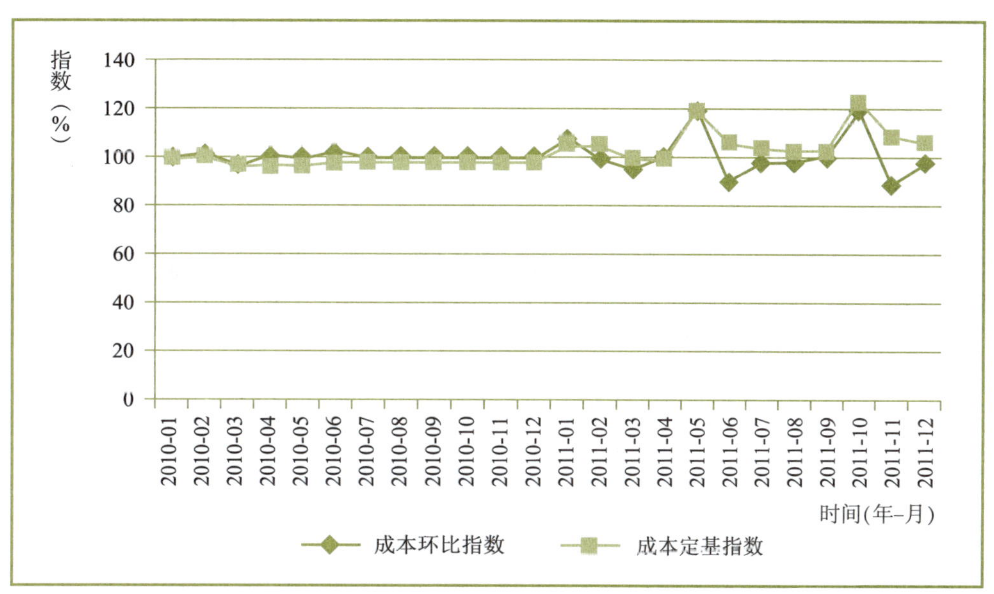

图 6-78　2010 ～ 2011 年 5 万立方米指接集成材生产成本环比指数与定基指数变化走势

（1）固定成本指数监测

从总体上看，固定成本环比指数在 2010 年 3 月和 6 月波动幅度较大，最低为 3 月份的 61.82，最高为 6 月份的 127.60（见图 6-79）。其他月份固定成本环比指数基本持平，保持在 100 左右。

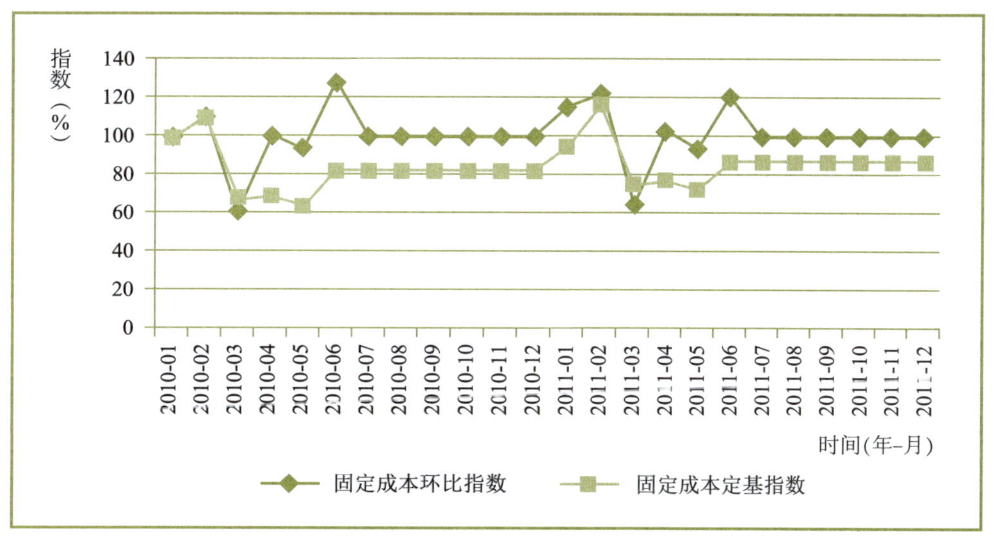

图 6-79　2010 ～ 2011 年 5 万立方米指接集成材固定成本环比指数、定基指数变化走势

在整个报告期内，固定成本定基指数在3月到6月有明显变化，变化幅度最大为5月份，振幅达到36%左右。由图6-79可看出，固定成本在3月到5月较低。6月到12月固定成本基本保持不变，略比基期成本低些。

（2）其他成本指数监测

在整个报告期内，其他成本环比指数在6月份有最大值为104.22，这说明工厂其他成本5月和6月的差异较大，但也不超过5%，这表明其他工厂成本在整个报告期内波动很小。与其他成本变化趋势图相吻合，其他成本环比指数和定基指数也是先下降后稳定（见图6-80），5月份达到最低点90.59，6月到12月稳定在94.42。

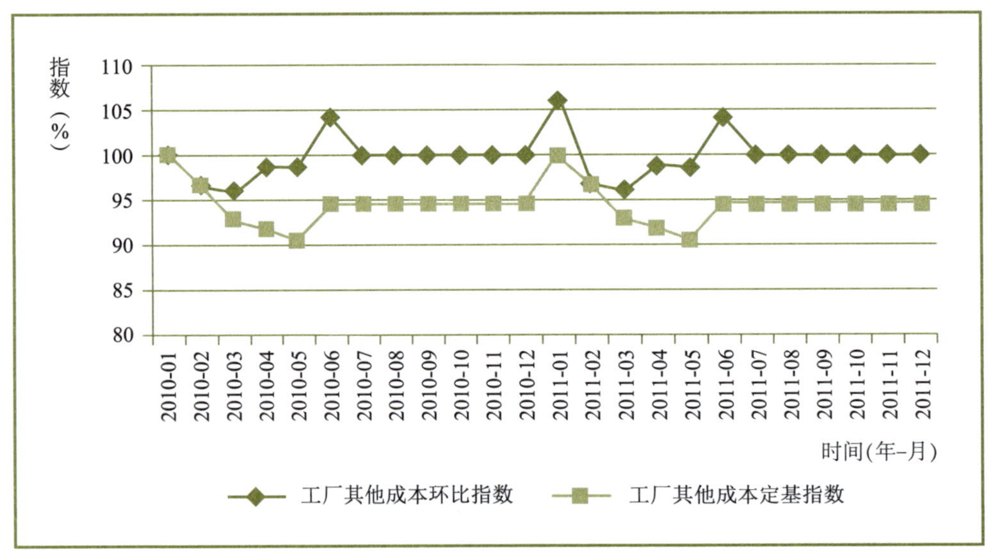

图6-80 2010～2011年5万立方米指接集成材其他成本环比指数与定基指数走势

第七章
木地板生产监测

木地板是指用木材制成的地板，中国生产的木地主要分为实木地板、强化木地板、实木复合地板、竹材地板和软木地板五大类。目前，木地板在建筑业、家具业等行业中广泛应用，对国民经济发展也至关重要。

7.1 研究内容与方法

7.1.1 研究目标

为了更好掌握木地板产业发展态势，需对木地板生产成本与销售价格进行监测，便于企业掌握木地板产业成本及价格信息，为企业生产决策提供参考及借鉴，利于国家制定木地板产业发展的政策，促进木地板产业的发展。

7.1.2 主要研究内容

（1）根据木地板产业不同板种、不同规格构建人造板成本模型，结合实际与林业专家的意见进行调整，在样本地进行试运行后最终确定，进行木地板成本监测。

（2）根据市场监测价格信息，以指数运算法则构筑价格指数模型。

（3）根据成本及价格指数进行成本盈利空间测算，预测风险。

7.1.3 数据来源

（1）随机抽样监测：根据监测方案设计要求，每年每月以县（市、区、旗）为单位的样本点开展企业木地板成本及价格随机抽样监测。

（2）重点抽样监测：按照监测方案设计要求，监测组对木地板产业发展比较成熟的企业进行重点抽样监测，作为监测数据的补充。

（3）监测时间：成本及价格监测报告时间为 2011 年 1 月至 12 月。

7.1.4 理论模型构建

木地板生产企业由于企业规模的大小不同，对成本指标的统计上也存在差异，但一般情况下，木地板生产企业的成本包括直接制造成本、固定成本、其他成本，构建人造板成本模型为：

生产成本 = 直接制造成本 + 固定成本 + 其他成本

其中：（1）直接制造费用 = 辅助材料费用 + 水、电、热消耗 + 木材消耗或板材消耗

（2）固定成本 = 工资 + 折旧 + 税费

7.2 监测结果

1. 20 万平方米实木复合地板成本监测

在报告期内，生产成本定基指数在 2011 年呈现小幅波动的形态（见图 7-1），定基指数最低为 103，最高不超过 108，平均维持在 105.03。这表明 2011 年实木复合地板与 2010 年基期相比，大概上涨了 5% 左右。从生产成本环比指数来看，2011 年 3 月份和 6 月份生产成本有轻微波动，但幅度不大，波动幅度不超过 5%，情况与成本定基指数相吻合，其他月份环比指数维持在 100 左右。

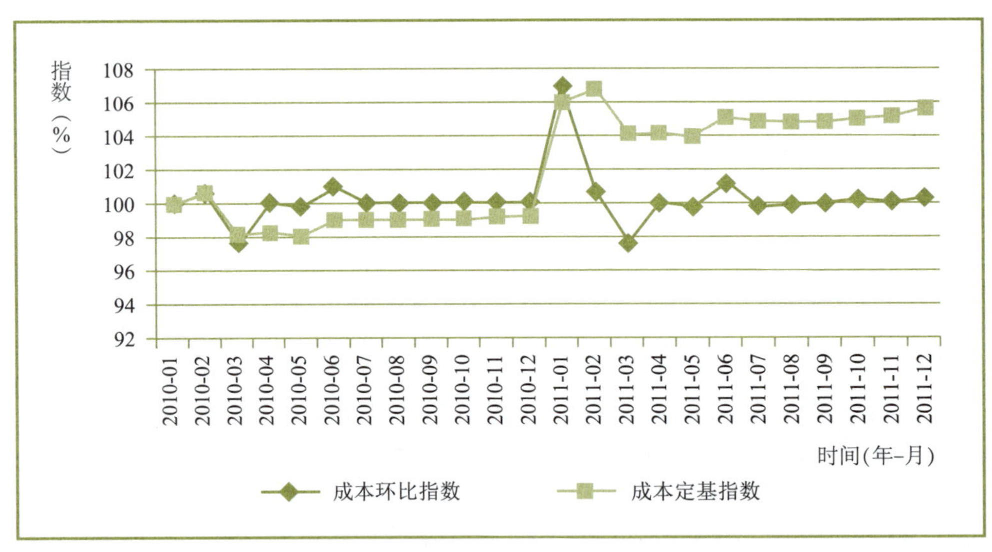

图 7-1 2010 ～ 2011 年 20 万平方米实木复合生产成本环比指数与定基指数变化趋势图

（1）直接制造成本监测

2011 年，20 万实木复合产量的企业的实木复合直接制造成本环比指数小幅盘整，波动幅度不超过 0.6%，平均维持在 100.05（见图 7-2），这说明整个报告期内，实木复合直接成本比较稳定；辅助材料消耗环比指数除了在 2011 年 11 月份稍有上升之外， 其余月份基本保持稳定，波动幅度均不超过 1%；水、电、热消耗环比指数在 2011 年 1 月份有小幅上升，涨幅大概在 3% 左右，与木材消耗环比指数总体趋势上保持稳定，波动较小。

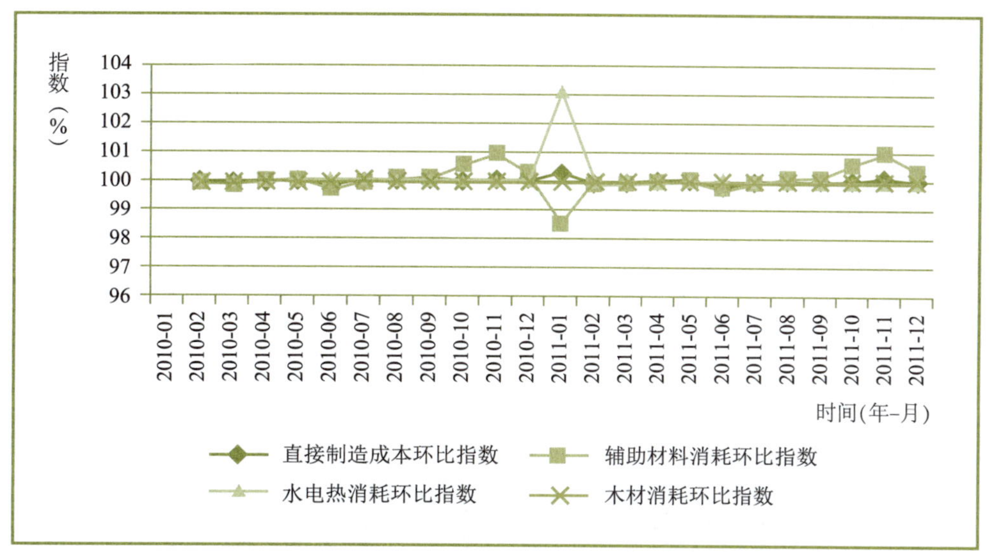

图 7-2　2010 ～ 2011 年 20 万平方米实木复合直接制造成本及其构成环比指数变化走势

与直接制造成本环比指数相类似，直接制造成本定基指数在报告期总体呈现缓慢上升的趋势，上涨幅度较小，不超过 0.5%，（见图 7-3），这是由于辅助材料价格上涨所导致；辅助材料消耗定基指数在总体上的走势平稳上升的，与 2010 年 1 月基期相比，2011 年 12 月份辅助材料涨幅最大，达到 2.73%；水、电、热消耗定基指数与木材消耗价值定基指数基本不变，总体明显比 2010 年基期水平上涨了 3% 左右。

（2）固定成本监测

从总体上看，固定成本环比指数在 2010 年 3 月和 6 月波动幅度较大，最低为 3 月份的 61.82，最高为 6 月份的 127.60（见图 7-4）。其他月份固定成本环比指数基本持平，保持在 100 左右。

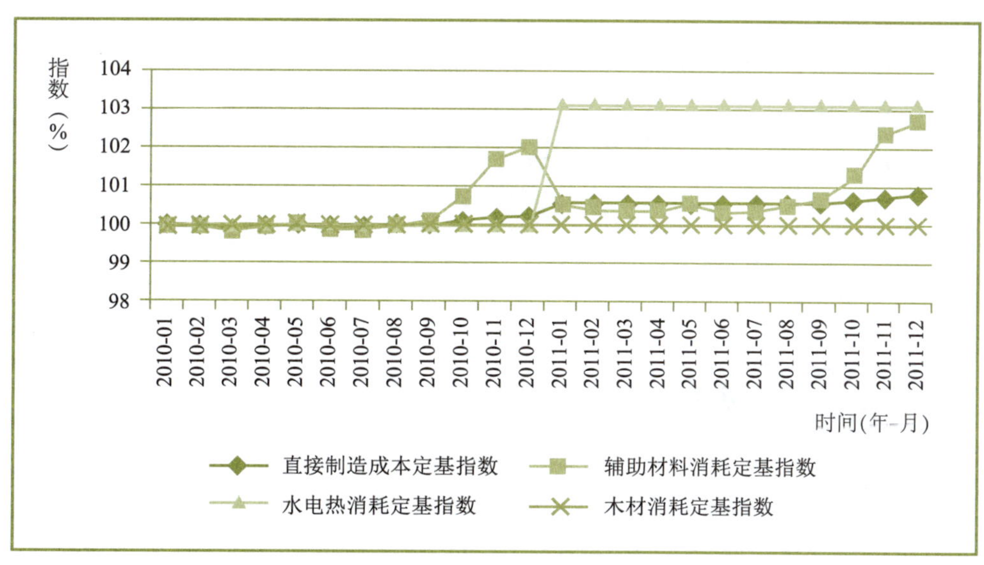

图 7-3　2010 ～ 2011 年 20 万平方米实木复合直接制造成本及其构成定基指数变化走势

在整个报告期内，固定成本定基指数在 3 月到 6 月有明显变化，变化幅度最大为 5 月份，振幅达到 36% 左右。由图 7-4 可看出，固定成本在 3 月到 5 月较低。6 月到 12 月固定成本基本保持不变，略比基期成本低些。

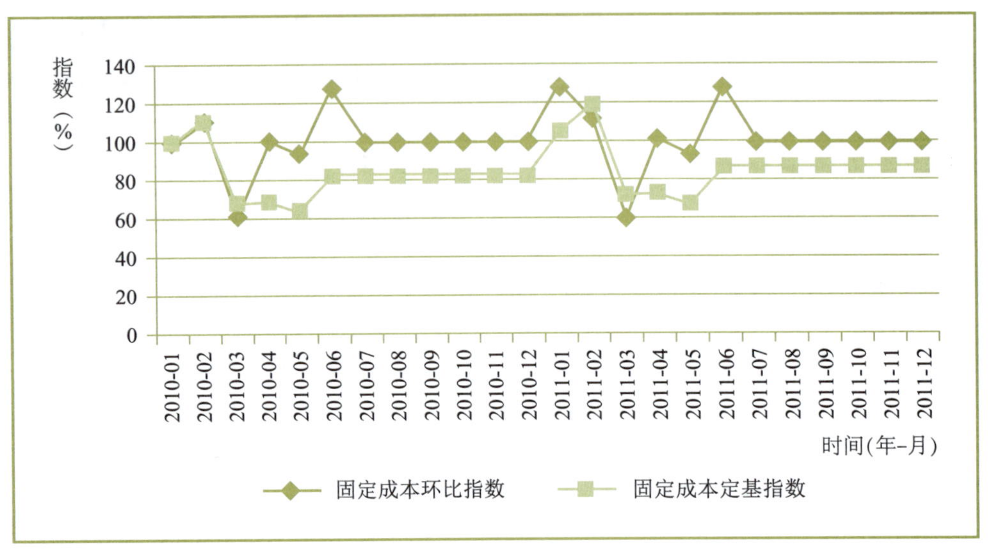

图 7-4　2010 ～ 2011 年 20 万平方米实木复合固定成本及其总成本环比指数与定基指数变化走势

（3）其他成本监测

从其他成本环比指数看来，在整个报告期内，其他成本在 6 月份以前都非常平稳，而后一直震荡起伏，在 12 月份有最大值为 105.91，这说明工厂其他成本 6 月份以后波动较明显，但幅度不大，基本不超过 5%，这表明其他工厂成本在整个报告期内波动很小。其他成本定基指数在 1 月份至 5 月份非常平稳（见图 7-5），6 月份之后有比较明显的波动。

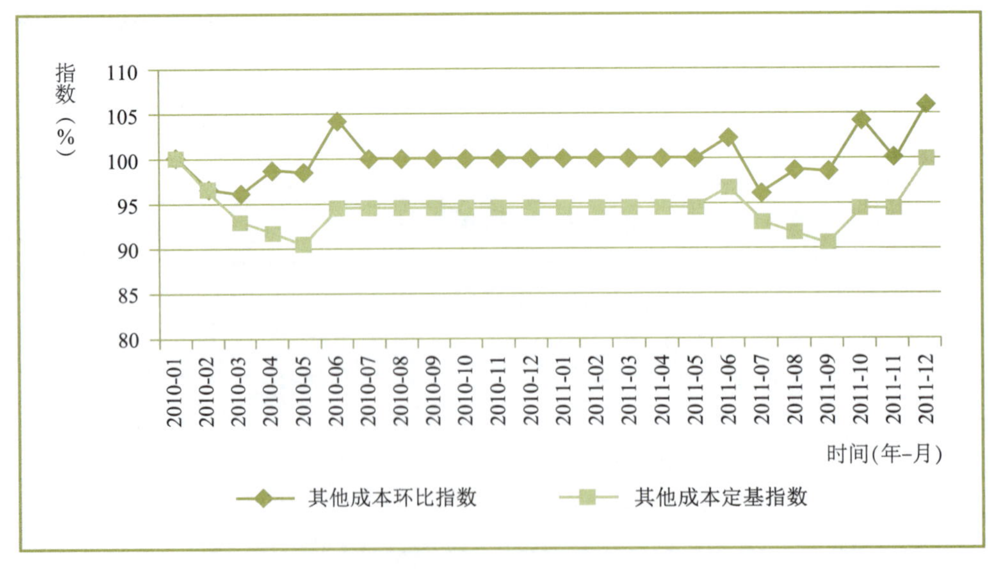

图 7-5　2010 ～ 2011 年 20 万平方米实木复合其他成本环比指数与定基指数变化走势

2. 200 万平方米实木复合地板成本监测

在报告期内，生产成本定基指数在 2011 年呈现先下降后上升在平稳的趋势（见图 7-6），定基指数最低为 5 月份的 99.64，最高不超过 2 月份的 101.22，平均维持在 99.24。这表明与 2010 年 1 月基期相比，生产成本变化较小，有稍微下降的趋势。从生产成本环比指数来看，2010 年 1 月份至 6 月份生产成本有明显波动，但幅度较小，波动幅度不超过 5%，情况与成本定基指数相吻合。

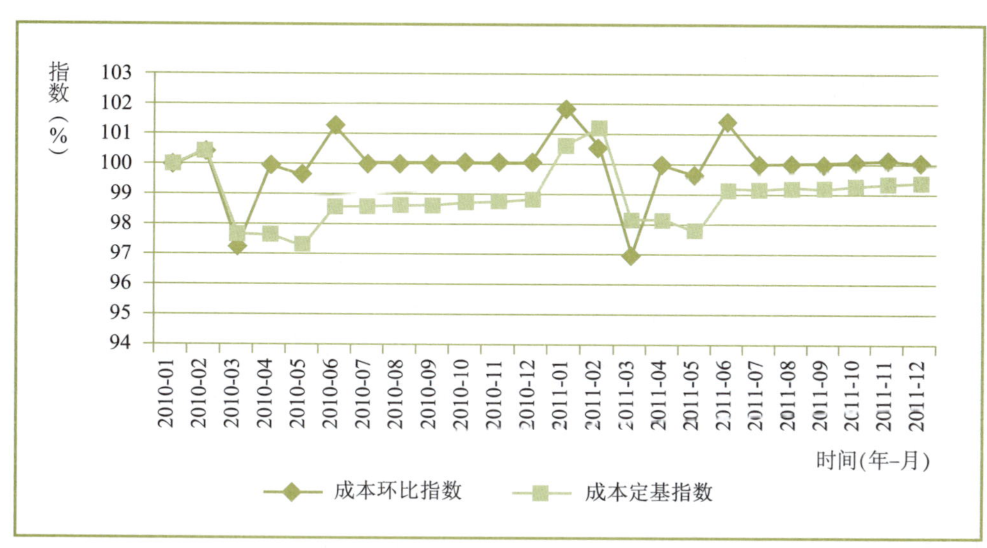

图 7-6　2010 ～ 2011 年 200 万平方米实木复合生产成本环比指数与定基指数变化走势

（1）直接制造成本监测

2011 年，200 万平方米实木复合产量的企业的实木复合直接制造成本环比指数几乎水平，波动幅度不超过 0.5%，平均维持在 100.02（见图 7-7），这说明整个报告期内，实木复合直接成本比较稳定；辅助材料消耗环比指数在 2011 年 10 月份至 12 月份有所上升，降幅较小；水、电、热消耗环比指数与木材消耗环比指数总体趋势上保持稳定，波动较小。

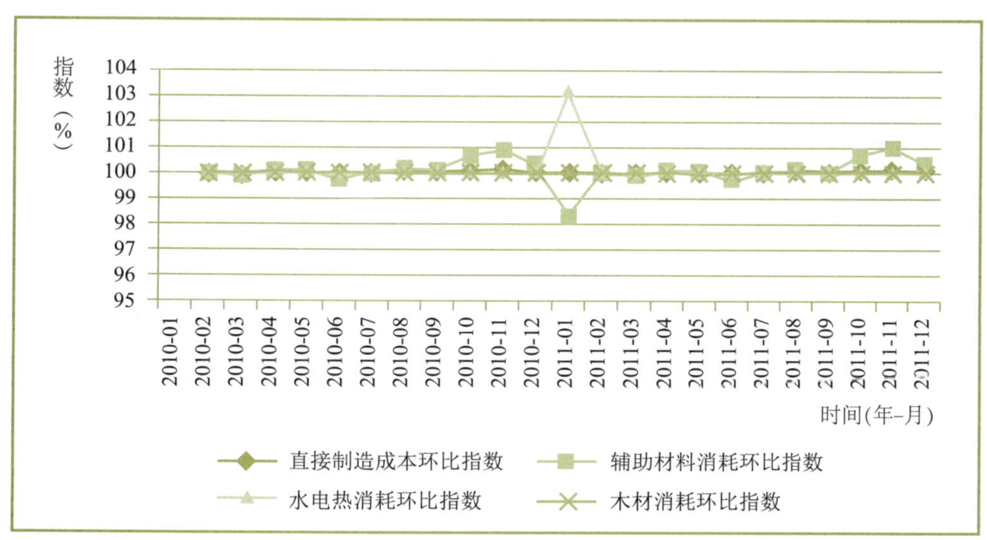

图 7-7　2010 ～ 2011 年 200 万平方米实木复合直接制造成本及其构成环比指数变化走势

与直接制造成本环比指数相类似，直接制造成本定基指数在报告总体也上比较平稳，只在2010年11月份和12月份有小幅上升，涨幅在0.3%左右（见图7-8），这是由于辅助材料价格上涨所导致；辅助材料消耗定基指数在总体上先下降后上升，与2010年1月基期相比，各月份辅助材料涨跌幅都不超过2%；水、电、热消耗定基指数与木材消耗价值定基指数基本不变，比基期水平高出3%左右。

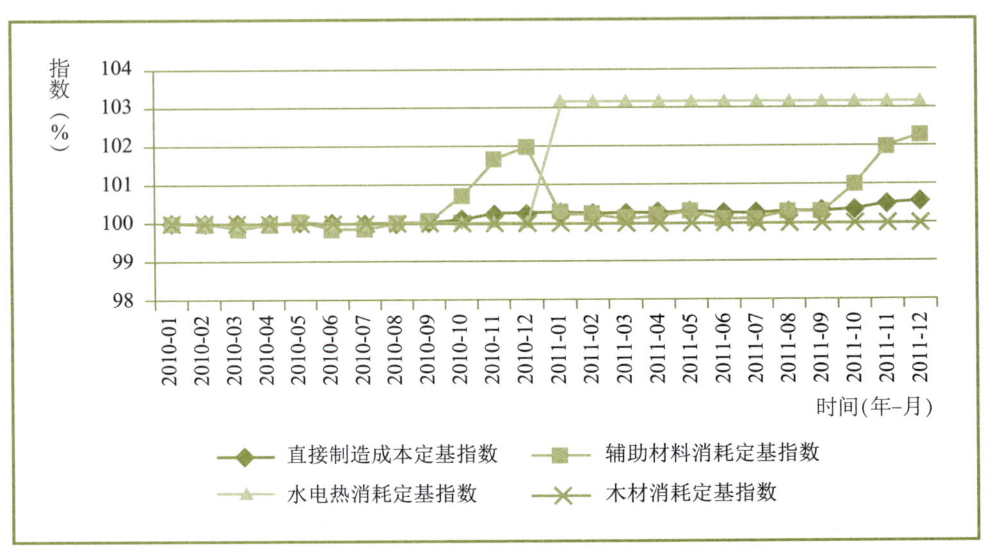

图7-8 2010～2011年200万平方米实木复合直接制造成本及其构成定基指数变化走势

（2）固定成本监测

从总体上看，固定成本环比指数在2011年3月和6月有明显变动，最低为3月份的87.94（见图7-9）。除了3月份和6月份其他月份固定成本环比指数基本持平，保持在100左右。

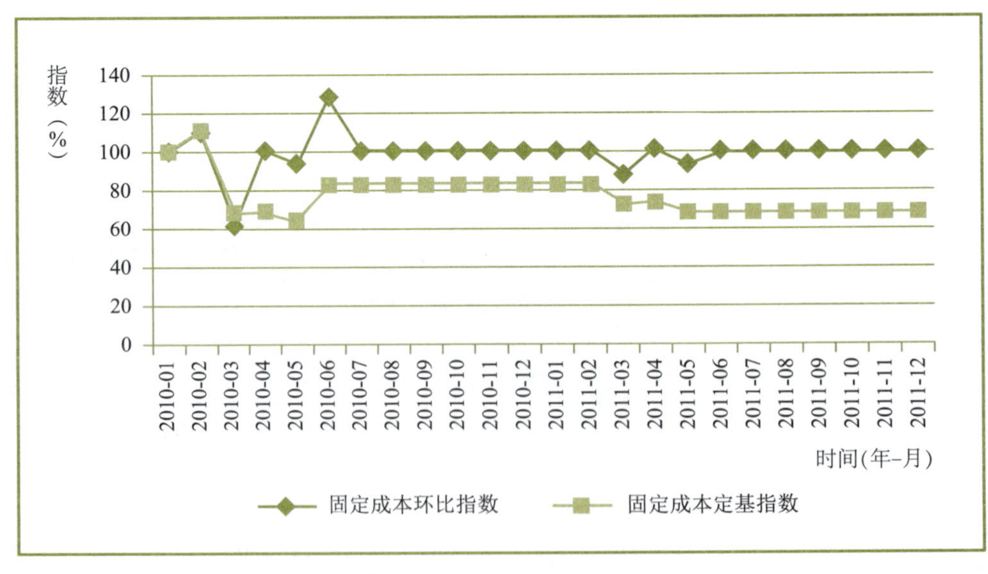

图7-9 2010～2011年200万平方米实木复合固定成本及其总成本环比指数与定基指数变化走势

在整个报告期内，固定成本定基指数呈现小幅下降而后逐渐平稳的趋势，2011 年固定成本定基指数平均维持在 71.46，降幅在 30% 左右。由图 7-9 可看出，固定成本在 2011 较平稳，略比基期成本低些。

（3）其他成本监测

在整个报告期内，其他成本环比指数在 6 月份有最大值为 104.22，这说明工厂其他成本 5 月和 6 月的差异较大，但也不超过 5%，这表明其他工厂成本在整个报告期内波动很小。与其他成本变化趋势图相吻合，其他成本环比指数和定基指数也是先下降后稳定（见图 7-10），5 月份达到最低点 90.59，6 月到 12 月稳定在 94.42。

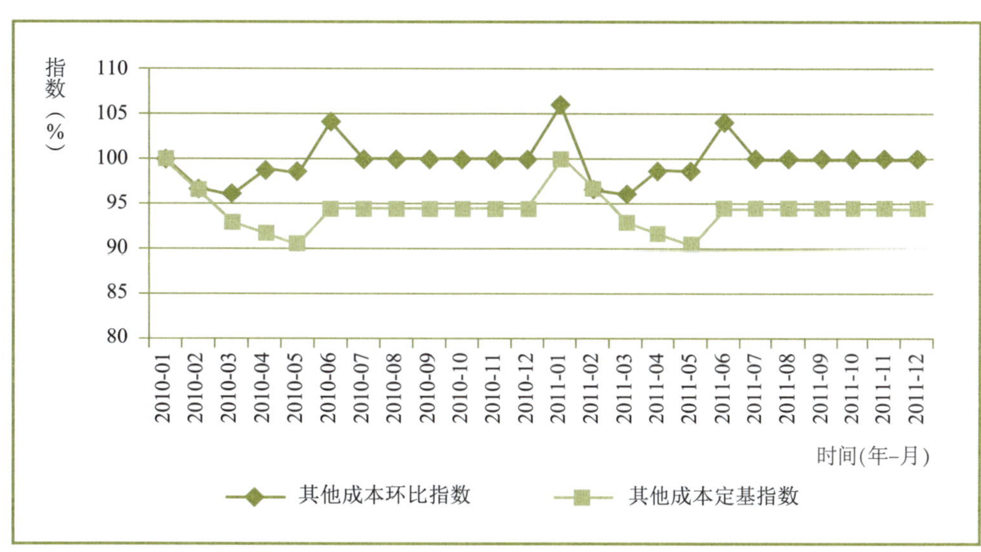

图 7-10　2010 ～ 2011 年 200 万平方米实木复合其他成本环比指数与定基指数变化走势

第八章
林产品进出口贸易监测

8.1 研究内容与方法

8.1.1 研究目标

根据国家海关提供的进出口数据，依照进出口林产品情况出发，对进出口产品进行全面监测，为进出口企业提供指定企业政策的参考，为国家制定退税政策等提供依据。

8.1.2 研究内容

（1）林产品进出口总量、金额、对外贸易国家、林业投资状况、贸易结构、价格趋势等情况进行监测。

（2）进行价格指数的构建。对进出口排名前 10 位的国家产品以销售量占总量比为权重，构建价格指数。

（3）以重点的进出口产品为对象进行因素分析，主要包括了汇率、生产成本及退税政策等。

8.1.3 数据来源

（1）重点监测。根据林产品进出口贸易监测方案设计要求，国家林业局经济发展研究中心与国家海关合作，对涉及林产品贸易的重点内容进行监测。

（2）监测时间。林产品进出口贸易数据监测周期为 1 年，即报告期为 2011 年 1 月～ 12 月。

8.2 监测结果

8.2.1 木质林产品进出口监测

2011 年我国木质林产品进出口额 854.38 亿美元，同比增长 26.34%。

8.2.1.1 木质林产品出口监测结果

2011 年我国木质林产品出口额 479.25 亿美元，同比增长 18.55%。出口产品主要是木竹家具、木竹纸制品、胶合板、木竹制品等林产品，见表 8-1。

表 8-1　2011 年我国木质林产品出口状况

名　称	单位	出口数量	同比（%）	出口金额（万美元）	同比（%）
木竹家具	件		-3.01	1 720 344	6.02
木竹纸制品	千克	7 395 542 788	11.88	1 266 265	32.63
胶合板	立方米	9 572 456	26.84	433 998	27.57
木竹制品	千克	1 698 789 722	-4.51	400 670	4.76
印刷品	千克	1 004 721 231	-5.49	281 586	4.12
纤维板	千克	2 502 311 025	29.48	143 569	28.85
木竹地板	千克	451 479 299	-1.52	73 160	3.57
锯　材	立方米	544 194	0.89	36 049	5.41
单　板	千克	185 168 816	56.10	27 347	29.69
刨花板	千克	124 087 243	19.82	5 039	32.89
木竹果炭	千克	67 463 266	6.41	3 909	9.36
木竹浆	千克	32 966 257	91.43	3 551	162.70
异形材	千克	17 908 600	-23.89	2 432	-25.38
锯末等	千克	48 128 422	-16.05	1 056	13.82
原　木	立方米	14 380	-49.33	677	-35.70
强化木	千克	3 336 902	48.83	642	31.78
废　纸	千克	3 565 920	347.74	77	403.75
木　片	千克	5 094 394	-4.63	73	30.13
合计				4 792 491	18.55

注：印刷品出口金额 = 印刷品出口数量合计 *(木竹纸制品出口金额合计 / 木竹纸制品出口数量合计)。

8.2.1.2　木质林产品进口监测结果

2011 年我国木质林产品进口额 414.34 亿美元，同比增长 35.82%。进口产品主要是纸浆、原木、废纸、木竹纸制品、锯材、木片等，原木进口额 82.75 亿美元，同比增长 36.26 %，见表 8-2。

表 8-2　2011 年我国木质林产品进口状况

名　称	单位	进口数量	同比（%）	进口金额（万美元）	同比（%）
木竹浆	千克	14 437 610 615	27.05	1 191 747	35.13
原　木	立方米	42 321 305	23.22	827 475	36.26
废　纸	千克	27 279 352 635	12.08	696 805	30.22
锯　材	立方米	21 605 851	45.88	572 217	47.54
木竹纸制品	千克	3 386 192 938	-4.26	481 173	4.35
印刷品	千克	63 808 990	-18.71	132 638	4.41

（续）

名　称	单位	进口数量	同比（%）	进口金额（万美元）	同比（%）
木　片	千克	6 565 328 312	41.75	115 960	72.09
木竹家具	件	5 590 880	26.24	54 852	40.63
木竹制品	千克	51 795 928	27.31	14 694	25.07
刨花板	千克	355 266 010	1.48	12 199	7.13
胶合板	立方米	188 469	-11.79	11 977	3.21
单　板	千克	150 197 211	82.86	11 857	34.58
纤维板	千克	202 945 307	-24.37	10 711	-14.05
木竹果炭	千克	188 697 962	7.36	4 491	95.22
木竹地板	千克	11 401 244	38.74	2 953	63.02
异形材	千克	4 279 143	13.23	836	18.17
锯末等	千克	39 626 650	100.85	459	55.15
强化木	千克	703 984	-28.90	320	6.68
合计				4 143 365	35.82

注：印刷品出口金额 = 印刷品出口数量合计 *（木竹纸制品出口金额合计 / 木竹纸制品出口数量合计）。

8.2.2　林产品主要国家进出口监测

8.2.2.1 原木进出口监测

1. 原木出口监测

2011 年我国原木出口量为 14 380 立方米，比 2010 年的 28 247 立方米同比下降 49.09%，出口总额达到 6 768 467 美元，比 2010 年的 10 506 688 美元同比下降 35.58%。出口的原木产品主要包括红松和樟子松原木（44032011）、未列名本章子目注释 1 所列热带木原木（44034990）、水曲柳原木（44039950）、未列名非针叶木原木（44039990）。

红松和樟子松原木（44032011）2011 年的出口量为 41 立方米，比 2010 年的 39 立方米增长 5.13%；出口额为 38 319 美元，比 2010 年的 31377 美元增长 22.12%；其平均价格为 934.61 美元 / 立方米，比 2010 年的 804.54 美元 / 立方米增长 16.17%，最高价格为 934.61 美元 / 立方米，最低价格为 934.61 美元 / 立方米，以出口国产量与出口总量比作为权重计算前 10 个国家加权平均价格为 934.61 美元 / 立方米，比 2010 年的 804.54 美元 / 立方米增长 16.17%，以 2010 年为基期计算 2011 年红松和樟子松原木价格指数为 116。

未列名本章子目注释 1 所列热带木原木（44034990）2011 年的出口量为 194 立方米，比 2010 年的 209 立方米下降 7.18%；出口额为 133 996 美元，比 2010 年的 63305 美元增长 111.67%；其平均价格为 690.70 美元 / 立方米，比 2010 年的 302.89 美元 / 立方米增长 128.03%，以出口国产量与出口总量比作为权重计算前 10 个国家加权平均价格为 690.70 美元 / 立方米，比 2010 年的 690.70

美元 / 立方米增长 128.03%，以 2010 年为基期计算 2011 年价格指数为 228。

水曲柳原木（44039950）2011 年的出口量为 681 立方米，比 2010 年的 1 042 立方米下降 34.64%；出口额为 331 118 美元，比 2010 年的 396 997 美元下降 16.59%；其平均价格为 486.22 美元 / 立方米，比 2010 年的 381.00 美元 / 立方米增长 27.62%，最高价格为 486.22 美元 / 立方米，最低价格为 486.22 美元 / 立方米，以出口国产量与出口总量比作为权重计算前 10 个国家加权平均价格为 486.22 美元 / 立方米，比 2010 年的 381.00 美元 / 立方米增长 27.62%，以 2010 年为基期计算 2011 年价格指数为 128。

未列名非针叶木原木（44039990）2011 年的出口量为 13 464 立方米，比 2010 年的 26 957 立方米下降 50.05%；出口额为 6 265 034 美元，比 2010 年的 10 015 009 美元下降 37.44%；其平均价格为 465.32 美元 / 立方米，比 2010 年的 371.52 美元 / 立方米增长 5.00%，最高价格为 477.11 美元 / 立方米，最低价格为 271.93 美元 / 立方米，以出口国产量与出口总量比作为权重计算前 10 个国家加权平均价格为 465.32 美元 / 立方米，比 2010 年的 371.52 美元 / 立方米增长 25.00%，以 2010 年为基期计算 2011 年价格指数为 125。

2. 原木进口监测

2011 年我国原木进口量为 34 347 489 立方米，比 2010 年的 28 059 381 立方米同比增长 22.41%，进口总额达到 607 109.41 美元，比 2010 年的 408 662.77 美元同比增长 48.56%。进口的原木产品主要包括红松和樟子松原木（44032011）、辐射松原木（44032030）、落叶松原木（44032040）、未列名非针叶木原木（44039990）、未列名本章子目注释 1 所列热带木原木（44034990）等 23 种原木产品。

用油漆、着色剂、杂酚油等防腐剂处理的原木（44031000）2011 年的进口量为 18 098 立方米，比 2010 年的 5 777 立方米增长 213.28%；进口额为 3 617 904 美元，比 2010 年的 1 189 854 美元增长 204.06%；其平均价格为 199.91 美元 / 立方米，比 2010 年的 205.96 美元 / 立方米下降 2.94%，最高价格为 1 690.74 美元 / 立方米，最低价格为 40 美元 / 立方米，以进口国产量与进口总量比作为权重计算前 10 个国家加权平均价格 199.91 美元 / 立方米，比 2010 年的 153.20 美元 / 立方米增长 30.50%，以 2010 年为基期计算 2011 年价格指数为 130.50。

红松和樟子松原木（44032011）2011 年进口量达到 7 572 895 立方米，比 2010 年的 6 730 308 立方米同比下降 12.52%；进口金额为 1 071 537 326 美元，比 2010 年的 864 538 216 美元同比增长 23.94%；其平均价格为 141.50 美元 / 立方米，比 2010 年的 128.45 美元 / 立方米增长 10.15%，最高价格为 166.8 美元 / 立方米，最低价格为 140.81 美元 / 立方米，以进口国产量与进口总量比作为权重计算前 10 个国家加权平均价格 141.30 美元 / 立方米，比 2010 年的 128.20 美元 / 立方米增长 10.20%，以 2010 年为基期计算 2011 年价格指数为 110.20。

白松（云杉和冷杉）原木（44032020）2011 年进口量达到 4 516 928 立方米，比 2010 年的 4 150 164 立方米同比增长 8.84%；进口金额为 739 941 019 美元，比 2010 年的 563 066 111 美元同比增长 31.41%；其平均价格为 163.82 美元 / 立方米，比 2010 年的 135.67 美元 / 立方米增长 20.74%，最高价格为 193.17 美元 / 立方米，最低价格为 146.85 美元 / 立方米，以进口国产量与进口总量比作为权重计算前10个国家加权平均价格163.03美元/立方米，比2010年的134.86美元/立方米增长20.90%，以2010年为基期计算2011年价格指数为20.90。

辐射松原木（44032030）2011年进口量达到9 025 951立方米，比2010年的6 611 383立方米同比增长36.52%；进口金额为1 271 360 091美元，比2010年的868 639 463美元同比增长46.36%；其平均价格为140.86美元/立方米，比2010年的131.39美元/立方米增长7.21%，最高价格为389.16美元/立方米，最低价格为118.12美元/立方米，以进口国产量与进口总量比作为权重计算前10个国家加权平均价格140.86美元/立方米，比2010年的131.37美元/立方米增长7.20%，以2010年为基期计算2011年价格指数为107.20。

落叶松原木（44032040）2011年进口量达到3 440 682立方米，比2010年的3 426 187立方米同比下降0.42%；进口金额为538 699 715美元，比2010年的417 962 649美元同比增长28.89%；其平均价格为156.57美元/立方米，比2010年的121.99美元/立方米增长28.34%，最高价格为189.26美元/立方米，最低价格为119.95美元/立方米，以进口国产量与进口总量比作为权重计算前10个国家加权平均价格156.56美元/立方米，比2010年的121.99美元/立方米增长28.30%，以2010年为基期计算2011年价格指数为128.30。

未列名针叶木原木（44032090）2011年进口量达到6 886 222立方米，比2010年的3 350 603立方米同比增长105.52%；进口金额为1 239 664 397美元，比2010年的527 670 313美元同比增长134.93%；其平均价格为180.02美元/立方米，比2010年的157.49美元/立方米增长14.31%，最高价格为189美元/立方米，最低价格为93.34美元/立方米，以进口国产量与进口总量比作为权重计算前10个国家加权平均价格179.14美元/立方米，比2010年的155.79美元/立方米增长15%，以2010年为基期计算2011年价格指数为115。

深红色、浅红色及巴栲红柳桉木原木（44034100）2011年进口量达到73 995立方米，比2010年的127 509立方米同比下降41.97%；进口金额为17 624 048美元，比2010年的24 636 646美元同比下降28.46%；其平均价格为238.18美元/立方米，比2010年的193.21美元/立方米增长23.27%，最高价格为364.72美元/立方米，最低价格为101.03美元/立方米，以进口国产量与进口总量比作为权重计算前10个国家加权平均价格238.18美元/立方米，比2010年的192.57美元/立方米增长23.70%，以2010年为基期计算2011年价格指数为123.70。

柚木原木（44034910）2011年进口量达到87 813立方米，比2010年的73 297立方米同比增长19.80%；进口金额为60 775 244美元，比2010年的50 271 338美元同比增长20.89%；其平均价格为692.10美元/立方米，比2010年的685.86美元/立方米增长0.91%，最高价格为806.97美元/立方米，最低价格为178.12美元/立方米，以进口国产量与进口总量比作为权重计算前10个国家加权平均价格680.98美元/立方米，比2010年的674.5美元/立方米增长1%，以2010年为基期计算2011年价格指数为101。

奥克曼木Okoume（奥克榄）原木（44034920）2011年进口量达到675 370立方米，比2010年的860 166立方米同比下降21.48%；进口金额为300 004 086美元，比2010年的341 955 034美元同比下降 12.27%；其平均价格为 444.21 美元 / 立方米，比 2010 年的 397.55 美元 / 立方米增长 11.74%，最高价格为 449.53 美元 / 立方米，最低价格为 337.75 美元 / 立方米，以进口国产量与进口总量比作为权重计算前 10 个国家加权平均价格 444.21 美元 / 立方米，比 2010 年的 396.49 美元 / 立方米增长 12%，以 2010 年为基期计算 2011 年价格指数为 112。

龙脑香木 Dipterocarpus spp.（克隆木）原木（44034930）2011 年进口量达到 190 594 立方米，比 2010 年的 119 626 立方米同比增长 59.32%；进口金额为 44 524 581 美元，比 2010 年的 24 966 609 美元同比增长 78.34%；其平均价格为 233.61 美元 / 立方米，比 2010 年的 208.71 美元 / 立方米增长 11.93%，最高价格为 500.50 美元 / 立方米，最低价格为 222.68 美元 / 立方米，以进口国产量与进口总量比作为权重计算前 10 个国家加权平均价格 233.61 美元 / 立方米，比 2010 年的 187.39 美元 / 立方米增长 24.70%，以 2010 年为基期计算 2011 年价格指数为 124.70。

山樟木 Kapur（香木 Dryobalanops spp.）原木（44034940）2011 年进口量达到 69 592 立方米，比 2010 年的 100 127 立方米同比下降 30.50%；进口金额为 22 541 781 美元，比 2010 年的 22 558 103 美元同比下降 0.07%；其平均价格为 323.91 美元 / 立方米，比 2010 年的 225.29 美元 / 立方米增长 43.77%，最高价格为 1 193.50 美元 / 立方米，最低价格为 149.23 美元 / 立方米，以进口国产量与进口总量比作为权重计算前 10 个国家加权平均价格 323.91 美元 / 立方米，比 2010 年的 225.29 美元 / 立方米增长 43.80%，以 2010 年为基期计算 2011 年价格指数为 143.80。

印加木 Intsia spp.（波罗格 Mengaris）原木（44034950）2011 年进口量达到 202 957 立方米，比 2010 年的 104 381 立方米同比增长 94.44%；进口金额为 107 182 316 美元，比 2010 年的 5 1945 406 美元同比增长 106.34%；其平均价格为 528.10 美元 / 立方米，比 2010 年的 497.65 美元 / 立方米增长 6.12%，最高价格为 645.90 美元 / 立方米，最低价格为 139.99 美元 / 立方米，以进口国产量与进口总量比作为权重计算前 10 个国家加权平均价格 528.10 美元 / 立方米，比 2010 年的 495.95 美元 / 立方米增长 6.50%，以 2010 年为基期计算 2011 年价格指数为 106.50。

干巴豆木 Koompassia spp.（门格里斯或康派斯）原木（44034960）2011 年进口量达到 73 612 立方米，比 2010 年的 148 795 立方米同比下降 50.53%；进口金额为 17 191 701 美元，比 2010 年的 26 869 606 美元同比下降 36.02%；其平均价格为 233.54 美元 / 立方米，比 2010 年的 180.58 美元 / 立方米下降 36.02%，最高价格为 233.61 美元 / 立方米，最低价格为 182.14 美元 / 立方米，以进口国产量与进口总量比作为权重计算前 10 个国家加权平均价格 233.54 美元 / 立方米，比 2010 年的 180.58 美元 / 立方米增长 29.30%，以 2010 年为基期计算 2011 年价格指数为 129.30。

异翅香木 Anisopter spp. 原木（44034970）2011 年进口量达到 73 184 立方米，比 2010 年的 60 920 立方米同比增长 20.13%；进口金额为 17 972 626 美元，比 2010 年的 15 318 005 美元同比增长 17.33%；其平均价格为 245.58 美元 / 立方米，比 2010 年的 251.44 美元 / 立方米下降 2.33%，最高价格为 587.26 美元 / 立方米，最低价格为 245.20 美元 / 立方米，以进口国产量与进口总量比作为权重计算前 10 个国家加权平均价格 245.58 美元 / 立方米，比 2010 年的 251.15 美元 / 立方米下降 2.20%，以 2010 年为基期计算 2011 年价格指数为 97.80。

未列名本章子目注释 1 所列热带木原木（44034990）2011 年进口量达到 482 574 立方米，比 2010 年的 545 770 立方米同比下降 11.58%；进口金额为 188 187 247 美元，比 2010 年的 188 538 609 美元同比下降 0.19%；其平均价格为 389.97 美元 / 立方米，比 2010 年的 345.45 美元 / 立方米增长 12.88%，最高价格为 707.46 美元 / 立方米，最低价格为 295.78 美元 / 立方米，以进口国产量与进口总量比作为权重计算前 10 个国家加权平均价格 350.19 美元 / 立方米，比 2010 年的 225.55 美元 / 立方米增长 55.30%，以 2010 年为基期计算 2011 年价格指数为 155.30。

栎木（橡木）原木（44039100）2011 年进口量达到 563 719 立方米，比 2010 年的 456 079 立方米同比增长 23.60%；进口金额为 180 883 748 美元，比 2010 年的 144 581 676 美元同比增长 25.11%；其平均价格为 320.88 美元 / 立方米，比 2010 年的 317.01 美元 / 立方米增长 25.11%，最高价格为 550.10 美元 / 立方米，最低价格为 248.78 美元 / 立方米，以进口国产量与进口总量比作为权重计算前 10 个国家加权平均价格 312.78 美元 / 立方米，比 2010 年的 303.33 美元 / 立方米增长 3.10%，以 2010 年为基期计算 2011 年价格指数为 103.10。

山毛榉木原木（44039200）2011 年进口量达到 601 891 立方米，比 2010 年的 411 229 立方米同比增长 46.36%；进口金额为 116 690 814 美元，比 2010 年的 70 814 682 美元同比增长 64.78%；其平均价格为 193.87 美元 / 立方米，比 2010 年的 172.20 美元 / 立方米增长 12.58%，最高价格为 203.17 美元 / 立方米，最低价格为 173.10 美元 / 立方米，以进口国产量与进口总量比作为权重计算前 10 个国家加权平均价格 193.39 美元 / 立方米，比 2010 年的 159.33 美元 / 立方米下降 21.40%，以 2010 年为基期计算 2011 年价格指数为 121.40。

楠木原木（44039910）2011 年进口量达 247 立方米，比 2010 年的 237 立方米同比增长 4.22%；进口金额为 138 677 美元，比 2010 年的 88 395 美元同比增长 56.88%；其平均价格为 561.45 美元 / 立方米，比 2010 年的 372.97 美元 / 立方米下降 50.53%，最高价格为 786.35 美元 / 立方米，最低价格为 181.51 美元 / 立方米，以进口国产量与进口总量比作为权重计算前 10 个国家加权平均价格 553.95 美元 / 立方米，比 2010 年的 326.44 美元 / 立方米增长 69.70%，以 2010 年为基期计算 2011 年价格指数为 169.70。

樟木原木（44039920）2011 年进口量达 795 立方米，比 2010 年的 1 465 立方米同比下降 45.73%；进口金额为 260 050 美元，比 2010 年的 368 778 美元同比下降 29.48%；其平均价格为 327.11 美元 / 立方米，比 2010 年的 251.73 美元 / 立方米增长 29.95%，最高价格为 1 223.80 美元 / 立方米，最低价格为 203.23 美元 / 立方米，以进口国产量与进口总量比作为权重计算前 10 个国家加权平均价格 327.11 美元 / 立方米，比 2010 年的 251.73 美元 / 立方米增长 29.90%，以 2010 年为基期计算 2011 年价格指数为 129.90。

红木原木（44039930）2011 年进口量达 565 646 立方米，比 2010 年的 237 422 立方米同比增长 138.24%；进口金额为 716 080 759 美元，比 2010 年的 264 477 738 美元同比增长 170.75%；其平均价格为 1 265.95 美元 / 立方米，比 2010 年的 1 113.96 美元 / 立方米增长 13.64%，最高价格为 2 230.51 美元 / 立方米，最低价格为 455.54 美元 / 立方米，以进口国产量与进口总量比作为权重计算前10个国家加权平均价格1 130.09美元/立方米，比2010年的897.93美元/立方米增长25.90%，以2010年为基期计算2011年价格指数为125.90。

水曲柳原木（44039950）2011年进口量达242 479立方米，比2010年的237 364立方米同比增长2.15%；进口金额为73 483 578美元，比2010年的64 097 445美元同比增长14.64%；其平均价格为303.05美元/立方米，比2010年的270.04美元/立方米增长12.23%，最高价格为416.05美元/立方米，最低价格为242.50美元/立方米，以进口国产量与进口总量比作为权重计算前10个国家加权平均价格298.79美元/立方米，比2010年的267.86美元/立方米增长11.50%，以2010年为基期计算2011年价格指数为111.50。

北美硬阔叶木（包括樱桃木、黑胡桃木、枫木）原木（44039960）2011年进口量达107 589立方米，比2010年的110 222立方米同比下降2.39%；进口金额为92 685 603美元，比2010年的92 174 361美元同比增长0.55%；其平均价格为861.48美元/立方米，比2010年的836.26美元/立方米增长3.02%，最高价格为1 010.14美元/立方米，最低价格为128.41美元/立方米，以进口国产量与进口总量比作为权重计算前10个国家加权平均价格860.87美元/立方米，比2010年的835.36美元/立方米增长3.10%，以2010年为基期计算2011年价格指数为103.10。

未列名的温带非针叶木原木（44039980）2011年进口量达789 012立方米，比2010年的629 866立方米同比增长25.27%；进口金额为108 711 232美元，比2010年的80 407 177美元同比增长35.20%；其平均价格为137.78美元/立方米，比2010年的127.66美元/立方米增长7.93%，最高价格为311.18美元/立方米，最低价格为115.50美元/立方米，以进口国产量与进口总量比作为权重计算前10个国家加权平均价格135.43美元/立方米，比2010年的125.60美元/立方米增长7.80%，以2010年为基期计算2011年价格指数为107.80。

未列名非针叶木原木（44039990）2011年进口量达6 059 460立方米，比2010年的5 847 479立方米同比增长3.63%；进口金额为1 344 989 940美元，比2010年的1 365 809 489美元同比增长1.52%；其平均价格为221.97美元/立方米，比2010年的233.57美元/立方米下降4.97%，最高价格为437.04美元/立方米，最低价格为127.92美元/立方米，以进口国产量与进口总量比作为权重计算前10个国家加权平均价195.11美元/立方米，比2010年的173.84美元/立方米增长12.20%，以2010年为基期计算2011年价格指数为112.20。

8.2.2.2 单板进出口监测

1. 单板出口监测

2011年我国单板出口量为185 168 816千克，比2010年的118 608 355千克同比增长56.12%，出口总额达到273 467 573美元，比2010年的210 861 161美元同比增长29.69%。出口的单板产品主要包括用胶合板等制的针叶木饰面用单板，厚≤6毫米（44081011）、用胶合板等制的针叶木饰面用单板，厚≤6毫米（44081019）、针叶木制胶合板用单板，厚≤6毫米（44081020）、其他纵锯切、刨或旋切的针叶木木材，厚≤6毫米（44081090）、用胶合板等制饰面单板，红柳桉木制，厚≤6毫米（44083111）、其他饰面用单板，红柳桉木制，厚≤6毫米（44083119）、制胶合板用单板，红柳桉木制，厚≤6毫米（44083120）、其他热带木制饰面用单板，厚≤6毫米（44083919）、其他热带木制胶合板用单板，厚≤6毫米（44083920）、其他纵锯切、刨或旋切的热带木木材，厚≤6毫米（44083990）、用胶合板等制其他非针叶木饰面单板，厚≤6毫米（44089011）、温带非针叶木制其他饰面用单板，厚≤6毫米（44089012）、其他非针叶木饰面用单板，厚≤6毫米（44089019）、温带非针叶木制胶合板用单板，厚≤6毫米（44089021）、其他非针叶木制胶合板用单板，厚≤6毫米（44089029）、温带非针叶木制经纵刨旋切的木材，厚≤6毫米（44089091）、其他非针叶木制经纵刨旋切的木材，厚≤6毫米（44089099）等17大类。

用胶合板等制的针叶木饰面用单板（44081011）2011年的出口量为497 085千克，比2010年的233 008千克增长113.33%；出口额为196 706美元，比2010年的172 365美元增长14.12%；其平均价格为0.40美元/千克，比2010年的0.74美元/千克下降46.51%，最高价格为2.40美元/千克，最低价格为0.26美元/千克；以出口国产量与出口总量比作为权重计算前10个国家加权平均价格为0.40美元/千克，比2010年的0.33美元/千克增加了20.50%，以2010年为基期计算2011年用胶合板等制的针叶木饰面用单板价格指数为120.50。

其他针叶木饰面用单板（44081019）2011年的出口量为9 563 457千克，比2010年的5 939 316千克增加61.02%；出口额为5 771 751美元，比2010年的3 383 171美元增加70.60%；其平均价格为0.60美元/千克，比2010年的0.57美元/千克增长5.95%，最高价格为13.85美元/千克，最低价格为0.55美元/千克；以出口国产量与出口总量比作为权重计算前10个国家加权平均价格为0.60美元/千克，比2010年的0.56美元/千克上升了7.40%，以2010年为基期计算2011年其他针叶木饰面用单板价格指数为107.40。

针叶木制胶合板用单板（44081020）2011年的出口量为161 864千克，比2010年的433 684千克下降62.68%；出口额为196 327美元，比2010年的244 127美元下降19.58%；其平均价格为1.21美元/千克，比2010年的0.56美元/千克增长115.47%，最高价格为10.01美元/千克，最低价格为0.46美元/千克；以出口国产量与出口总量比作为权重计算前10个国家加权平均价格为4.57美元/千克，比2010年的2.91美元/千克增长57.40%，以2010年为基期计算2011年针叶木制胶合板用单板价格指数为157.40。

其他纵锯切、刨或旋切的针叶木木材（44081090）2011年的出口量为6 161 139千克，比2010年的6 884 852千克下降10.51%；出口额为21 074 147美元，比2010年的20 530 698美元增加2.65%；其平均价格为3.42美元/千克，比2010年的2.98美元/千克增加14.70%，最高价格为4.91美元/千克，最低价格为2.01美元/千克；以出口国产量与出口总量比作为权重计算前10个国家加权平均价格为3.36美元/千克，比2010年的2.86美元/千克增长17.60%，以2010年为基期计算2011年其他纵锯切、刨或旋切的针叶木木材价格指数为117.60。

用胶合板等制饰面单板，红柳桉木制（44083111）2011年的出口量为16 350千克，比2010年的18 672千克下降12.44%；出口额为20 100美元，比2010年的13 867美元增加44.95%；其平均价格为 1.23 美元 / 千克，比 2010 年的 0.74 美元 / 千克增长 65.53%，最高价格为 1.6 美元 / 千克，最低价格为 0.41 美元 / 千克；以出口国产量与出口总量比作为权重计算前 10 个国家加权平均价格为 1.23 美元 / 千克，比 2010 年的 0.74 美元 / 千克增长 2 699%，以 2010 年为基期计算 2011 年用胶合板等制饰面单板，红柳桉木制木材价格指数为 2 799。

其他饰面用单板，红柳桉木制（44083119）2011 年的出口量为 2 500 千克，比 2010 年的 13 380 千克下降了 81.32%；出口额为 24 447 美元，比 2010 年的 33193 美元下降 26.35%；其平均价格为 9.78 美元 / 千克，比 2010 年的 2.48 美元 / 千克增加 294.18%，最高价格为 9.78 美元 / 千克，最低价格为 9.78 美元 / 千克；以出口国产量与出口总量比作为权重计算前 10 个国家加权平均价格为 9.78 美元 / 千克，比 2010 年的 2.48 美元 / 千克增长 294.20%，以 2010 年为基期计算 2011 年其他饰面用单板，红柳桉木制木材价格指数为 394.20。

用胶合板等制其他热带木饰面用单板，厚≤ 6 毫米（44083911）2011 年的出口量为 177 403 千克；出口额为 1 029 342 美元；其平均价格为 5.80 美元 / 千克，最高价格为 34.29 美元 / 千克，最低价格为 0.81 美元 / 千克；以出口国产量与出口总量比作为权重计算前 10 个国家加权平均价格为 2.05 美元 / 千克。

其他热带木制饰面用单板（44083919）2011 年的出口量为 448 198 千克，比 2010 年的 478 801 千克下降 6.39%；出口额为 2 327 598 美元，比 2010 年的 2 039 323 美元增加 14.14%；其平均价格为 5.19 美元 / 千克，比 2010 年的 4.26 美元 / 千克增长 21.93%，最高价格为 11.29 美元 / 千克，最低价格为 1.59 美元 / 千克；以出口国产量与出口总量比作为权重计算前 10 个国家加权平均价格为 5.10 美元 / 千克，比 2010 年的 4.13 美元 / 千克增长 23.30%，以 2010 年为基期计算 2011 年其他热带木制饰面用单板价格指数为 123.30。

其他热带木制胶合板用单板（44083920）2011 年的出口量为 5 633 818 千克，比 2010 年的 3 943 307 千克增加 42.87%；出口额为 10 717 367 美元，比 2010 年的 9146430 美元增加 17.18%；其平均价格为 1.90 美元 / 千克，比 2010 年的 2.32 美元 / 千克下降 17.98%，最高价格为 2.81 美元 / 千克，最低价格为 1.17 美元 / 千克；以出口国产量与出口总量比作为权重计算前 10 个国家加权平均价格为 1.82 美元 / 千克，比 2010 年的 2.12 美元 / 千克下降 14.20%，以 2010 年为基期计算 2011 年其他热带木制饰面用单板价格指数为 85.80。

其他纵锯切、刨或旋切的热带木木材（44083990）2011 年的出口量为 78 068 千克，比 2010 年的 1 037 553 千克下降 24.76%；出口额为 2 684 110 美元，比 2010 年的 333 849 美元下降 19.60%；其平均价格为 3.44 美元 / 千克，比 2010 年的 3.22 美元 / 千克增加 6.85%，最高价格为 8.34 美元 / 千克，最低价格为 0.6 美元 / 千克；以出口国产量与出口总量比作为权重计算前 10 个国家加权平均价格为 0.6 美元 / 千克，比 2010 年的 2.91 美元 / 千克增长 12.80%，以 2010 年为基期计算 2011 年其他纵锯切、刨或旋切的热带木木材价格指数为 112.80。

用胶合板等制其他非针叶木饰面单板（44089011）2011 年的出口量为 30 768 035 千克，比 2010 年的 15 316 099 千克增加 100.89%；出口额为 23 234 898 美元，比 2010 年的 21 671 833 美元

增加 7.21%；其平均价格为 0.76 美元 / 千克，比 2010 年的 1.41 美元 / 千克下降了 46.63%，最高价格为 9.44 美元 / 千克，最低价格为 0.27 美元 / 千克；以出口国产量与出口总量比作为权重计算前 10 个国家加权平均价格为 0.67 美元 / 千克，比 2010 年的 1.22 美元 / 千克下降 45.10%，以 2010 年为基期计算 2011 年用胶合板等制其他非针叶木饰面单板价格指数为 54.90。

温带非针叶木制其他饰面用单板（44089012）2011 年的出口量为 4 439 626 千克，比 2010 年的 3 115 369 千克增加 42.51%；出口额为 11 564 504 美元，比 2010 年的 10 042 828 美元增加 15.15%；其平均价格为 2.6 美元 / 千克，比 2010 年的 3.22 美元 / 千克下降 19.20%，最高价格为 6.63 美元 / 千克，最低价格为 0.37 美元 / 千克；以出口国产量与出口总量比作为权重计算前 10 个国家加权平均价格为 2.49 美元 / 千克，比 2010 年的 2.93 美元 / 千克下降 15.10%，以 2010 年为基期计算 2011 年温带非针叶木制其他饰面用单板价格指数为 84.90。

其他非针叶木饰面用单板（44089019）2011 年的出口量为 46 604 479 千克，比 2010 年的 31 115 504 千克增加 49.78%；出口额为 97 973 304 美元，比 2010 年的 82 102 320 美元增加 19.33%；其平均价格为 2.10 美元 / 千克，比 2010 年的 2.64 美元 / 千克下降 20.33%，最高价格为 5.48 美元 / 千克，最低价格为 0.90 美元 / 千克；以出口国产量与出口总量比作为权重计算前 10 个国家加权平均价格为 1.48 美元 / 千克，比 2010 年的 1.77 美元 / 千克下降 16.70%，以 2010 年为基期计算 2011 年其他非针叶木饰面用单板价格指数为 83.30。

温带非针叶木制胶合板用单板（44089021）2011 年的出口量为 804 850 千克，比 2010 年的 2 066 691 千克下降 61.06%；出口额为 511 463 美元，比 2010 年的 1 079 151 美元下降 52.61%；其平均价格为 0.64 美元 / 千克，比 2010 年的 0.52 美元 / 千克增长 21.70%，最高价格为 101.05 美元 / 千克，最低价格为 0.31 美元 / 千克；以出口国产量与出口总量比作为权重计算前 10 个国家加权平均价格为 0.64 美元 / 千克，比 2010 年的 0.49 美元 / 千克增长 29.20%，以 2010 年为基期计算 2011 年温带非针叶木制胶合板用单板价格指数为 129.20。

其他非针叶木制胶合板用单板（44089029）2011 年的出口量为 49 403 331 千克，比 2010 年的 26 863 716 千克增加 83.90%；出口额为 31 657 024 美元，比 2010 年的 18 288 552 美元增加 73.10%；其平均价格为 0.64 美元 / 千克，比 2010 年的 0.68 美元 / 千克下降 5.88%，最高价格为 0.92 美元 / 千克，最低价格为 0.43 美元 / 千克；以出口国产量与出口总量比作为权重计算前 10 个国家加权平均价格为 0.62 美元 / 千克，比 2010 年的 0.65 美元 / 千克下降 4%，以 2010 年为基期计算 2011 年其他非针叶木制胶合板用单板价格指数为 96。

温带非针叶木制经纵刨旋切的木材（44089091）2011 年的出口量为 21 168 287 千克，比 2010 年的 12 183 351 千克增加 73.75%；出口额为 9 144 830 美元，比 2010 年的 22 870 352 美元增加 114.88%；其平均价格为 2.32 美元 / 千克，比 2010 年的 1.88 美元 / 千克增加了 23.68%，最高价格为 3.51 美元 / 千克，最低价格为 1.66 美元 / 千克；以出口国产量与出口总量比作为权重计算前 10 个国家加权平均价格为 2.11 美元 / 千克，比 2010 年的 1.59 美元 / 千克上升了 33.10%，以 2010 年为基期计算 2011 年温带非针叶木制经纵刨旋切的木材价格指数为 133.10。

其他非针叶木制经纵刨旋切的木材（44089099）2011 年的出口量为 8537710 千克，比 2010 年的 8965052 千克下降 4.77%；出口额为 15339655 美元，比 2010 年的 15904452 美元下降 3.55%；其平均价格为 1.8 美元 / 千克，比 2010 年的 1.77 美元 / 千克增长 1.28%，最高价格为 3.34 美元 / 千克，最低价格为 0.62 美元 / 千克；以出口国产量与出口总量比作为权重计算前 10 个国家加权平均价格为 1.52 美元 / 千克，比 2010 年的 1.25 美元 / 千克上升了 21.50%，以 2010 年为基期计算 2011 年其他非针叶木制经纵刨旋切的木材价格指数为 121.50。

2. 单板进口监测

2011 年我国单板进口量为 150 197 211 千克，比 2010 年的 82 137 858 千克同比增长 82.86%，进口总额达到 118 568 629 美元，比 2010 年的 88 104 049 美元同比增长 34.58%。进口的单板产品主要包括用胶合板等制的针叶木饰面用单板，厚≤ 6 毫米（44081011）、其他针叶木饰面用单板，厚≤ 6 毫米（44081019）、针叶木制胶合板用单板，厚≤ 6 毫米（44081020）、其他纵锯切、刨或旋切的针叶木木材，厚≤ 6 毫米（44081090）、用胶合板等制饰面单板，红柳桉木制，厚≤ 6 毫米（44083111）、其他饰面用单板，红柳桉木制，厚≤ 6 毫米（44083119）、制胶合板用单板，红柳桉木制，厚≤ 6 毫米（44083120）、其他纵锯切刨或旋切的红柳桉木木材，厚≤ 6 毫米（44083190）、用胶合板等制其他热带木饰面用单板，厚≤ 6 毫米（44083911）、其他热带木制饰面用单板，厚≤ 6 毫米（44083919）、其他热带木制胶合板用单板，厚≤ 6 毫米（44083920）、其他纵锯切、刨或旋切的热带木木材，厚≤ 6 毫米（44083990）、用胶合板等制其他非针叶木饰面单板，厚≤ 6 毫米（44089011）、温带非针叶木制其他饰面用单板，厚≤ 6 毫米（44 089 012）、其他非针叶木饰面用单板，厚≤ 6 毫米（44089019）、温带非针叶木制胶合板用单板，厚≤ 6 毫米（44089021）、其他非针叶木制胶合板用单板，厚≤ 6 毫米（44089029）、温带非针叶木制经纵刨旋切的木材，厚≤ 6 毫米（44089091）、其他非针叶木制经纵刨旋切的木材，厚≤ 6 毫米（44089099）等 19 大类。

用胶合板等制的针叶木饰面用单板（44081011）2011 年的进口量为 1 962 674 千克，比 2010 年的 785 847 千克下降 149.75%；进口额为 359 623 美元，比 2010 年的 136 845 美元增加 162.80%；其平均价格为 0.18 美元 / 千克，比 2010 年的 0.17 美元 / 千克增加 5.22%，最高价格为 60.80 美元 / 千克，最低价格为 0.17 美元 / 千克；以进口国产量与进口总量比作为权重计算前 10 个国家加权平均价格为 0.18 美元 / 立方米，比 2010 年的 0.17 美元 / 千克增加 5.50%，以 2010 年为基期计算 2011 年用胶合板等制的针叶木饰面用单板价格指数为 105.50。

其他针叶木饰面用单板（44081019）2011 年的进口量为 372 444 千克，比 2010 年的 439 604 千克下降 15.28%；进口额为 2 297 874 美元，比 2010 年的 2 574 172 美元下降 10.73%；其平均价格为 6.17 美元 / 千克，比 2010 年的 5.86 美元 / 千克下降 5.36%，最高价格为 15.65 美元 / 千克，最低价格为 2.08 美元 / 千克；以进口国产量与进口总量比作为权重计算前 10 个国家加权平均价格为 6.15 美元 / 千克，比 2010 年的 5.10 美元 / 千克增长 20.60%，以 2010 年为基期计算 2011 年其他针叶木饰面用单板价格指数为 120.60。

针叶木制胶合板用单板（44081020）2011 年的进口量为 2 715 885 千克，比 2010 年的 955 135

千克增长184.35%；进口额为1 975 191美元，比2010年的477 972美元增加313.24%；其平均价格为0.73美元/千克，比2010年的0.50美元/千克增加45.33%，最高价格为1.46美元/千克，最低价格为0.72美元/千克；以进口国产量与进口总量比作为权重计算前10个国家加权平均价格为0.73美元/千克，比2010年的0.40美元/千克增长80.30%，以2010年为基期计算2011年针叶木制胶合板用单板价格指数为180.30。

其他纵锯切、刨或旋切的针叶木木材（44081090）2011年的进口量为662 842千克，比2010年的589 363千克上升12.47%；进口额为1 659 503美元，比2010年的1 069 041美元增加55.23%；其平均价格为2.50美元/千克，比2010年的1.81美元/千克增加38.02%，最高价格为20.85美元/千克，最低价格为0.31美元/千克；以进口国产量与进口总量比作为权重计算前10个国家加权平均价格为2.48美元/千克，比2010年的1.64美元/千克增长51.30%，以2010年为基期计算2011年其他纵锯切、刨或旋切的针叶木木材价格指数为151.30。

用胶合板等制饰面单板，红柳桉木制（44083111）2011年的进口量为280 204千克，比2010年的619 074千克下降54.74%；进口额为183 004美元，比2010年的359 765美元下降49.13%；其平均价格为0.65美元/千克，比2010年的0.58美元/千克增加12.39%，最高价格为9.55美元/千克，最低价格为0.64美元/千克；以进口国产量与进口总量比作为权重计算前10个国家加权平均价格为0.65美元/千克，比2010年的5.80美元/千克下降88.70%，以2010年为基期计算2011年用胶合板等制饰面单板，红柳桉木制价格指数为11.30。

其他饰面用单板，红柳桉木制（44083119）2011年的进口量为566 986千克，比2010年的46 902千克增加1 108.87%；进口额为407 268美元，比2010年的209 525美元增加94.38%；其平均价格为0.72美元/千克，比2010年的4.47美元/千克下降83.92%，最高价格为7.59美元/千克，最低价格为0.56美元/千克；以进口国产量与进口总量比作为权重计算前10个国家加权平均价格为0.72美元/千克，比2010年的2.66美元/千克下降73%，以2010年为基期计算2011年其他饰面用单板，红柳桉木制价格指数为27。

制胶合板用单板，红柳桉木制（44083120）2011年的进口量为896 895千克，比2010年的294 310千克增加204.74%；进口额为531 361美元，比2010年的158 978美元增加234.24%；其平均价格为0.59美元/千克，比2010年的0.54美元/千克增加9.68%，最高价格为2.77美元/千克，最低价格为0.36美元/千克；以进口国产量与进口总量比作为权重计算前10个国家加权平均价格为0.59美元/千克，比2010年的0.09美元/千克上升了563.30%，以2010年为基期计算2011年制胶合板用单板，红柳桉木制价格指数为663.30。

其他纵锯切刨或旋切的红柳桉木木材（44083190）2011年的进口量为339千克，比2010年的45 590千克下降99.26%；进口额为1747美元，比2010年的37 836美元下降95.38%；其平均价格为5.15美元/千克，比2010年的0.83美元/千克增加520.95%，最高价格为5.66美元/千克，最低价格为4.34美元/千克；以进口国产量与进口总量比作为权重计算前10个国家加权平均价格为5.15美元/千克，比2010年的0.83美元/千克增加521%，以2010年为基期计算2011年其他纵锯切刨或旋切的红柳桉木木材价格指数为621。

用胶合板等制其他热带木饰面用单板（44083911）2011年的进口量为6 220千克，比2010年的5 859千克增加6.16%；进口额为121 369美元，比2010年的39 433美元增加207.79%；其平均价格为19.51美元/千克，比2010年的6.73美元/千克增加189.92%，最高价格为33.22美元/千克，最低价格为5.12美元/千克；以进口国产量与进口总量比作为权重计算前10个国家加权平均价格为19.51美元/千克，比2010年的6.15美元/千克增加217.50%，以2010年为基期计算2011年用胶合板等制其他热带木饰面用单板价格指数为317.50。

其他热带木制饰面用单板（44083919）2011年的进口量为1 210 769千克，比2010年的3 350 380千克下降63.86%；进口额为3 513 770美元，比2010年的5 462 352美元下降35.67%；其平均价格为2.90美元/千克，比2010年的1.63美元/千克增加78%，最高价格为9.60美元/千克，最低价格为0.99美元/千克；以进口国产量与进口总量比作为权重计算前10个国家加权平均价格为2.46美元/千克，比2010年的1.27美元/千克增长94.20%，以2010年为基期计算2011年其他热带木制饰面用单板价格指数为194.20。

其他热带木制胶合板用单板（44083920）2011年的进口量为5 444 526千克，比2010年的2 464 509千克增加120.92%；进口额为3 822 952美元，比2010年的1 582 524美元增加141.57%；其平均价格为0.70美元/千克，比2010年的0.64美元/千克增加9.35%，最高价格为7.45美元/千克，最低价格为0.62美元/千克；以进口国产量与进口总量比作为权重计算前10个国家加权平均价格为0.70美元/千克，比2010年的1.64美元/千克下降57.10%，以2010年为基期计算2011年其他热带木制胶合板用单板价格指数为42.90。

其他纵锯切、刨或旋切的热带木木材（44083990）2011年的进口量为1 944 678千克，比2010年的845 777千克增加129.93%；进口额为1 923 664美元，比2010年的1 633 694美元增加17.75%；其平均价格为0.99美元/千克，比2010年的1.93美元/千克下降48.79%，最高价格为12.63美元/千克，最低价格为0.41美元/千克；以进口国产量与进口总量比作为权重计算前10个国家加权平均价格为0.93美元/千克，比2010年的1.06美元/千克下降12.20%，以2010年为基期计算2011年其他纵锯切、刨或旋切的热带木木材价格指数为87.80。

用胶合板等制其他非针叶木饰面单板（44089011）2011年的进口量为17 151千克，比2010年的821千克增加1 989.04%；进口额为83 532美元，比2010年的59 253美元增加40.98%；其平均价格为4.87美元/千克，比2010年的72.17美元/千克下降93.25%，最高价格为23.43美元/千克，最低价格为3.65美元/千克；以进口国产量与进口总量比作为权重计算前10个国家加权平均价格为4.87美元/千克，比2010年的6美元/千克下降18.90%，以2010年为基期计算2011年用胶合板等制其他非针叶木饰面单板价格指数为81.10。

温带非针叶木制其他饰面用单板（44089012）2011年的进口量为5 575 498千克，比2010年的5 832 366千克下降4.40%；进口额为13 841 104美元，比2010年的11 545 265美元增加19.89%；其平均价格为2.48美元/千克，比2010年的1.98美元/千克增加25.41%，最高价格为

19.16 美元 / 千克，最低价格为 0.72 美元 / 千克；以进口国产量与进口总量比作为权重计算前 10 个国家加权平均价格为 2.34 美元 / 千克，比 2010 年的 1.69 美元 / 千克上升了 38.90%，以 2010 年为基期计算 2011 年温带非针叶木制其他饰面用单板价格指数为 138.90。

其他非针叶木饰面用单板（44089019）2011 年的进口量为 9 833 090 千克，比 2010 年的 10 495 195 千克下降 6.31%；进口额为 52 810 559 美元，比 2010 年的 38502188 美元增加 37.16%；其平均价格为 5.37 美元 / 千克，比 2010 年的 3.67 美元 / 千克增长 46.40%，最高价格为 71.76 美元 / 千克，最低价格为 3.34 美元 / 千克；以进口国产量与进口总量比作为权重计算前 10 个国家加权平均价格为 4.63 美元 / 千克，比 2010 年的 2.93 美元 / 千克增加 58.30%，以 2010 年为基期计算 2011 年温带非针叶木制其他饰面用单板价格指数为 158.30。

温带非针叶木制胶合板用单板（44089021）2011 年的进口量为 12 338 428 千克，比 2010 年的 10 674 235 千克增加 15.59%；进口额为 5153209 美元，比 2010 年的 4 415 875 美元增加 16.70%；其平均价格为 0.42 美元 / 千克，比 2010 年的 0.41 美元 / 千克增长 0.96%，最高价格为 20.57 美元 / 千克，最低价格为 0.38 美元 / 千克；以进口国产量与进口总量比作为权重计算前八个国家加权平均价格为 0.42 美元 / 千克，比 2010 年的 0.62 美元 / 千克下降 32.30%，以 2010 年为基期计算 2011 年温带非针叶木制胶合板用单板价格指数为 67.70。

其他非针叶木制胶合板用单板（44089029）2011 年的进口量为 93 741 662 千克，比 2010 年的 35 940 145 千克增加 160.83%；进口额为 14 686 837 美元，比 2010 年的 8 435 039 美元增加 74.12%；其平均价格为 0.16 美元 / 千克，比 2010 年的 0.23 美元 / 千克下降 33.24%，最高价格为 8.15 美元 / 千克，最低价格为 0.08 美元 / 千克；以进口国产量与进口总量比作为权重计算前 10 个国家加权平均价格为 0.16 美元 / 千克，比 2010 年的 0.23 美元 / 千克下降 32.10%，以 2010 年为基期计算 2011 年其他非针叶木制胶合板用单板价格指数为 67.90。

温带非针叶木制经纵刨旋切的木材（44089091）2011 年的进口量为 10 690 261 千克，比 2010 年的 8 437 491 千克增加 26.70%；进口额为 13 412 995 美元，比 2010 年的 9 246 437 美元增加 45.06%；其平均价格为 1.25 美元 / 千克，比 2010 年的 1.10 美元 / 千克增加 14.49%，最高价格为 14.07 美元 / 千克，最低价格为 0.83 美元 / 千克；以进口国产量与进口总量比作为权重计算前 10 个国家加权平均价格为 1.25 美元 / 千克，比 2010 年的 1.09 美元 / 千克增加 14.70%，以 2010 年为基期计算 2011 年温带非针叶木制经纵刨旋切的木材价格指数为 114.70。

其他非针叶木制经纵刨旋切的木材（44089099）2011 年的进口量为 1 936 659 千克，比 2010 年的 315 255 千克增加 514.32%；进口额为 1 783 067 美元，比 2010 年的 2 157 855 美元下降 17.37%；其平均价格为 0.92 美元 / 千克，比 2010 年的 6.84 美元 / 千克下降 86.55%，最高价格为 82.68 美元 / 千克，最低价格为 0.49 美元 / 千克；以进口国产量与进口总量比作为权重计算前 10 个国家加权平均价格为 0.91 美元 / 千克，比 2010 年的 6.63 美元 / 千克下降 86.20%，以 2010 年为基期计算 2011 年其他非针叶木制经纵刨旋切的木材价格指数为 13.80。

8.2.2.3 锯材进出口监测

1. 锯材出口监测

2011 年我国锯材出口量为 544 194 立方米，比 2010 年的 539 388 立方米增加 0.89%，出口总额达到 360 493 080 美元，比 2010 年的 341 508 410 美元增长 5.56%。出口的原木产品主要包括已浸渍铁道及电车道枕木（44069000）、纵锯纵切刨或旋切红松和樟子松木材，厚＞6 毫米（44071010）、纵锯切刨或旋切白松（云、冷杉）木材，厚＞6 毫米（44071020）、纵锯、纵切刨或旋切的辐射松木材，厚＞6 毫米（44071030）、经纵锯、纵切刨或旋切的花旗松木材，厚＞6 毫米（44071040）、其他纵锯切、刨或旋切的针叶木木材，厚＞6 毫米（44071090）、经纵锯切刨或旋切的肉豆蔻木等木材，厚＞6 毫米（44072200）、经纵锯切刨或旋切的红柳桉木材，厚＞6 毫米（44072500）、纵锯切刨或旋切的白黄柳桉木等木材，厚＞6 毫米（44072600）等 23 类锯材产品。

未浸渍铁道及电车道枕木（44061000）2011 年的出口量为 192 立方米，比 2010 年的 45 立方米增长 326.67%；出口额为 65 198 美元，比 2010 年的 14 896 美元增长 337.69%；其平均价格为 339.57 美元 / 立方米，比 2010 年的 331.02 美元 / 立方米增长 2.58%，以出口国产量与出口总量比作为权重计算前 10 个国家加权平均价格为 339.57 美元 / 立方米，比 2010 年的 610.37 美元 / 立方米下降 44.40%，以 2010 年为基期计算 2011 年价格指数为 55.60。

已浸渍铁道及电车道枕木（44069000）2011 年的出口量为 5 087 立方米，比 2010 年的 6 142 立方米下降 17.18%；出口额为 1 463 968 美元，比 2010 年的 1 550 944 美元下降 5.61%；其平均价格为 287.79 美元 / 立方米，比 2010 年的 252.51 美元 / 立方米增长 13.97%，最高价格为 2 914.95 美元 / 立方米，最低价格为 147.31 美元 / 立方米，以出口国产量与出口总量比作为权重计算前 10 个国家加权平均价格为 274.05 美元 / 立方米，比 2010 年的 140.50 美元 / 立方米增长 95.10%，以 2010 年为基期计算 2011 年价格指数为 195.10。

纵锯纵切刨或旋切红松和樟子松木材，厚＞6 毫米（44071010）2011 年的出口量为 99 024 立方米，比 2010 年的 99 937 立方米下降 0.91%；出口额为 52 741 991 美元，比 2010 年的 53 906 895 美元下降 2.16%；其平均价格为 532.62 美元 / 立方米，比 2010 年的 539.41 美元 / 立方米下降 1.26%，最高价格为 10159 美元 / 立方米，最低价格为 180 美元 / 立方米，以出口国产量与出口总量比作为权重计算前 10 个国家加权平均价格为 532.54 美元 / 立方米，比 2010 年的 521.83 美元 / 立方米增长 2.10%，以 2010 年为基期计算 2011 年价格指数为 102.10。

纵锯切刨或旋切白松（云、冷杉）木材，厚＞6 毫米（44071020）2011 年的出口量为 19 612 立方米，比 2010 年的 26 083 立方米下降 24.81%；出口额为 11 638 753 美元，比 2010 年的 16 043 712 美元下降 27.46%；其平均价格为 593.45 美元 / 立方米，比 2010 年的 615.10 美元 / 立方米下降 3.52%，最高价格为 1 230 美元 / 立方米，最低价格为 350 美元 / 立方米，以出口国产量与出口总量比作为权重计算前 10 个国家加权平均价格为 593.45 美元 / 立方米，比 2010 年的 518.32 美元 / 立方米增长 14.50%，以 2010 年为基期计算 2011 年价格指数为 114.50。

纵锯、纵切刨或旋切的辐射松木材，厚＞6毫米（44071030）2011年的出口量为40 673立方米，比2010年的23 752立方米增长71.24%；出口额为25 037 166美元，比2010年的13 462 064美元增长85.98%；其平均价格为615.57美元/立方米，比2010年的566.78美元/立方米增长8.61%，最高价格为2401.76美元/立方米，最低价格为265.99美元/立方米，以出口国产量与出口总量比作为权重计算前10个国家加权平均价格为613.20美元/立方米，比2010年的555.07美元/立方米增长10.50%，以2010年为基期计算2011年价格指数为110.50。

经纵锯、纵切刨或旋切的花旗松木材，厚＞6毫米（44071040）2011年的出口量为3 767立方米，比2010年的2 458立方米增长53.25%；出口额为1 807 322美元，比2010年的1 187 333美元增长52.22%；其平均价格为479.78美元/立方米，比2010年的483.05美元/立方米下降0.68%，最高价格为941.38美元/立方米，最低价格为362.39美元/立方米，以出口国产量与出口总量比作为权重计算前10个国家加权平均价格为479.78美元/立方米，比2010年的328.34美元/立方米增长46.10%，以2010年为基期计算2011年价格指数为146.10。

其他纵锯切、刨或旋切的针叶木木材，厚＞6毫米（44071090）2011年的出口量为58 798立方米，比2010年的45 264立方米增长29.90%；出口额为36 925 196美元，比2010年的29 208 157美元增长26.42%；其平均价格为628美元/立方米，比2010年的645.28美元/立方米下降2.68%，最高价格为1 692.21美元/立方米，最低价格为269.59美元/立方米，以出口国产量与出口总量比作为权重计算前10个国家加权平均价格为619.83美元/立方米，比2010年的630.89美元/立方米下降1.80%，以2010年为基期计算2011年价格指数为98.20。

经纵锯切刨或旋切的肉豆蔻木等木材，厚＞6毫米（44072200）2011年的出口量为133立方米，比2010年的129立方米增长3.10%；出口额为201 688美元，比2010年的199 804美元增长0.94%；其平均价格为1 516.45美元/立方米，比2010年的1 548.87美元/立方米下降2.09%，最高价格为1 921.06美元/立方米，最低价格为1 224.28美元/立方米，以出口国产量与出口总量比作为权重计算前10个国家加权平均价格为1 516.45美元/立方米，比2010年的1 400.91美元/立方米增长8.20%，以2010年为基期计算2011年价格指数为108.20。

经纵锯切刨或旋切的红柳桉木材，厚＞6毫米（44072500）2011年的出口量为4 225立方米，比2010年的3 642立方米增长16.01%；出口额为1 369 805美元，比2010年的1 123 526美元增长21.92%；其平均价格为324.21美元/立方米，比2010年的308.49美元/立方米增长5.10%，最高价格为1013.98美元/立方米，最低价格为309.25美元/立方米，以出口国产量与出口总量比作为权重计算前10个国家加权平均价格为323.26美元/立方米，比2010年的304.67美元/立方米增长6.10%，以2010年为基期计算2011年价格指数为106.10。

纵锯切刨或旋切的白黄柳桉木等木材，厚＞6毫米（44072600）2011年的出口量为4 792立方米，比2010年的5 427立方米下降11.70%；出口额为1 326 440美元，比2010年的1 528 098美元下降13.20%；其平均价格为276.8美元/立方米，比2010年的281.57美元/立方米下降1.69%，最高价格为502.19美元/立方米，最低价格为276.05美元/立方米，以出口国产量与出口总量比作为权重计算前10个国家加权平均价格为276.80美元/立方米，比2010年的278.11美元/立方米下降0.50%，以2010年为基期计算2011年价格指数为99.50。

纵锯切刨或旋切的沙比利木材，厚＞6毫米（44072700）2011年的出口量为18立方米，比2010年的65立方米下降72.31%；出口额为11 800美元，比2010年的46 190美元下降174.45%；其平均价格为655.56美元/立方米，比2010年的710.62美元/立方米下降7.75%，最高价格为655.56美元/立方米，最低价格为655.56美元/立方米，以出口国产量与出口总量比作为权重计算前10个国家加权平均价格为655.56美元/立方米，比2010年的710.62美元/立方米下降7.70%，以2010年为基期计算2011年价格指数为92.30。

经纵锯切刨切或旋切的柚木木材，厚＞6毫米（44072910）2011年的出口量为1 314立方米，比2010年的1 445立方米下降9.07%；出口额为1 468 031美元，比2010年的1 839 578美元下降20.20%；其平均价格为1 117.22美元/立方米，比2010年的1273.06美元/立方米下降12.24%，最高价格为2633.82美元/立方米，最低价格为297.99美元/立方米，以出口国产量与出口总量比作为权重计算前10个国家加权平均价格为1 109.48美元/立方米，比2010年的1 164.93美元/立方米下降4.80%，以2010年为基期计算2011年价格指数为95.20。

经纵锯切、刨或旋切的波罗格木木材，厚＞6毫米（44072930）2011年的出口量为110立方米，比2010年的60立方米增长83.33%；出口额为30 055美元，比2010年的26 529美元增长13.29%；其平均价格为273.23美元/立方米，比2010年的442.15美元/立方米下降38.20%，最高价格为6 775.50美元/立方米，最低价格为137.83美元/立方米，以出口国产量与出口总量比作为权重计算前10个国家加权平均价格为273.23美元/立方米，比2010年的442.15美元/立方米下降38.20%，以2010年为基期计算2011年价格指数为61.80。

其他纵锯切、刨或旋切的热带木木材，厚＞6毫米（44072990）2011年的出口量为4 942立方米，比2010年的1 1370立方米下降56.53%；出口额为3 765 543美元，比2010年的8 562 458美元下降56.02%；其平均价格为761.95美元/立方米，比2010年的753.07美元/立方米增长1.18%，最高价格为1391美元/立方米，最低价格为200美元/立方米，以出口国产量与出口总量比作为权重计算前10个国家加权平均价格为761.95美元/立方米，比2010年的744.07美元/立方米增长2.4%，以2010年为基期计算2011年价格指数为102.40。

经纵锯纵切、刨或旋切的栎木木材，厚＞6毫米（44079100）2011年的出口量为16 410立方米，比2010年的17 310立方米下降5.20%；出口额为17 957 504美元，比2010年的17 849 768美元增长0.60%；其平均价格为1 094.3美元/立方米，比2010年的1 031.18美元/立方米增长6.12%，最高价格为1 512.90美元/立方米，最低价格为613.76美元/立方米，以出口国产量与出口总量比作为权重计算前10个国家加权平均价格为1 077.77美元/立方米，比2010年的891.36美元/立方米增长20.90%，以2010年为基期计算2011年价格指数为120.90。

经纵锯纵切、刨或旋切山毛榉木木材，厚＞6毫米（44079200）2011年的出口量为1 051立方米，比2010年的633立方米增长66.03%；出口额为1 410 835美元，比2010年的821 063美元增长 71.83%；其平均价格为 1 342.37 美元 / 立方米，比 2010 年的 1 297.10 美元 / 立方米增长 3.49%，最高价格为 1 356 美元 / 立方米，最低价格为 12 69.55 美元 / 立方米，以出口国产量与出口总量比作为权重计算前 10 个国家加权平均价格为 1 342.37 美元 / 立方米，比 2010 年的 1 297.10 美元 / 立方米增长 3.50%，以 2010 年为基期计算 2011 年价格指数为 103.50。

经纵锯纵切、刨或旋切枫木木材，厚＞6 毫米（44079300）2011 年的出口量为 702 立方米，比 2010 年的 1 113 立方米下降 36.93%；出口额为 789 030 美元，比 2010 年的 1 288 719 美元下降 38.77%；其平均价格为 1 123.97 美元 / 立方米，比 2010 年的 1 157.88 美元 / 立方米下降 2.93%，最高价格为 1 174.60 美元 / 立方米，最低价格为 1 036.19 美元 / 立方米，以出口国产量与出口总量比作为权重计算前 10 个国家加权平均价格为 1 123.97 美元 / 立方米，比 2010 年的 1 097.24 美元 / 立方米增长 2.40%，以 2010 年为基期计算 2011 年价格指数为 102.40。

经纵锯纵切、刨或旋切白蜡木木材，厚＞6 毫米（44079500）2011 年的出口量为 821 立方米，比 2010 年的 1 118 立方米下降 26.57%；出口额为 1 222 744 美元，比 2010 年的 1 491 875 美元下降 18.04%；其平均价格为 1 489.33 美元 / 立方米，比 2010 年的 1 334.41 美元 / 立方米增长 11.61%，最高价格为 1 533.53 美元 / 立方米，最低价格为 1 236.13 美元 / 立方米，以出口国产量与出口总量比作为权重计算前 10 个国家加权平均价格为 1 489.33 美元 / 立方米，比 2010 年的 1 334.41 美元 / 立方米增长 11.60%，以 2010 年为基期计算 2011 年价格指数为 111.60。

经纵锯切、刨或旋切的泡桐木木材，厚＞6 毫米（44079920）2011 年的出口量为 195 848 立方米，比 2010 年的 223 673 立方米下降 12.44%；出口额为 122 186 558 美元，比 2010 年的 129 473 735 美元下降 5.63%；其平均价格为 623.88 美元 / 立方米，比 2010 年的 578.85 美元 / 立方米增长 7.78%，最高价格为 781.11 美元 / 立方米，最低价格为 434.22 美元 / 立方米，以出口国产量与出口总量比作为权重计算前 10 个国家加权平均价格为 606.15 美元 / 立方米，比 2010 年的 563.44 美元 / 立方米增长 7.60%，以 2010 年为基期计算 2011 年价格指数为 107.60。

经纵锯切、刨或旋切的北美硬阔叶材，厚＞6 毫米（44079930）2011 年的出口量为 23 720 立方米，比 2010 年的 21 210 立方米增长 11.83%；出口额为 24 706 324 美元，比 2010 年的 22 424 234 美元增长 10.18%；其平均价格为 1057.25 美元 / 立方米，比 2010 年的 1 157.59 美元 / 立方米下降 8.67%，最高价格为 1 041.58 美元 / 立方米，最低价格为 1 057.25 美元 / 立方米，以出口国产量与出口总量比作为权重计算前 10 个国家加权平均价格为 922.78 美元 / 立方米，比 2010 年的 871.52 美元 / 立方米下降 5.90%，以 2010 年为基期计算 2011 年价格指数为 105.90。

纵锯切刨或旋切其他温带非针叶木材，厚＞6 毫米（44079980）2011 年的出口量为 30 761 立方米，比 2010 年的 18 529 立方米增长 66.02%；出口额为 23 714 682 美元，比 2010 年的 15 022 510 美元增长 57.86%；其平均价格为 770.93 美元 / 立方米，比 2010 年的 810.76 美元 / 立方米下降 4.91%，最高价格为 4 242.33 美元 / 立方米，最低价格为 367.68 美元 / 立方米，以出口国产量与出口总量比作为权重计算前 10 个国家加权平均价格为 770.47 美元 / 立方米，比 2010 年的 769.27 美元 / 立方米增长 0.20%，以 2010 年为基期计算 2011 年价格指数为 100.20。

其他纵锯切、刨或旋切的非叶木木材，厚＞6毫米（44079990）2011年的出口量为32 148立方米，比2010年的29 983立方米增长7.22%；出口额为30 630 106美元，比2010年的24 910 057美元增长22.96%；其平均价格为952.78美元/立方米，比2010年的830.81美元/立方米增长14.68%，最高价格为1 518.72美元/立方米，最低价格为364.64美元/立方米，以出口国产量与出口总量比作为权重计算前10个国家加权平均价格为935.83美元/立方米，比2010年的758.11美元/立方米增长23.40%，以2010年为基期计算2011年价格指数为123.40。

2. 锯材进口监测

2011年我国锯材进口量为21 605 851立方米，比2010年的14 810 518立方米增长45.88%，进口总额达到5 722 167 897美元，比2010年的3 878 306 447美元增长47.54%。进口的原木产品主要包括已浸渍铁道及电车道枕木（44069000）、纵锯纵切刨或旋切红松和樟子松木材，厚＞6毫米（44071010）、纵锯切刨或旋切白松（云、冷杉）木材，厚＞6毫米（44071020）、纵锯、纵切刨或旋切的辐射松木材，厚＞6毫米（44071030）、经纵锯、纵切刨或旋切的花旗松木材，厚＞6毫米（44071040）、其他纵锯切、刨或旋切的针叶木木材，厚＞6毫米（44071090）、经纵锯切刨或旋切的肉豆蔻木等木材，厚＞6毫米（44072200）、经纵锯切刨或旋切的红柳桉木材，厚＞6毫米（44072500）、纵锯切刨或旋切的白黄柳桉木等木材，厚＞6毫米（44072600）等26类锯材产品。

未浸渍铁道及电车道枕木（44061000）2011年的进口量为47 627立方米，比2010年的54 163立方米下降12.07%；进口额为8 651 008美元，比2010年的9 207 848美元下降6.05%；其平均价格为181.64美元/立方米，比2010年的170美元/立方米增长6.85%，最高价格为266.43美元/立方米，最低价格为179.44美元/立方米，以进口国产量与进口总量比作为权重计算前10个国家加权平均价格为181.64美元/立方米，比2010年的169.57美元/立方米增长7.10%，以2010年为基期计算2011年价格指数为107.10。

已浸渍铁道及电车道枕木（44069000）2011年的进口量为3 928立方米，比2010年的1 991立方米增长97.29%；进口额为785 801美元，比2010年的375 505美元增长109.27%；其平均价格为200.05美元/立方米，比2010年的188.60美元/立方米增长6.07%，最高价格为380.80美元/立方米，最低价格为141.05美元/立方米，以进口国产量与进口总量比作为权重计算前10个国家加权平均价格为200.05美元/立方米，比2010年的169.05美元/立方米增长18.30%，以2010年为基期计算2011年价格指数为118.30。

纵锯纵切刨或旋切红松和樟子松木材，厚＞6毫米（44061010）2011年的进口量为4 101 622立方米，比2010年的3 053 302立方米增长34.33%；进口额为852 337 081美元，比2010年的3 053 302美元增长40.94%；其平均价格为207.80美元/立方米，比2010年的198.06美元/立方米增长4.92%，最高价格为663.53美元/立方米，最低价格为150.39美元/立方米，以进口国产量与进口总量比作为权重计算前10个国家加权平均价格为207.44美元/立方米，比2010年的196.94美元/立方米增长5.30%，以2010年为基期计算2011年价格指数为105.30。

纵锯切刨或旋切白松（云、冷杉）木材，厚＞6毫米（44061020）2011年的进口量为6 304 552

立方米，比 2010 年的 3 524 685 立方米增长 78.87%；进口额为 1 260 512 481 美元，比 2010 年的 647 767 565 美元增长 94.59%；其平均价格为 199.94 美元 / 立方米，比 2010 年的 183.78 美元 / 立方米增长 8.79%，最高价格为 1541.89 美元 / 立方米，最低价格为 181.81 美元 / 立方米，以进口国产量与进口总量比作为权重计算前 10 个国家加权平均价格为 199.21 美元 / 立方米，比 2010 年的 182.29 美元 / 立方米增长 9.30%，以 2010 年为基期计算 2011 年价格指数为 109.30。

纵纵锯、纵切刨或旋切的辐射松木材，厚＞6 毫米（44061030）2011 年的进口量为 874 935 立方米，比 2010 年的 746 180 立方米增长 17.26%；进口额为 230 565 759 美元，比 2010 年的 188 360 994 美元增长 22.41%；其平均价格为 263.52 美元 / 立方米，比 2010 年的 252.43 美元 / 立方米增长 4.39%，最高价格为 445.91 美元 / 立方米，最低价格为 190.86 美元 / 立方米，以进口国产量与进口总量比作为权重计算前 10 个国家加权平均价格为 263.45 美元 / 立方米，比 2010 年的 252.26 美元 / 立方米增长 4.40%，以 2010 年为基期计算 2011 年价格指数为 104.40。

经纵锯、纵切刨或旋切的花旗松木材，厚＞6 毫米（44061040）2011 年的进口量为 883 817 立方米，比 2010 年的 372 319 立方米增长 137.38%；进口额为 182 512 953 美元，比 2010 年的 66 443 323 美元增长 174.69%；其平均价格为 206.51 美元 / 立方米，比 2010 年的 178.46 美元 / 立方米增长 15.72%，最高价格为 521.94 美元 / 立方米，最低价格为 198.35 美元 / 立方米，以进口国产量与进口总量比作为权重计算前 10 个国家加权平均价格为 206.51 美元 / 立方米，比 2010 年的 178.32 美元 / 立方米增长 15.80%，以 2010 年为基期计算 2011 年价格指数为 115.80。

其他纵锯切、刨或旋切的针叶木木材，厚＞6 毫米（44061090）2011 年的进口量为 2 760 313 立方米，比 2010 年的 1 672 490 立方米增长 65.04%；进口额为 575 253 785 美元，比 2010 年的 316 692 928 美元增长 81.64%；其平均价格为 208.40 美元 / 立方米，比 2010 年的 189.35 美元 / 立方米增长 10.06%，最高价格为 357.64 美元 / 立方米，最低价格为 176.24 美元 / 立方米，以进口国产量与进口总量比作为权重计算前 10 个国家加权平均价格为 204.48 美元 / 立方米，比 2010 年的 183.66 美元 / 立方米增长 11.30%，以 2010 年为基期计算 2011 年价格指数为 111.30。

经纵锯切刨或旋切的肉豆蔻木等木材，厚＞6 毫米（44062200）2011 年的进口量为 40 669 立方米，比 2010 年的 46 639 立方米下降 12.80%；进口额为 28 752 947 美元，比 2010 年的 34 473 158 美元下降 16.59%；其平均价格为 707 美元 / 立方米，比 2010 年的 739.15 美元 / 立方米下降 4.35%，最高价格为 736.01 美元 / 立方米，最低价格为 320.41 美元 / 立方米，以进口国产量与进口总量比作为权重计算前 10 个国家加权平均价格为 707 美元 / 立方米，比 2010 年的 736.37 美元 / 立方米下降 4%，以 2010 年为基期计算 2011 年价格指数为 96。

经纵锯切刨或旋切的红柳桉木材，厚＞6 毫米（44062500）2011 年的进口量为 16 378 立方米，比 2010 年的 23696 立方米下降 30.88%；进口额为 5 450 245 美元，比 2010 年的 8 027 533 美元下降 32.11%；其平均价格为 332.78 美元 / 立方米，比 2010 年的 338.77 美元 / 立方米下降 1.77%，最高价格为 1 432.86 美元 / 立方米，最低价格为 275.22 美元 / 立方米，以进口国产量与进口总量比作为权重计算前 10 个国家加权平均价格为 332.03 美元 / 立方米，比 2010 年的 333.89 美元 / 立方米下降 0.60%，以 2010 年为基期计算 2011 年价格指数为 99.40。

纵锯切刨或旋切的白黄柳桉木等木材，厚＞6 毫米（44062600）2011 年的进口量为 20 894 立方米，比 2010 年的 26 466 立方米下降 21.05%；进口额为 6 420 859 美元，比 2010 年的 8 082 261 美元下降 20.56%；其平均价格为 307.31 美元 / 立方米，比 2010 年的 305.38 美元 / 立方米增加 0.63%，最高价格为 1 060.02 美元 / 立方米，最低价格为 249.01 美元 / 立方米，以进口国产量与进口总量比作为权重计算前 10 个国家加权平均价格为 302.69 美元 / 立方米，比 2010 年的 292.67 美元 / 立方米增加 3.40%，以 2010 年为基期计算 2011 年价格指数为 103.40。

纵锯切刨或旋切的沙比利木材，厚＞6 毫米（44062700）2011 年的进口量为 31 700 立方米，比 2010 年的 40 024 立方米下降 20.80%；进口额为 19 075 458 美元，比 2010 年的 22 298 454 美元下降 14.45%；其平均价格为 601.75 美元 / 立方米，比 2010 年的 557.13 美元 / 立方米增加 8.01%，最高价格为 861.79 美元 / 立方米，最低价格为 410.89 美元 / 立方米，以进口国产量与进口总量比作为权重计算前 10 个国家加权平均价格为 601.62 美元 / 立方米，比 2010 年的 541.27 美元 / 立方米增加 11.20%，以 2010 年为基期计算 2011 年价格指数为 111.20。

纵锯切刨或旋切的伊罗科木木材，厚＞6 毫米（44062800）2011 年的进口量为 24 立方米，比 2010 年的 16 立方米增长 50%；进口额为 12 215 美元，比 2010 年的 10 286 美元增长 18.75%；其平均价格为 508.96 美元 / 立方米，比 2010 年的 642.88 美元 / 立方米下降 20.83%，最高价格为 508.96 美元 / 立方米，最低价格为 508.96 美元 / 立方米，以进口国产量与进口总量比作为权重计算前 10 个国家加权平均价格为 508.96 美元 / 立方米，比 2010 年的 642.88 美元 / 立方米下降 20.80%，以 2010 年为基期计算 2011 年价格指数为 79.20。

经纵锯切刨切或旋切的柚木木材，厚＞6 毫米（44062910）2011 年的进口量为 53 902 立方米，比 2010 年的 49 713 立方米增长 8.43%；进口额为 45 073 536 美元，比 2010 年的 41 747 284 美元增长 7.97%；其平均价格为 836.21 美元 / 立方米，比 2010 年的 839.77 美元 / 立方米下降 0.42%，最高价格为 1 475.90 美元 / 立方米，最低价格为 549.13 美元 / 立方米，以进口国产量与进口总量比作为权重计算前 10 个国家加权平均价格为 829.13 美元 / 立方米，比 2010 年的 825.06 美元 / 立方米增长 0.50%，以 2010 年为基期计算 2011 年价格指数为 100.50。

纵锯切刨或旋切非洲桃花心木木材，厚＞6 毫米（44062920）2011 年的进口量为 5 249 立方米，比 2010 年的 4 174 立方米增长 25.75%；进口额为 3 544 600 美元，比 2010 年的 3 014 680 美元增长 17.58%；其平均价格为 675.29 美元 / 立方米，比 2010 年的 722.25 美元 / 立方米下降 6.50%，最高价格为 2 454.06 美元 / 立方米，最低价格为 344.64 美元 / 立方米，以进口国产量与进口总量比作为权重计算前 10 个国家加权平均价格为 624.51 美元 / 立方米，比 2010 年的 456.67 美元 / 立方米增长 36.80%，以 2010 年为基期计算 2011 年价格指数为 136.80。

经纵锯切、刨或旋切的波罗格木木材，厚＞6 毫米（44062930）2011 年的进口量为 93 368 立方米，比 2010 年的 85 062 立方米增长 9.76%；进口额为 45 772 732 美元，比 2010 年的 45 815 213 美元下降 0.09%；其平均价格为 490.24 美元 / 立方米，比 2010 年的 538.61 美元 / 立方米下降 8.98%，最高价格为 760.82 美元 / 立方米，最低价格为 403.73 美元 / 立方米，以进口国产量与进口总量比作为权重计算前 10 个国家加权平均价格为 490.24 美元 / 立方米，比 2010 年的 536.22 美元 / 立方米下降 8.60%，以 2010 年为基期计算 2011 年价格指数为 91.40。

其他纵锯切、刨或旋切的热带木木材，厚＞6 毫米（44062990）2011 年的进口量为 222 354 立方米，比 2010 年的 259 635 立方米下降 14.36%；进口额为 97 007 207 美元，比 2010 年的 125 373 134 美元下降 22.63%；其平均价格为 436.27 美元 / 立方米，比 2010 年的 482.88 美元 / 立方米下降 9.65%，最高价格为 743.87 美元 / 立方米，最低价格为 247.10 美元 / 立方米，以进口国产量与进口总量比作为权重计算前 10 个国家加权平均价格为 370.18 美元 / 立方米，比 2010 年的 369.37 美元 / 立方米增加 0.20%，以 2010 年为基期计算 2011 年价格指数为 100.20。

经纵锯纵切、刨或旋切的栎木木材，厚＞6 毫米（44069100）2011 年的进口量为 893 862 立方米，比 2010 年的 640 561 立方米增长 39.54%；进口额为 453 368 943 美元，比 2010 年的 307 466 938 美元增长 47.45%；其平均价格为 507.20 美元 / 立方米，比 2010 年的 480 美元 / 立方米增加 5.67%，最高价格为 778.44 美元 / 立方米，最低价格为 413.72 美元 / 立方米，以进口国产量与进口总量比作为权重计算前 10 个国家加权平均价格为 502.40 美元 / 立方米，比 2010 年的 475.54 美元 / 立方米增加 5.60%，以 2010 年为基期计算 2011 年价格指数为 105.60。

经纵锯纵切、刨或旋切山毛榉木木材，厚＞6 毫米（44069200）2011 年的进口量为 284 462 立方米，比 2010 年的 219 089 立方米增长 29.84%；进口额为 106 758 782 美元，比 2010 年的 78 130 964 美元增长 36.64%；其平均价格为 375.30 美元 / 立方米，比 2010 年的 356.62 美元 / 立方米增加 5.24%，最高价格为 469.79 美元 / 立方米，最低价格为 341.08 美元 / 立方米，以进口国产量与进口总量比作为权重计算前 10 个国家加权平均价格为 361.55 美元 / 立方米，比 2010 年的 341.47 美元 / 立方米增加 5.90%，以 2010 年为基期计算 2011 年价格指数为 105.90。

经纵锯纵切、刨或旋切枫木木材，厚＞6 毫米（44069300）2011 年的进口量为 74 064 立方米，比 2010 年的 68 704 立方米增长 7.80%；进口额为 36 020 807 美元，比 2010 年的 35 594 156 美元增长 1.20%；其平均价格为 486.35 美元 / 立方米，比 2010 年的 518.08 美元 / 立方米下降 6.13%，最高价格为 4 244.89 美元 / 立方米，最低价格为 392.59 美元 / 立方米，以进口国产量与进口总量比作为权重计算前 10 个国家加权平均价格为 482.77 美元 / 立方米，比 2010 年的 511.52 美元 / 立方米下降 5.60%，以 2010 年为基期计算 2011 年价格指数为 94.40。

经纵锯纵切、刨或旋切樱桃木木材，厚＞6 毫米（44069400）2011 年的进口量为 24 631 立方米，比 2010 年的 23 529 立方米增长 4.68%；进口额为 16 458 281 美元，比 2010 年的 13 665 626 美元增长 20.44%；其平均价格为 668.19 美元 / 立方米，比 2010 年的 580.80 美元 / 立方米增加 15.05%，最高价格为 1 290.83 美元 / 立方米，最低价格为 326.38 美元 / 立方米，以进口国产量与进口总量比作为权重计算前 10 个国家加权平均价格为 668.19 美元 / 立方米，比 2010 年的 564.72 美元 / 立方米增长 18.30%，以 2010 年为基期计算 2011 年价格指数为 118.30。

经纵锯纵切、刨或旋切白蜡木木材，厚＞6 毫米（44069500）2011 年的进口量为 169 555 立方米，比 2010 年的 97 877 立方米增长 73.23%；进口额为 85 592 299 美元，比 2010 年的 44 744 876 美元增长 91.29%；其平均价格为 504.81 美元 / 立方米，比 2010 年的 457.15 美元 / 立方米增加 10.42%，最高价格为 777.65 美元 / 立方米，最低价格为 392.66 美元 / 立方米，以进口国产量与进口总量比作为权重计算前 10 个国家加权平均价格为 504.28 美元 / 立方米，比 2010 年的 439.78 美元 / 立方米增长 14.70%，以 2010 年为基期计算 2011 年价格指数为 114.70。

纵锯切刨或旋切的樟木、楠木、红木，厚＞ 6 毫米（44069910）2011 年的进口量为 68 324 立方米，比 2010 年的 38 418 立方米增长 77.84%；进口额为 101 002 368 美元，比 2010 年的 49 268 747 美元增长 105%；其平均价格为 1 478.29 美元 / 立方米，比 2010 年的 1 282.44 美元 / 立方米增加 15.27%，最高价格为 2 918.88 美元 / 立方米，最低价格为 437.07 美元 / 立方米，以进口国产量与进口总量比作为权重计算前 10 个国家加权平均价格为 1411.76 美元 / 立方米，比 2010 年的 1 210.53 美元 / 立方米增长 16.60%，以 2010 年为基期计算 2011 年价格指数为 116.60。

经纵锯切、刨或旋切的泡桐木木材，厚＞ 6 毫米（44069920）2011 年的进口量为 1 970 立方米，比 2010 年的 2 493 立方米下降 20.98%；进口额为 2 186 778 美元，比 2010 年的 2 232 468 美元下降 2.05%；其平均价格为 1 110.04 美元 / 立方米，比 2010 年的 895.49 美元 / 立方米增长 23.96%，最高价格为 1 578.62 美元 / 立方米，最低价格为 103.1 美元 / 立方米，以进口国产量与进口总量比作为权重计算前 10 个国家加权平均价格为 1 109.58 美元 / 立方米，比 2010 年的 751.78 美元 / 立方米增长 47.60%，以 2010 年为基期计算 2011 年价格指数为 147.60。

经纵锯切、刨或旋切的北美硬阔叶材，厚＞ 6 毫米（44069930）2011 年的进口量为 316 090 立方米，比 2010 年的 229 082 立方米增长 37.98%；进口额为 140 922 329 美元，比 2010 年的 104 720 143 美元增长 34.57%；其平均价格为 445.83 美元 / 立方米，比 2010 年的 457.13 美元 / 立方米下降 2.47%，最高价格为 11 633.25 美元 / 立方米，最低价格为 358.62 美元 / 立方米，以进口国产量与进口总量比作为权重计算前 10 个国家加权平均价格为 445.70 美元 / 立方米，比 2010 年的 456.33 美元 / 立方米下降 2.30%，以 2010 年为基期计算 2011 年价格指数为 97.70。

纵锯切刨或旋切其他温带非针叶木材，厚＞ 6 毫米（44069980）2011 年的进口量为 592 977 立方米，比 2010 年的 399 910 立方米增长 48.28%；进口额为 190 627 764 美元，比 2010 年的 131 467 890 美元增长 45%；其平均价格为 321.48 美元 / 立方米，比 2010 年的 328.74 美元 / 立方米下降 2.21%，最高价格为 790.78 美元 / 立方米，最低价格为 257.47 美元 / 立方米，以进口国产量与进口总量比作为权重计算前 10 个国家加权平均价格为 317.76 美元 / 立方米，比 2010 年的 321.61 美元 / 立方米下降 1.20%，以 2010 年为基期计算 2011 年价格指数为 98.80。

其他纵锯切、刨或旋切的非叶木木材，厚＞ 6 毫米（44069990）2011 年的进口量为 3 718 584 立方米，比 2010 年的 3 130 300 立方米增长 18.79%；进口额为 1 227 500 879 美元，比 2010 年的 988 579 166 美元增长 24.17%；其平均价格为 330.10 美元 / 立方米，比 2010 年的 315.81 美元 / 立方米增长 4.52%，最高价格为 666.37 美元 / 立方米，最低价格为 124.43 美元 / 立方米，以进口国产量与进口总量比作为权重计算前 10 个国家加权平均价格为 303.58 美元 / 立方米，比 2010 年的 278.24

美元 / 立方米增长 9.10%，以 2010 年为基期计算 2011 年价格指数为 109.10。

8.2.2.4　刨花板进出口监测

1. 刨花板出口监测

2011 年我国刨花板出口量 124 087 243 千克，比 2010 年的 103 557 746 千克增长 19.82%，出口总额达到 50 390 725 美元，比 2010 年的 37 918 853 美元同比增长 32.89%。出口的刨花板产品主要包括木制碎料板（44101100）、木制定向刨花板（OSB）（44101200）、其他木制类似板（例如，华夫板）（44101900）等三类。

木制碎料板（44101100）2011 年的出口量为 38 464 040 千克，比 2010 年的 30 365 894 千克上升 26.67%；出口额为 15 846 065 美元，比 2010 年的 12 909 928 美元增加 22.74%；其平均价格为 0.41 美元 / 千克，比 2010 年的 0.43 美元 / 千克下降了 3.10%，其中出口澳大利亚的价格为 1.02 美元 / 千克居首位，出口蒙古的价格为 0.14 美元 / 千克为最低价格；以出口国产量与出口总量比作为权重计算前 10 个国家加权平均价格为 0.27 美元 / 千克，比 2010 年的 0.26 美元 / 千克上升了 7.65%，以 2010 年为基期计算 2011 年木制碎料板价格指数为 107.65。

木制定向刨花板（44101900）2011 年的出口量为 22 966 335 千克，比 2010 年的 18 918 005 千克上升 21.40%；出口额为 7 596 169 美元，比 2010 年的 6 712 027 美元增加 21.40%；其平均价格为 0.33 美元 / 千克，比 2010 年的 0.35 美元 / 千克下降了 6.78%，其中出口日本的价格 0.96 美元 / 千克居首位，出口蒙古的价格为 0.14 美元 / 千克为最低价格；以出口国产量与出口总量比作为权重计算前 10 个国家加权平均价格为 0.28 美元 / 千克，比 2010 年的 0.21 美元 / 千克上升了 32.41%，以 2010 年为基期计算 2011 年木制定向刨花板价格指数为 132.41。

其他木制类似板（例如，华夫板）（44101900）2011 年的出口量为 62 656 868 千克，比 2010 年的 54 273 847 千克上升 15.44%；出口额为 26 948 491 美元，比 2010 年的 18 296 898 美元增加 47.28%；其平均价格为 0.43 美元 / 千克，比 2010 年的 0.34 美元 / 千克上升了 27.58%，其中出口日本的价格 2.69 美元 / 千克居首位，出口塔吉克斯坦的价格为 0.31 美元 / 千克为最低价格；以出口国产量与出口总量比作为权重计算前 10 个国家加权平均价格为 0.38 美元 / 千克，比 2010 年的 0.30 美元 / 千克上升了 30.42%，以 2010 年为基期计算 2011 年其他木制类似板价格指数为 130.42。

2. 刨花板进口监测

2011 年我国刨花板进口量为 355 266 010 千克，比 2010 年的 350 065 780 千克同比增长 1.48%，进口总额达到 121 990 682 美元，比 2010 年的 113 866 700 美元同比增长 7.13%。进口的刨花板产品主要包括木制碎料板（44101100）、木制定向刨花板（OSB）（44101200）、其他木制类似板（44101900）等三类。

木制碎料板（44101100）2011 年的进口量为 170 190 687 千克，比 2010 年的 161 696 446 千克上升 5.25%；进口额为 51 128 401 美元，比 2010 年的 49 317 359 美元增加 3.67%；其平均价格为 0.30 美元 / 千克，比 2010 年的 0.31 美元 / 千克下降了 1.50%，其中德国进口的价格 0.78 美元 / 千克居首位，俄罗斯进口的价格为 0.20 美元 / 千克为最低价格；以进口国产量与进口总量比作为权重计算前 10 个国家加权平均价格为 0.28 美元 / 千克，比 2010 年的 0.29 美元 / 千克下降了 0.60%，以 2010 年为基期计算 2011 年木制碎料板价格指数为 99.45。

木制定向刨花板（OSB）（44101200）2011 年的进口量为 81 006 816 千克，比 2010 年的 54 874 683 千克上升 47.62%；进口额为 35 508 524 美元，比 2010 年的 22 368 181 美元增加 58.75%；其平均价格为 0.44 美元 / 千克，比 2010 年的 0.41 美元 / 千克上升了 7.54%，其中德国进口的价格 0.75 美元 / 千克居首位，泰国进口的价格为 0.31 美元 / 千克为最低价格；以进口国产量与进口总量比作为权重计算前 10 个国家加权平均价格为 0.44 美元 / 千克，比 2010 年的 0.40 美元 / 千克上升了 8.64%，以 2010 年为基期计算 2011 年木制定向刨花板（OSB）价格指数为 108.64。

其他木制类似板（44101900）2011 年的进口量为 104 068 507 千克，比 2010 年的 133 507 821 千克下降了 18.19%；进口额为 35 353 757 美元，比 2010 年的 42 181 160 美元减少 19.73%；其平均价格为 0.34 美元 / 千克，比 2010 年的 0.32 美元 / 千克上升了 7.52%，其中意大利进口的价格 1.19 美元 / 千克居首位，越南进口的价格为 0.24 美元 / 千克为最低价格；以进口国产量与进口总量比作为权重计算前 10 个国家加权平均价格为 0.34 美元 / 千克，比 2010 年的 0.31 美元 / 千克上升了 7.90%，以 2010 年为基期计算 2011 年其他木制类似板价格指数为 107.90。

8.2.2.5 纤维板进出口监测

1. 纤维板出口监测

2011 年我国纤维板出口量为 2 502 311 025 千克，比 2010 年的 1 932 524 292 千克同比增长 29.48%，出口总额达到 1 435 693 254 美元，比 2010 年的 1 114 204 508 美元同比增长 28.85%。出口的纤维板产品主要包括未机械加工中密度纤维板，密度＞0.8 克 / 立方厘米，厚≤5 毫米（44111211）、经机械加工中密度纤维板，密度＞0.8 克 / 立方厘米，厚≤5 毫米（44111219）、辐射松制的中密度纤维板，0.5 克 / 立方厘米＜密度≤0.8 克 / 立方厘米，厚≤5 毫米（44111221）、其他中密度纤维板，0.5 克 / 立方厘米＜密度≤0.8 克 / 立方厘米，厚≤5 毫米（44111229）、未加工中密度纤维板，密度≤0.5 克 / 立方厘米，厚≤5 毫米（44111291）、加工中密度纤维板，密度≤0.5 克 / 立方厘米，厚≤5 毫米（44111299）、未加工中密度纤维板，密度＞0.8 克 / 立方厘米，5 毫米＜厚≤9 毫米（44111311）、加工中密度纤维板，密度＞0.8 克 / 立方厘米，5 毫米＜厚≤9 毫米（44111319）、辐射松制的中密度纤维板，5 毫米＜厚≤9 毫米（44111321）、其他中密度纤维板 0.5 克＜密度≤0.8 克，5 毫米＜厚≤9 毫米（44111329）、未加工中密度纤维板，密度≤0.5 克 / 立方厘米，5 毫米＜厚≤9 毫米（44111391）、加工中密度纤维板，密度≤0.5 克 / 立方厘米，5 毫米＜厚≤9 毫米（44111399）、未加工中密度纤维板，密度＞0.8 克 / 立方厘米，厚＞9 毫米（44111411）、加工中密度纤维板，密度＞0.8 克 / 立方厘米，厚＞9 毫米（44111419）、辐射松制的中密度纤维板，厚＞9 毫米（44111421）、其他中密度纤维板，0.5 克 / 立方厘米＜密度≤0.8 克 / 立方厘米，厚＞9 毫米（44111429）、未加工中密度纤维板，密度≤0.5 克 / 立方厘米，厚＞9 毫米（44111491）、其他厚度＞9毫米的中密度纤维板(44111499)、未加工木纤维板，密度＞0.8克/立方厘米(44119210)、加工木纤维板，密度＞0.8克/立方厘米（44119290）、辐射松制的纤维板，0.5克/立方厘米＜密度≤0.9克/立方厘米（44119310）、木纤维板，0.5克/立方厘米＜密度≤0.10克/立方厘米（44119390）、木纤维板，0.35克/立方厘米＜密度≤0.5克/立方厘米（44119410）、未加工木纤维板，密度≤0.35克/立方厘米（44119421）、加工木纤维板，密度≤0.35克/立方厘米（44119429）等24类。

未经机械加工的中密度纤维板，密度＞0.8克/立方厘米，厚≤5毫米（44111211）2011年的出口量为40 701 644千克，比2010年的43 000 701千克增长5.35%；出口额为15 926 579美元，比2010年的15 173 362美元增加了4.96%；其平均价格为0.39美元/千克，比2010年的0.35美元/千克增加了10.89%，最高价格为0.46美元/千克，最低价格为0.32美元/千克，以进口国产量与进口总量比作为权重计算前10个国家加权平均价格为0.27美元/千克，比2010年的0.16美元/千克增长63%，以2010年为基期计算2011年价格指数为163。

经机械加工中密度纤维板，密度＞0.8克/立方厘米，厚≤5毫米（44111219）2011年的出口量为93 680 557千克，比2010年的53 311 743千克增长75.72%；出口额为51 208 043美元，比2010年的30 747 015美元增长66.55%；其平均价格为0.55美元/千克，比2010年的0.58美元/千克下降5.22%，最高价格为1.58美元/千克，最低价格为0.34美元/千克，以进口国产量与进口总量比作为权重计算前10个国家加权平均价格为0.41美元/千克，比2010年的0.4美元/千克增长2.20%，以2010年为基期计算2011年价格指数为102.20。

辐射松制的中密度纤维板，0.5克/立方厘米＜密度≤0.8克/立方厘米，厚≤5毫米（44111221）2011年的出口量为6 575千克，比2010年的30013千克下降8.09%；出口额为20 112美元，比2010年的25 868美元下降22.25%；其平均价格为3.06美元/千克，比2010年的0.86美元/千克增长254.90%，最高价格为3.06美元/千克，最低价格为3.06美元/千克，以进口国产量与进口总量比作为权重计算前10个国家加权平均价格为3.06美元/千克，比2010年的0.89美元/千克增长244.70%，以2010年为基期计算2011年价格指数为344.70。

其他中密度纤维板0.5克/立方厘米＜密度≤0.8克/立方厘米，厚≤5毫米（44111229）2011年的出口量为55 856 485千克，比2010年的60 979 167千克下降8.40%；出口额为31 578 224美元，比2010年的25 655 643美元增长23.08%；其平均价格为0.57美元/千克，比2010年的0.42美元/千克增长34.37%，最高价格为0.85美元/千克，最低价格为0.31美元/千克，以进口国产量与进口总量比作为权重计算前10个国家加权平均价格为0.46美元/千克，比2010年的0.23美元/千克增长94.20%，以2010年为基期计算2011年价格指数为194.20。

未经加工中密度纤维板，密度≤0.5克/立方厘米，5毫米＜厚≤9毫米（44111291）2011年的出口量为5 418 049千克，比2010年的3 146 460千克增长72.20%；出口额为2 075 049美元，比2010年的1 246 354美元增长66.49%；其平均价格为0.38美元/千克，比2010年的0.4美元/千克下降3.31%，最高价格为0.91美元/千克，最低价格为0.33美元/千克，以进口国产量与进口总量比作为权重计算前10个国家加权平均价格为0.35美元/千克，比2010年的0.28美元/千克增长 23.90%，以 2010 年为基期计算 2011 年价格指数为 123.90。

加工中密度纤维板，密度≤ 0.5 克 / 立方厘米，厚≤ 5 毫米（44111299）2011 年的出口量为 66 654 350 千克，比 2010 年的 36 128 804 千克增长 84.49%；出口额为 40 858 109 美元，比 2010 年的 23 115 252 美元增长 76.76%；其平均价格为 0.61 美元 / 千克，比 2010 年的 0.64 美元 / 千克下降 4.19%，最高价格为 1.30 美元 / 千克，最低价格为 0.37 美元 / 千克，以进口国产量与进口总量比作为权重计算前 10 个国家加权平均价格为 0.45 美元 / 千克，比 2010 年的 0.44 美元 / 千克增长 1.40%，以 2010 年为基期计算 2011 年价格指数为 101.40。

未经加工中密度纤维板，密度＞ 0.8 克 / 立方厘米，5 毫米＜厚≤ 9 毫米（44111311）2011 年的出口量为 7 619 306 千克，比 2010 年的 5 479 627 千克增长 39.05%；出口额为 2 612 596 美元，比 2010 年的 1 444 118 美元增长 80.91%%；其平均价格为 0.34 美元 / 千克，比 2010 年的 0.26 美元 / 千克增长 30.11%，最高价格为 0.47 美元 / 千克，最低价格为 0.13 美元 / 千克，以进口国产量与进口总量比作为权重计算前 10 个国家加权平均价格为 0.32 美元 / 千克，比 2010 年的 0.21 美元 / 千克增长 54%，以 2010 年为基期计算 2011 年价格指数为 154。

加工中密度纤维板，密度＞ 0.8 克 / 立方厘米，5 毫米＜厚≤ 9 毫米（44111319）2011 年的出口量为 650 837 429 千克，比 2010 年的 552 620 437 千克增长了 17.77%；出口额为 415 106 597 美元，比 2010 年的 344 820 731 美元增长 20.38%；其平均价格为 0.64 美元 / 千克，比 2010 年的 0.62 美元 / 千克增长 2.22%，最高价格为 0.85 美元 / 千克，最低价格为 0.52 美元 / 千克，以进口国产量与进口总量比作为权重计算前 10 个国家加权平均价格为 0.44 美元 / 千克，比 2010 年的 0.43 美元 / 千克增长 1.80%，以 2010 年为基期计算 2011 年价格指数为 101.80。

辐射松制的中密度纤维板，5 毫米＜厚≤ 9 毫米（44111321）2011 年的出口量为 2 334 957 千克，比 2010 年的 4 028 749 千克下降 42.04%；出口额为 7 895 328 美元，比 2010 年的 10 649 470 美元下降 25.86%；其平均价格为 3.38 美元 / 千克，比 2010 年的 2.64 美元 / 千克增长 27.92%，最高价格为 3.4 美元 / 千克，最低价格为 0.65 美元 / 千克，以进口国产量与进口总量比作为权重计算前 10 个国家加权平均价格为 3.38 美元 / 千克，比 2010 年的 3.11 美元 / 千克增长 8.60%，以 2010 年为基期计算 2011 年价格指数为 108.60。

其他中密度纤维板 0.5 克＜密度≤ 0.8 克，5 毫米＜厚≤ 9 毫米（44111329）2011 年的出口量为 44 443 231 千克，比 2010 年的 26 144 612 千克增长 69.99%；出口额为 23359611 美元，比 2010 年的 9569730 美元增长 144.10%；其平均价格为 0.53 美元 / 千克，比 2010 年的 0.37 美元 / 千克增长 43.60%，最高价格为 3.15 美元 / 千克，最低价格为 0.28 美元 / 千克，以进口国产量与进口总量比作为权重计算前 10 个国家加权平均价格为 0.45 美元 / 千克，比 2010 年的 0.25 美元 / 千克增长 79.40%，以 2010 年为基期计算 2011 年价格指数为 179.40。

未经加工中密度纤维板，密度≤ 0.5 克 / 立方厘米，5 毫米＜厚≤ 9 毫米（44111391）2011 年的出口量为 2 535 142 千克，比 2010 年的 1 252 650 千克增长 102.38%；出口额为 981 225 美元，比 2010 年的 511 765 美元增长 91.73%；其平均价格为 0.39 美元 / 千克，比 2010 年的 0.41 美元 / 千克下降 5.26%，最高价格为 0.85 美元 / 千克，最低价格为 0.33 美元 / 千克，以进口国产量与进口总量比作为权重计算前 10 个国家加权平均价格为 0.38 美元 / 千克，比 2010 年的 0.1 美元 / 千克增长 264.90%，以 2010 年为基期计算 2011 年价格指数为 364.90。

加工中密度纤维板，密度≤ 0.5 克 / 立方厘米，5 毫米＜厚≤ 9 毫米（44111399）2011 年的出口量为 11 665 390 千克，比 2010 年的 11 481 858 千克增长 1.60%；出口额为 7 657 976 美元，比 2010 年的 6 018 680 美元增长 27.24%；其平均价格为 0.66 美元 / 千克，比 2010 年的 0.52 美元 / 千克增长 25.23%，最高价格为 3.2 美元 / 千克，最低价格为 0.37 美元 / 千克，以进口国产量与进口总量比作为权重计算前 10 个国家加权平均价格为 0.56 美元 / 千克，比 2010 年的 0.43 美元 / 千克增长 30.60%，以 2010 年为基期计算 2011 年价格指数为 130.60。

未经加工中密度纤维板，密度＞ 0.8 克 / 立方厘米，厚＞ 9 毫米（44111411）2011 年的出口量为 2 437 229 千克，比 2010 年的 6 050 616 千克下降 59.72%；出口额为 915 151 美元，比 2010 年的 2 349 420 美元下降 61.05%；其平均价格为 0.38 美元 / 千克，比 2010 年的 0.39 美元 / 千克下降 3.30%，最高价格为 1.94 美元 / 千克，最低价格为 0.21 美元 / 千克，以进口国产量与进口总量比作为权重计算前 10 个国家加权平均价格为 0.35 美元 / 千克，比 2010 年的 0.24 美元 / 千克增长 48.60%，以 2010 年为基期计算 2011 年价格指数为 148.60。

加工中密度纤维板，密度＞ 0.8 克 / 立方厘米，厚＞ 9 毫米（44111419）2011 年的出口量为 443 591 384 千克，比 2010 年的 341 845 797 千克增长 29.76%；出口额为 310 294 682 美元，比 2010 年的 246 511 136 美元增长 25.87%；其平均价格为 0.7 美元 / 千克，比 2010 年的 0.72 美元 / 千克下降 3.00%，最高价格为 1.12 美元 / 千克，最低价格为 0.53 美元 / 千克，以进口国产量与进口总量比作为权重计算前 10 个国家加权平均价格为 0.61 美元 / 千克，比 2010 年的 0.64 美元 / 千克下降 4.10%，以 2010 年为基期计算 2011 年价格指数为 95.90。

辐射松制的中密度纤维板，厚＞ 9 毫米（44111421）2011 年的出口量为 586 966 千克，比 2010 年的 1 164 013 千克下降 49.57%%；出口额为 1 832 844 美元，比 2010 年的 4 207 194 美元下降 56.44%；其平均价格为 3.12 美元 / 千克，比 2010 年的 3.61 美元 / 千克下降 13.61%，最高价格为 19.57 美元 / 千克，最低价格为 0.47 美元 / 千克，以进口国产量与进口总量比作为权重计算前 10 个国家加权平均价格为 3.12 美元 / 千克，比 2010 年的 3.9 美元 / 千克下降 19.90%，以 2010 年为基期计算 2011 年价格指数为 80.10。

其他中密度纤维板 0.5 克 / 立方厘米＜密度≤ 0.8 克 / 立方厘米，厚＞ 9 毫米（44111429）2011 年的出口量为 633 692 244 千克，比 2010 年的 293 216 602 千克增长 116.12%；出口额为 240 869 528 美元，比 2010 年的 113 799 242 美元增长 111.66%；其平均价格为 0.38 美元 / 千克，比 2010 年的 0.39 美元 / 千克下降 2.06%，最高价格为 2.24 美元 / 千克，最低价格为 0.28 美元 / 千克，以进口国产量与进口总量比作为权重计算前 10 个国家加权平均价格为 0.32 美元 / 千克，比 2010 年的 0.29 美元 / 千克增长 10.80%，以 2010 年为基期计算 2011 年价格指数为 110.80。

未加工中密度纤维板，密度≤ 0.5 克 / 立方厘米，厚＞ 9 毫米（44111491）2011 年的出口量为

37 319 763 千克，比 2010 年的 31 532 367 千克增长 18.35%；出口额为 13 599 753 美元，比 2010 年的 10 481 088 美元增长 29.76%；其平均价格为 0.36 美元 / 千克，比 2010 年的 0.33 美元 / 千克增长 9.63%，最高价格为 0.56 美元 / 千克，最低价格为 0.29 美元 / 千克，以进口国产量与进口总量比作为权重计算前 10 个国家加权平均价格为 0.34 美元 / 千克，比 2010 年的 0.25 美元 / 千克增长 36.00%，以 2010 年为基期计算 2011 年价格指数为 136。

其他厚度 >9 毫米的中密度纤维板（44111499）2011 年的出口量为 99 216 487 千克，比 2010 年的 178 193 923 千克下降 44.32%；出口额为 48 430 453 美元，比 2010 年的 66 878 784 美元下降 27.58%；其平均价格为 0.49 美元 / 千克，比 2010 年的 0.38 美元 / 千克增长 30.06%，最高价格为 2.82 美元 / 千克，最低价格为 0.33 美元 / 千克，以进口国产量与进口总量比作为权重计算前 10 个国家加权平均价格为 0.36 美元 / 千克，比 2010 年的 0.29 美元 / 千克增长 25.30%，以 2010 年为基期计算 2011 年价格指数为 125.30。

未经加工木纤维板，密度＞ 0.8 克 / 立方厘米（44119210）2011 年的出口量为 9 717 095 千克，比 2010 年的 6 528 069 千克增长 48.85%；出口额为 9 845 367 美元，比 2010 年的 7 308 382 美元增长 34.71%；其平均价格为 1.01 美元 / 千克，比 2010 年的 1.12 美元 / 千克下降 9.50%，最高价格为 1.49 美元 / 千克，最低价格为 0.84 美元 / 千克，以进口国产量与进口总量比作为权重计算前 10 个国家加权平均价格为 0.95 美元 / 千克，比 2010 年的 0.96 美元 / 千克下降 1%，以 2010 年为基期计算 2011 年价格指数为 99。

加工木纤维板，密度＞ 0.8 克 / 立方厘米（44119290）2011 年的出口量为 284 596 464 千克，比 2010 年的 268 459 156 千克增长 6.01%；出口额为 201 218 581 美元，比 2010 年的 185 941 053 美元增长 8.22%；其平均价格为 0.71 美元 / 千克，比 2010 年的 0.69 美元 / 千克增长了 2.08%，最高价格为 1.02 美元 / 千克，最低价格为 0.39 美元 / 千克，以进口国产量与进口总量比作为权重计算前 10 个国家加权平均价格为 0.55 美元 / 千克，比 2010 年的 0.52 美元 / 千克增长 5.20%，以 2010 年为基期计算 2011 年价格指数为 105.20。

辐射松制的纤维板，0.5 克＜密度≤ 0.9 克（44119310）2011 年的出口量为 154 千克；出口额为 238 美元；其平均价格为 1.55 美元 / 千克，最高价格为 1.55 美元 / 千克，最低价格为 0.35 美元 / 千克，以进口国产量与进口总量比作为权重计算前 10 个国家加权平均价格为 2.74 美元 / 千克。

木纤维板，0.5 克 / 立方厘米＜密度≤ 0.10 克 / 立方厘米（44119390）2011 年的出口量为 7 165 455 千克，比 2010 年的 4 864 638 千克增长 47.30%；出口额为 4 675 177 美元，比 2010 年的 2 729 702 美元增长 71.27%；其平均价格为 0.65 美元 / 千克，比 2010 年的 0.56 美元 / 千克增长 16.28%，最高价格为 2.46 美元 / 千克，最低价格为 0.35 美元 / 千克，以进口国产量与进口总量比作为权重计算前 10 个国家加权平均价格为 0.61 美元 / 千克，比 2010 年的 0.38 美元 / 千克增长 63.50%，以 2010 年为基期计算 2011 年价格指数为 163.50。

木纤维板，0.35 克 / 立方厘米＜密度≤ 0.5 克 / 立方厘米（44119410）2011 年的出口量为 477 781 千克，比 2010 年的 147 159 千克增长 224.67%；出口额为 717 548 美元，比 2010 年的 344 296 美

元增长 108.41%；其平均价格为 1.50 美元 / 千克，比 2010 年的 2.34 美元 / 千克下降 35.81%，最高价格为 9 美元 / 千克，最低价格为 0.52 美元 / 千克，以进口国产量与进口总量比作为权重计算前 10 个国家加权平均价格为 1.5 美元 / 千克，比 2010 年的 2.27 美元 / 千克增长 33.90%，以 2010 年为基期计算 2011 年价格指数为 66.10。

未经加工木纤维板，密度≤ 0.35 克 / 立方厘米（44119421）2011 年的出口量为 124 880 千克，比 2010 年的 23 200 千克增长 438.28%；出口额为 57 429 美元，比 2010 年的 8 971 美元增长 540.16%；其平均价格为 0.46 美元 / 千克，比 2010 年的 0.39 美元 / 千克增长 18.93%，最高价格为 1.87 美元 / 千克，最低价格为 0.34 美元 / 千克，以进口国产量与进口总量比作为权重计算前 10 个国家加权平均价格为 0.46 美元 / 千克，比 2010 年的 0.39 美元 / 千克增长 18.90%，以 2010 年为基期计算 2011 年价格指数为 118.90。

加工木纤维板，密度≤ 0.35 克 / 立方厘米（44119429）2011 年的出口量为 1 632 008 千克，比 2010 年的 2 893 931 千克下降 43.61%；出口额为 3 957 054 美元，比 2010 年的 4 667 252 美元下降 15.22%；其平均价格为 2.42 美元 / 千克，比 2010 年的 1.61 美元 / 千克增长 50.34%，最高价格为 5.08 美元 / 千克，最低价格为 0.82 美元 / 千克，以进口国产量与进口总量比作为权重计算前 10 个国家加权平均价格为 1.95 美元 / 千克，比 2010 年的 0.56 美元 / 千克增长 247.80%，以 2010 年为基期计算 2011 年价格指数为 347.80。

2. 纤维板进口监测

2011 年我国纤维板进口量为 201 586 528 千克，比 2010 年的 264 913 254 千克同比下降 23.90%，进口总额达到 10 6647 088 美元，比 2010 年的 123 473 454 美元同比下降 13.63%。进口的纤维板产品主要包括未经机械加工中密度纤维板，密度＞ 0.8 克 / 立方厘米，厚≤ 5 毫米（44111211）、经机械加工中密度纤维板，密度＞ 0.8 克 / 立方厘米，厚≤ 5 毫米（44111219）、辐射松制的中密度纤维板，0.5 克 / 立方厘米＜密度≤ 0.8 克 / 立方厘米，厚≤ 5 毫米（4411122）、其他中密度纤维板 0.5 克 / 立方厘米＜密度≤ 0.8 克 / 立方厘米，厚≤ 5 毫米（44111229）、未加工中密度纤维板，密度≤ 0.5 克 / 立方厘米，厚≤ 5 毫米（44111291）、加工中密度纤维板，密度≤ 0.5 克 / 立方厘米，厚≤ 5 毫米（44111299）、未加工中密度纤维板，密度＞ 0.8 克 / 立方厘米，5 毫米＜厚≤ 9 毫米（44111311）、加工中密度纤维板，密度＞ 0.8 克 / 立方厘米，5 毫米＜厚≤ 9 毫米（44111319）、辐射松制的中密度纤维板，5 毫米＜厚≤ 9 毫米（44111321）、其他中密度纤维板 0.5 克 / 立方厘米＜密度≤ 0.8 克 / 立方厘米，5 毫米＜厚≤ 9 毫米（44111329）、未加工中密度纤维板，密度≤ 0.5 克 / 立方厘米，5 毫米＜厚≤ 9 毫米（44111391）、加工中密度纤维板，密度≤ 0.5 克 / 立方厘米，5 毫米＜厚≤ 9 毫米（44 1113 99）、未加工中密度纤维板，密度＞ 0.8 克 / 立方厘米，厚＞ 9 毫米（44111411）、加工中密度纤维板，密度＞ 0.8 克 / 立方厘米，厚＞ 9 毫米（44111419）、辐射松制的中密度纤维板，厚＞ 9 毫米（44111421）、其他中密度纤维板 0.5 克 / 立方厘米＜密度≤ 0.8 克 / 立方厘米，厚＞ 9 毫米（44111429）、未加工中密度纤维板，密度≤ 0.5 克 / 立方厘米，厚＞ 9 毫米（44111491）、其他厚度 >9 毫米的中密度纤维板（44111499）、未加工木纤维板，密度＞ 0.8 克 / 立方厘米（44119210）、加工木纤维板，密度＞ 0.8 克 / 立方厘米（44119290）、辐射松制的纤维板，0.5 克＜密度≤ 0.9 克（4411931）、木纤维板，0.5 克 / 立方厘米＜密度≤ 0.10 克 / 立方厘米（44119390）、木纤维板，0.35 克 / 立方厘米＜密度≤ 0.5 克 / 立方厘米（44119410）、未加工木纤维板，密度≤ 0.35 克 / 立方厘米（44119421）、加工木纤维板，密度≤ 0.35 克 / 立方厘米（44119429）等 25 类纤维板。

未机械加工中密度纤维板，密度＞ 0.8 克 / 立方厘米，厚≤ 5 毫米（44111211）2011 年的进口量为 15 365 858 千克，比 2010 年的 17 681 135 千克下降 13.09%；进口额为 6 844 514 美元，比 2010 年的 7 574 911 美元下降 9.64%；其平均价格为 0.45 美元 / 千克，比 2010 年的 0.43 美元 / 千克上升 3.97%，其中西班牙的进口价格为 1.10 美元 / 千克居首位，印度尼西亚进口的价格为 0.33 美元 / 千克为最低价格；以进口国产量与进口总量比作为权重计算前 10 个国家加权平均价格为 0.44 美元 / 千克，比 2010 年的 0.42 美元 / 千克增加了 5.16%，以 2010 年为基期计算 2011 年未经机械加工中密度纤维板，密度＞ 0.8 克 / 立方厘米，厚≤ 5 毫米价格指数为 105.16。

经机械加工中密度纤维板，密度＞ 0.8 克 / 立方厘米，厚≤ 5 毫米（44111219）2011 年的进口量为 2 500 956 千克，比 2010 年的 4 643 028 千克下降 46.14%；进口额为 2 521 065 美元，比 2010 年的 2 264 429 美元上升 11.33%；其平均价格为 1.10 美元 / 千克，比 2010 年的 0.49 美元 / 千克上升 106.69%，其中美国的进口价格为 8.10 美元 / 千克居首位，阿根廷的为 0.33 美元 / 千克为最低价格；以进口国产量与进口总量比作为权重计算前 10 个国家加权平均价格为 0.98 美元 / 千克，比 2010 年的 0.46 美元 / 千克增加了 115.33%，以 2010 年为基期计算 2011 年经机械加工中密度纤维板，密度＞ 0.8 克 / 立方厘米，厚≤ 5 毫米价格指数为 215.33。

辐射松制的中密度纤维板，0.5 克 / 立方厘米＜密度≤ 0.8 克 / 立方厘米，厚≤ 5 毫米（44111221）2011 年的进口量为 9 598 346 千克，比 2010 年的 7 155 642 千克上升 34.14%；进口额为 4 196 171 美元，比 2010 年的 3 189 942 美元上升 31.54%；其平均价格为 0.44 美元 / 千克，比 2010 年的 0.45 美元 / 千克下降 1.93%，其中中国的进口价格为 1.00 美元 / 千克居首位，智利的为 0.43 美元 / 千克为最低价格；以进口国产量与进口总量比作为权重计算前 4 个国家加权平均价格为 0.44 美元 / 千克，比 2010 年的 0.45 美元 / 千克下降了 1.91%，以 2010 年为基期计算 2011 年辐射松制的中密度纤维板，0.5 克 / 立方厘米＜密度≤ 0.8 克 / 立方厘米，厚≤ 5 毫米价格指数为 98.09。

其他中密度纤维板 0.5 克 / 立方厘米＜密度≤ 0.8 克 / 立方厘米，厚≤ 5 毫米（44111229）2011 年的进口量为 6 313 869 千克，比 2010 年的 24 778 805 千克下降 36.53%；进口额为 15 727 835 美元，比 2010 年的 24 778 805 美元下降 33.38%；其平均价格为 0.38 美元 / 千克，比 2010 年的 0.32 美元 / 千克上升 4.95%，其中美国的进口价格为 10.88 美元 / 千克居首位，智利的为 0.28 美元 / 千克为最低价格；以进口国产量与进口总量比作为权重计算前 10 个国家加权平均价格为 0.40 美元 / 千克，比 2010 年的 0.38 美元 / 千克增加了 6%，以 2010 年为基期计算 2011 年其他中密度纤维板 0.5 克 / 立方厘米＜密度≤ 0.8 克 / 立方厘米，厚≤ 5 毫米价格指数为 106。

未经加工中密度纤维板，密度≤ 0.5 克 / 立方厘米，厚≤ 5 毫米（44111291）2011 年的进口量为 2 748 487 千克，比 2010 年的 2 456 420 千克上升 11.89%；进口额为 972 372 美元，比 2010 年的

857 784 美元上升 13.36%；其平均价格为 0.35 美元 / 千克，与 2010 年的 0.35 美元 / 千克持平，其中美国的进口价格为 1337.50 美元 / 千克居首位，新西兰的为 0.35 美元 / 千克为最低价格；以进口国产量与进口总量比作为权重计算前 4 个国家加权平均价格为 0.35 美元 / 千克，比 2010 年的 0.22 美元 / 千克增加了 57.77%，以 2010 年为基期计算 2011 年未加工中密度纤维板，密度≤ 0.5 克 / 立方厘米，厚≤ 5 毫米价格指数为 157.77。

加工中密度纤维板，密度≤ 0.5 克 / 立方厘米，厚≤ 5 毫米（44111299）2011 年的进口量为 2 162 324 千克，比 2010 年的 2 690 960 千克下降 19.64%；进口额为 1 048 003 美元，比 2010 年的 1 267 866 美元下降 17.34%；其平均价格为 0.48 美元 / 千克，比 2010 年的 0.47 美元 / 千克上升 2.87%，其中法国的进口价格为 16.50 美元 / 千克居首位，泰国的为 0.22 美元 / 千克为最低价格；以进口国产量与进口总量比作为权重计算前 9 个国家加权平均价格为 0.48 美元 / 千克，比 2010 年的 0.44 美元 / 千克增加了 10.77%，以 2010 年为基期计算 2011 年加工中密度纤维板，密度≤ 0.5 克 / 立方厘米，厚≤ 5 毫米价格指数为 110.77。

未经加工中密度纤维板，密度＞ 0.8 克 / 立方厘米，5 毫米＜厚≤ 9 毫米（44111311）2011 年的进口量为 898 694 千克，比 2010 年的 1 526 119 千克下降了 41.11%；进口额为 380 039 美元，比 2010 年的 636 883 美元下降了 40.33%；其平均价格为 0.42 美元 / 千克，与 2010 年的 0.42 美元 / 千克持平，其中美国的进口价格为 0.96 美元 / 千克居首位，泰国的为 0.38 美元 / 千克为最低价格；以进口国产量与进口总量比作为权重计算前 8 个国家加权平均价格为 0.42 美元 / 千克，比 2010 年的 0.29 美元 / 千克上升了 47.04%，以 2010 年为基期计算 2011 年未经加工中密度纤维板，密度＞ 0.8 克 / 立方厘米，5 毫米＜厚≤ 9 毫米价格指数为 147.04。

加工中密度纤维板，密度＞ 0.8 克 / 立方厘米，5 毫米＜厚≤ 9 毫米（44111319）2011 年的进口量为 14 351 953 千克，比 2010 年的 16 651 602 千克下降 13.81%；进口额为 14 392 719 美元，比 2010 年的 15 220 018 美元下降 5.44%；其平均价格为 1.00 美元 / 千克，比 2010 年的 0.91 美元 / 千克上升 9.72%，其中澳大利亚的进口价格为 19.32 美元 / 千克居首位，泰国的为 0.29 美元 / 千克为最低价格；以进口国产量与进口总量比作为权重计算前 10 个国家加权平均价格为 1 美元 / 千克，比 2010 年的 0.90 美元 / 千克上升 11.50，以 2010 年为基期计算 2011 年加工中密度纤维板，密度＞ 0.8 克 / 立方厘米，5 毫米＜厚≤ 9 毫米价格指数为 111.50。

辐射松制的中密度纤维板，5 毫米＜厚≤ 9 毫米（44111321）2011 年的进口量为 5 874 396 千克，比 2010 年的 6 213 865 千克下降 5.46%；进口额为 2 938 613 美元，比 2010 年的 3 004 252 美元下降 2.18%；其平均价格为 0.50 美元 / 千克，比 2010 年的 0.48 美元 / 千克上升 3.47%，其中新西兰的进口价格为 0.51 美元 / 千克居首位，澳大利亚的为 0.45 美元 / 千克为最低价格；以进口国产量与进口总量比作为权重计算前 6 个国家加权平均价格为 0.50 美元 / 千克，比 2010 年的 0.46 美元 / 千克上升了 7.83%，以 2010 年为基期计算 2011 年辐射松制的中密度纤维板，5 毫米＜厚≤ 9 毫米价格指数为 107.83。

其他中密度纤维板 0.5 克＜密度≤ 0.8 克，5 毫米＜厚≤ 9 毫米（44111329）2011 年的进口量为 8 426 297 千克，比 2010 年的 16 591 348 千克下降 49.21%；进口额为 3 203 818 美元，比 2010 年的 5 775 625 美元下降 44.53%；其平均价格为 0.38 美元 / 千克，比 2010 年的 0.35 美元 / 千克上升 9.22%，其中中国台湾的进口价格为 1.82 美元 / 千克居首位，新西兰的为 0.31 美元 / 千克为最低价格；以进口国产量与进口总量比作为权重计算前 10 个国家加权平均价格为 0.38 美元 / 千克，比 2010 年的 0.34 美元 / 千克增加了 11.60%，以 2010 年为基期计算 2011 年其他中密度纤维板 0.5 克＜密度≤ 0.8 克，5 毫米＜厚≤ 9 毫米价格指数为 111.60。

未经加工中密度纤维板，密度≤ 0.5 克 / 立方厘米，5 毫米＜厚≤ 9 毫米（44111391）2011 年的进口量为 1 358 779 千克，比 2010 年的 3 424 863 千克下降了 60.33%；进口额为 466 496 美元，比 2010 年的 1 146 940 美元下降 59.33%；其平均价格为 0.34 美元 / 千克，比 2010 年的 0.33 美元 / 千克上升 2.52%，其中美国的进口价格为 2.55 美元 / 千克居首位，新西兰的为 0.25 美元 / 千克为最低价格；以进口国产量与进口总量比作为权重计算前 9 个国家加权平均价格为 0.34 美元 / 千克，比 2010 年的 0.30 美元 / 千克上升了 13.35%，以 2010 年为基期计算 2011 年未经加工中密度纤维板，密度≤ 0.5 克 / 立方厘米，5 毫米＜厚≤ 9 毫米价格指数为 113.35。

加工中密度纤维板，密度≤ 0.5 克 / 立方厘米，5 毫米＜厚≤ 9 毫米（44111399）2011 年的进口量为 455 141 千克，比 2010 年的 1 822 202 千克下降 75.02%；进口额为 448 575 美元，比 2010 年的 1 343 007 美元下降 66.60%；其平均价格为 0.99 美元 / 千克，比 2010 年的 0.74 美元 / 千克上升 33.72%，其中韩国的进口价格为 42 美元 / 千克居首位，泰国的为 0.18 美元 / 千克为最低价格；以进口国产量与进口总量比作为权重计算前 10 个国家加权平均价格为 0.99 美元 / 千克，比 2010 年的 0.71 美元 / 千克增加了 38.04%，以 2010 年为基期计算 2011 年加工中密度纤维板，密度≤ 0.5 克 / 立方厘米，5 毫米＜厚≤ 9 毫米价格指数为 138.04。

未经加工中密度纤维板，密度＞ 0.8 克 / 立方厘米，厚＞ 9 毫米（44111411）2011 年的进口量为 2 179 981 千克，比 2010 年的 1 287 650 千克上升 69.30%；进口额为 840 232 美元，比 2010 年的 605 558 美元上升 38.75%；其平均价格为 0.39 美元 / 千克，比 2010 年的 0.47 美元 / 千克下降 18.04%，其中意大利的进口价格为 41.25 美元 / 千克居首位，印度尼西亚的为 0.32 美元 / 千克为最低价格；以进口国产量与进口总量比作为权重计算前 10 个国家加权平均价格为 0.39 美元 / 千克，比 2010 年的 0.40 美元 / 千克下降了 2.94%，以 2010 年为基期计算 2011 年未加工中密度纤维板，密度＞ 0.8 克 / 立方厘米，厚＞ 9 毫米价格指数为 97.06。

加工中密度纤维板，密度＞ 0.8 克 / 立方厘米，厚＞ 9 毫米（44111419）2011 年的进口量为 5421378 千克，比 2010 年的 5 419 709 千克上升 0.03%；进口额为 7 146 604 美元，比 2010 年的 4 830 324 美元上升 47.95%；其平均价格为 1.32 美元 / 千克，比 2010 年的 0.89 美元 / 千克上升 47.91%，其中法国的进口价格为 298.27 美元 / 千克居首位，泰国的为 0.36 美元 / 千克为最低价格；以进口国产量与进口总量比作为权重计算前 10 个国家加权平均价格为 1.29 美元 / 千克，比 2010 年的 0.87 美元 / 千克上升了 48.26%，以 2010 年为基期计算 2011 年加工中密度纤维板，密度＞ 0.8 克 / 立方厘米，厚＞ 9 毫米价格指数为 148.26。

辐射松制的中密度纤维板，厚＞ 9 毫米（44111421）2011 年的进口量为 7 960 195 千克，比 2010 年的 9 048 423 千克下降 12.03%；进口额为 3 783 163 美元，比 2010 年的 4 081 148 美元下降 7.30%；其平均价格为 0.48 美元 / 千克，比 2010 年的 0.45 美元 / 千克上升 5.37%，其中中国的进口价格为 22.09 美元 / 千克居首位，智利的为 0.44 美元 / 千克为最低价格；以进口国产量与进口总量比作为权重计算前 10 个国家加权平均价格为 0.48 美元 / 千克，比 2010 年的 0.40 美元 / 千克上升了 19.35%，以 2010 年为基期计算 2011 年辐射松制的中密度纤维板，厚＞ 9 毫米价格指数为 119.35。

其他中密度纤维板 0.5 克 / 立方厘米＜密度≤ 0.8 克 / 立方厘米，厚＞ 9 毫米（44111429）2011 年的进口量为 48 931 316 千克，比 2010 年的 71 515 098 千克下降 31.58%；进口额为 25 670 653 美元，比 2010 年的 33 398 243 美元下降 23.14%；其平均价格为 0.52 美元 / 千克，比 2010 年的 0.47 美元 / 千克上升 12.34%，其中德国的进口价格为 2.07 美元 / 千克居首位，新西兰的为 0.32 美元 / 千克为最低价格；以进口国产量与进口总量比作为权重计算前 10 个国家加权平均价格为 0.51 美元 / 千克，比 2010 年的 0.45 美元 / 千克增加了 14.34%，以 2010 年为基期计算 2011 年其他中密度纤维板 0.5 克 / 立方厘米＜密度≤ 0.8 克 / 立方厘米，厚＞ 9 毫米价格指数为 114.34。

未加工中密度纤维板，密度≤ 0.5 克 / 立方厘米，厚＞ 9 毫米（44111491）2011 年的进口量为 2 861 626 千克，比 2010 年的 5 661 307 千克下降 49.45%；进口额为 115 2296 美元，比 2010 年的 2 290 060 美元下降 49.68%；其平均价格为 0.40 美元 / 千克，与 2010 年的 0.40 美元 / 千克持平，其中美国的进口价格为 4.19 美元 / 千克居首位，新西兰的为 0.35 美元 / 千克为最低价格；以进口国产量与进口总量比作为权重计算前 9 个国家加权平均价格为 0.40 美元 / 千克，比 2010 年的 0.32 美元 / 千克增加了 26.94%，以 2010 年为基期计算 2011 年未经加工中密度纤维板，密度≤ 0.5 克 / 立方厘米，厚＞ 9 毫米价格指数为 126.94。

其他厚度＞ 9 毫米的中密度纤维板（44111499）2011 年的进口量为 7 270 835 千克，比 2010 年的 8 611 801 千克下降 15.57%；进口额为 2 798 258 美元，比 2010 年的 3 011 233 美元下降 7.07%；其平均价格为 0.38 美元 / 千克，比 2010 年的 0.35 美元 / 千克上升 10.07%，其中意大利的进口价格为 6.66 美元 / 千克居首位，泰国的为 0.21 美元 / 千克为最低价格；以进口国产量与进口总量比作为权重计算前 10 个国家加权平均价格为 0.38 美元 / 千克，比 2010 年的 0.34 美元 / 千克增加了 12.13%，以 2010 年为基期计算 2011 年其他厚度＞ 9 毫米的中密度纤维板价格指数为 112.13。

未经加工木纤维板，密度＞ 0.8 克 / 立方厘米（44119210）2011 年的进口量为 627 728 千克，比 2010 年的 115 869 千克增加 441.76%；进口额为 429 875 美元，比 2010 年的 83 744 美元增加 413.32%；其平均价格为 0.68 美元 / 千克，比 2010 年的 0.72 美元 / 千克下降 5.25%，其中德国的进口价格为 3.65 美元 / 千克居首位，泰国的为 0.41 美元 / 千克为最低价格；以进口国产量与进口总量比作为权重计算前 5 个国家加权平均价格为 0.68 美元 / 千克，比 2010 年的 0.60 美元 / 千克增加了 14.52%，以 2010 年为基期计算 2011 年未经加工木纤维板，密度＞ 0.8 克 / 立方厘米价格指数为 114.52。

加工木纤维板，密度＞ 0.8 克 / 立方厘米（44119290）2011 年的进口量为 9 020 093 千克，比

2010年的8 962 157千克上升0.65%；进口额为8 112 791美元，比2010年的7 584 913美元上升6.96%；其平均价格为0.90美元/千克，比2010年的0.85美元/千克上升6.27%，其中法国的进口价格为103.88美元/千克居首位，阿根廷的为0.39美元/千克为最低价格；以进口国产量与进口总量比作为权重计算前10个国家加权平均价格为0.85美元/千克，比2010年的0.79美元/千克上升了8.16%，以2010年为基期计算2011年加工木纤维板，密度＞0.8克/立方厘米价格指数为108.16。

辐射松制的纤维板，0.5克＜密度≤0.9克（44119310）2011年的进口量为5 265 228千克，比2010年的7 733 839千克下降31.92%；进口额为1 839 341美元，比2010年的2 497 174美元下降26.34%；其平均价格为0.35美元/千克，比2010年的0.32美元/千克上升8.19%，其中马来西亚的进口价格为0.39美元/千克居首位，韩国的为0.26美元/千克为最低价格；以进口国产量与进口总量比作为权重计算前7个国家加权平均价格为0.35美元/千克，比2010年的0.32美元/千克增加了8.36%，以2010年为基期计算2011年辐射松制的纤维板，0.5克＜密度≤0.9克价格指数为108.36。

木纤维板，0.5克/立方厘米＜密度≤0.10克/立方厘米（44119390）2011年的进口量为10 412 453千克，比2010年的41 128 757千克下降22.32%；进口额为32 001 744美元，比2010年的12 941 072美元下降19.72%；其平均价格为0.33美元/千克，比2010年的0.31美元/千克上升3.34%，其中瑞典的进口价格为10.07美元/千克居首位，新西兰的为0.27美元/千克为最低价格；以进口国产量与进口总量比作为权重计算前10个国家加权平均价格为0.33美元/千克，比2010年的0.31美元/千克增加了4.38%，以2010年为基期计算2011年木纤维板，0.5克/立方厘米＜密度≤0.10克/立方厘米价格指数为104.38。

木纤维板，0.35克/立方厘米＜密度≤0.5克/立方厘米（44119410）2011年的进口量为24276千克，比2010年的8 906千克上升172.58%；进口额为40 452美元，比2010年的30 112美元上升34.34%；其平均价格为1.67美元/千克，比2010年的3.38美元/千克下降50.72%，其中美国的进口价格为16.37美元/千克居首位，韩国的为0.83美元/千克为最低价格；以进口国产量与进口总量比作为权重计算前6个国家加权平均价格为1.67美元/千克，比2010年的0.95美元/千克上升了74.66%，以2010年为基期计算2011年木纤维板，0.35克/立方厘米＜密度≤0.5克/立方厘米价格指数为174.66。

未经加工木纤维板，密度≤0.35克/立方厘米（44119421）2011年的进口量为13 622千克，比2010年的19 510千克下降30.18%；进口额为22 971美元，比2010年的15 476美元上升48.43%；其平均价格为1.69美元/千克，比2010年的0.79美元/千克上升112.59%，其中德国的进口价格为2.71美元/千克居首位，日本的为1.58美元/千克为最低价格；以进口国产量与进口总量比作为权重计算前3个国家加权平均价格为1.69美元/千克，比2010年的0.22美元/千克增加了652.87%，以2010年为基期计算2011年未经加工木纤维板，密度≤0.35克/立方厘米价格指数为752.87。

加工木纤维板，密度≤0.35克/立方厘米（44119429）2011年的进口量为1 898 219千克，比2010年的3 121 700千克下降39.19%；进口额为1 138 241美元，比2010年的1 462 028美元下降

22.15%；其平均价格为 0.60 美元 / 千克，比 2010 年的 0.47 美元 / 千克上升 28.03%，其中加拿大进的口价格为 124.80 美元 / 千克居首位，印度尼西亚的为 0.50 美元 / 千克为最低价格；以进口国产量与进口总量比作为权重计算前 10 个国家加权平均价格为 0.60 美元 / 千克，比 2010 年的 0.46 美元 / 千克增加了 29.70%，以 2010 年为基期计算 2011 年加工木纤维板，密度≤ 0.35 克 / 立方厘米价格指数为 129.70。

8.2.2.6 胶合板进出口监测

1. 胶合板出口监测

2011 年我国胶合板出口量为 9 572 456 立方米，比 2010 年的 7 546 868 立方米同比上升 26.84%，出口总额达到 4 339 981 799 美元，比 2010 年的 3 402 172 065 美元同比增长 27.57%。出口的胶合板产品主要包括薄板制竹胶合板至少一表层热带木层，厚≤ 6 毫米（44121011）、其他薄板制竹胶板单板饰面板多层板，厚≤ 6 毫米（44121019）、其他薄板制竹胶板，单板饰面板及类似多层板（44121020）、其他竹胶合板类似多层板至少一表层木碎料板（44121092）、其他竹制胶合板、单板饰面板及类似的多层板（44121099）、其他薄板制胶合板至少一表层是热带木，厚≤ 6 毫米（44123100）、其他薄板制胶合板至少一表层是温带木，厚≤ 6 毫米（44123210）、其他薄板制胶合板至少一表层非针叶木，厚≤ 6 毫米（44123290）、其他薄板制胶合板，厚≤ 6 毫米（44123900）、其他木块芯胶合板等至少一表层是非针叶木（44129410）、其他木块芯胶合板等至少一表层是热带木（44129491）、其他木块芯胶合板等至少一表层是木碎料板（44129492）、其他木块芯、侧板条芯、板条芯胶合板（44129499）、其他胶合板等至少一表层是非针叶木（44129910）、其他胶合板等至少一表层是木碎料板（44129992）、未列名胶合板、单板饰面板及类似的多层板（44129999）等 16 大类胶合板产品。

薄板制竹胶合板至少一表层热带木层，厚≤ 6 毫米（44121011）2011 年的出口量为 112 立方米，比 2010 年的 46 立方增长 143.48%；出口额为 71793 美元，比 2010 年的 42618 美元上升 68.46%；其平均价格为 641.01 美元 / 立方米，比 2010 年的 926.48 美元 / 立方米下降 30.81%。其中澳大利亚的出口价格为 2 638.5 美元 / 立方米居首位，坦桑尼亚的为 196.44 美元 / 立方米为最低价格；以出口国产量与出口总量比作为权重计算前 5 个国家加权平均价格为 641.01 美元 / 立方米，比 2010 年的 926.48 美元 / 立方米同比下降 30.81%。以 2010 年为基期计算 2011 年薄板制竹胶合板至少一表层热带木层，厚≤ 6 毫米的价格指数为 69.19。

其他薄板制竹胶板单板饰面板多层板，厚≤ 6 毫米（44121019）2011 年的出口量为 87 491 立方米，比 2010 年的 71 174 立方米上升 22.93%；出口额为 36 004 969 美元，比 2010 年的 43 510 768 美元下降 17.25%；其平均价格为 411.53 美元 / 立方米，比 2010 年的 611.33 美元 / 立方米下降 32.68%，其中日本的出口价格为 1 351.01 美元 / 立方米居首位，蒙古的为 66.51 美元 / 立方米为最低价格；以出口国产量与出口总量比作为权重计算前 10 个国家加权平均价格为 328.78 美元 / 立方米，比 2010 年的 422.65 美元 / 立方米下降了 22.21%，以 2010 年为基期计算 2011 年其他薄板制竹胶板单板饰面板多层板，厚≤ 6 毫米的指数为 77.79。

其他薄板制竹胶板，单板饰面板及类似多层板（44121020）2011 年的出口量为 1 307 立方米，比 2010 年的 898 立方米上升 45.55%；出口额为 1 145 725 美元，比 2010 年的 752 916 美元上升 52.17%；其平均价格为 876.61 美元 / 立方米，比 2010 年的 838.44 美元 / 立方米上升 4.55%，其中德国的出口价格为 1 904.94 美元 / 立方米居首位，日本的为 71.82 美元 / 立方米为最低价格；以出口国产量与出口总量比作为权重计算前 5 个国家加权平均价格为 876.61 美元 / 立方米，比 2010 年的 760.01 美元 / 立方米上升了 15.34%，以 2010 年为基期计算 2011 年其他薄板制竹胶板，单板饰面板及类似多层板指数为 115.34。

其他竹胶合板类似多层板至少一表层木碎料板（44121092）2011 年的出口量为 76 立方米，比 2010 年的 123 立方米下降 38.21%；出口额为 106 820 美元，比 2010 年的 152 249 美元下降 29.84%；其平均价格为 1 405.53 美元 / 立方米，比 2010 年的 1237.8 美元 / 立方米上升 13.55%，其中加拿大的出口价格为 1737.74 美元 / 立方米居首位，匈牙利的为 1176.67 美元 / 立方米为最低价格；以出口国产量与出口总量比作为权重计算前 2 个国家加权平均价格为 1405.53 美元 / 立方米，比 2010 年的 1237.80 美元 / 立方米增加了 13.55%，以 2010 年为基期计算 2011 年其他竹胶合板类似多层板至少一表层木碎料板价格指数为 113.55。

其他竹制胶合板、单板饰面板及类似的多层板（44121099）2011 年的出口量为 12 384 立方米，比 2010 年的 13 447 立方米下降 7.91%；出口额为 16 637 718 美元，比 2010 年的 16 698 400 美元下降 0.36%；其平均价格为 1 343.49 美元 / 立方米，比 2010 年的 1 241.79 美元 / 立方米上升 8.91%，其中土耳其的出口价格为 2 358.96 美元 / 立方米居首位，安哥拉的为 688.38 美元 / 立方米为最低价格；以出口国产量与出口总量比作为权重计算前 10 个国家加权平均价格为 924.95 美元 / 立方米，比 2010 年的 737.67 美元 / 立方米增加了 25.39%，以 2010 年为基期计算 2011 年其他竹制胶合板、单板饰面板及类似的多层板价格指数为 125.39。

其他薄板制胶合板至少一表层是热带木，厚≤ 6 毫米（44123100）2011 年的出口量为 272 686 立方米，比 2010 年的 224 435 立方米上升 21.50%；出口额为 174 977 775 美元，比 2010 年的 149 470 346 美元上升 17.06%；其平均价格为 641.68 美元 / 立方米，比 2010 年的 665.99 美元 / 立方米下降 3.65%，其中美国的出口价格为 1340.75 美元 / 立方米居首位，哥伦比亚的为 443.23 美元 / 立方米为最低价格；以出口国产量与出口总量比作为权重计算前 10 个国家加权平均价格为 456.16 美元 / 立方米，比 2010 年的 455.63 美元 / 立方米增加了 0.12%，以 2010 年为基期计算 2011 年其他薄板制胶合板至少一表层是热带木，厚≤ 6 毫米价格指数为 100.12。

其他薄板制胶合板至少一表层是温带木，厚≤ 6 毫米（44123210）2011 年的出口量为 5 777 785 立方米，比 2010 年的 3 176 890 立方米上升 81.87%；出口额为 2 210 853 634 美元，比 2010 年的 1 194 129 531 美元上升 85.14%；其平均价格为 382.65 美元 / 立方米，比 2010 年的 375.88 美元 / 立方米上升 1.08%，其中印度的出口价格为 428.82 美元 / 立方米居首位，韩国的为 330.25 美元 / 立方米为最低价格；以出口国产量与出口总量比作为权重计算前 10 个国家加权平均价格为 227.68 美

元 / 立方米，比 2010 年的 230.12 美元 / 立方米下降了 1.17%，以 2010 年为基期计算 2011 年其他薄板制胶合板至少一表层是温带木，厚≤ 6 价格指数为 98.94。

其他薄板制胶合板至少一表层非针叶木，厚≤ 6 毫米（44123290）2011 年的出口量为 326 980 立方米，比 2010 年的 244 364 立方米上升 33.81%；出口额为 137 580 852 美元，比 2010 年的 117 288 660 美元上升 17.30%；其平均价格为 420.76 美元 / 立方米，比 2010 年的 479.98 美元 / 立方米下降 12.34%，其中美国的出口价格为 1 345.33 美元 / 立方米居首位，中国香港的为 316.20 美元 / 立方米为最低价格；以出口国产量与出口总量比作为权重计算前 10 个国家加权平均价格为 374.73 美元 / 立方米，比 2010 年的 398.84 美元 / 立方米下降了 6.05%，以 2010 年为基期计算 2011 年其他薄板制胶合板至少一表层非针叶木，厚≤ 6 毫米价格指数为 93.95。

其他薄板制胶合板，厚≤ 6 毫米（44123900）2011 年的出口量为 1 988 665 立方米，比 2010 年的 2 700 091 立方米下降 26.35%；出口额为 720 810 179 美元，比 2010 年的 8 721 938 570 美元下降 17.36%；其平均价格为 362.46 美元 / 立方米，比 2010 年的 323.02 美元 / 立方米上升 12.21%，其中美国的出口价格为 872.30 美元 / 立方米居首位，中国香港的为 313.69 美元 / 立方米为最低价格；以出口国产量与出口总量比作为权重计算前 10 个国家加权平均价格为 244.07 美元 / 立方米，比 2010 年的 191.37 美元 / 立方米上升了 27.54%，以 2010 年为基期计算 2011 年其他薄板制胶合板，厚≤ 6 毫米价格指数为 127.54。

其他木块芯胶合板等至少一表层是非针叶木（44129410）2011 年的出口量为 357 719 立方米，比 2010 年的 359 757 立方米下降 0.57%；出口额为 383 235 998 美元，比 2010 年的 379 176 484 美元上升 1.07%；其平均价格为 1071.33 美元 / 立方米，比 2010 年的 1 053.98 美元 / 立方米上升 1.65%，其中瑞典的出口价格为 1 982.53 美元 / 立方米居首位，日本的为 526.00 美元 / 立方米为最低价格；以出口国产量与出口总量比作为权重计算前 10 个国家加权平均价格为 642.10 美元 / 立方米，比 2010 年的 668.97 美元 / 立方米下降了 4.03%，以 2010 年为基期计算 2011 年其他木块芯胶合板等至少一表层是非针叶木价格指数为 95.98。

其他木块芯胶合板等至少一表层是热带木（44129491）2011 年的出口量为 832 立方米，比 2010 年的 222 立方米下降 62.67%；出口额为 325 037 美元，比 2010 年的 777 598 美元下降 58.20%；其平均价格为 390.67 美元 / 立方米，比 2010 年的 348.86 美元 / 立方米上升 11.99%，其中科威特的出口价格为 425.34 美元 / 立方米居首位，朝鲜的为 166 美元 / 立方米为最低价格；以出口国产量与出口总量比作为权重计算前 4 个国家加权平均价格为 390.67 美元 / 立方米，比 2010 年的 218.80 美元 / 立方米上升了 78.55%，以 2010 年为基期计算 2011 年其他木块芯胶合板等至少一表层是热带木价格指数为 178.55。

其他木块芯胶合板等至少一表层是木碎料板（44129492）2011 年的出口量为 1 381 立方米，比 2010 年的 1 274 立方米上升 8.40%；出口额为 906 921 美元，比 2010 年的 726 710 美元上升 24.80%；其平均价格为 656.71 美元 / 立方米，比 2010 年的 570.42 美元 / 立方米上升 15.13%，其中美国的出口价格为 7 798.00 美元 / 立方米居首位，南非的为 219.37 美元 / 立方米为最低价格；以出口国产量与出口总量比作为权重计算前 10 个国家加权平均价格为 645.78 美元 / 立方米，比 2010 年的 366.70 美元 / 立方米增加了 76.11%，以 2010 年为基期计算 2011 年其他木块芯胶合板等至少一表层是木碎料板价格指数为 176.11。

其他木块芯、侧板条芯、板条芯胶合板（44129499）2011 年的出口量为 29 236 立方米，比 2010 年的 36 922 立方米下降 20.82%；出口额为 16 001 738 美元，比 2010 年的 16 962 751 美元下降 5.67%；其平均价格为 547.33 美元 / 立方米，比 2010 年的 459.42 美元 / 立方米上升 19.13%，其中加拿大的出口价格为 1546.24 美元 / 立方米居首位，中国台湾的为 292.32 美元 / 立方米为最低价格；以出口国产量与出口总量比作为权重计算前 10 个国家加权平均价格为 514.96 美元 / 立方米，比 2010 年的 410.52 美元 / 立方米增加了 25.44%，以 2010 年为基期计算 2011 年其他木块芯、侧板条芯、板条芯胶合板价格指数为 125.44。

其他胶合板等至少一表层是非针叶木（44129910）2011 年的出口量为 678 725 立方米，比 2010 年的 691 031 立方米下降 1.78%；出口额为 620 088 267 美元，比 2010 年的 597 273 931 美元上升 3.28%；其平均价格为 913.61 美元 / 立方米，比 2010 年的 864.32 美元 / 立方米上升 5.70%，其中意大利的出口价格为 1 899.52 美元 / 立方米居首位，约旦的为 374.77 美元 / 立方米为最低价格；以出口国产量与出口总量比作为权重计算前 10 个国家加权平均价格为 565.27 美元 / 立方米，比 2010 年的 574.34 美元 / 立方米下降了 2.59%，以 2010 年为基期计算 2011 年其他胶合板等至少一表层是非针叶木价格指数为 98.42。

其他胶合板等至少一表层是木碎料板（44129992）2011 年的出口量为 5 963 立方米，比 2010 年的 3 930 立方米上升 51.73%；出口额为 1 052 204 美元，比 2010 年的 630 326 美元上升 66.93%；其平均价格为 176.46 美元 / 立方米，比 2010 年的 160.39 美元 / 立方米上升 10.02%，其中特立尼达和多巴哥的出口价格为 1 121.45 美元 / 立方米居首位，中国澳门的为 102.15 美元 / 立方米为最低价格；以出口国产量与出口总量比作为权重计算前 10 个国家加权平均价格为 173.97 美元 / 立方米，比 2010 年的 153.00 美元 / 立方米上升了 13.70%，以 2010 年为基期计算 2011 年其他胶合板等至少一表层是木碎料板价格指数为 113.70。

未列名胶合板、单板饰面板及类似的多层板（44129999）2011 年的出口量为 31 114 立方米，比 2010 年的 20 257 立方米上升 53.60%；出口额为 20 182 169 美元，比 2010 年的 12 281 252 美元上升 64.33%；其平均价格为 648.65 美元 / 立方米，比 2010 年的 606.27 美元 / 立方米上升 6.99%，其中澳大利亚的出口价格为 1 184.53 美元 / 立方米居首位，中国台湾的为 328.34 美元 / 立方米为最低价格；以出口国产量与出口总量比作为权重计算前 10 个国家加权平均价格为 521.57 美元 / 立方米，比 2010 年的 449.59 美元 / 立方米增加了 16%，以 2010 年为基期计算 2011 年未列名胶合板、单板饰面板及类似的多层板价格指数为 116。

2. 胶合板进口监测

2011 年我国胶合板进口量为 188 449 立方米，比 2010 年的 213 620 立方米同比下降 11.78%，进口总额达到 119 715 374 美元，比 2010 年的 116 026 344 美元同比增长 3.18%。进口的纸浆板产品主要包括薄板制竹胶合板至少一表层热带木层，厚≤6毫米（44121011）、其他薄板制竹胶板单板饰面板多层板，厚≤6毫米（44121019）、其他薄板制胶合板至少一表层是热带木，厚≤6毫米（44123100）、其他薄板制胶合板至少一表层是温带木，厚≤6毫米（44123210）、其他薄板制胶合板至少一表层非针叶木，厚≤6毫米（44123290）、其他薄板制胶合板，厚≤6毫米（44123900）、其他木块芯胶合板等至少一表层是非针叶木（44129410）、其他木块芯胶合板等至少一表层是热带木（44129491）、其他木块芯胶合板等至少一表层是木碎料板（44129492）、其他胶合板等至少一表层是非针叶木（44129910）、其他胶合板等至少一表层是热带木层（44129991）、未列名胶合板、单板饰面板及类似的多层板（44129999）等12类胶合板。

薄板制竹胶合板至少一表层热带木层，厚≤6毫米（44121011）2011年的进口量为1立方米，比2010年的241立方米下降99.59%；进口额为486美元，比2010年的132 183美元下降99.63%；其平均价格为486美元/立方米，比2010年的548.48美元/立方米下降11.39%。

其他薄板制竹胶板单板饰面板多层板，厚≤6毫米（44121019）2011年的进口量为1 516立方米，比2010年的1 471立方米上升3.06%；进口额为1 159 478美元，比2010年的894 399美元上升29.64%；其平均价格为764.83美元/立方米，比2010年的608.02美元/立方米上升25.79%，其中芬兰的进口价格为1 319.62美元/立方米居首位，西班牙的为183.81美元/立方米为最低价格；以进口国产量与进口总量比作为权重计算前10个国家加权平均价格为763.82美元/立方米，比2010年的573.71美元/立方米增加了33.14%，以2010年为基期计算2011年其他薄板制竹胶板单板饰面板多层板，厚≤6毫米价格指数为133.14。

其他薄板制胶合板至少一表层是热带木，厚≤6毫米（44123100）2011年的进口量为31 130立方米，比2010年的18 589立方米上升67.46%；进口额为22 208 697美元，比2010年的10 441 305美元上升112.70%；其平均价格为713.42美元/立方米，比2010年的561.69美元/立方米上升27.01%，其中澳大利亚的进口价格为4 565.10美元/立方米居首位，马来西亚的为567.70美元/立方米为最低价格；以进口国产量与进口总量比作为权重计算前10个国家加权平均价格为713.39美元/立方米，比2010年的555.98美元/立方米增加了28.31%，以2010年为基期计算2011年其他薄板制胶合板至少一表层是热带木，厚≤6价格指数为128.31。

其他薄板制胶合板至少一表层是温带木，厚≤6毫米（44123210）2011年的进口量为21 660立方米，比2010年的25 792立方米下降16.02%；进口额为17831922美元，比2010年的17 764 198美元上升0.38%；其平均价格为823.27美元/立方米，比2010年的688.75美元/立方米增长19.53%，其中奥地利的进口价格为10 004.20美元/立方米居首位，俄罗斯的为645.42美元/立方米为最低价格；以进口国产量与进口总量比作为权重计算前10个国家加权平均价格为820.49美元/立方米，比2010年的653.15美元/立方米上升了25.62%，以2010年为基期计算2011年其他薄板制胶合板至少一表层是温带木，厚≤6毫米价格指数为125.62。

其他薄板制胶合板至少一表层非针叶木，厚≤6毫米（44123290）2011年的进口量为79 682立方米，比2010年的106 004立方米下降24.83%；进口额为39 315 036美元，比2010年的50 027 337美元下降 21.41%；其平均价格为 493.40 美元 / 立方米，比 2010 年的 471.94 美元 / 立方米上升 4.55%，其中德国的进口价格为 2 629 美元 / 立方米居首位，马来西亚的为 339.14 美元 / 立方米为最低价格；以进口国产量与进口总量比作为权重计算前 10 个国家加权平均价格为 492.48 美元 / 立方米，比 2010 年的 471.30 美元 / 立方米增加了 4.49%，以 2010 年为基期计算 2011 年其他薄板制胶合板至少一表层非针叶木，厚≤ 6 毫米价格指数为 104.49。

其他薄板制胶合板，厚≤ 6 毫米（44123900）2011 年的进口量为 15 504 立方米，比 2010 年的 19 800 立方米下降 21.70%；进口额为 11 021 327 美元，比 2010 年的 12 190 323 美元下降 9.59%；其平均价格为 710.87 美元 / 立方米，比 2010 年的 615.67 美元 / 立方米上升 15.46%，其中美国的进口价格为 1 644.09 美元 / 立方米居首位，智利的为 430.35 美元 / 立方米为最低价格；以进口国产量与进口总量比作为权重计算前 10 个国家加权平均价格为 685.97 美元 / 立方米，比 2010 年的 570.62 美元 / 立方米增加了 20.22%，以 2010 年为基期计算 2011 年其他薄板制胶合板，厚≤ 6 毫米价格指数为 120.22。

其他木块芯胶合板等至少一表层是非针叶木（44129410）2011 年的进口量为 3 819 立方米，比 2010 年的 1 369 立方米上升 178.96%；进口额为 1 552 157 美元，比 2010 年的 610 433 美元上升 154.27%；其平均价格为 406.43 美元 / 立方米，比 2010 年的 445.90 美元 / 立方米下降 8.85%，其中德国的进口价格为 2389.7 美元 / 立方米居首位，马来西亚的为 305.67 美元 / 立方米为最低价格；以进口国产量与进口总量比作为权重计算前 10 个国家加权平均价格为 406.43 美元 / 立方米，比 2010 年的 370.01 美元 / 立方米增加了 9.84%，以 2010 年为基期计算 2011 年其他木块芯胶合板等至少一表层是非针叶木价格指数为 109.84。

其他木块芯胶合板等至少一表层是热带木（44129491）2011 年的进口量为 659 立方米，比 2010 年的 153 立方米上升 330.72%；进口额为 1 142 778 美元，比 2010 年的 144 502 美元上升 690.84；其平均价格为 1 734.11 美元 / 立方米，比 2010 年的 944.46 美元 / 立方米上升 83.61%，其中德国的进口价格为 2 711 美元 / 立方米居首位，奥地利的为 1 630.64 美元 / 立方米为最低价格；以进口国产量与进口总量比作为权重计算前 3 个国家加权平均价格为 1 734.11 美元 / 立方米，比 2010 年的 234.57 美元 / 立方米上升了 639.27%，以 2010 年为基期计算 2011 年其他木块芯胶合板等至少一表层是热带木价格指数为 739.27。

其他木块芯胶合板等至少一表层是木碎料板（44129492）2011 年的进口量为 478 立方米，比 2010 年的 331 立方米上升 44.41%；进口额为 516 140 美元，比 2010 年的 339 052 美元上升 52.23%；其平均价格为 1 079.79 美元 / 立方米，比 2010 年的 1 024.33 美元 / 立方米上升 5.41%，其中德国的进口价格为 2 119.58 美元 / 立方米居首位，印度尼西亚的为 569.49 美元 / 立方米为最低价格；以进口国产量与进口总量比作为权重计算前 6 个国家加权平均价格为 1 079.79 美元 / 立方米，比 2010 年的 971.72 美元 / 立方米增加了 11.12%，以 2010 年为基期计算 2011 年其他木块芯胶合板等至少一表层是木碎料板价格指数为 111.12。

其他胶合板等至少一表层是非针叶木（44129910）2011 年的进口量为 29 935 立方米，比 2010

年的 33 874 立方米下降 11.63%；进口额为 22 086 363 美元，比 2010 年的 20 860 131 美元上升 5.88%；其平均价格为 737.81 美元 / 立方米，比 2010 年的 615.82 美元 / 立方米上升 19.81%，其中意大利的进口价格为 7 576.19 美元 / 立方米居首位，智利的为 331.07 美元 / 立方米为最低价格；以进口国产量与进口总量比作为权重计算前 10 个国家加权平均价格为 716.86 美元 / 立方米，比 2010 年的 598.94 美元 / 立方米增加了 19.69%，以 2010 年为基期计算 2011 年其他胶合板等至少一表层是非针叶木价格指数为 119.69。

其他胶合板等至少一表层是热带木层（44129991）2011 年的进口量为 94 立方米，比 2010 年的 87 立方米上升 8.05%；进口额为 258 185 美元，比 2010 年的 135 519 美元上升了 90.52%；其平均价格为 2 746.65 美元 / 立方米，比 2010 年的 1 557.69 美元 / 立方米上升 76.33%，其中德国的进口价格为 3 047.88 美元 / 立方米居首位，英国的为 192 美元 / 立方米为最低价格；以进口国产量与进口总量比作为权重计算前 5 个国家加权平均价格为 2 746.65 美元 / 立方米，比 2010 年的 1020.56 美元 / 立方米上升了 169.13%，以 2010 年为基期计算 2011 年其他胶合板等至少一表层是热带木层价格指数为 269.13。

未列名胶合板、单板饰面板及类似的多层板（44129999）2011 年的进口量为 3 971 立方米，比 2010 年的 5 909 立方米下降了 32.80%；进口额为 2 622 805 美元，比 2010 年的 2 486 962 美元上升 5.46%；其平均价格为 660.49 美元 / 立方米，比 2010 年的 420.88 美元 / 立方米上升 56.93%，其中德国的进口价格为 3521.11 美元 / 立方米居首位，智利的为 384.69 美元 / 立方米为最低价格；以进口国产量与进口总量比作为权重计算前 10 个国家加权平均价格为 591.30 美元 / 立方米，比 2010 年的 376.79 美元 / 立方米增加了 56.93%，以 2010 年为基期计算 2011 年未列名胶合板、单板饰面板及类似的多层板价格指数为 156.93。

8.2.2.7 纸浆板进出口监测

1. 纸浆板出口监测

2011 年我国纸浆板出口量为 32 966 257 千克，比 2010 年的 15 524 263 千克同比增加 112.35%，出口总额达到 35 505 501 美元，比 2010 年的 12 540 038 美元同比增长 183.14%。出口的纸浆板产品主要包括机械木浆（47010000）、化学木浆、溶解级（47020000）、未漂白的针叶木烧碱木浆或硫酸盐木浆（47031100）、半漂白或漂白的针叶木烧碱木浆或硫酸盐木浆（47032100）、半漂白或漂白非针叶木烧碱木浆或硫酸盐木浆（47032900）、未漂白的针叶木亚硫酸盐木浆（47041100）、半漂白或漂白的针叶木亚硫酸盐木浆（47042100）、半漂白或漂白的非针叶木亚硫酸盐木浆（47042900）、用机械与化学联合制浆法制得的木浆（47050000）、棉短绒纸浆（47061000）、从回收（废碎）纸或纸板提取的纤维浆（47062000）、其他纤维状纤维素竹浆（47063000）、其他纤维状纤维素机械浆（47069100）、其他纤维状纤维素化学浆（47069200）等 14 大类。

机械木浆（47010000）2011 年的出口量为 590 177 千克，比 2010 年的 152 075 千克上升 288.08%；出口额为 311 375 美元，比 2010 年的 81 839 美元上升 280.47%；其平均价格为 0.53 美元

/ 千克，比 2010 年的 0.54 美元 / 千克下降 1.96%，其中印度的出口价格为 0.54 美元 / 千克居首位，韩国的为 0.40 美元 / 千克为最低价格；以出口国产量与出口总量比作为权重计算前 3 个国家加权平均价格为 0.53 美元 / 千克，比 2010 年的 0.51 美元 / 千克增加了 4.21%，以 2010 年为基期计算 2011 年机械木浆价格指数为 104.21。

化学木浆、溶解级（47020000）2011 年的出口量为 14 632 342 千克，比 2010 年的 281 154 千克上升 5 104.39%；出口额为 21 646 841 美元，比 2010 年的 277 344 美元上升 7 705.05%；其平均价格为 1.48 美元 / 千克，比 2010 年的 0.99 美元 / 千克上升 49.97%，其中印度尼西亚的出口价格为 1.49 美元 / 千克居首位，孟加拉国的为 0.59 美元 / 千克为最低价格；以出口国产量与出口总量比作为权重计算前 5 个国家加权平均价格为 1.48 美元 / 千克，比 2010 年的 0.59 美元 / 千克上升 149.37%，以 2010 年为基期计算 2011 年化学木浆、溶解级价格指数为 249.37。

未漂白的针叶木烧碱木浆或硫酸盐木浆（47031100）2011 年的出口量为 579 355 千克，比 2010 年的 1 376 980 千克下降 57.93%；出口额为 450 240 美元，比 2010 年的 832 650 美元下降 45.93%；其平均价格为 0.78 美元 / 千克，比 2010 年的 0.60 美元 / 千克上升 28.52%，其中中国台湾的出口价格为 2.02 美元 / 千克居首位，马来西亚的为 0.53 美元 / 千克为最低价格；以出口国产量与出口总量比作为权重计算前 5 个国家加权平均价格为 0.78 美元 / 千克，比 2010 年的 0.18 美元 / 千克增加了 342.26%，以 2010 年为基期计算 2011 年未漂白的针叶木烧碱木浆或硫酸盐木浆价格指数为 442.26。

半漂白或漂白的针叶木烧碱木浆或硫酸盐木浆（47032100）2011 年的出口量为 4 312 518 千克，比 2010 年的 5 483 116 千克下降 21.35%；出口额为 3 913 243 美元，比 2010 年的 4 710 948 美元下降 16.93%；其平均价格为 0.91 美元 / 千克，比 2010 年的 0.86 美元 / 千克上升 5.61%，其中埃塞俄比亚的出口价格为 1.57 美元 / 千克居首位，日本的为 0.87 美元 / 千克为最低价格；以出口国产量与出口总量比作为权重计算前 10 个国家加权平均价格为 0.84 美元 / 千克，比 2010 年的 0.05 美元 / 千克增加了 1 681.24%，以 2010 年为基期计算 2011 年半漂白或漂白的针叶木烧碱木浆或硫酸盐木浆价格指数为 1781.24。

半漂白或漂白非针叶木烧碱木浆或硫酸盐木浆（47032900）2011 年的出口量为 11 055 649 千克，比 2010 年的 4 616 876 千克上升 139.46%；出口额为 7 520 008 美元，比 2010 年的 3 819 556 美元上升 96.88%；其平均价格为 0.68 美元 / 千克，比 2010 年的 0.83 美元 / 千克下降了 17.78%，其中乌干达的出口价格为 0.78 美元 / 千克居首位，中国台湾的为 0.51 美元 / 千克为最低价格；以出口国产量与出口总量比作为权重计算前 5 个国家加权平均价格为 0.68 美元 / 千克，比 2010 年的 0.27 美元 / 千克增加了 154.22%，以 2010 年为基期计算 2011 年半漂白或漂白非针叶木烧碱木浆或硫酸盐木浆价格指数为 254.22。

半漂白或漂白的针叶木亚硫酸盐木浆（47042100）2011 年的出口量为 350 255 千克，比 2010 年的 825 488 千克下降 57.57%；出口额为 277 000 美元，比 2010 年的 645 614 美元下降 57.10%；其平均价格为 0.79 美元 / 千克，比 2010 年的 0.78 美元 / 千克上升 1.12%，其中苏丹的出口价格为 1.10

美元 / 千克居首位，朝鲜的为 0.78 美元 / 千克为最低价格；以出口国产量与出口总量比作为权重计算前两个国家加权平均价格为 0.79 美元 / 千克。

从回收（废碎）纸或纸板提取的纤维浆（47062000）2011 年的出口量为 305 731 千克，比 2010 年的 219 427 千克上升了 39.33%；出口额为 104 537 美元，比 2010 年的 54 397 美元上升 92.17%；其平均价格为 0.34 美元 / 千克，比 2010 年的 0.25 美元 / 千克上升 37.93%，其中韩国的出口价格为 18.61 美元 / 千克居首位，中国台湾的为 0.14 美元 / 千克为最低价格；以出口国产量与出口总量比作为权重计算前 5 个国家加权平均价格为 0.34 美元 / 千克，比 2010 年的 0.22 美元 / 千克上升了 58.73%，以 2010 年为基期计算 2011 年从回收（废碎）纸或纸板提取的纤维浆价格指数为 158.73。

其他纤维状纤维素竹浆（47063000）2011 年的出口量为 1 126 035 千克，比 2010 年的 2 516 363 千克下降了 55.25%；出口额为 1 223 004 美元，比 2010 年的 1 962 643 美元下降 37.69%；其平均价格为 1.09 美元 / 千克，比 2010 年的 0.78 美元 / 千克上升 39.25%，其中中国台湾的出口价格为 3.12 美元 / 千克居首位，肯尼亚的为 0.86 美元 / 千克为最低价格；以出口国产量与出口总量比作为权重计算前 10 个国家加权平均价格为 1.09 美元 / 千克，比 2010 年的 0.12 美元 / 千克增加了 792.24%，以 2010 年为基期计算 2011 年其他纤维状纤维素竹浆价格指数为 892.24。

其他纤维状纤维素机械浆（47069100）2011 年的出口量为 615 千克，比 2010 年的 22632 千克下降 97.28%；出口额为 1 083 美元，比 2010 年的 4 325 美元下降 74.96%；其平均价格为 1.76 美元 / 千克，比 2010 年的 0.19 美元 / 千克上升了 821.49%，其中印度尼西亚出口的价格为 1.76 美元 / 千克居首位；以出口国产量与出口总量比作为权重计算前 1 个国家加权平均价格为 1.76 美元 / 千克。

其他纤维状纤维素化学浆（47069200）2011 年的出口量为 13 580 千克，比 2010 年的 30 152 千克下降了 54.96%；出口额为 58 170 美元，比 2010 年的 150 722 下降了 61.41%；其平均价格为 4.28 美元 / 千克，比 2010 年的 5 美元 / 千克下降 14.31%，其中泰国的出口价格为 22.50 美元 / 千克居首位，中国台湾的为 0.36 美元 / 千克为最低价格；以出口国产量与出口总量比作为权重计算前 4 个国家加权平均价格为 4.28 美元 / 千克，比 2010 年的 5 美元 / 千克下降了 14.31%，以 2010 年为基期计算 2011 年其他纤维状纤维素化学浆价格指数为 85.69。

2. 纸浆板进口监测

2011 年我国纸浆板进口量为 14 437 610 615 千克，比 2010 年的 11 363 563 903 千克同比增长 27.05%，进口总额达到 11 917 473 305 美元，比 2010 年的 8 819 140 492 美元同比增长 35.13%。进口的纸浆板产品主要包括机械木浆（47010000）、化学木浆、溶解级（47020000）、未漂白的针叶木烧碱木浆或硫酸盐木浆（47031100）、未漂白的非针叶木烧碱木浆或硫酸盐木浆（47031900）、半漂白或漂白的针叶木烧碱木浆或硫酸盐木浆（47032100）、半漂白或漂白非针叶木烧碱木浆或硫酸盐木浆（47032900）、未漂白的针叶木亚硫酸盐木浆（47041100）、未漂白的非针叶木亚硫酸盐木浆（47041900）、半漂白或漂白的针叶木亚硫酸盐木浆（47042100）、半漂白或漂白的非针叶木亚硫酸盐木浆（47042900）、用机械与化学联合制浆法制得的木浆（47050000）、棉短绒纸浆

（47061000）、从回收（废碎）纸或纸板提取的纤维浆（47062000）、其他纤维状纤维素竹浆（47063000）、其他纤维状纤维素机械浆（47069100）、其他纤维状纤维素化学浆（47069200）、其他纤维状纤维素半化学浆（47069300）等 17 大类。

机械木浆（47010000）2011 年的进口量为 58 442 075 千克，比 2010 年的 61 290 674 千克下降 4.65%；出口额为 32 709 784 美元，比 2010 年的 35 889 759 美元下降 8.86%；其平均价格为 0.56 美元 / 千克，比 2010 年的 0.59 美元 / 千克下降 4.42%，其中中国台湾的进口价格为 4.56 美元 / 千克居首位，法国的为 0.24 美元 / 千克为最低价格；以出口国产量与出口总量比作为权重计算前 10 个国家加权平均价格为 0.56 美元 / 千克，比 2010 年的 0.53 美元 / 千克增加了 6.33%，以 2010 年为基期计算 2011 年机械木浆价格指数为 106.33。

化学木浆、溶解级（47020000）2011 年的进口量为 1 145 315 831 千克，比 2010 年的 963 999 011 千克上升 18.81%；进口额为 2 064 080 329 美元，比 2010 年的 1 355 307 410 美元上升 52.30%；其平均价格为 1.80 美元 / 千克，比 2010 年的 1.41 美元 / 千克上升 28.19%，其中西班牙的进口价格为 2.07 美元 / 千克居首位，捷克的为 1.29 美元 / 千克为最低价格；以进口国产量与进口总量比作为权重计算前 10 个国家加权平均价格为 1.78 美元 / 千克，比 2010 年的 1.40 美元 / 千克增加了 27.44%，以 2010 年为基期计算 2011 年化学木浆、溶解级价格指数为 127.44。

未漂白的针叶木烧碱木浆或硫酸盐木浆（47031100）2011 年的进口量为 597 551 653 千克，比 2010 年的 464 236 354 千克上升 28.72%；进口额为 405 794 380 美元，比 2010 年的 287 710 424 美元上升 41.04%；其平均价格为 0.68 美元 / 千克，比 2010 年的 0.62 美元 / 千克上升 9.58%，其中中国台湾的进口价格为 1.03 美元 / 千克居首位，澳大利亚的为 0.55 美元 / 千克为最低价格；以进口国产量与进口总量比作为权重计算前 10 个国家加权平均价格为 0.68 美元 / 千克，比 2010 年的 0.61 美元 / 千克增加了 11.51%，以 2010 年为基期计算 2011 年未漂白的针叶木烧碱木浆或硫酸盐木浆价格指数为 111.51。

未漂白的非针叶木烧碱木浆或硫酸盐木浆（47031900）2011 年的进口量为 25 830 850 千克，比 2010 年的 2 289 915 千克上升 1 028.03%；进口额为 11 453 061 美元，比 2010 年的 1 249 679 美元上升 816.48%；其平均价格为 0.44 美元 / 千克，比 2010 年的 0.55 美元 / 千克下降 18.75%，其中中国台湾的进口价格为 10.21 美元 / 千克居首位，印度尼西亚的为 0.40 美元 / 千克为最低价格；以进口国产量与进口总量比作为权重计算前 5 个国家加权平均价格为 0.44 美元 / 千克，比 2010 年的 0.45 美元 / 千克下降了 1.38%，以 2010 年为基期计算 2011 年未漂白的非针叶木烧碱木浆或硫酸盐木浆价格指数为 98.62。

半漂白或漂白的针叶木烧碱木浆或硫酸盐木浆（47032100）2011 年的进口量为 5 824 639 911 千克，比 2010 年的 3 991 818 002 千克上升 45.91%；进口额为 4 898 183 890 美元，比 2010 年的 3 139 906 166 美元上升 56.00%；其平均价格为 0.84 美元 / 千克，比 2010 年的 0.79 美元 / 千克上升 6.91%，其中瑞典的进口价格为 0.87 美元 / 千克居首位，俄罗斯的为 0.82 美元 / 千克为最低价格；以进口国产量与进口总量比作为权重计算前 10 个国家加权平均价格为 0.82 美元 / 千克，比 2010 年的 0.77 美元 /

千克增加了 5.82%，以 2010 年为基期计算 2011 年半漂白或漂白的针叶木烧碱木浆或硫酸盐木浆价格指数为 105.82。

半漂白或漂白非针叶木烧碱木浆或硫酸盐木浆（47032900）2011 年的进口量为 5 257 952 258 千克，比 2010 年的 4 412 121 877 千克上升 19.17%；进口额为 3 604 631 023 美元，比 2010 年的 3 108 467 283 美元上升 15.96%；其平均价格为 0.69 美元 / 千克，比 2010 年的 0.70 美元 / 千克下降 2.69%，其中加拿大的进口价格为 0.73 美元 / 千克居首位，日本的为 0.64 美元 / 千克为最低价格；以进口国产量与进口总量比作为权重计算前 10 个国家加权平均价格为 0.67 美元 / 千克，比 2010 年的 0.69 美元 / 千克下降了 2.06%，以 2010 年为基期计算 2011 年半漂白或漂白非针叶木烧碱木浆或硫酸盐木浆价格指数为 97.94。

未漂白的针叶木亚硫酸盐木浆（47041100）2011 年的进口量为 7 205 456 千克，比 2010 年的 4 099 793 千克上升 76.09%；进口额为 4 099 793 美元，比 2010 年的 2 362 101 美元上升 73.57%；其平均价格为 0.57 美元 / 千克，比 2010 年的 0.58 美元 / 千克下降 1.43%，其中中国台湾的进口价格为 1.14 美元 / 千克居首位，德国的价格为 0.33 美元 / 千克为最低价格；以进口国产量与进口总量比作为权重计算前 4 个国家加权平均价格为 0.57 美元 / 千克，比 2010 年的 0.58 美元 / 千克下降了 1.05%，以 2010 年为基期计算 2011 年未漂白的针叶木亚硫酸盐木浆价格指数为 98.95。

未漂白的非针叶木亚硫酸盐木浆（47041900）2011 年的进口量为 330 365 千克，比 2010 年的 72 千克增长了 458 740.28%；进口额为 236 434 美元，比 2010 年的 1 285 美元增长了 18 299.53%；其平均价格为 0.72 美元 / 千克，比 2010 年的 17.85 美元 / 千克下降 95.99%，其中德国的进口价格为 1.06 美元 / 千克居首位，印度尼西亚的为 0.68 美元 / 千克为最低价格；以进口国产量与进口总量比作为权重计算前 2 个国家加权平均价格为 0.72 美元 / 千克。

半漂白或漂白的针叶木亚硫酸盐木浆（47042100）2011 年的进口量为 85 639 400 千克，比 2010 年的 24 116 944 千克上升 255.10%；进口额为 89 117 771 美元，比 2010 年的 19 086 557 美元上升 366.91%；其平均价格为 1.04 美元 / 千克，比 2010 年的 0.79 美元 / 千克上升 31.49%，其中加拿大的进口价格为 1.91 美元 / 千克居首位，俄罗斯的为 0.65 美元 / 千克为最低价格；以进口国产量与进口总量比作为权重计算前 10 个国家加权平均价格为 1.04 美元 / 千克，比 2010 年的 0.78 美元 / 千克增加了 33.30%，以 2010 年为基期计算 2011 年半漂白或漂白的针叶木亚硫酸盐木浆价格指数为 133.30。

半漂白或漂白的非针叶木亚硫酸盐木浆（47042900）2011 年的进口量为 9 271 311 千克，比 2010 年的 7 296 552 千克上升 27.06%；进口额为 9 306 482 美元，比 2010 年的 6 351 252 美元上升 46.53%；其平均价格为 1 美元 / 千克，比 2010 年的 0.87 美元 / 千克上升 15.32%，其中意大利的进口价格为 2.60 美元 / 千克居首位，印度尼西亚的为 0.68 美元 / 千克为最低价格；以进口国产量与进口总量比作为权重计算前 7 个国家加权平均价格为 1.00 美元 / 千克，比 2010 年的 0.87 美元 / 千克上升了 15.34%，以 2010 年为基期计算 2011 年半漂白或漂白的非针叶木亚硫酸盐木浆价格指数为 115.34。

用机械与化学联合制浆法制得的木浆（47050000）2011 年的进口量为 1 342 432 194 千克，比 2010 年的 1 365 125 982 千克下降 1.66%；进口额为 732 808 098 美元，比 2010 年的 813 663 704 美元下降了 9.94%；其平均价格为 0.55 美元 / 千克，比 2010 年的 0.60 美元 / 千克下降 8.41%，其中泰国的进口价格为 0.69 美元 / 千克居首位，缅甸的为 0.37 美元 / 千克为最低价格；以进口国产量与进口总量比作为权重计算前 10 个国家加权平均价格为 0.55 美元 / 千克，比 2010 年的 0.59 美元 / 千克下降了 7.19%，以 2010 年为基期计算 2011 年用机械与化学联合制浆法制得的木浆价格指数为 92.81。

从回收（废碎）纸或纸板提取的纤维浆（47062000）2011 年的进口量为 13 189 800 千克，比 2010 年的 20 092 352 千克下降 34.35%；进口额为 7 974 840 美元，比 2010 年的 11 550 571 美元下降 30.96%；其平均价格为 0.60 美元 / 千克，比 2010 年的 0.57 美元 / 千克上升 5.17%，其中日本的进口价格为 0.93 美元 / 千克居首位，中国台湾的为 0.51 美元 / 千克为最低价格；以进口国产量与进口总量比作为权重计算前 10 个国家加权平均价格为 0.60 美元 / 千克，比 2010 年的 0.56 美元 / 千克增加了 8.53%，以 2010 年为基期计算 2011 年从回收（废碎）纸或纸板提取的纤维浆价格指数为 108.53。

其他纤维状纤维素竹浆（47063000）2011 年的进口量为 9 573 189 千克，比 2010 年的 3 370 667 千克上升 184.01%；进口额为 6 152 555 美元，比 2010 年的 1 934 472 美元上升 218.05%；其平均价格为 0.64 美元 / 千克，比 2010 年的 0.57 美元 / 千克上升 11.98%，其中美国的进口价格为 0.81 美元 / 千克居首位，缅甸的为 0.64 美元 / 千克为最低价格；以进口国产量与进口总量比作为权重计算前 3 个国家加权平均价格为 0.64 美元 / 千克，比 2010 年的 0.57 美元 / 千克增加了 11.99%，以 2010 年为基期计算 2011 年其他纤维状纤维素竹浆价格指数为 111.99。

其他纤维状纤维素机械浆（47069100）2011 年的进口量为 4 443 801 千克，比 2010 年的 342 460 千克上升 1197.61%；进口额为 3 909 626 美元，比 2010 年的 829 411 美元上升 371.37%；其平均价格为 0.88 美元 / 千克，比 2010 年的 2.42 美元 / 千克下降 63.67%，其中日本的进口价格为 45.00 美元 / 千克居首位，德国的为 0.39 美元 / 千克为最低价格；以进口国产量与进口总量比作为权重计算前 10 个国家加权平均价格为 0.88 美元 / 千克，比 2010 年的 2.26 美元 / 千克下降了 61.15%，以 2010 年为基期计算 2011 年其他纤维状纤维素机械浆价格指数为 38.85。

其他纤维状纤维素化学浆（47069200）2011 年的进口量为 54 175 493 千克，比 2010 年的 41 680 846 千克上升 29.98%；进口额为 41 836 693 美元，比 2010 年的 30 069 263 美元上升 39.13%；其平均价格为 0.77 美元 / 千克，比 2010 年的 0.72 美元 / 千克上升 7.05%，其中西班牙的进口价格为 3.55 美元 / 千克居首位，比利时的为 0.62 美元 / 千克为最低价格；以进口国产量与进口总量比作为权重计算前 10 个国家加权平均价格为 0.77 美元 / 千克，比 2010 年的 0.72 美元 / 千克增加了 7.31%，以 2010 年为基期计算 2011 年其他纤维状纤维素化学浆价格指数为 107.31。

其他纤维状纤维素半化学浆（47069300）2011 年的进口量为 1 617 028 千克，比 2010 年的 1 690 243 千克下降 4.33%；进口额为 5 178 546 美元，比 2010 年的 4 761 155 美元上升 8.77%；其平

均价格为 3.20 美元 / 千克，比 2010 年的 2.82 美元 / 千克上升 13.69%，其中日本的进口价格为 7.79 美元 / 千克居首位，菲律宾的为 2.79 美元 / 千克为最低价格；以进口国产量与进口总量比作为权重计算前三个国家加权平均价格为 3.20 美元 / 千克，比 2010 年的 2.80 美元 / 千克上升了 14.48%，以 2010 年为基期计算 2011 年其他纤维状纤维素半化学浆价格指数为 114.48。

8.2.3 主要林产品出口前 50 家企业进出口监测

我国林产品出口主要是木家具、纸制品、胶合板、纤维板、木门窗、木地板、单板、刨花板等；其贸易国（地区）以美国、日本、英国、中国香港、澳大利亚等地为主；贸易方式以一般贸易、来料加工、进料加工为主。单板、木地板、刨花板的出口企业比较集中，前 50 家企业出口金额均占其出口额的 70% 以上，木门窗、纤维板的前 50 家企业出口金额均占其出口额的 50% 以上，胶合板、纸制品、木家具的前 50 家企业出口金额均占其出口额的 20% 以上。

2011 年我国木家具出口前 50 家企业的出口额为 350 745 万美元，占全部木家具出口额的 20.49%；纸制品出口前 50 家企业的出口额为 427 109 万美元，占全部纸制品出口额的 33.10%；胶合板出口前 50 家企业的出口额为 163 149 万美元，占全部胶合板出口额的 37.74%；纤维板出口前 50 家企业的出口额为 79 327 万美元，占全部纤维板出口额的 55.25%；木门窗出口前 50 家企业的出口额为 39 760 万美元，占全部木门窗出口额的 57.75%；木地板出口前 50 家企业的出口额为 26 360 万美元，占全部木地板出口额的 71.86%；单板出口前 50 家企业的出口额为 1 9477 万美元，占全部单板出口额的 71.20%；刨花板出口前 50 家企业的出口额为 4 200 万美元，占全部刨花板出口额的 74.45%；见表 8-3。

表 8-3 2011 年我国主要林产品出口前 50 家企业状况

商品	单位	2011 年前 50 家企业出口数量	占 2011 年出口数量比例 (%)	2011 年前 50 家企业出口金额（万美元）	占 2011 年出口金额比例 (%)
纸制品	吨	3721 792	49.64	427 109	33.10
木家具	吨			350 745	20.49
胶合板	万立方米	353	36.94	163 149	37.74
纤维板	吨	1 389 539	55.53	79 327	55.25
木门窗	吨	162 106	48.88	39 760	57.75
木地板	吨	166 963	68.17	26 360	71.86
单板	吨	101 587	54.86	19 477	71.20
刨花板	吨	97 847	73.73	4 200	74.45

我国林产品进口主要是原木、锯材、胶合板、木片、纸浆等；贸易国是加拿大、俄罗斯、美国、巴西、印度尼西亚、新西兰、智利等国；贸易方式主要以一般贸易为主。原木、胶合板、纸浆、木片的进口企业比较集中，前 50 家企业进口金额均占其进口额的比例均在一半以上。

2011 年我国原木进口前 50 家企业的出口额为 417 944.38 万美元，占全部原木进口额的 50.51%；锯材进口前 50 家企业的出口额为 223 182.78 万美元，占全部锯材进口额的 39%；胶合板进口前 50 家企业的出口额为 10 158.41 万美元，占全部胶合板进口额的 84.81%；木片进口前 50 家企业的出口额为 115 947.00 万美元，占全部木片进口额的 99.99%；纸浆进口前 50 家企业的出口额为 711676.41 万美元，占全部纸浆进口额的 60.04%。见表 8-4。

表 8-4　2011 年我国主要林产品进口前 50 家企业状况

商品	单位	2011 年前 50 家企业进口数量	占 2011 年进口数量比例 (%)	2011 年前 50 家企业进口金额 (万美元)	占 2011 年进口金额比例 (%)
原木	万立方米	2 235	52.80	417 944.38	50.51
锯材	万立方米	949	43.93	223 182.78	39.00
胶合板	万立方米	16	84.04	10 158.41	84.81
木片	万吨	656	99.99	115 947.00	99.99
纸浆	万吨	840	58.55	711 676.41	60.04

8.2.4　林产品进出口国家（地区）监测

原木进出口国家（地区）107 个，比 2010 年增加 8 个。2011 年原木出口量大的国家是越南，出口金额 0.068 亿美元；原木前 10 国家进口金额 66.48 亿美元，占原木进口总额 82.75 亿美元的 80.34%。

锯材进出口国家（地区）139 个，比 2010 年减少 19 个。2011 年锯材前 10 国家（地区）出口金额 3.41 亿美元，占锯材出口总额 3.60 亿美元的 94.72%；锯材前 10 国家进口金额 49.63 亿美元，占锯材进口总额 57.22 亿美元的 86.74%。

单板进出口国家（地区）112 个，比 2010 年减少 21 个。2011 年单板前 10 国家出口金额 1.74 亿美元，占单板出口总额 2.73 亿美元的 63.74%；单板前 10 国家进口金额 0.94 亿美元，占单板进口总额 1.19 亿美元的 78.99%。

异形材进出口国家（地区）71 个，比 2010 年减少 22 个。2011 年异形材前 10 国家出口金额 0.23 亿美元，占异形材出口总额 0.24 亿美元的 95.83%；异形材前 10 国家进口金额 0.081 亿美元，占异形材进口总额 0.084 亿美元的 96.43%。

刨花板进出口国家（地区）124 个，比 2010 年减少 15 个。2011 年刨花板前 10 国家（地区）出口金额 0.35 亿美元，占刨花板出口总额 0.56 亿美元的 62.50%；刨花板前 10 国家进口金额 1.13 亿美元，占刨花板进口总额 1.22 亿美元的 92.62%。

纤维板进出口国家（地区）185 个，比 2010 年增加 1 个。2011 年纤维板前 10 国家出口金额 9.65 亿美元，占纤维板出口总额 14.36 亿美元的 67.20%；纤维板前 10 国家进口金额 0.96 亿美元，占纤维板进口总额 1.07 亿美元的 89.72%。

胶合板进出口国家（地区）197 个，比 2010 年减少 6 个。2011 年胶合板前 10 国家出口金额 24.84 亿美元，占胶合板出口总额 43.40 亿美元的 57.24%；胶合板前 10 国家进口金额 1.15 亿美元，占胶合板进口总额 1.20 亿美元的 95.83%。

木竹地板进出口国家（地区）133 个，比 2010 年减少 21 个。2011 年木竹地板前 10 国家（地区）出口金额 6.31 亿美元，占木竹地板出口总额 7.32 亿美元的 86.20%；木竹地板前 10 国家进口金额 0.28 亿美元，占木竹地板进口总额 0.30 亿美元的 93.33%。

木竹筷子进出口国家（地区）81 个，比 2010 年减少 4 个。

木竹制品进出口国家（地区）201 个，比 2010 年减少 6 个。2011 年木竹制品前 10 国家（地区）出口金额 28.63 亿美元，占木竹制品出口总额 39.63 亿美元的 72.24%；木竹制品前 10 国家进口金额 1.02 亿美元，占木竹制品进口总额 1.47 亿美元的 69.39%。

木竹家具进出口国家（地区）211 个，比 2010 年减少 4 个。家具出口目的地分散，贸易地区呈多元化趋势。2011 年木竹家具前 10 国家出口金额 89.59 亿美元，占木竹家具出口总额 172.02 亿美元的 52.08%；木竹家具前 10 国家进口金额 3.84 亿美元，占木竹家具进口总额 5.49 亿美元的 69.95%。

木片进出口国家（地区）32 个，比 2010 年增加 8 个。2011 年木片前 10 国家出口金额 0.007251 亿美元，占木片出口总额 0.007256 亿美元的 99.92%；木片前 10 国家进口金额 11.58 亿美元，占木片进口总额 11.60 亿美元的 99.83%。

木竹果炭进出口国家（地区）88 个，比 2010 年减少 1 个。2011 年木竹果炭前 10 国家出口金额 0.32 亿美元，占木竹果炭出口总额 0.39 亿美元的 82.05%；木竹果炭前 10 国家进口金额 0.446 亿美元，占木竹果炭进口总额 0.449 亿美元的 99.33%。

强化木进出口国家（地区）58 个，比 2010 年减少 31 个。2011 年强化木前 10 国家出口金额 0.04 亿美元，占强化木出口总额 0.06 亿美元的 66.67%；强化木前 10 国家进口金额 0.0319 亿美元，占强化木进口总额 0.032 亿美元的 99.69%。

锯末等进出口国家（地区）65 个，比 2010 年减少 3 个。2011 年锯末等前 10 国家出口金额 0.10 亿美元，占锯末等出口总额 0.11 亿美元的 90.91%；锯末等前 10 国家进口金额 0.047 亿美元，占锯末等进口总额 0.048 亿美元的 97.92%。

木竹浆进出口国家（地区）60 个，比 2010 年减少 18 个。2011 年木竹浆前 10 国家（地区）出口金额 0.34 亿美元，占木竹浆出口总额 0.36 亿美元的 94.44%；木竹浆前 10 国家进口金额 110.32 亿美元，占木竹浆进口总额 119.17 亿美元的 92.57%。

废纸进出口国家（地区）69 个，比 2010 年减少 6 个。2011 年我国废纸出口总额 0.01 亿美元；废纸前 10 国家进口金额 64.23 亿美元，占废纸进口总额 69.68 亿美元的 92.18%。

木竹纸制品进出口国家（地区）218 个，比 2010 年减少 3 个。2011 年木竹纸制品前 10 国家（地区）出口金额 70.64 亿美元，占木竹纸制品出口总额 126.61 亿美元的 55.79%；木竹纸制品前 10 国家进口金额 38.41 亿美元，占木竹纸制品进口总额 48.12 亿美元的 79.82%。

木门窗进出口国家（地区）174 个，比 2010 年减少 16 个。

印刷品进出口国家（地区）205 个，比 2010 年减少 14 个。见表 8-5。

表 8-5　2011 年我国主要林产品进出口国家（地区）数量

单位：个

类别	数量	与 2010 年相比增减 %	类别	数量	与 2010 年相比增减 %
原　木	107	8	木竹家具	211	-4
锯　材	139	-19	木片	32	8
单　板	112	-21	木竹果炭	88	-1
异形材	71	-22	强化木	58	-31
刨花板	124	-15	锯末等	65	-3
纤维板	185	1	纸浆	60	-18
胶合板	197	-6	废纸	69	-6
木竹地板	133	-21	木竹纸制品	218	-3
木竹筷子	81	-4	木门窗	174	-16
木竹制品	201	-6	印刷品	205	-14

8.2.5　我国林业境外投资监测

2011 年我国核准 246 家境外投资林业企业，比上年减少 0.81%，主要投资项目包括森林采伐和木材加工、木竹地板、家具制造、木竹浆及纸制品、竹藤制品、橡胶等，见表 8-6。境外投资林业企业主要分布在俄罗斯、中国香港、美国、老挝、泰国、柬埔寨等国家和地区，见表 8-7。境外投资林业企业的境内投资主体主要分布在黑龙江、山东、江苏、广东、福建等林业资源丰富、林业产业发达的地区，见表 8-8。

表 8-6　境外投资林业企业各产业的企业数量

单位：个

序号	产业类型	2011 年	2010 年	比 2010 年增减 %
	合计	246	248	-0.81
1	森林采伐、木材加工及国际贸易	93	100	-7
2	地板	13	10	30
3	家具	26	43	-39.53
4	人造板	4	11	-63.64
5	纸、浆	36	35	2.86
6	竹、藤	3	6	-50
7	橡胶、棕榈等	35	30	16.67
8	其他	36	13	176.92

表 8-7　境外投资林业企业数量排前 10 位的国家和地区

单位：个

序号	企业所在国家 / 地区	2011 年	2010 年	比 2010 年增减 %
1	俄罗斯	58	50	16
2	中国香港	37	48	-22.92
3	美国	23	26	-11.54
4	老挝	17	21	-19.05
5	泰国	12	8	50
6	柬埔寨	9	3	200
7	越南	6	11	-45.45
8	韩国	5	9	-44.44
9	印度尼西亚	5	7	-28.57
10	澳大利亚	4	3	33.33
	加拿大	4	14	-71.43
	马来西亚	4	4	0
	赞比亚	4	1	300

表 8-8　境外投资林业企业数量排前 10 位的省（市）

单位：个

序号	企业境内所在省	2011 年	2010 年	比 2010 年增减 %
1	黑龙江省	46	31	48.39
2	山东省	32	45	-28.89
3	江苏省	25	34	8.70
4	广东省	23	23	-32.35
5	福建省	16	12	33.33
6	云南省	14	13	-69.57
7	湖南省	13	4	225
8	浙江省	11	46	-15.38
9	吉林省	9	7	28.57
10	辽宁省	8	14	-42.86

8.3 风险分析

8.3.1 人民币汇率对进出口贸易影响

在我国的进出口产品的种类繁多，本研究主要选取了产值占我国进出口贸易总额份额较高的大类产品进行分析，其中规格品的选择同选择份额较高占所属类别份额较高，价格变动趋势和变动程度有较强的代表性，即选中规格品的价格变动特征与未选中规格品之间价格变动的相关性愈高愈好的品种进行分析。根据上述原则，本研究选择了以下 11 中产品进行分析，具体分析如下。

1. 进口红松和樟子松原木（44032010）

2003 年之前，在进出口贸易中红松及樟子松原木没进行单独核算，因此本研究以 2003 年为基期进行定基指数分析。由图 8-1 所示，红松和樟子松原木进口量从 2003 年起呈现逐步上升趋势，到 2007 年进口数量定基指数达到 169，2008 年由于全球金融危机经济低迷开始迅速回落至 110，后期进口数量呈现缓慢调升的态势。图中，人民币对美元汇率是平稳中缓慢下降，定基指数由 2003 年的 100，下降到 2011 年的 78.04；价格指数总体上呈现大幅上升的趋势，定基指数由 2003 年的 100 上升到 2011 年的 210.41。

2. 进口辐射松原木（44032030）

2003 年之前，在进出口贸易中辐射松原木没进行单独核算，因此本研究以 2003 年为基期进行定基指数分析。由图 8-2 所示，辐射松原木进口量在 2003 ～ 2008 年呈现先下降后稳步上升的趋势，2008 年进口数量定基指数为 107.89，2008 年以后大幅上升，到 2011 年达到 467.30。人民币对美元

图 8-1　2003 ～ 2011 年进口红松和樟子松原木价格指数与汇率变动比

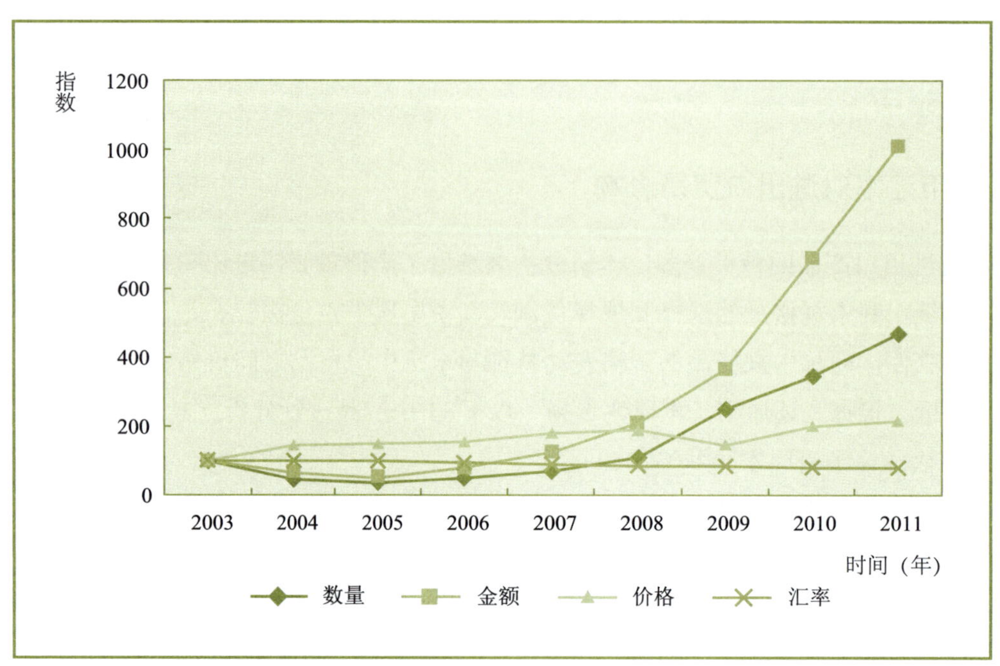

图 8-2　2003 ～ 2011 年进口辐射松原木价格指数与汇率变动比

汇率是平稳中缓慢下降，定基指数由 2003 年的 100，下降到 2011 年的 78.04；价格指数总体上呈现稳中有升偶有波动的现象，且变化幅度高于汇率变动，价格定基指数由 2003 年的 100 上升到 2010 年的 216.21。

3. 进口红松原木（44039930）

本研究以 2001 年为基期进行定基指数分析。由图 8-3 所示，红松原木进口量在 2001 ～ 2006

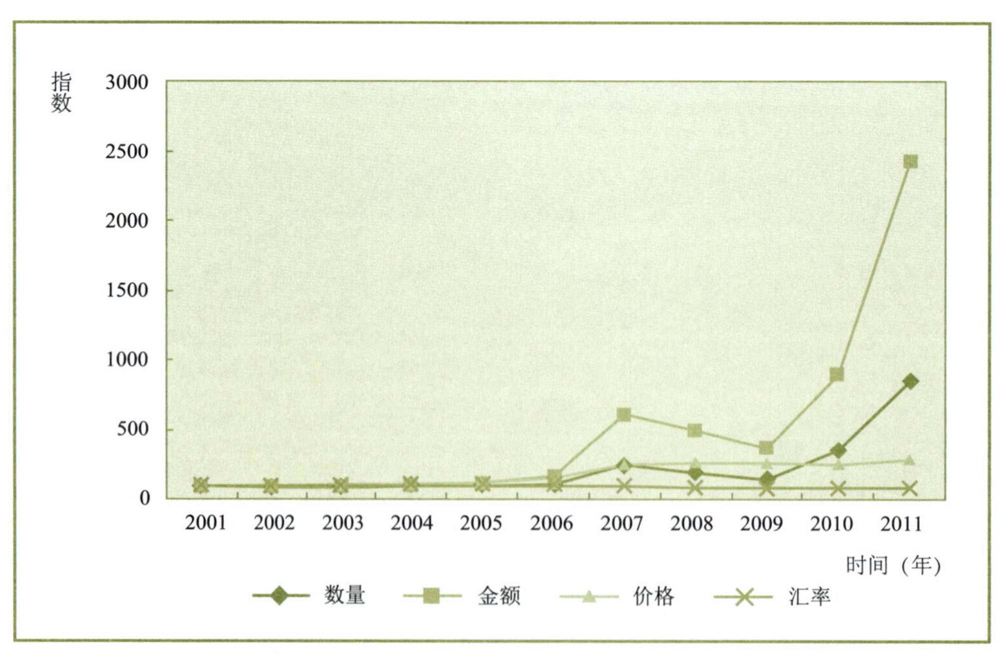

图 8-3　2001 ～ 2011 年进口红松原木价格指数与汇率变动比

年呈现先下降后逐步回升的趋势，2006 年进口数量定基指数为 109.68，2006 年以后大幅上升，到 2011 年达到 846，这说明国内市场对红松原木的需求很大；人民币对美元汇率是平稳中缓慢下降，定基指数由 2003 年的 100，下降到 2011 年的 78.04；价格指数总体上呈现稳步上升的趋势，且变化幅度高于汇率变动，定基指数由 2001 年的 100 上升到 2011 年最高值为 286.75。

4. 进口栎木（橡木）原木（44039100）

本研究以 2003 年为基期进行定基指数分析。由图 8-4 所示，栎木（橡木）原木进口量在 2003 ～ 2009 年呈现先大幅上升后下降的趋势，并在 2007 年达到最高点 331.27，2009 年由于金融危机导致全球经济萎缩，进口数量定基指数迅速下降至 108.45，后期又稳步上升，到 2011 年已经达到 176.49；人民币对美元汇率是平稳中缓慢下降，定基指数由 2003 年的 100，下降到 2011 年的 78.04；价格指数呈现稳步上升的趋势，且变化幅度明显高于汇率变动，定基指数由 2001 年的 100 上升到 2011 年的 163.11。

图 8-4　2003 ～ 2011 年进口栎木（橡木）原木价格指数与汇率变动比

5. 进口纵锯纵切刨或旋切红松和樟子松木材，厚＞ 6 毫米（44071010）

本研究以 2003 年为基期进行定基指数分析。由图 8-5 所示，纵锯纵切刨或旋切红松和樟子松木材进口量在 2003 ～ 2008 年呈现先稳步上升后下降的趋势，并在 2007 年达到最高点 314.69，2008 ～ 2010 年由于金融危机导致进口数量定基指数迅速下降至 22.92， 2011 年扭转低迷局势又攀升至 974.66；人民币对美元汇率是平稳中缓慢下降，定基指数由 2003 年的 100，下降到 2011 年的 78.04；价格指数在 2003 ～ 2007 年总体上持平，维持在 100 左右，2008 年后上升较快，到 2009 年达到最高值 463.50，2011 年又回落至 169.17。

6. 进口纵锯、纵切刨或旋切的辐射松木材，厚＞ 6 毫米（44071030）

本研究以 2003 年为基期进行定基指数分析。由图 8-6 所示，价格指数从 2008 年开始呈现先上升后下降的趋势，2008 年后进口价格突然大幅上涨，从 2008 ～ 2010 年，辐射松木材价格指数从

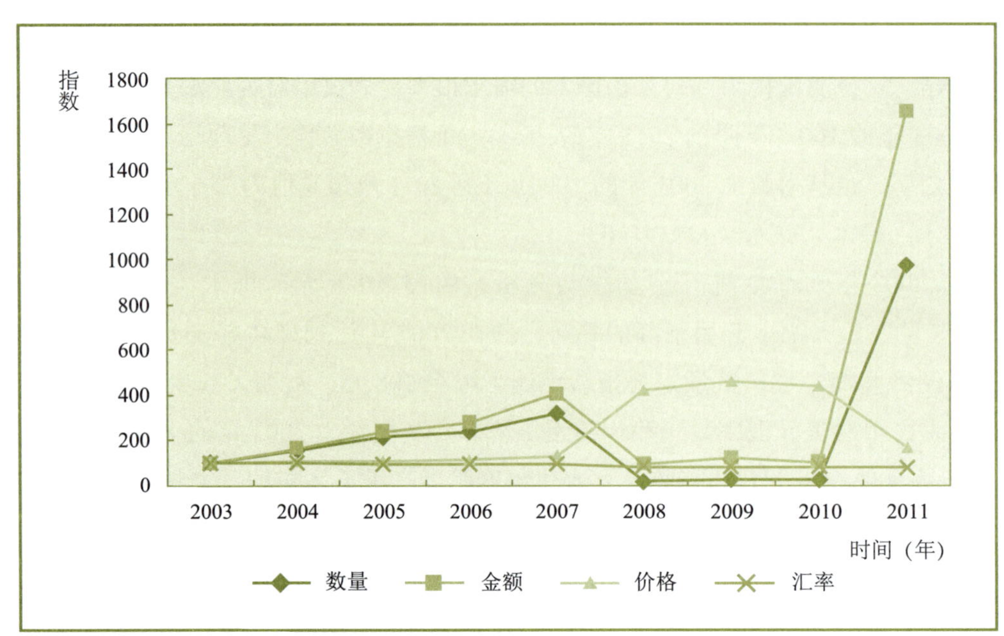

图 8-5　2003 ～ 2011 年纵锯纵切刨或旋切红松和樟子松木材价格指数与汇率变动比

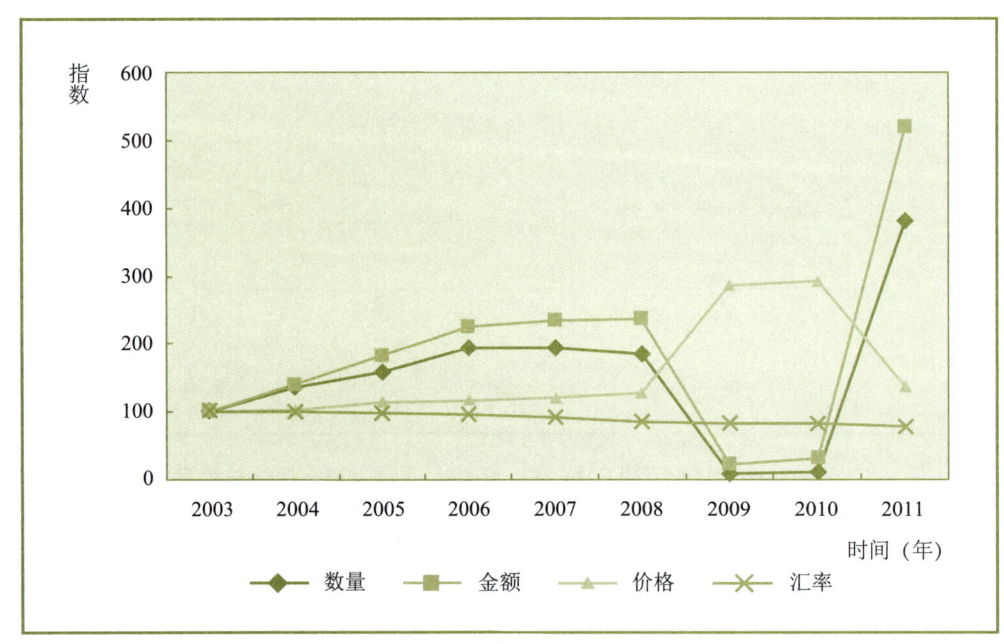

图 8-6　2003 ～ 2011 年进口纵锯、纵切刨或旋切的辐射松木材价格指数与汇率变动比

126.92 上升到 293.20，涨幅将近 170%，变化幅度较大，而后在 2011 年辐射松木材价格指数又回到 136.32，略高于基期水平。由图可知，汇率是平稳中微微下降，定基指数由 2003 年的 100，下降到 2011 年的 78.03。

7. 进口经纵锯切、刨或旋切的波罗格木木材，厚＞ 6 毫米（44072930）

本研究以 2003 年为基期进行定基指数分析。由图 8-7 所示，价格指数总体上呈现先上升后波动变化的形态，从 2004 开始价格指数稳步上涨，2007 年达到最大值 179.60，然后价格开始下降，

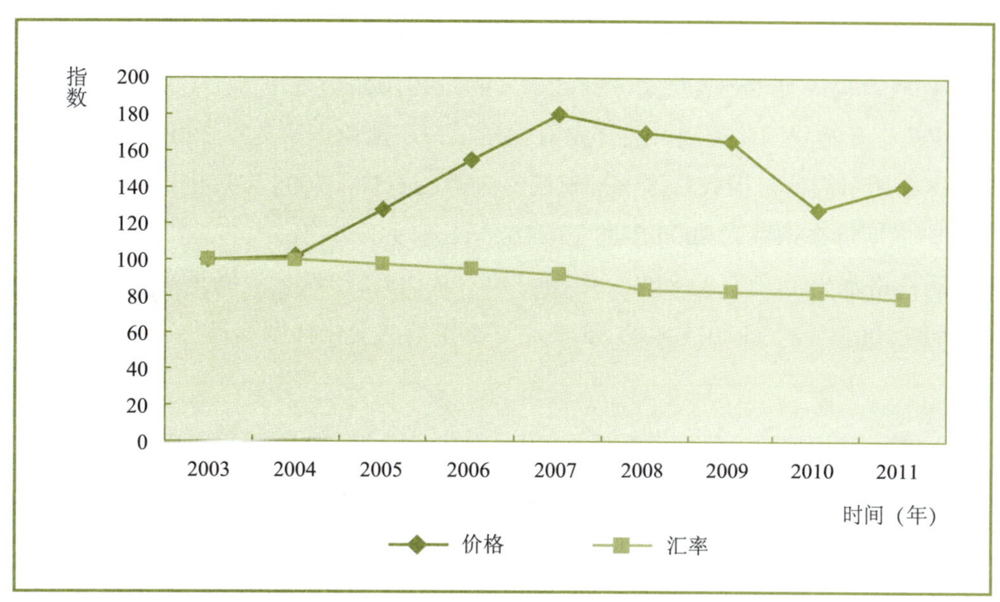

图 8-7　2003 ～ 2011 年进口经纵锯切、刨或旋切的波罗格木木材价格指数与汇率变动比

到 2010 年价格指数跌至 127.21，然后，2011 年价格指数小幅回升到 141.04。价格指数平均维持在 140.86，总体上比基期水平要高。另外，由图可知，汇率是平稳中微微下降，定基指数由 2003 年的 100，下降到 2011 年的 78.03，汇率指数的变化幅度远远小于价格变动。

8. 进口经纵锯纵切、刨或旋切的栎木木材，厚＞ 6 毫米（44079100）

因为栎木木材从 2005 年开始进口较多，故本研究以 2005 年为基期进行定基指数分析。由图 8-8 所示，价格指数从 2008 年开始呈现震荡波动的趋势，2008 年后进口价格突然大幅激增，从 2008 年至 2009 年，栎木木材价格指数从 124.24 上升到 287.44，在 2010 年达到最大值 304.28，变化幅度较大，2011 年栎木木材价格指数又回到 149.66，略高于基期水平。由图可知，从 2005 年以来汇率是平稳

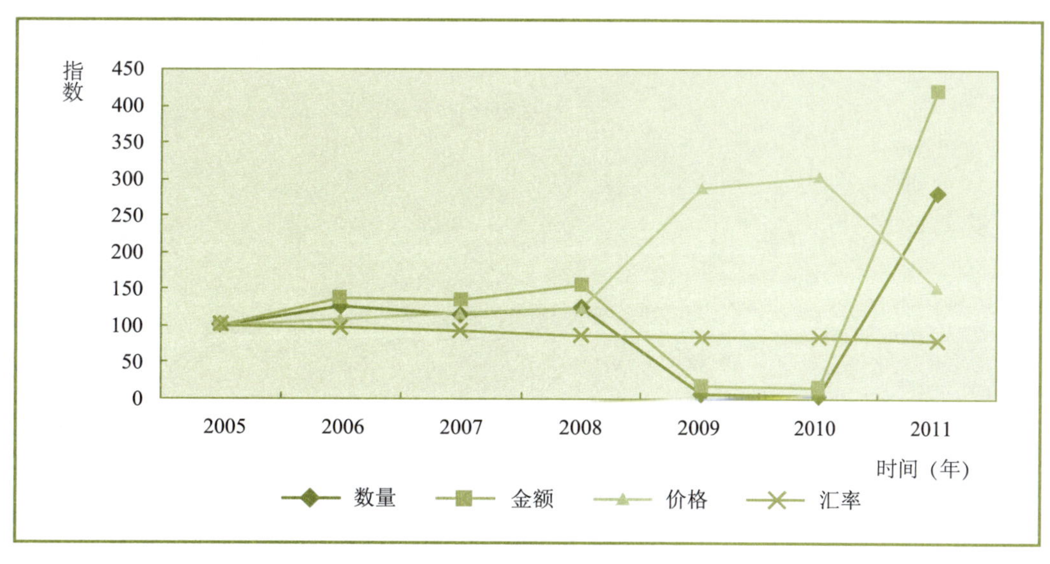

图 8-8　2005 ～ 2011 年进口经纵锯纵切、刨或旋切的栎木木材价格指数与汇率变动比

中微微下降，定基指数由 2005 年的 100，下降到 2011 年的 80.03。

9. 出口其他胶合板等至少一表层是非针叶木（44129910）

由于从 2007 年开始我国此类胶合板开始有大量出口，所以本研究以 2007 年为基期进行定基指数分析。由图 8-9 所示，价格指数总体上呈现稳中有升的态势，2008 年后出口价格基本平稳，变化幅度较小。其中最低价格指数为 2009 年的 136.13，最高为 2011 年的 147.10，价格指数平均维持在 132.81，比基期价格水平上升了 32.81%。由图可知，从 2007 年以来汇率是平稳中微微下降，定基指数由 2007 年的 100，下降到 2011 年的 85.13，汇率指数的变化幅度远远小于价格变动。

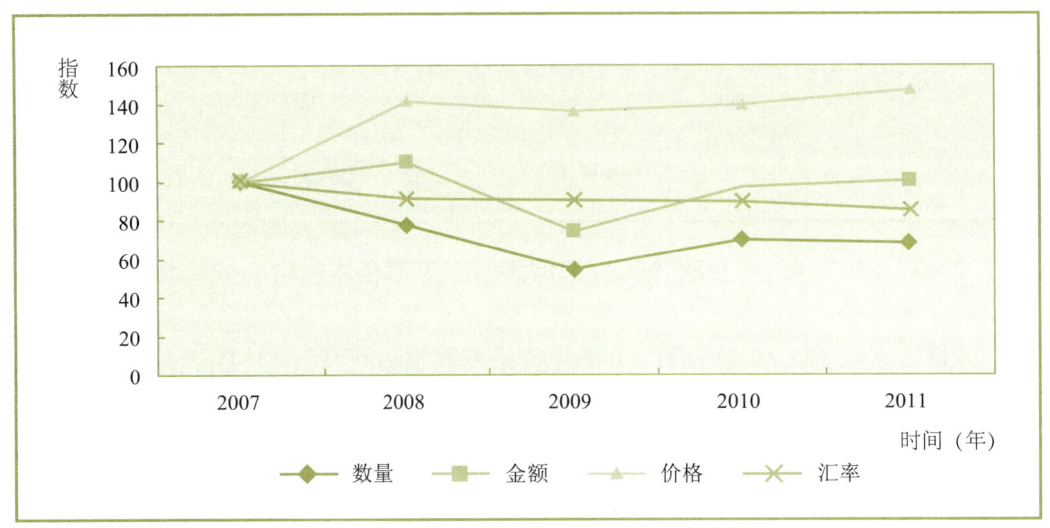

图 8-9　2007 ～ 2011 年出口其他胶合板等至少一表层是非针叶木价格指数与汇率变动比

10. 进口半漂白或漂白的针叶木亚硫酸盐木浆（47042100）

本研究以 2001 年为基期进行定基指数分析。由图 8-10 所示，价格指数总体上呈现波动上升的

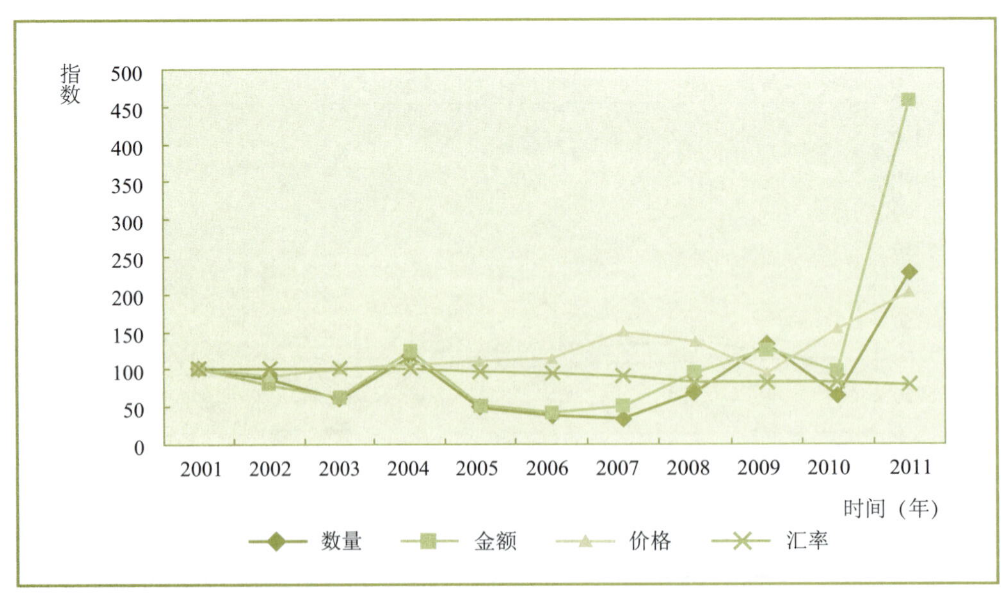

图 8-10　2001 ～ 2011 年进口半漂白或漂白的针叶木亚硫酸盐木浆价格指数与汇率变动比

趋势，2006年后变化幅度增大，从2006年开始，针叶木浆价格呈现先上升后下降然后再上升的趋势，2009年价格指数跌至最低值94.66，几乎与2001年基期水平持平，2011年上升到最高值200.90，比2001年基期价格上升了100.09%。由图可知，从2001年来汇率是平稳中微微下降，定基指数由2001年的100，下降到2011年的78.03；从2008年开始，汇率后下降幅度较小，且其变化幅度远远小于价格变动。

11. 进口半漂白或漂白的非针叶木亚硫酸盐木浆（47042900）

本研究以2001年为基期进行定基指数分析。由图8-11所示，价格指数总体上呈现波动上升的趋势，2006年后变化显著，从2006年开始，非针叶木浆价格上升速度较快。2011年达到最大值224.35，比2001年基期价格上升了24.35%。由图可知，汇率是平稳中缓慢下降，定基指数由2001年的100，下降到2011年的78.03；到2008年后下降幅度较小，且其变化幅度远远小于价格变动。

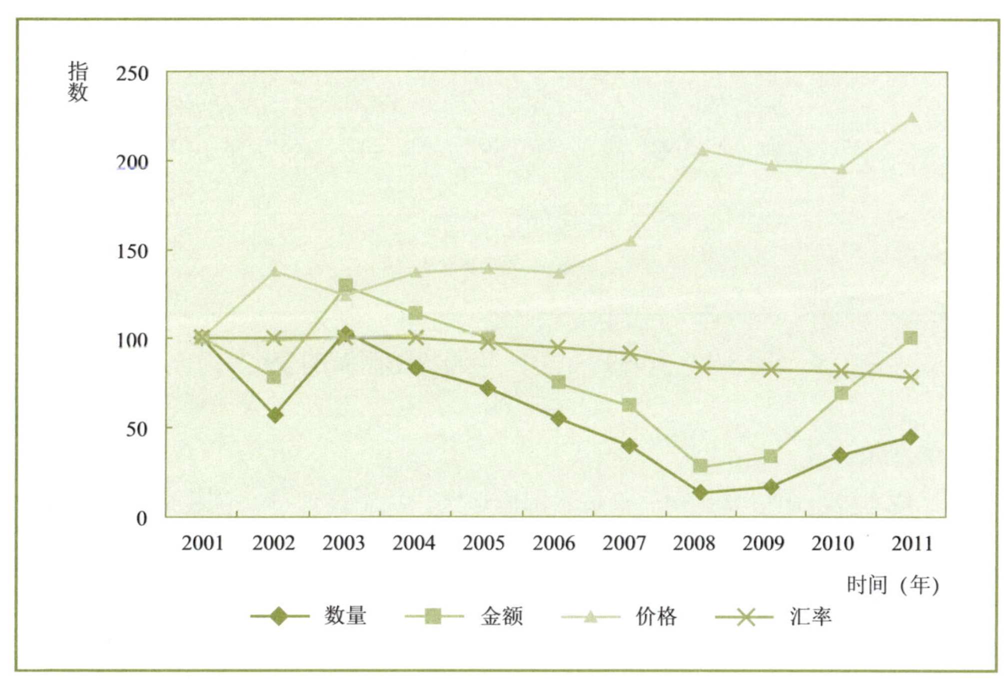

图8-11 2001～2011年进口半漂白或漂白的非针叶木亚硫酸盐木浆价格指数与汇率变动比

8.3.2 出口产品成本

一般情况下，出口商品成本 = 出口商品购进价值 + 国内运费 + 加工整理费 + 包装费 + 经营管理费 + 杂费 + 商品损耗 + 税收。一般情况下，出口商品的成本越低，对外贸易部门得到的利润和外汇收入越多；反之，贸易部门所获得的利润和外汇收入越少。对出口产品成本影响最大的主要有通货膨胀、劳动工资、利率三大因素。

1. 通货膨胀率变化

通货膨胀最重要的表现是造成物价上涨，对于企业来说是成本上升，最重要体现是人力资源成本和原材料成本的上升，由于企业本身成本的上升就会使企业的出货成本上升，使得出口商品购进价值上升，而出口商品购进价值是构成出口商品成本最重要的组成部分，一般情况下占总出口商品成本的80%以上，通货膨胀的变化直接影响了产品出口成本的变化，具体通货膨胀的变化见表8-12。由图可知，从2010至2011年通货膨胀率均超过了3%，从出口产品的价格来看，大部分林产品的出口价格增幅都大于10%，通货膨胀是引起林产品出口价格上涨的因素之一。

图8-12　1999～2011年通货膨胀率的变化

2. 劳动工资变化

在出口商品成本中，出口商品购进价值、国内运费、加工整理费、包装费、经营管理费及杂费中，最重要的就是人工成本。由于人工成本的高低可以直接反映出一个企业、一个行业乃至一个国家的产品在国际市场上的竞争力，因而它是国家制定产品进出口政策的重要依据。长期以来，我国由于劳动力成本的相对优势，提高了中国制成品在国际市场的竞争力，然而近年来，随着我国劳动力价格的上升，特别是2000年以后劳动力价格的迅速上升（见图8-13），客观上反映的是出口产品的成本上升，这会削弱我国林产品在国际上的竞争力，不利于我国林产品的出口。

8.3.3　出口退税政策

退税是国家扶持和鼓励产品出口的一种补贴性税收政策，计算公式为出口退税 = 销售金额 × 进出口退税率。我国的出口退税政策大体经历了3个主要的阶段（具体见附录：出口退税专题研究），总体上来说我国的退税率呈现下降的趋势，现阶段我国的退税率主要分为4个档次，根据不同的产品实施5%、9%、13%及15%。

1. 胶合板出口退税分析

由于胶合板的品种很多，因此本选择了出口额度占总出口额度较大的其他胶合板等至少一表层

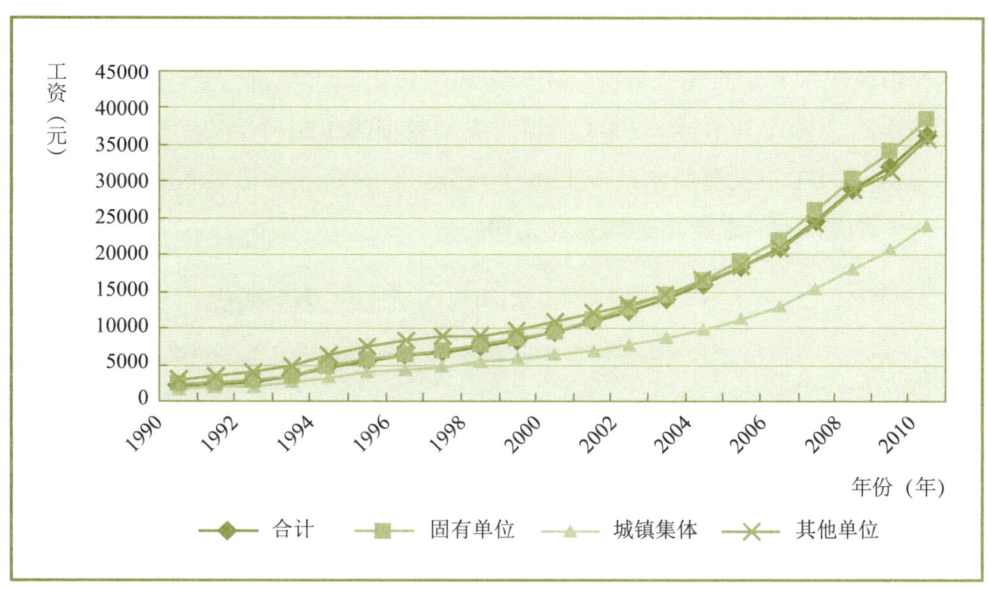

图 8-13　1990 ～ 2010 年劳动工资的变化

是非针叶木（44129910）作为研究对象进行进出口贸易分析。经计算可知人造板 2007 年出口退税率为 5%，数额占总成本的 8.08%，到 2008 年后出口退税率调整为 9%，所调整后税额占总成本的 17.34 ～ 19.60% 之间，因此可以看出出口退税率与一般制造成本（不含销售成本）呈负相关效应，出口退税率每上调 1 个百分点，与 2007 年相比，2008 年的制造成本减少约 2.87 个百分点，2009 年制造成本减少约 2.72 个百分点，2010 年制造成本减少约 2.32 个百分点，2011 年制造成本减少约 2.88 个百分点。对企业制造成本的影响呈现缓慢下降的趋势，给出口企业造成较大的影响，具体见表 8-9。

表 8-9　2007 ～ 2010 年胶合板出口退税情况

年份	平均价格（美元/立方米）	汇率（%）	出口退税率（%）	退税额（元）	成本（元）	退税额/成本（%）	比例
2007	621.08	7.59	5	235.60	2916.67	8.08	
2008	879.63	6.93	9	548.25	2800.56	19.58	2.87
2009	845.50	6.83	9	519.84	2740.56	18.97	2.72
2010	864.32	6.77	9	526.38	3035.14	17.34	2.32
2011	913.61	6.46	9	531.17	2710.54	19.60	2.88

数据来源：2007、2008 年以 20% 的收益率进行估算，2009 至 2011 年数据来自监测

2. 木地板出口退税分析

由于木地板的品种很多，因此本选择了出口额度占总出口额度较大的任何一边、端或面制成连续形状的竹地板条块（44092110）作为研究对象进行进出口贸易分析。经计算可知人造板 2007 年出口退税率为 9%，数额占总成本的 29.10%，2008 年出口退税率调整为 11%，所调整后税额占总成本的 34% 之间，2009 年出口退税率调整为 13%，所调整后税额占总成本的 36.48% 之间，2010 年

出口退税率调整为15%，所调整后税额占总成本的41.40%之间，因此可以看出出口退税率与一般制造成本（不含销售成本）呈负相关效应，出口退税率每上调1个百分点，与2007年相比，2008年的制造成本减少约2.45个百分点，2009年制造成本减少约1.24个百分点， 2010年制造成本减少约2.46个百分点，2011年制造成本减少1.46个百分点，对企业制造成本的影响呈现缓慢下降的趋势，给出口企业造成较大的影响，具体见表8-10。

表8-10　2007～2010年竹地板出口退税情况

年份	平均价格（美元/千克）	汇率（%）	出口退税率（%）	退税额（元）	退税额/成本（%）	比例(%)
2007	63.93	7.59	9	43.65	29.10	
2008	66.95	6.93	11	51.00	34.00	2.45
2009	61.62	6.83	13	54.72	36.48	1.24
2010	61.18	6.77	15	62.10	41.40	2.46
2011	62.43	6.459	13	52.42	34.95	1.46

附表及附录

附表 1：林业产业监测成本模型

附表 1-1：森林培育成本模型

（1）杉木成本模型

杉木成本构成模型

项目	计量单位	序号及关系	年份
一. 每亩出材量	立方米	1=2+3	
1. 主伐产量	立方米	2	
2. 间伐产量	立方米	3	
二. 每亩成本合计	元	4=5+6+11+14+15+17+18	
1. 生产准备费	元	5	
2. 造林费	元	6=7+8+9+10	
种苗费	元	7	
整地费	元	8	
栽植费	元	9	
补植费	元	10	
3. 抚育费	元	11=12+13	
中幼林抚育	元	12	
成熟林抚育	元	13	
4. 森林保护费	元	14	
5. 管理费	元	15	
其中：折旧、修理养路费	元	16	
6. 林地使用租金	元	17	
7. 其他费用	元	18	

（续）

项目	计量单位	序号及关系	年份
三. 每立方米出材营林成本	元	19=20+21	
1. 每立方米间伐前营林成本	元	20=4/1	
2. 每立方米间伐成本	元	21	
四. 每立方米成熟林转让税费	元 / 立方米	22	

营林（杉木）- 成本构成要素价格监测

项目	计量单位	规格、等级	
用工价格	元 / 天	工价计算公式	

营林（杉木）- 成本构成要素数量监测

项目	计量单位	序号及关系	设计指标
每亩用工合计	日	4=5+6+11+14+15+18	9.24
1. 生产准备用工	日	5	0.67
2. 造林用工	日	6=7+8+9+10	3.33
种苗数量折合用工	日	7	0.80
整地用工	日	8	2.11
栽植用工	日	9	0.33
补植用工	日	10	0.09
3. 抚育用工	日	11=12+13	2.58
中幼林抚育用工	日	12	2.58
成熟林抚育用工	日	13	0
4. 森林保护用工	日	14	0.43
5. 管理用工	日	15	0.99
6. 其他用工	日	18	1.24

（2）桉树成本模型

桉树成本构成模型

项目	计量单位	序号及关系	数据
一. 每亩出材量	立方米	1=2+3	
1. 主伐产量	立方米	2	
2. 间伐产量	立方米	3	

（续）

项目	计量单位	序号及关系	数据
二．每亩成本合计	元	4=5+6+11+14+15+17+18	
1. 生产准备费	元	5	
2. 造林费	元	6=7+8+9+10	
种苗费	元	7	
整地费	元	8	
栽植费	元	9	
补植费	元	10	
3. 抚育费	元	11=12+13	
中幼林抚育	元	12	
成熟林抚育	元	13	
4. 森林保护费	元	14	
5. 管理费	元	15	
其中：折旧、修理养路费	元	16	
6. 林地使用租金	元	17	
7. 其他费用	元	18	
三．每立方米出材营林成本	元	19=20+21	
1. 每立方米间伐前营林成本	元	20=4/1	
2. 每立方米间伐成本	元	21	
四．每立方米成熟林转让税费	元 /m^3	22	

营林（桉树）- 成本构成要素价格监测

项目	计量单位	规格、等级	
用工价格	元 / 天	工价计算公式	

营林（桉树）- 成本构成要素数量监测

项目	计量单位	序号及关系	设计指标
每亩用工合计	日	4=5+6+11+14+15+18	16.93
1. 生产准备用工	日	5	0.67
2. 造林用工	日	6=7+8+9+10	3.62
种苗数量折合用工	日	7	0.88
整地用工	日	8	2.39
栽植用工	日	9	0.28
补植用工	日	10	0.07

（续）

项目	计量单位	序号及关系	设计指标
3. 抚育用工	日	11=12+13	9.88
中幼林抚育用工	日	12	9.88
成熟林抚育用工	日	13	0
4. 森林保护用工	日	14	0.43
5. 管理用工	日	15	1.03
6. 其他用工	日	18	1.30

（3）杨树成本模型

杨树成本构成模型

项目	计量单位	序号及关系	数据
一 . 每亩出材量	立方米	1=2+3	
1. 主伐产量	立方米	2	
2. 间伐产量	立方米	3	
二 . 每亩成本合计	元	4=5+6+11+14+15+17+18	
1. 生产准备费	元	5	
2. 造林费	元	6=7+8+9+10	
种苗费	元	7	
整地费	元	8	
栽植费	元	9	
补植费	元	10	
3. 抚育费	元	11=12+13	
中幼林抚育	元	12	
成熟林抚育	元	13	
4. 森林保护费	元	14	
5. 管理费	元	15	
其中：折旧、修理养路费	元	16	
6. 林地使用租金	元	17	
7. 其他费用	元	18	
三 . 每立方米出材营林成本	元	19=20+21	
1. 每立方米间伐前营林成本	元	20=4/1	
2. 每立方米间伐成本	元	21	
四 . 每立方米成熟林转让税费	元 /m^3	22	

营林（杨树）- 成本构成要素价格监测

项目	计量单位	规格、等级	
用工价格	元 / 天	工价计算公式	

营林（杨树）- 成本构成要素数量监测

项目	计量单位	序号及关系	设计指标
每亩用工合计	日	4=5+6+11+14+15+18	
1. 生产准备用工	日	5	
2. 造林用工	日	6=7+8+9+10	
种苗数量折合用工	日	7	
整地用工	日	8	
栽植用工	日	9	
补植用工	日	10	
3. 抚育用工	日	11=12+13	
中幼林抚育用工	日	12	
成熟林抚育用工	日	13	
4. 森林保护用工	日	14	
5. 管理用工	日	15	
6. 其他用工	日	18	

（4）马尾松成本模型

马尾松成本构成模型

项目	计量单位	序号及关系	数据
一 . 每亩出材量	立方米	1=2+3	
1. 主伐产量	立方米	2	
2. 间伐产量	立方米	3	
二 . 每亩成本合计	元	4=5+6+11+14+15+17+18	
1. 生产准备费	元	5	
2. 造林费	元	6=7+8+9+10	
种苗费	元	7	
整地费	元	8	
栽植费	元	9	
补植费	元	10	

（续）

项目	计量单位	序号及关系	数据
3. 抚育费	元	11=12+13	
中幼林抚育	元	12	
成熟林抚育	元	13	
4. 森林保护费	元	14	
5. 管理费	元	15	
其中：折旧、修理养路费	元	16	
6. 林地使用租金	元	17	
7. 其他费用	元	18	
三 . 每立方米出材营林成本	元	19=20+21	
1. 每立方米间伐前营林成本	元	20=4/1	
2. 每立方米间伐成本	元	21	
四 . 每立方米成熟林转让税费	元 /m^3	22	

营林（马尾松）- 成本构成要素价格监测

项目	计量单位	规格、等级	
用工价格	元 / 天	工价计算公式	

营林（马尾松）- 成本构成要素数量监测

项目	计量单位	序号及关系	设计指标
二 . 每亩用工合计	日	4=5+6+11+14+15+18	9.04
1. 生产准备用工	日	5	0.67
2. 造林用工	日	6=7+8+9+10	3.19
种苗数量折合用工	日	7	0.66
整地用工	日	8	2.11
栽植用工	日	9	0.33
补植用工	日	10	0.09
3. 抚育用工	日	11=12+13	2.58
中幼林抚育用工	日	12	2.58
成熟林抚育用工	日	13	0
4. 森林保护用工	日	14	0.43
5. 管理用工	日	15	0.96
6. 其他用工	日	18	1.21

（5）落叶松成本模型

落叶松成本构成模型

项目	计量单位	序号及关系	数据
一 . 每亩出材量	立方米	1=2+3	
1. 主伐产量	立方米	2	
2. 间伐产量	立方米	3	
二 . 每亩成本合计	元	4=5+6+11+14+15+17+18	
1. 生产准备费	元	5	
2. 造林费	元	6=7+8+9+10	
种苗费	元	7	
整地费	元	8	
栽植费	元	9	
补植费	元	10	
3. 抚育费	元	11=12+13	
中幼林抚育	元	12	
成熟林抚育	元	13	
4. 森林保护费	元	14	
5. 管理费	元	15	
其中：折旧、修理养路费	元	16	
6. 林地使用租金	元	17	
7. 其他费用	元	18	
三 . 每立方米出材营林成本	元	19=20+21	
1. 每立方米间伐前营林成本	元	20=4/1	
2. 每立方米间伐成本	元	21	
四 . 每立方米成熟林转让税费	元 /m^3	22	

营林（落叶松）- 成本构成要素价格监测

项目	计量单位	规格、等级	年份
用工价格	元 / 天	工价计算公式	

营林（落叶松）- 成本构成要素数量监测

项目	计量单位	序号及关系	设计指标
每亩用工合计	日	4=5+6+11+14+15+18	
1. 生产准备用工	日	5	

（续）

项目	计量单位	序号及关系	设计指标
2. 造林用工	日	6=7+8+9+10	
种苗数量折合用工	日	7	
整地用工	日	8	
栽植用工	日	9	
补植用工	日	10	
3. 抚育用工	日	11=12+13	
中幼林抚育用工	日	12	
成熟林抚育用工	日	13	
4. 森林保护用工	日	14	
5. 管理用工	日	15	
6. 其他用工	日	18	

（6）阔叶林成本模型

阔叶松成本构成模型

项目	计量单位	序号及关系	数据
一. 每亩出材量	立方米	1=2+3	
1. 主伐产量	立方米	2	
2. 间伐产量	立方米	3	
二. 每亩成本合计	元	4=5+6+11+14+15+17+18	
1. 生产准备费	元	5	
2. 造林费	元	6=7+8+9+10	
种苗费	元	7	
整地费	元	8	
栽植费	元	9	
补植费	元	10	
3. 抚育费	元	11=12+13	
中幼林抚育	元	12	
成熟林抚育	元	13	
4. 森林保护费	元	14	
5. 管理费	元	15	
其中：折旧、修理养路费	元	16	

（续）

项目	计量单位	序号及关系	数据
6. 林地使用租金	元	17	
7. 其他费用	元	18	
三 . 每立方米出材营林成本	元	19=20+21	
1. 每立方米间伐前营林成本	元	20=4/1	
2. 每立方米间伐成本	元	21	
四 . 每立方米成熟林转让税费	元 /m^3	22	

营林（阔叶林）- 成本构成要素价格监测

项目	计量单位	规格、等级	年份
用工价格	元 / 天	工价计算公式	

营林（阔叶林）- 成本构成要素数量监测

项目	计量单位	序号及关系	设计指标
每亩用工合计	日	4=5+6+11+14+15+18	
1. 生产准备用工	日	5	
2. 造林用工	日	6=7+8+9+10	
种苗数量折合用工	日	7	
整地用工	日	8	
栽植用工	日	9	
补植用工	日	10	
3. 抚育用工	日	11=12+13	
中幼林抚育用工	日	12	
成熟林抚育用工	日	13	
4. 森林保护用工	日	14	
5. 管理用工	日	15	
6. 其他用工	日	18	

（7）针阔混交成本模型

针阔混交成本构成模型

项目	计量单位	序号及关系	数据
一 . 每亩出材量	立方米	1=2+3	
1. 主伐产量	立方米	2	

（续）

项目	计量单位	序号及关系	数据
2. 间伐产量	立方米	3	
二. 每亩成本合计	元	4=5+6+11+14+15+17+18	
1. 生产准备费	元	5	
2. 造林费	元	6=7+8+9+10	
种苗费	元	7	
整地费	元	8	
栽植费	元	9	
补植费	元	10	
3. 抚育费	元	11=12+13	
中幼林抚育	元	12	
成熟林抚育	元	13	
4. 森林保护费	元	14	
5. 管理费	元	15	
其中：折旧、修理养路费	元	16	
6. 林地使用租金	元	17	
7. 其他费用	元	18	
三. 每立方米出材营林成本	元	19=20+21	
1. 每立方米间伐前营林成本	元	20=4/1	
2. 每立方米间伐成本	元	21	
四. 每立方米成熟林转让税费	元 /m^3	22	

营林（针阔混交）- 成本构成要素价格监测

项目	计量单位	规格、等级	年份
用工价格	元 / 天	工价计算公式	

营林（针阔混交）- 成本构成要素数量监测

项目	计量单位	序号及关系	设计指标
每亩用工合计	日	4=5+6+11+14+15+18	
1. 生产准备用工	日	5	
2. 造林用工	日	6=7+8+9+10	
种苗数量折合用工	日	7	
整地用工	日	8	
栽植用工	日	9	

（续）

项目	计量单位	序号及关系	设计指标
补植用工	日	10	
3. 抚育用工	日	11=12+13	
中幼林抚育用工	日	12	
成熟林抚育用工	日	13	
4. 森林保护用工	日	14	
5. 管理用工	日	15	
6. 其他用工	日	18	

附表 1-2：原木生产成本模型

项目	计量单位	序号及关系	数据
一 . 采伐数量	立方米	1	
二 . 每立方米采运成本	元	2=3+15+19	
1 直接成本	元	3=3+4+5+6+7+8+9+10+11+12+13+14	
1.1 伐木成本	元	4	
1.2 伐木燃油消耗	元	5	
1.3 打枝、造材成本	元	6	
1.4 打枝、造材燃油消耗	元	7	
1.5 集运材成本	元	8	
1.6 集运材燃油消耗	元	9	
1.7 归楞成本	元	10	
1.8 归楞燃油消耗	元	11	
1.9 清理成本	元	12	
1.10 清理燃油消耗	元	13	
1.11 其他费用	元	14	
2 间接成本	元	15=16+17+18	
2.1 管理费	元	16	
2.2 修路费	元	17	
2.3 其他费用	元	18	
3 原木收购环节税费	元	19	

原木生产 - 成本构成要素价格监测

项目	计量单位	规格、等级	
1 雇工工价	元 / 日	工价计算公式	
2 燃油消耗	元 / 公升		
3 原木收购环节税费	元 /m^3		

原木生产 - 成本构成要素数量监测

项目	计量单位	设计指标	
1 用工总量	日		
1.1 伐木用工量	日		
1.2 打枝、造材用工量	日		
1.3 集运材用工量	日		
1.4 归楞用工量	日		
1.5 清理用工量	日		
1.6 管理用工	日		
1.7 修路用工	日		
1.8 其他用工	日		
2 燃油消耗总量	公升		
2.1 伐木燃油消耗量	公升		
2.2 打枝、造材燃油消耗量	公升		
2.3 集运材燃油消耗量	公升		
2.4 归楞燃油消耗量	公升		
2.5 清理燃油消耗量	公升		

附表 1–3：人造板成本模型

（1）5 万立方米纤维板成本模型

5 万立方米纤维板成本构成模型

项目	计量单位	序号及关系	数据
一 . 实际人造板产量	立方米	1	
二 . 每立方米生产成本	元	2=3+14+18	
1 直接制造成本	元 / 平方米	3=4+9+13	
1.1 辅助材料消耗	元 / 平方米	4=5+6+7+8	

（续）

项目	计量单位	序号及关系	数据
1.1.1 脲醛树脂消耗价值	元 / 平方米	5	
1.1.2 氯化铵消耗价值	元 / 平方米	6	
1.1.3 氨水消耗价值	元 / 平方米	7	
1.1.4 石蜡消耗价值	元 / 平方米	8	
1.2 水、电、热消耗	元 / 平方米	9=10+11+12	
1.2.1 电费	元 / 平方米	10	
1.2.2 水费	元 / 平方米	11	
1.2.3 其他燃料价值	元 / 平方米	12	
1.3 木材消耗价值	元 / 平方米	13	
2 固定成本	元 / 平方米	14=15+16+17	
2.1 工资	元 / 平方米	15	
2.2 折旧	元 / 平方米	16	
2.3 增值税	元 / 平方米	17	
3 工厂其他成本	元 / 平方米	18	

5 万立方米纤维板 - 成本构成要素价格监测

项目	规格、等级	计量单位	
1 直接制造成本		元 / 吨	
1.1 辅助材料		元 / 吨	
1.1.1 脲醛树脂单价		元 / 吨	
1.1.2 氯化铵消耗单价		元 / 吨	
1.1.3 氨水消耗单价		元 / 吨	
1.1.4 石蜡消耗单价		元 / 吨	
1.2 水、电、热消耗			
1.2.1 电费		元 / 度	
1.2.2 水费		元 / 吨	
1.2.3 其他燃料单价		元 / 千焦	
1.3 木材单价		元 / 吨	
2 固定成本			
2.1 工资		元 / 人	
2.2 折旧		元 / 平方米	
2.3 增值税		元 / 平方米	
3 工厂其他成本		元 / 平方米	

5 万立方米纤维板 - 成本构成要素数量监测

项目	计量单位	设计指标	计算公式
一 . 设计纤维板生产量	平方米		
二 . 成本设计指标			
1 直接制造成本	吨 / 平方米		
1.1 辅助材料	吨 / 平方米		年消耗量（t）/ 年设计产量（m^3）
1.1.1 脲醛树脂消耗	吨 / 平方米	0.22206	
1.1.2 氯化铵消耗	吨 / 平方米	0.00222	
1.1.3 氨水消耗	吨 / 平方米	0.00078	
1.1.4 石蜡消耗	吨 / 平方米	0.0111	
1.2 水、电、热消耗			
1.2.1 电费	度 / 平方米	874.272	装机容量（kW）×24（h）× 年工作日 / 年设计产量（m^3）
1.2.2 水费	吨 / 平方米	0.17472	每小时用水量（m^3/h）×24（h）× 年工作日 / 年设计产量（m^3）
1.2.3 其他燃料	千焦 / 平方米	4.953984	用热量（GJ/h）×24（h）× 年工作日 / 年设计产量（m^3）
1.3 木材单耗	吨 / 平方米	1.68176	木材消耗量（t）/ 年设计产量（m^3）
2 固定成本			
2.1 用工量	人 / 平方米	0.00156	工厂人数 / 年设计产量
2.2 折旧	元 / 平方米		
2.3 增值税	元 / 平方米		
3 工厂其他成本	元 / 平方米		

（2）8 万立方米纤维板成本模型

8 万立方米纤维板成本构成模型

项目	计量单位	序号及关系	数据
一 . 实际人造板产量	立方米	1	
二 . 每立方米生产成本	元	2=3+14+18	
1 直接制造成本	元 / 平方米	3=4+9+13	
1.1 辅助材料消耗	元 / 平方米	4=5+6+7+8	
1.1.1 脲醛树脂消耗价值	元 / 平方米	5	
1.1.2 氯化铵消耗价值	元 / 平方米	6	

（续）

项目	计量单位	序号及关系	数据
1.1.3 氨水消耗价值	元 / 平方米	7	
1.1.4 石蜡消耗价值	元 / 平方米	8	
1.2 水、电、热消耗	元 / 平方米	9=10+11+12	
1.2.1 电费	元 / 平方米	10	
1.2.2 水费	元 / 平方米	11	
1.2.3 其他燃料价值	元 / 平方米	12	
1.3 木材消耗价值	元 / 平方米	13	
2 固定成本	元 / 平方米	14=15+16+17	
2.1 工资	元 / 平方米	15	
2.2 折旧	元 / 平方米	16	
2.3 增值税	元 / 平方米	17	
3 工厂其他成本	元 / 平方米	18	

8 万立方米纤维板 - 成本构成要素价格监测

项目	规格、等级	计量单位	
1 直接制造成本		元 / 吨	
1.1 辅助材料		元 / 吨	
1.1.1 脲醛树脂单价		元 / 吨	
1.1.2 氯化铵消耗单价		元 / 吨	
1.1.3 氨水消耗单价		元 / 吨	
1.1.4 石蜡消耗单价		元 / 吨	
1.2 水、电、热消耗			
1.2.1 电费		元 / 度	
1.2.2 水费		元 / 吨	
1.2.3 其他燃料单价		元 / 千焦	
1.3 木材单价		元 / 吨	
2 固定成本			
2.1 工资		元 / 人	
2.2 折旧		元 / 平方米	
2.3 增值税		元 / 平方米	
3 工厂其他成本		元 / 平方米	

8 万立方米纤维板 - 成本构成要素数量监测

项目	计量单位	设计指标	计算公式
一 . 设计纤维板生产量	方		
二 . 成本设计指标			
1 直接制造成本	吨 / 平方米		
1.1 辅助材料	吨 / 平方米		年消耗量（t）/ 年设计产量（m^3）
1.1.1 脲醛树脂消耗	吨 / 平方米	0.177625	
1.1.2 氯化铵消耗	吨 / 平方米	0.001775	
1.1.3 氨水消耗	吨 / 平方米	0.0008875	
1.1.4 石蜡消耗	吨 / 平方米	0.0106625	
1.2 水、电、热消耗			
1.2.1 电费	度 / 平方米	672	装机容量（kW）×24（h）× 年工作日 / 年设计产量（m^3）
1.2.2 水费	吨 / 平方米	0.44268	每小时用水量（m^3/h）×24（h）× 年工作日 / 年设计产量（m^3）
1.2.3 其他燃料	千焦 / 平方米	4.6872	用热量（GJ/h）×24（h）× 年工作日 / 年设计产量（m^3）
1.3 木材单耗	吨 / 平方米	1.5366875	木材消耗量(t)/ 年设计产量(m^3)
2 固定成本			
2.1 用工量	人 / 平方米	0.0009875	工厂人数 / 年设计产量
2.2 折旧	元 / 平方米		
2.3 增值税	元 / 平方米		
3 工厂其他成本	元 / 平方米		

（3）20 万立方米纤维板成本模型

20 万立方米纤维板成本构成模型

项目	计量单位	序号及关系	数据
一 . 实际人造板产量	立方米	1	
二 . 每立方米生产成本	元	2=3+15+19	
1 直接制造成本	元 / 平方米	3=4+10+14	
1.1 辅助材料消耗	元 / 平方米	4=5+6+7+8+9	
1.1.1 脲醛树脂消耗价值	元 / 平方米	5	
1.1.2 氯化铵消耗价值	元 / 平方米	6	

（续）

项目	计量单位	序号及关系	数据
1.1.3 尿素消耗价值	元 / 平方米	7	
1.1.4 石蜡消耗价值	元 / 平方米	8	
1.1.5 润滑油消耗价值	元 / 平方米	9	
1.2 水、电、热消耗	元 / 平方米	10=11+12+13	
1.2.1 电费	元 / 平方米	11	
1.2.2 水费	元 / 平方米	12	
1.2.3 其他燃料价值	元 / 平方米	13	
1.3 木材消耗价值	元 / 平方米	14	
2 固定成本	元	15=16+17+18	
2.1 工资	元 / 平方米	16	
2.2 折旧	元 / 平方米	17	
2.3 增值税	元 / 平方米	18	
3 工厂其他成本	元 / 平方米	19	

20 万立方米纤维板 - 成本构成要素价格监测

项目	计量单位	规格、等级	
1 直接制造成本	元 / 吨		
1.1 辅助材料	元 / 吨		
1.1.1 脲醛树脂单价	元 / 吨		
1.1.2 氯化铵消耗单价	元 / 吨		
1.1.3 尿素消耗单价	元 / 吨		
1.1.4 石蜡消耗单价	元 / 吨		
1.1.5 润滑油单价	元 / 升		
1.2 水、电、热消耗			
1.2.1 电费	元 / 度		
1.2.2 水费	元 / 吨		
1.2.3 其他燃料单价	元 / 千焦		
1.3 木材单价	元 / 吨		
2 固定成本			
2.1 工资	元 / 人		
2.2 折旧	元 / 平方米		
2.3 增值税	元 / 平方米		
3 工厂其他成本	元 / 平方米		

20 万立方米纤维板 - 成本构成要素数量监测

项目	计量单位	设计指标	计算公式
一 . 设计纤维板生产量	方		
二 . 成本设计指标			
1 直接制造成本	吨 / 平方米		
1.1 辅助材料	吨 / 平方米		年消耗量（t）/ 年设计产量（m^3）
1.1.1 脲醛树脂消耗	吨 / 平方米	0.19435	
1.1.2 氯化铵消耗	吨 / 平方米	0.0081	
1.1.3 氨水消耗	吨 / 平方米	0.000975	
1.1.4 石蜡消耗	吨 / 平方米	0.00485	
1.1.5 润滑油消耗	升 / 方	0.06	
1.2 水、电、热消耗			
1.2.1 电费	度 / 平方米	675.36	装机容量（kW）×24（h）× 年工作日 / 年设计产量（m^3）
1.2.2 水费	吨 / 平方米	0.336	每小时用水量（m^3/h）×24（h）× 年工作日 / 年设计产量（m^3）
1.2.3 其他燃料	千焦 / 平方米	5.1072	用热量（GJ/h）×24（h）× 年工作日 / 年设计产量（m^3）
1.3 木材单耗	吨 / 平方米	0.93	木材消耗量（t）/ 年设计产量（m^3）
2 固定成本			
2.1 用工量	人 / 平方米	0.00075	工厂人数 / 年设计产量
2.2 折旧	元 / 平方米		
2.3 增值税	元 / 平方米		
3 工厂其他成本	元 / 平方米		

（4）10 万立方米刨花板成本模型

10 万立方米刨花板成本构成模型

项目	计量单位	序号及关系	数据
一 . 实际人造板产量	立方米	1	
二 . 每立方米生产成本	元	2	
1 直接制造成本	元 / 平方米	3=4+10+14	
1.1 辅助材料消耗	元 / 平方米	4=5+6+7+8+9	
1.1.1 脲醛树脂消耗价值	元 / 平方米	5	

（续）

项目	计量单位	序号及关系	数据
1.1.2 氯化铵消耗价值	元 / 平方米	6	
1.1.3 氨水消耗价值	元 / 平方米	7	
1.1.4 石蜡消耗价值	元 / 平方米	8	
1.1.5 硬脂酸消耗价值	元 / 平方米	9	
1.2 水、电、热消耗	元 / 平方米	10=11+12+13	
1.2.1 电费	元 / 平方米	11	
1.2.2 水费	元 / 平方米	12	
1.2.3 其他燃料价值	元 / 平方米	13	
1.3 木材消耗价值	元 / 平方米	14=15+16	
1.3.1 小径木、枝丫材价值	元 / 平方米	15	
1.3.2 外购木片价值	元 / 平方米	16	
2 固定成本	元	17=18+19+20	
2.1 工资	元 / 平方米	18	
2.2 折旧	元 / 平方米	19	
2.3 增值税	元 / 平方米	20	
3 工厂其他成本	元 / 平方米	21	

10 万立方米刨花板 - 成本构成要素价格监测

项目	规格、等级	计量单位	
1 直接制造成本		元 / 吨	
1.1 辅助材料		元 / 吨	
1.1.1 脲醛树脂单价		元 / 吨	
1.1.2 氯化铵消耗单价		元 / 吨	
1.1.3 氨水消耗单价		元 / 吨	
1.1.4 石蜡消耗单价		元 / 吨	
1.1.5 硬脂酸单价		元 / 吨	
1.2 水、电、热消耗			
1.2.1 电费		元 / 度	
1.2.2 水费		元 / 吨	
1.2.3 其他燃料单价		元 / 千焦	
1.3 木材单价		元 / 吨	
1.3.1 小径木、枝丫材单价		元 / 吨	
1.3.2 外购木片单价		元 / 吨	

（续）

项目	规格、等级	计量单位	
2 固定成本			
2.1 工资		元 / 人	
2.2 折旧		元 / 平方米	
2.3 增值税		元 / 平方米	
3 工厂其他成本		元 / 平方米	

10 万立方米刨花板 - 成本构成要素数量监测

项目	计量单位	设计指标	计算公式
一 . 设计刨花板生产量	方		
二 . 成本设计指标			
1 直接制造成本	吨 / 平方米		
1.1 辅助材料	吨 / 平方米		年消耗量（t）/ 年设计产量（m^3）
1.1.1 脲醛树脂消耗	吨 / 平方米	0.1034	
1.1.2 氯化铵消耗	吨 / 平方米	0.0008848	
1.1.3 氨水消耗	吨 / 平方米	0.0006	
1.1.4 石蜡消耗	吨 / 平方米	0.00224	
1.1.5 硬脂酸消耗	吨 / 平方米	0.00022	
1.2 水、电、热消耗			
1.2.1 电费	度 / 平方米	336	装机容量（kW）×24（h）× 年工作日 / 年设计产量（m^3）
1.2.2 水费	吨 / 平方米	0.1008	每小时用水量（m^3/h）×24（h）× 年工作日 / 年设计产量（m^3）
1.2.3 其他燃料	千焦 / 平方米	3.90432	用热量（GJ/h）×24（h）× 年工作日 / 年设计产量（m^3）
1.3 木材单耗	吨 / 平方米		木材消耗量（t）/ 年设计产量（m^3）
1.3.1 小径木、枝丫材单耗	吨 / 平方米	0.49728	
1.3.2 外购木片单耗	吨 / 平方米	0.33152	工厂人数 / 年设计产量
2 固定成本			
2.1 用工量	人 / 平方米	0.0011	
2.2 折旧	元 / 平方米		
2.3 增值税	元 / 平方米		
3 工厂其他成本	元 / 平方米		

附表 1-4：家具成本模型

家具成本构成模型

项目	计量单位	序号及关系	数据
一 . 实际人造板产量	立方米	1	
二 . 每立方米生产成本	元	2=3+14+18	
1 直接制造成本	元 / 平方米	3=4+7+11+12+13	
1.1 辅助材料消耗	元 / 平方米	4=5+6	
1.1.1 胶水消耗价值	元 / 平方米	5	
1.1.2 油漆消耗价值	元 / 平方米	6	
1.2 水、电、热消耗	元 / 平方米	7=8+9+10	
1.2.1 电费	元 / 平方米	8	
1.2.2 水费	元 / 平方米	9	
1.2.3 其他燃料价值	元 / 平方米	10	
1.3 木材消耗价值	元 / 平方米	11	
1.4 胶合板消耗价值	元 / 平方米	12	
1.5 纤维板消耗价值	元 / 平方米	13	
2 固定成本	元 / 平方米	14	
2.1 工资	元 / 平方米	15	
2.2 折旧	元 / 平方米	16	
2.3 增值税	元 / 平方米	17	
3 工厂其他成本	元 / 平方米	18	

家具 - 成本构成要素价格监测

项目	规格、等级	计量单位	
1 直接制造成本		元 / 吨	
1.1 辅助材料		元 / 吨	
1.1.1 胶水消耗价值		元 / 吨	
1.1.2 油漆消耗价值		元 / 吨	
1.2 水、电、热消耗			
1.2.1 电费		元 / 度	
1.2.2 水费		元 / 吨	
1.2.3 其他燃料单价		元 / 吨	
1.3 木材单价		元 / 吨	

（续）

项目	规格、等级	计量单位	
1.4 胶合板消耗价值		元 / 吨	
1.5 纤维板消耗价值		元 / 吨	
2 固定成本			
2.1 工资		元 / 人	
2.2 折旧		元 / 平方米	
2.3 增值税		元 / 平方米	
3 工厂其他成本		元 / 平方米	

家具 - 成本构成要素数量监测

项目	计量单位	设计指标	计算公式
一 . 设计家具生产量			
二 . 成本设计指标			
1 直接制造成本	吨 / 平方米		
1.1 辅助材料	吨 / 平方米		年消耗量（t）/ 年设计产量（m^3）
1.1.1 胶水消耗价值	吨 / 平方米		
1.1.2 油漆消耗价值	吨 / 平方米		
1.2 水、电、热消耗			
1.2.1 电费	度 / 平方米		全年耗电量(kwh/a)/ 年设计产量(m^3)
1.2.2 水费	吨 / 平方米		每小时用水量（m^3/h）×24（h）× 年工作日 / 年设计产量（m^3）
1.2.3 其他燃料	吨 / 平方米		用热量（GJ/h）×24（h）× 年工作日 / 年设计产量（m^3）
1.3 木材单耗	吨 / 平方米		木材消耗量（t）/ 年设计产量（m^3）
1.4 胶合板消耗价值	吨 / 平方米		
1.5 纤维板消耗价值	吨 / 平方米		
2 固定成本			
2.1 用工量	人 / 平方米		工厂人数 / 年设计产量
2.2 折旧	元 / 平方米		
2.3 增值税	元 / 平方米		
3 工厂其他成本	元 / 平方米		

附表 1-5：木地板成本模型

（1）200 万平方米强化木地板成本模型

200 万平方米强化木地板成本构成模型

项目	计量单位	序号及关系	数据
一 . 实际强化木地板产量	平方米	1	
二 . 每平方米生产成本	元	2=3+13+17	
1 直接制造成本	元 / 平方米	3=4+8+12	
1.1 辅助材料消耗	元 / 平方米	4=5+6+7	
1.1.1 表层装饰纸价值	元 / 平方米	5	
1.1.2 耐磨层消耗价值	元 / 平方米	6	
1.1.3 底层纸价值	元 / 平方米	7	
1.2 水、电、热消耗	元 / 平方米	8=9+10+11	
1.2.1 电费	元 / 平方米	9	
1.2.2 水费	元 / 平方米	10	
1.2.3 其他燃料价值	元 / 平方米	11	
1.3 中密度纤维板消耗价值	元 / 平方米	12	
2 固定成本	元 / 平方米	13=14+15+16	
2.1 工资	元 / 平方米	14	
2.2 折旧	元 / 平方米	15	
2.3 增值税	元 / 平方米	16	
3 工厂其他成本	元 / 平方米	17	

200 万平方米强化木地板 - 成本构成要素价格监测

项目	规格、等级	计量单位	
1 直接制造成本		元 / 吨	
1.1 辅助材料		元 / 吨	
1.1.1 表层装饰纸价值		元 / 吨	
1.1.2 耐磨层消耗价值		元 / 吨	
1.1.3 底层纸价值			
1.2 水、电、热消耗			
1.2.1 电费		元 / 度	
1.2.2 水费		元 / 吨	

（续）

项目	规格、等级	计量单位	
1.2.3 其他燃料单价		元 / 吨	
1.3 中密度纤维板单价		元 / 吨	
2 固定成本			
2.1 工资		元 / 人	
2.2 折旧		元 / 立方米	
2.3 增值税		元 / 立方米	
3 工厂其他成本		元 / 立方米	

200 万平方米强化木地板 - 成本构成要素数量监测

项目	计量单位	设计指标	计算公式
一 . 设计强化木地板生产量	平方米		
二 . 成本设计指标			
1 直接制造成本	吨 / 平方米		
1.1 辅助材料	吨 / 平方米		年消耗量（t）/ 年设计产量（m^3）
1.1.1 表层装饰纸价值	吨 / 平方米	1.15	
1.1.2 耐磨层消耗价值	吨 / 平方米	1.15	
1.1.3 底层纸价值	吨 / 平方米	1.15	
1.2 水、电、热消耗			
1.2.1 电费	度 / 平方米	2.52	装机容量（KW）×24（h）× 年工作日 / 年设计产量（m^3）
1.2.2 水费	吨 / 平方米	0.0036	每小时用水量（m^3/h）×24（h）× 年工作日 / 年设计产量（m^3）
1.2.3 其他燃料	吨 / 平方米	0.0036	用热量（GJ/h）×24（h）× 年工作日 / 年设计产量（m^3）
1.3 中密度纤维板单耗	吨 / 平方米	0.01	木材消耗量（t）/ 年设计产量（m^3）
2 固定成本			
2.1 用工量	人 / 平方米	0.0000245	工厂人数 / 年设计产量
2.2 折旧	元 / 平方米		
2.3 增值税	元 / 平方米		
3 工厂其他成本	元 / 平方米		

（2）600 万平方米强化木地板成本模型

600 万平方米强化木地板成本构成模型

项目	计量单位	序号及关系	数据
一 . 实际强化木地板产量	平方米	1	
二 . 每平方米生产成本	元	2=3+13+17	
1 直接制造成本	元 / 平方米	3=4+8+12	
1.1 辅助材料消耗	元 / 平方米	4=5+6+7	
1.1.1 表层装饰纸价值	元 / 平方米	5	
1.1.2 耐磨层消耗价值	元 / 平方米	6	
1.1.3 底层纸价值	元 / 平方米	7	
1.2 水、电、热消耗	元 / 平方米	8=9+10+11	
1.2.1 电费	元 / 平方米	9	
1.2.2 水费	元 / 平方米	10	
1.2.3 其他燃料价值	元 / 平方米	11	
1.3 中密度纤维板消耗价值	元 / 平方米	12	
2 固定成本	元 / 平方米	13=14+15+16	
2.1 工资	元 / 平方米	14	
2.2 折旧	元 / 平方米	15	
2.3 增值税	元 / 平方米	16	
3 工厂其他成本	元 / 平方米	17	

600 万平方米强化木地板 - 成本构成要素价格监测

项目	规格、等级	计量单位	
1 直接制造成本		元 / 吨	
1.1 辅助材料		元 / 吨	
1.1.1 表层装饰纸价值		元 / 吨	
1.1.2 耐磨层消耗价值		元 / 吨	
1.1.3 底层纸价值			
1.2 水、电、热消耗			
1.2.1 电费		元 / 度	
1.2.2 水费		元 / 吨	
1.2.3 其他燃料单价		元 / 吨	
1.3 中密度纤维板单价		元 / 吨	

（续）

项目	规格、等级	计量单位	
2 固定成本			
2.1 工资		元 / 人	
2.2 折旧		元 / 平方米	
2.3 增值税		元 / 平方米	
3 工厂其他成本		元 / 平方米	

600 万平方米强化木地板 - 成本构成要素数量监测

项目	计量单位	设计指标	计算公式
一 . 设计强化木地板生产量	平方米		
二 . 成本设计指标			
1 直接制造成本	吨 / 平方米		
1.1 辅助材料	吨 / 平方米		年消耗量（t）/ 年设计产量（m^3）
1.1.1 表层装饰纸价值	吨 / 平方米	1.15	
1.1.2 耐磨层消耗价值	吨 / 平方米	1.15	
1.1.3 底层纸价值	吨 / 平方米	1.15	
1.2 水、电、热消耗			
1.2.1 电费	度 / 平方米	0.5	全年耗电量（kwh/a）/ 年设计产量（m^3）
1.2.2 水费	吨 / 平方米	0.00036	每小时用水量（m^3/h）×24（h）× 年工作日 / 年设计产量（m^3）
1.2.3 其他燃料	吨 / 平方米	0.00204	用热量（GJ/h）×24（h）× 年工作日 / 年设计产量（m^3）
1.3 中密度纤维板单耗	方 / 平方米	0.014166667	木材消耗量(t)/ 年设计产量(m^3)
2 固定成本			
2.1 用工量	人 / 平方米	8.16667E-06	工厂人数 / 年设计产量
2.2 折旧	元 / 平方米		
2.3 增值税	元 / 平方米		
3 工厂其他成本	元 / 平方米		

（3）20 万平方米实木复合板成本模型

20 万平方米实木复合地板成本构成模型

项目	计量单位	序号及关系	数据
一 . 实际实木复合板产量	平方米	1	
二 . 每平方米生产成本	元	2=3+18+22	
1 直接制造成本	元 / 平方米	3=4+10+14	
1.1 辅助材料消耗	元 / 平方米	4=5+6+7+8+9	
1.1.1 脲醛树脂消耗价值	元 / 平方米	5	
1.1.2 工业面粉消耗价值	元 / 平方米	6	
1.1.3 硫酸铵消耗价值	元 / 平方米	7	
1.1.4 双组份胶价值	元 / 平方米	8	
1.1.5 UV 油漆消耗价值	元 / 平方米	9	
1.2 水、电、热消耗	元 / 平方米	10=11+12+13	
1.2.1 电费	元 / 平方米	11	
1.2.2 水费	元 / 平方米	12	
1.2.3 其他燃料价值	元 / 平方米	13	
1.3 木材消耗价值	元 / 平方米	14=15+16+17	
1.3.1 榉木刨切单板价值	元 / 平方米	15	
1.3.2 松木旋切单板价值	元 / 平方米	16	
1.3.3 干燥松木板材价值	元 / 平方米	17	
2 固定成本	元 / 平方米	18=19+20+21	
2.1 工资	元 / 平方米	19	
2.2 折旧	元 / 平方米	20	
2.3 增值税	元 / 平方米	21	
3 工厂其他成本	元 / 平方米	22	

20 万平方米实木复合地板 - 成本构成要素价格监测

项目	规格、等级	计量单位	
1 直接制造成本			
1.1 辅助材料		元 / 吨	
1.1.1 脲醛树脂消耗价值		元 / 吨	
1.1.2 工业面粉消耗价值		元 / 吨	
1.1.3 硫酸铵消耗价值		元 / 吨	

（续）

项目	规格、等级	计量单位	
1.1.4 双组份胶价值		元 / 吨	
1.1.5 UV 油漆消耗价值		元 / 吨	
1.2 水、电、热消耗			
1.2.1 电费		元 / 度	
1.2.2 水费		元 / 吨	
1.2.3 其他燃料单价		元 / 千焦	
1.3 木材单价		元 / 吨	
1.3.1 榉木刨切单板价值		元 / 吨	
1.3.2 松木旋切单板价值		元 / 吨	
1.3.3 干燥松木板材价值		元 / 吨	
2 固定成本			
2.1 工资		元 / 人	
2.2 折旧		元 / 平方米	
2.3 增值税		元 / 平方米	
3 工厂其他成本		元 / 平方米	

20 万平方米实木复合地板 - 成本构成要素数量监测

项目	计量单位	设计指标	计算公式
一 . 设计实木复合板生产量	平方米		
二 . 成本设计指标			
1 直接制造成本	吨 / 平方米		
1.1 辅助材料	吨 / 平方米		年消耗量（t）/ 年设计产量（m^3）
1.1.1 脲醛树脂消耗价值	吨 / 平方米	0.00025	
1.1.2 工业面粉消耗价值	吨 / 平方米	0.00003	
1.1.3 硫酸铵消耗价值	吨 / 平方米	0.0000265	
1.1.4 双组份胶价值	吨 / 平方米	0.00016	
1.1.5 UV 油漆消耗价值	吨 / 平方米	0.000135	
1.2 水、电、热消耗			
1.2.1 电费	度 / 平方米	21.6	装机容量（kW）×24（h）× 年工作日 / 年设计产量（m^3）
1.2.2 水费	吨 / 平方米	0.018	每小时用水量（m^3/h）×24（h）× 年工作日 / 年设计产量（m^3）

（续）

项目	计量单位	设计指标	计算公式
1.2.3 其他燃料	吨 / 平方米	0.072	用热量（GJ/h）×24（h）× 年工作日 / 年设计产量（m^3）
1.3 木材单耗	吨 / 平方米		木材消耗量（t）/ 年设计产量（m^3）
1.3.1 榉木刨切单板价值	吨 / 平方米	1.1	
1.3.2 松木旋切单板价值	吨 / 平方米	1.1	
1.3.3 干燥松木板材价值	吨 / 平方米	0.0165	
2 固定成本			
2.1 用工量	人 / 平方米	0.00064	工厂人数 / 年设计产量
2.2 折旧	元 / 平方米		
2.3 增值税	元 / 平方米		
3 工厂其他成本	元 / 平方米		

（4）200 万平方米实木复合板成本模型

200 万平方米实木复合地板成本构成模型

项目	计量单位	序号及关系	数据
一 . 实际实木复合板产量	平方米	1	
二 . 每平方米生产成本	元	2=3+18+22	
1 直接制造成本	元 / 平方米	3=4+10+14	
1.1 辅助材料消耗	元 / 平方米	4=5+6+7+8+9	
1.1.1 脲醛树脂消耗价值	元 / 平方米	5	
1.1.2 工业面粉消耗价值	元 / 平方米	6	
1.1.3 硫酸铵消耗价值	元 / 平方米	7	
1.1.4 双组份胶价值	元 / 平方米	8	
1.1.5 UV 油漆消耗价值	元 / 平方米	9	
1.2 水、电、热消耗	元 / 平方米	10=11+12+13	
1.2.1 电费	元 / 平方米	11	
1.2.2 水费	元 / 平方米	12	
1.2.3 其他燃料价值	元 / 平方米	13	
1.3 木材消耗价值	元 / 平方米	14=15+16+17	
1.3.1 阔叶材锯切单板价值	元 / 平方米	15	

（续）

项目	计量单位	序号及关系	数据
1.3.2 阔叶材旋切单板价值	元 / 平方米	16	
1.3.3 干燥柳杉板材价值	元 / 平方米	17	
2 固定成本	元 / 平方米	18=19+20+21	
2.1 工资	元 / 平方米	19	
2.2 折旧	元 / 平方米	20	
2.3 增值税	元 / 平方米	21	
3 工厂其他成本	元 / 平方米	22	

200 万平方米实木复合地板 - 成本构成要素价格监测

项目	规格、等级	计量单位	
1 直接制造成本			
1.1 辅助材料		元 / 吨	
1.1.1 脲醛树脂消耗价值		元 / 吨	
1.1.2 工业面粉消耗价值		元 / 吨	
1.1.3 硫酸铵消耗价值		元 / 吨	
1.1.4 双组份胶价值		元 / 吨	
1.1.5 UV 油漆消耗价值		元 / 吨	
1.2 水、电、热消耗			
1.2.1 电费		元 / 度	
1.2.2 水费		元 / 吨	
1.2.3 其他燃料单价		元 / 千焦	
1.3 木材单价		元 / 吨	
1.3.1 阔叶材锯切单板价值		元 / 吨	
1.3.2 阔叶材旋切单板价值		元 / 吨	
1.3.3 干燥柳杉板材价值		元 / 吨	
2 固定成本			
2.1 工资		元 / 人	
2.2 折旧		元 / 平方米	
2.3 增值税		元 / 平方米	
3 工厂其他成本		元 / 平方米	

200 万平方米实木复合地板 - 成本构成要素数量监测

项目	计量单位	设计指标	计算公式
一 . 设计实木复合板生产量	平方米		
二 . 成本设计指标			
1 直接制造成本	吨 / 平方米		
1.1 辅助材料	吨 / 平方米		年消耗量（t）/ 年设计产量（m^3）
1.1.1 脲醛树脂消耗价值	吨 / 平方米	0.00025	
1.1.2 工业面粉消耗价值	吨 / 平方米	0.00003	
1.1.3 硫酸铵消耗价值	吨 / 平方米	0.0000265	
1.1.4 双组份胶价值	吨 / 平方米	0.00016	
1.1.5 UV 油漆消耗价值	吨 / 平方米	0.000135	
1.2 水、电、热消耗			
1.2.1 电费	度 / 平方米	9.36	装机容量（kW）×24（h）× 年工作日 / 年设计产量（m^3）
1.2.2 水费	度 / 平方米	0.0018	每小时用水量（m^3/h）×24（h）× 年工作日 / 年设计产量（m^3）
1.2.3 其他燃料	吨 / 平方米	0.027	用热量（GJ/h）×24（h）× 年工作日 / 年设计产量（m^3）
1.3 木材单耗	吨 / 平方米		木材消耗量(t)/年设计产量(m^3)
1.3.1 阔叶材锯切单板价值	吨 / 平方米	1.15	
1.3.2 阔叶材旋切单板价值	吨 / 平方米	1.15	
1.3.3 干燥柳杉板材价值	吨 / 平方米	0.014	
2 固定成本			
2.1 用工量	人 / 平方米	0.000176	工厂人数 / 年设计产量
2.2 折旧	元 / 平方米		
2.3 增值税	元 / 平方米		
3 工厂其他成本	元 / 平方米		

（5）15 万立方米刨花板成本模型

15 万平方米刨花地板成本构成模型

项目	计量单位	序号及关系	数据
一 . 实际人造板产量	立方米	1	
二 . 每立方米生产成本	元	2=3+15+19	

（续）

项目	计量单位	序号及关系	数据
1 直接制造成本	元 / 立方米	3=4+10+14	
1.1 辅助材料消耗	元 / 立方米	4=5+6+7+8+9	
1.1.1 脲醛树脂消耗价值	元 / 立方米	5	
1.1.2 氯化铵消耗价值	元 / 立方米	6	
1.1.3 氨水消耗价值	元 / 立方米	7	
1.1.4 石蜡消耗价值	元 / 立方米	8	
1.1.5 硬脂酸消耗价值	元 / 立方米	9	
1.2 水、电、热消耗	元 / 立方米	10=11+12+13	
1.2.1 电费	元 / 立方米	11	
1.2.2 水费	元 / 立方米	12	
1.2.3 其他燃料价值	元 / 立方米	13	
1.3 木材消耗价值	元 / 立方米	14	
2 固定成本	元	15=16+17+18	
2.1 工资	元 / 立方米	16	
2.2 折旧	元 / 立方米	17	
2.3 增值税	元 / 立方米	18	
3 工厂其他成本	元 / 立方米	19	

15 万平方米刨花地板 - 成本构成要素价格监测

项目	计量单位	规格、等级	
1 直接制造成本			
1.1 辅助材料	元 / 吨		
1.1.1 脲醛树脂单价	元 / 吨		
1.1.2 氯化铵消耗单价	元 / 吨		
1.1.3 氨水消耗单价	元 / 吨		
1.1.4 石蜡消耗单价	元 / 吨		
1.1.5 硬脂酸单价	元 / 吨		
1.2 水、电、热消耗			
1.2.1 电费	元 / 度		
1.2.2 水费	元 / 吨		
1.2.3 其他燃料单价	元 / 千焦		
1.3 木材单价	元 / 吨		

（续）

项目	计量单位	规格、等级	
1.3.1 小径木、枝丫材单价	元 / 吨		
1.3.2 外购木片单价	元 / 吨		
2 固定成本			
2.1 工资	元 / 人		
2.2 折旧	元 / 立方米		
2.3 增值税	元 / 立方米		
3 工厂其他成本	元 / 立方米		

15 万平方米刨花地板 - 成本构成要素数量监测

项目	计量单位	设计指标	计算公式
一 . 设计刨花板生产量	立方米		
二 . 成本设计指标			
1 直接制造成本	吨 / 立方米		
1.1 辅助材料	吨 / 立方米		年消耗量（t）/ 年设计产量（m^3）
1.1.1 脲醛树脂消耗	吨 / 立方米	0.092	
1.1.2 氯化铵消耗	吨 / 立方米	0.000913333	
1.1.3 氨水消耗	吨 / 立方米	0.0006	
1.1.4 石蜡消耗	吨 / 立方米	0.003353333	
1.1.5 硬脂酸消耗	吨 / 立方米	0.0002	
1.2 水、电、热消耗			
1.2.1 电费	度 / 立方米	278.5664	装机容量（kW）×24（h）× 年工作日 / 年设计产量（m^3）
1.2.2 水费	吨 / 立方米	0.2688	每小时用水量（m^3/h）×24（h）× 年工作日 / 年设计产量（m^3）
1.2.3 其他燃料	千焦 / 立方米	3.20768	用热量（GJ/h）×24（h）× 年工作日 / 年设计产量（m^3）
1.3 木材单耗	吨 / 立方米	1.3684	木材消耗量(t)/ 年设计产量(m^3)
2 固定成本			
2.1 用工量	人 / 立方米	0.000873333	工厂人数 / 年设计产量
2.2 折旧	元 / 立方米		
2.3 增值税	元 / 立方米		
3 工厂其他成本	元 / 立方米		

（6）2 万立方米胶合板成本模型

2 万立方米胶合板成本构成模型

项目	计量单位	序号及关系	数据
一 . 实际人造板产量	立方米	1	
二 . 每立方米生产成本	元	2=3+13+17+21	
1 直接制造成本	元 / 立方米	3=4+8+12	
1.1 辅助材料消耗	元 / 立方米	4=5+6+7	
1.1.1 脲醛树脂消耗价值	元 / 立方米	5	
1.1.2 氯化铵消耗价值	元 / 立方米	6	
1.1.3 工业面粉消耗价值	元 / 立方米	7	
1.2 水、电、热消耗	元 / 立方米	8=9+10+11	
1.2.1 电费	元 / 立方米	9	
1.2.2 水费	元 / 立方米	10	
1.2.3 其他燃料价值	元 / 立方米	11	
1.3 木材消耗价值	元 / 立方米	12	
2 固定成本	元	13=14+15+16	
2.1 工资	元 / 立方米	14	
2.2 折旧	元 / 立方米	15	
2.3 增值税	元 / 立方米	16	
3 废旧物资处理价值	元 / 立方米	17=18+19+20	
3.1 木芯	元 / 立方米	18	
3.2 废单板价值	元 / 立方米	19	
3.3 砂光粉及锯末	元 / 立方米	20	
4 工厂其他成本	元 / 立方米	21	

2 万立方米胶合板 - 成本构成要素价格监测

项目	规格、等级	计量单位	
1 直接制造成本			
1.1 辅助材料		元 / 吨	
1.1.1 脲醛树脂单价		元 / 吨	
1.1.2 氯化铵消耗单价		元 / 吨	
1.1.3 工业面粉消耗价值		元 / 吨	
1.2 水、电、热消耗			

（续）

项目	规格、等级	计量单位	
1.2.1 电费		元 / 度	
1.2.2 水费		元 / 吨	
1.2.3 其他燃料单价		元 / 千焦	
1.3 木材单价		元 / 吨	
2 固定成本			
2.1 工资		元 / 人	
2.2 折旧		元 / 立方米	
2.3 增值税		元 / 立方米	
3 废旧物资处理价值		元 / 吨	
3.1 木芯		元 / 吨	
3.2 废单板价值		元 / 吨	
3.3 砂光粉及锯末		元 / 吨	
4 工厂其他成本		元 / 立方米	

2 万立方米胶合板 - 成本构成要素数量监测

项目	计量单位	设计指标	计算公式
一 . 设计胶合板生产量	立方米		
二 . 成本设计指标			
1 直接制造成本	吨 / 立方米		
1.1 辅助材料	吨 / 立方米		年消耗量（t）/ 年设计产量（m^3）
1.1.1 脲醛树脂消耗	吨 / 立方米	0.1	
1.1.2 氯化铵消耗	吨 / 立方米	0.0015	
1.1.3 工业面粉消耗	吨 / 立方米	0.02	
1.2 水、电、热消耗			
1.2.1 电费	度 / 立方米	130	全年耗电量（kwh/a）/ 年设计产量（m^3）
1.2.2 水费	吨 / 立方米	0.168	每小时用水量（m^3/h）×24(h) × 年工作日 / 年设计产量（m^3）
1.2.3 其他燃料	千焦 / 立方米	2.016	用热量（GJ/h）×24（h）× 年工作日 / 年设计产量（m^3）
1.3 木材单耗	吨 / 立方米	2.48005	木材消耗量（t）/ 年设计产量（m^3）
2 固定成本			
2.1 用工量	人 / 立方米	0.01385	工厂人数 / 年设计产量

（续）

项目	计量单位	设计指标	计算公式
2.2 折旧	元 / 立方米		
2.3 增值税	元 / 立方米		
3 废旧物资量	吨 / 立方米		
3.1 木芯	吨 / 立方米	0.15	
3.2 废单板价值	吨 / 立方米	0.025	
3.3 砂光粉及锯末	吨 / 立方米	0.08	
4 工厂其他成本	元 / 立方米		

（7）5 万立方米胶合板成本模型

5 万立方米胶合板成本构成模型

项目	计量单位	序号及关系	数据
一 . 实际人造板产量	立方米	1	
二 . 每立方米生产成本	元	2=3+13+17+21	
1 直接制造成本	元 / 立方米	3=4+5+6+7	
1.1 辅助材料消耗	元 / 立方米	4	
1.1.1 脲醛树脂消耗价值	元 / 立方米	5	
1.1.2 硫酸铵消耗价值	元 / 立方米	6	
1.1.3 工业面粉消耗价值	元 / 立方米	7	
1.2 水、电、热消耗	元 / 立方米	8=9+10+11	
1.2.1 电费	元 / 立方米	9	
1.2.2 水费	元 / 立方米	10	
1.2.3 其他燃料价值	元 / 立方米	11	
1.3 木材消耗价值	元 / 立方米	12	
2 固定成本	元	13=14+15+16	
2.1 工资	元 / 立方米	14	
2.2 折旧	元 / 立方米	15	
2.3 增值税	元 / 立方米	16	
3 废旧物资处理价值	元 / 立方米	17=18+19+20	
3.1 废单板价值	元 / 立方米	18	
3.2 废板边价值	元 / 立方米	19	
3.3 砂光粉价值	元 / 立方米	20	
4 工厂其他成本	元 / 立方米	21	

5 万立方米胶合板 - 成本构成要素价格监测

项目	规格、等级	计量单位	
1 直接制造成本			
1.1 辅助材料		元 / 吨	
1.1.1 脲醛树脂单价		元 / 吨	
1.1.2 硫酸铵消耗单价		元 / 吨	
1.1.3 工业面粉消耗价值		元 / 吨	
1.2 水、电、热消耗			
1.2.1 电费		元 / 度	
1.2.2 水费		元 / 吨	
1.2.3 其他燃料单价		元 / 千焦	
1.3 木材单价		元 / 吨	
2 固定成本			
2.1 工资		元 / 人	
2.2 折旧		元 / 平方米	
2.3 增值税		元 / 平方米	
3 废旧物资处理价值		元 / 吨	
3.1 废单板价值		元 / 吨	
3.2 废板边价值		元 / 吨	
3.3 砂光粉价值		元 / 吨	
4 工厂其他成本		元 / 立方米	

5 万立方米胶合板 - 成本构成要素数量监测

项目	计量单位	设计指标	计算公式
一 . 设计胶合板生产量	立方米		
二 . 成本设计指标			
1 直接制造成本	吨 / 立方米		
1.1 辅助材料	吨 / 立方米		年消耗量（t）/ 年设计产量（m^3）
1.1.1 脲醛树脂消耗	吨 / 立方米	0.14	
1.1.2 硫酸铵消耗	吨 / 立方米	0.0022	
1.1.3 工业面粉消耗	吨 / 立方米	0.014	
1.2 水、电、热消耗			
1.2.1 电费	度 / 立方米	241.92	装机容量（kW）×24（h）× 年工作日 / 年设计产量（m^3）

（续）

项目	计量单位	设计指标	计算公式
1.2.2 水费	吨 / 立方米	1.0752	每小时用水量（m^3/h）×24（h）× 年工作日 / 年设计产量（m^3）
1.2.3 其他燃料	千焦 / 立方米	3.36	用热量（GJ/h）×24（h）× 年工作日 / 年设计产量（m^3）
1.3 木材单耗	吨 / 立方米	1.2	木材消耗量（t）/ 年设计产量（m^3）
2 固定成本			
2.1 用工量	人 / 立方米	0.00826	工厂人数 / 年设计产量
2.2 折旧	元 / 立方米		
2.3 增值税	元 / 立方米		
3 废旧物资量	吨 / 立方米		
3.1 废单板价值	吨 / 立方米	0.144	
3.2 废板边价值	吨 / 立方米	0.11	
3.3 砂光粉价值	吨 / 立方米	0.04	
4 工厂其他成本	元 / 立方米		

（8）10 万立方米胶合板成本模型

10 万立方米胶合板成本构成模型

项目	计量单位	序号及关系	数据
一 . 实际人造板产量	立方米	1	
二 . 每立方米生产成本	元	2=3+13+17+21	
1 直接制造成本	元 / 立方米	3=4+8+12	
1.1 辅助材料消耗	元 / 立方米	4=5+6+7	
1.1.1 脲醛树脂消耗价值	元 / 立方米	5	
1.1.2 氯化铵消耗价值	元 / 立方米	6	
1.1.3 工业面粉消耗价值	元 / 立方米	7	
1.2 水、电、热消耗	元 / 立方米	8=9+10+11	
1.2.1 电费	元 / 立方米	9	
1.2.2 水费	元 / 立方米	10	
1.2.3 其他燃料价值	元 / 立方米	11	
1.3 木材消耗价值	元 / 立方米	12	
2 固定成本	元	13=14+15+16	

（续）

项目	计量单位	序号及关系	数据
2.1 工资	元 / 立方米	14	
2.2 折旧	元 / 立方米	15	
2.3 增值税	元 / 立方米	16	
3 废旧物资处理价值	元 / 立方米	17=18+19+20	
3.1 木芯	元 / 立方米	18	
3.2 废单板价值	元 / 立方米	19	
3.3 砂光粉	元 / 立方米	20	
4 工厂其他成本	元 / 立方米	21	

10 万立方米胶合板 - 成本构成要素价格监测

项目	规格、等级	计量单位	
1 直接制造成本			
1.1 辅助材料		元 / 吨	
1.1.1 脲醛树脂单价		元 / 吨	
1.1.2 氯化铵消耗单价		元 / 吨	
1.1.3 工业面粉消耗价值		元 / 吨	
1.2 水、电、热消耗			
1.2.1 电费		元 / 度	
1.2.2 水费		元 / 吨	
1.2.3 其他燃料单价		元 / 千焦	
1.3 木材单价		元 / 吨	
2 固定成本			
2.1 工资		元 / 人	
2.2 折旧		元 / 平方米	
2.3 增值税		元 / 平方米	
3 废旧物资处理价值		元 / 吨	
3.1 木芯		元 / 吨	
3.2 废单板价值		元 / 吨	
3.3 砂光粉		元 / 吨	
4 工厂 其他成本		元 / 平方米	

10 万立方米胶合板 - 成本构成要素数量监测

项目	计量单位	设计指标	计算公式
一. 设计胶合板生产量	立方米		
二. 成本设计指标			
1 直接制造成本	吨 / 立方米		
1.1 辅助材料	吨 / 立方米		年消耗量（t）/ 年设计产量（m^3）
1.1.1 脲醛树脂消耗	吨 / 立方米	0.1384	
1.1.2 氯化铵消耗	吨 / 立方米	0.01384	
1.1.3 工业面粉消耗	吨 / 立方米	0.02076	
1.2 水、电、热消耗			
1.2.1 电费	度 / 立方米	201.6	装机容量（kW）×24（h）× 年工作日 / 年设计产量（m^3）
1.2.2 水费	吨 / 立方米		每小时用水量（m^3/h）×24（h）× 年工作日 / 年设计产量（m^3）
1.2.3 其他燃料	千焦 / 立方米	6.80064	用热量（GJ/h）×24（h）× 年工作日 / 年设计产量（m^3）
1.3 木材单耗	吨 / 立方米	2.2	木材消耗量（t）/ 年设计产量（m^3）
2 固定成本			
2.1 用工量	人 / 立方米	0.00437	工厂人数 / 年设计产量
2.2 折旧	元 / 立方米		
2.3 增值税	元 / 立方米		
3 废旧物资量	吨 / 立方米		
3.1 木芯	吨 / 立方米	0.0715	废旧物资量(t/a)/ 年设计产量(m^3)
3.2 废单板价值	吨 / 立方米	0.1738	
3.3 砂光粉	吨 / 立方米	0.0539	
4 工厂其他成本	元 / 立方米		

（9）5 万立方米细木工板成本模型

5 万立方米细木工板成本构成模型

项目	计量单位	序号及关系	数据
一. 实际人造板产量	立方米	1	
二. 每立方米生产成本	元	2=3+15+19+20	
1 直接制造成本	元 / 立方米	3=4+8+12	

项目	计量单位	序号及关系	数据
1.1 辅助材料消耗	元 / 立方米	4=5+6+7	
1.1.1 脲醛树脂消耗价值	元 / 立方米	5	
1.1.2 氯化铵消耗价值	元 / 立方米	6	
1.1.3 工业面粉消耗价值	元 / 立方米	7	
1.2 水、电、热消耗	元 / 立方米	8=9+10+11	
1.2.1 电费	元 / 立方米	9	
1.2.2 水费	元 / 立方米	10	
1.2.3 其他燃料价值	元 / 立方米	11	
1.3 木材消耗价值	元 / 立方米	12=13+14	
1.3.1 干板材价值	元 / 立方米	13	
1.3.2 干单板价值	元 / 立方米	14	
2 固定成本	元	15=16+17+18	
2.1 工资	元 / 立方米	16	
2.2 折旧	元 / 立方米	17	
2.3 增值税	元 / 立方米	18	
3 废旧物资处理价值	元 / 立方米	19	
4 工厂其他成本	元 / 立方米	20	

5 万立方米细木工板 - 成本构成要素价格监测

项目	规格、等级	计量单位	
1 直接制造成本			
1.1 辅助材料		元 / 吨	
1.1.1 脲醛树脂单价		元 / 吨	
1.1.2 氯化铵消耗单价		元 / 吨	
1.1.3 工业面粉消耗价值		元 / 吨	
1.2 水、电、热消耗			
1.2.1 电费		元 / 度	
1.2.2 水费		元 / 吨	
1.2.3 其他燃料单价		元 / 千焦	
1.3 木材单价		元 / 吨	
1.3.1 干板材价值		元 / 吨	
1.3.2 干单板价值		元 / 吨	
2 固定成本			

（续）

项目	规格、等级	计量单位	
2.1 工资		元 / 人	
2.2 折旧		元 / 平方米	
2.3 增值税		元 / 平方米	
3 废旧物资处理价值		元 / 吨	
4 工厂其他成本		元 / 平方米	

5 万立方米细木工板 - 成本构成要素数量监测

项目	计量单位	设计指标	计算公式
一 . 设计细木工板生产量	立方米		
二 . 成本设计指标			
1 直接制造成本	吨 / 立方米		
1.1 辅助材料	吨 / 立方米		年消耗量（t）/ 年设计产量（m^3）
1.1.1 脲醛树脂消耗	吨 / 立方米	0.033	
1.1.2 氯化铵消耗	吨 / 立方米	0.0005	
1.1.3 工业面粉消耗	吨 / 立方米	0.0033	
1.2 水、电、热消耗			
1.2.1 电费	度 / 平方米	36	全年耗电量（kwh/a）/ 年设计产量（m^3）
1.2.2 水费	吨 / 立方米	0.0672	每小时用水量（m^3/h）×24(h）× 年工作日 / 年设计产量（m^3）
1.2.3 耗气量	吨 / 立方米	0.4032	用热量（GJ/h）×24（h）× 年工作日 / 年设计产量（m^3）
1.3 木材单耗	吨 / 立方米		木材消耗量（t）/ 年设计产量（m^3）
1.3.1 干板材价值	吨 / 立方米	1.4	
1.3.2 干单板价值	吨 / 立方米	0.24	
2 固定成本			
2.1 用工量	人 / 平方米	0.00342	工厂人数 / 年设计产量
2.2 折旧	元 / 立方米		
2.3 增值税	元 / 立方米		
3 废旧物资量	吨 / 立方米	0.316	
4 工厂其他成本	元 / 立方米		

（10）8 万立方米细木工板成本模型

8 万立方米细木工板成本构成模型

项目	计量单位	序号及关系	数据
一 . 实际人造板产量	立方米	1	
二 . 每立方米生产成本	元	2=3+17+21+22	
1 直接制造成本	元 / 立方米	3=4+8+12	
1.1 辅助材料消耗	元 / 立方米	4=5+6+7	
1.1.1 脲醛树脂消耗价值	元 / 立方米	5	
1.1.2 氯化铵消耗价值	元 / 立方米	6	
1.1.3 工业面粉消耗价值	元 / 立方米	7	
1.2 水、电、热消耗	元 / 立方米	8=9+10+11	
1.2.1 电费	元 / 立方米	9	
1.2.2 水费	元 / 立方米	10	
1.2.3 其他燃料价值	元 / 立方米	11	
1.3 木材消耗价值	元 / 立方米	12=13+14+15+16	
1.3.1 薄木价值	元 / 立方米	13	
1.3.2 杨木单板价值	元 / 立方米	14	
1.3.3 阔叶材单板价值	元 / 立方米	15	
1.3.4 板材价值	元 / 立方米	16	
2 固定成本	元	17=18+19+20	
2.1 工资	元 / 立方米	18	
2.2 折旧	元 / 立方米	19	
2.3 增值税	元 / 立方米	20	
3 废旧物资处理价值	元 / 立方米	21	
4 工厂其他成本	元 / 立方米	22	

8 万立方米细木工板 - 成本构成要素价格监测

项目	规格、等级	计量单位	
1 直接制造成本			
1.1 辅助材料		元 / 吨	
1.1.1 脲醛树脂单价		元 / 吨	
1.1.2 氯化铵消耗单价		元 / 吨	
1.1.3 工业面粉消耗价值		元 / 吨	
1.2 水、电、热消耗			

（续）

项目	规格、等级	计量单位	
1.2.1 电费		元 / 度	
1.2.2 水费		元 / 吨	
1.2.3 其他燃料单价		元 / 千焦	
1.3 木材单价		元 / 吨	
1.3.1 薄木价值		元 / 吨	
1.3.2 杨木单板价值		元 / 吨	
1.3.3 阔叶材单板价值		元 / 吨	
1.3.4 板材价值		元 / 吨	
2 固定成本			
2.1 工资		元 / 人	
2.2 折旧		元 / 平方米	
2.3 增值税		元 / 平方米	
3 废旧物资处理价值		元 / 吨	
4 工厂其他成本		元 / 立方米	

8 万立方米细木工板 - 成本构成要素数量监测

项目	计量单位	设计指标	计算公式
一 . 设计细木工板生产量	立方米		
二 . 成本设计指标			
1 直接制造成本	吨 / 立方米		
1.1 辅助材料	吨 / 立方米		年消耗量（t）/ 年设计产量（m3）
1.1.1 脲醛树脂消耗	吨 / 立方米		
1.1.2 氯化铵消耗	吨 / 立方米		
1.1.3 工业面粉消耗	吨 / 立方米		
1.2 水、电、热消耗			
1.2.1 电费	度 / 立方米	22.5	全年耗电量（kwh/a）/ 年设计产量（m^3）
1.2.2 水费	吨 / 立方米	0.042	每小时用水量（m^3/h）×24（h）× 年工作日 / 年设计产量（m^3）
1.2.3 耗气量	吨 / 立方米	0.588	用热量（GJ/h）×24（h）× 年工作日 / 年设计产量（m^3）
1.3 木材单耗	吨 / 立方米		木材消耗量（t）/ 年设计产量（m^3）
1.3.1 薄木价值	吨 / 立方米	0.016875	

（续）

项目	计量单位	设计指标	计算公式
1.3.2 杨木单板价值	吨 / 立方米	0.2	
1.3.3 阔叶材单板价值	吨 / 立方米	0.045	
1.3.4 板材价值	吨 / 立方米	1.035	
2 固定成本			
2.1 用工量	人 / 立方米	0.002625	工厂人数 / 年设计产量
2.2 折旧	元 / 立方米		
2.3 增值税	元 / 立方米		
3 废旧物资量	吨 / 立方米	0.3375	
4 工厂其他成本	元 / 立方米		

附表 1–6：木门成本模型

木门成本构成模型

项目	计量单位	序号及关系	数据
一 . 实际木门产量	立方米	1	
二 . 每平方米生产成本	元	2=3+18+22+23	
1 直接制造成本	元 / 立方米	3=4+11+15+16+17	
1.1 辅助材料消耗	元 / 立方米	4=5+6+7+8+9+10	
1.1.1 胶黏剂消耗价值	元 / 立方米	5	
1.1.2 油漆消耗价值	元 / 立方米	6	
1.1.3 玻璃消耗价值	元 / 立方米	7	
1.1.4 饰面材料价值	元 / 立方米	8	
1.1.5 密封材料价值	元 / 立方米	9	
1.1.6 五金件、附件、紧固件价值	元 / 立方米	10	
1.2 水、电、热消耗	元 / 立方米	11=12+13+14	
1.2.1 电费	元 / 立方米	12	
1.2.2 水费	元 / 立方米	13	
1.2.3 其他燃料价值	元 / 立方米	14	
1.3 纤维板消耗价值	元 / 立方米	15	
1.4 刨花板消耗价值	元 / 立方米	16	
1.5 胶合板消耗价值	元 / 立方米	17	

（续）

项目	计量单位	序号及关系	数据
2 固定成本	元 / 立方米	18=19+20+21	
2.1 工资	元 / 立方米	19	
2.2 折旧	元 / 立方米	20	
2.3 增值税	元 / 立方米	21	
3 工厂其他成本	元 / 立方米	22	
4 废旧物资处理价值	元 / 立方米	23	

木门 - 成本构成要素价格监测

项目	规格、等级	计量单位	
1 直接制造成本		元 / 吨	
1.1 辅助材料		元 / 吨	
1.1.1 胶黏剂消耗单价		元 / 吨	
1.1.2 油漆消耗单价		元 / 吨	
1.1.3 玻璃消耗单价		元 / 吨	
1.1.4 饰面材料单价		元 / 吨	
1.1.5 密封材料单价		元 / 吨	
1.1.6 五金件、附件、紧固件单价		元 / 吨	
1.2 水、电、热消耗			
1.2.1 电费		元 / 度	
1.2.2 水费		元 / 吨	
1.2.3 其他燃料单价		元 / 吨	
1.3 纤维板消耗价值		元 / 吨	
1.4 刨花板消耗价值		元 / 吨	
1.5 胶合板消耗价值		元 / 吨	
2 固定成本			
2.1 工资		元 / 人	
2.2 折旧		元 / 平方米	
2.3 增值税		元 / 平方米	
3 工厂其他成本		元 / 平方米	
4 废旧物资处理价值		元 / 平方米	

木门 - 成本构成要素数量监测

项目	计量单位	设计指标	计算公式
一 . 设计木门生产量	立方米		
二 . 成本设计指标			
1 直接制造成本	吨 / 立方米		
1.1 辅助材料	吨 / 立方米		年消耗量（t）/ 年设计产量（m^3）
1.1.1 胶黏剂消耗价值	吨 / 立方米		
1.1.2 油漆消耗价值	吨 / 立方米		
1.1.3 玻璃消耗价值	吨 / 立方米		
1.1.4 饰面材料价值	吨 / 立方米		
1.1.5 密封材料价值	吨 / 立方米		
1.1.6 五金件、附件、紧固件价值	吨 / 立方米		
1.2 水、电、热消耗			
1.2.1 电费	度 / 立方米		全年耗电量（kwh/a）/ 年设计产量（m^3）
1.2.2 水费	吨 / 立方米		每小时用水量（m^3/h）×24（h）× 年工作日 / 年设计产量（m^3）
1.2.3 其他燃料	吨 / 立方米		
1.3 纤维板消耗量	吨 / 立方米		木材消耗量（t）/ 年设计产量（m^3）
1.4 刨花板消耗量	吨 / 立方米		
1.5 胶合板消耗量	吨 / 立方米		
2 固定成本			
2.1 用工量	人 / 平方米		工厂人数 / 年设计产量
2.2 折旧	元 / 立方米		
2.3 增值税	元 / 立方米		
3 工厂其他成本	元 / 立方米		
4 废旧物资数量	吨 / 立方米		

附件 1–7：其他林产品成本监测

（1）2 万平方米指接集成材成本模型

2 万平方米指接集成材成本构成模型

项目	计量单位	序号及关系	数据
一．实际指接集成材产量	立方米	1	
二．每平方米生产成本	元	2=3+10+14+15	
1 直接制造成本	元 / 立方米	3=4+8+9	
1.1 水、电、热消耗	元 / 立方米	4=5+6+7	
1.1.1 电费	元 / 立方米	5	
1.1.2 水费	元 / 立方米	6	
1.1.3 其他燃料价值	元 / 立方米	7	
1.2 木材消耗价值	元 / 立方米	8	
1.3 双组分胶消耗价值	元 / 立方米	9	
2 固定成本	元 / 立方米	10=11+12+13	
2.1 工资	元 / 立方米	11	
2.2 折旧	元 / 立方米	12	
2.3 增值税	元 / 立方米	13	
3 工厂其他成本	元 / 立方米	14	
4 废旧物资处理价值	元 / 立方米	15	

2 万平方米指接集成材 - 成本构成要素价格监测

项目	规格、等级	计量单位	
1 直接制造成本		元 / 吨	
1.1 水、电、热消耗			
1.1.1 电费		元 / 度	
1.1.2 水费		元 / 吨	
1.1.3 其他燃料价值		元 / 吨	
1.2 木材消耗价值		元 / 吨	
1.3 双组分胶消耗价值		元 / 吨	
2 固定成本		元 / 吨	
2.1 工资		元 / 吨	
2.2 折旧		元 / 吨	

（续）

项目	规格、等级	计量单位	
2.3 增值税		元 / 吨	
3 工厂其他成本		元 / 吨	
4 废旧物资处理价值		元 / 吨	

2 万平方米指接集成材 - 成本构成要素数量监测

项目	计量单位	设计指标	计算公式
一 . 设计指接集成材生产量	立方米		
二 . 成本设计指标			
1 直接制造成本			
1.1 水、电、热消耗			
1.1.1 电费	度 / 立方米	268.8	装机容量（kW）×24（h）× 年工作日 / 年设计产量（m^3）
1.1.2 水费	吨 / 立方米		
1.1.3 其他燃料价值	吨 / 立方米		
1.2 木材消耗价值	吨 / 立方米	2.7	木材消耗量（t）/ 年设计产量（m^3）
1.3 双组分胶消耗价值	吨 / 立方米	0.015	双组分胶消耗（t）/ 年设计产量（m^3）
2 固定成本			
2.1 用工量	人 / 立方米	0.0079	工厂人数 / 年设计产量
2.2 折旧	元 / 立方米		
2.3 增值税	元 / 立方米		
3 工厂其他成本	元 / 立方米		
4 废旧物资数量	吨 / 立方米	1.7	废旧物资数量（t）/ 年设计产量（m^3）

（2）5 万平方米指接集成材成本模型

5 万平方米指接集成材成本构成模型

项目	计量单位	序号及关系	数据
一 . 实际指接集成材产量	平方米	1	
二 . 每平方米生产成本	元	2=3+10+14+15	
1 直接制造成本	元 / 平方米	3=4+8+9	
1.1 水、电、热消耗	元 / 平方米	4=5+6+7	
1.1.1 电费	元 / 平方米	5	

（续）

项目	计量单位	序号及关系	数据
1.1.2 水费	元 / 平方米	6	
1.1.3 其他燃料价值	元 / 平方米	7	
1.2 木材消耗价值	元 / 平方米	8	
1.3 双组分胶消耗价值	元 / 平方米	9	
2 固定成本	元 / 平方米	10=11+12+13	
2.1 工资	元 / 平方米	11	
2.2 折旧	元 / 平方米	12	
2.3 增值税	元 / 平方米	13	
3 工厂其他成本	元 / 平方米	14	
4 废旧物资处理价值	元 / 平方米	15	

5 万平方米指接集成材 - 成本构成要素价格监测

项目	规格、等级	计量单位	
1 直接制造成本		元 / 吨	
1.1 水、电、热消耗			
1.1.1 电费		元 / 度	
1.1.2 水费		元 / 吨	
1.1.3 其他燃料价值		元 / 吨	
1.2 木材消耗价值		元 / 吨	
1.3 双组分胶消耗价值		元 / 吨	
2 固定成本		元 / 吨	
2.1 工资		元 / 吨	
2.2 折旧		元 / 吨	
2.3 增值税		元 / 吨	
3 工厂其他成本		元 / 吨	
4 废旧物资处理价值		元 / 吨	

5 万平方米指接集成材 - 成本构成要素数量监测

项目	计量单位	设计指标	计算公式
一 . 设计指接集成材生产量	平方米		
二 . 成本设计指标			
1 直接制造成本			

（续）

项目	计量单位	设计指标	计算公式
1.1 水、电、热消耗			
1.1.1 电费	度 / 平方米	56	全年耗电量（kwh/a）/ 年设计产量（m^3）
1.1.2 水费	吨 / 平方米	0.0672	每小时用水量（m^3/h）×24（h）× 年工作日 / 年设计产量（m^3）
1.1.3 其他燃料价值	吨 / 平方米		
1.2 木材消耗价值	吨 / 平方米	1.8	木材消耗量（t）/ 年设计产量（m^3）
1.3 双组分胶消耗价值	吨 / 平方米	0.015	双组分胶消耗（t）/ 年设计产量（m^3）
2 固定成本			
2.1 用工量	人 / 平方米	0.0055	工厂人数 / 年设计产量
2.2 折旧	元 / 平方米		
2.3 增值税	元 / 平方米		
3 工厂其他成本	元 / 平方米		
4 废旧物资数量	吨 / 平方米		

（3）松脂成本模型

松脂成本构成模型

项目	计量单位	数据
1 每 50 千克成本合计	元	
1.1 生产准备费	元	
1.2 采割费用	元	
1.3 收脂费用	元	
1.4 运脂费用	元	
1.5 生产管理费	元	
1.6 使用租金 (不支付租金不填)	元	
1.7 工具材料费	元	
1.8 包装费用	元	
1.9 其他费用	元	

松脂 - 成本构成要素价格监测

项目	规格、等级	计量单位	
1 用工价格		元 / 天	
2 生产管理费		元 / 千克	
3 使用租金 (不支付租金不填) 费		元 / 亩	
4 工具材料费		元 / 千克	
5 包装费用		元 / 千克	

松脂 - 成本构成要素数量监测

项目	计量单位	设计指标	计算公式
1 每 50 千克用工合计			
1.1 生产准备用工	日		
1.2 采割用工	日		
1.3 收脂用工	日		
1.4 运脂用工	日		
1.5 生产管理用工	日		
1.6 使用租金 (不支付租金不填)	日		
1.7 工具材料用工	日		
1.8 包装用工	日		
1.9 其他用工	日		
2 每工产量	千克		

附表 2：林产品进出口附表

附表 2–1：原木进出口价格

（1）2011 年原木出口价格

代码	中文	国别地区	出口数量（立方米）	各国出口量占总量比重（%）	出口金额（美元）	各国出口额占总额比重（%）	平均出口价格（美元/立方米）	2011 年加权价格（美元/立方米）
44032010	红松和樟子松原木	合　计	41		38 319		934.61	934.61
		朝　鲜	41	100	38 319	100	934.61	934.61
44034990	未列名本章子目注释 1 所列热带木原木	合　计	194		133 996		690.70	690.70
		越　南	194	100	133 996	100	690.70	690.70
44039950	水曲柳原木	合　计	681		331 118		486.22	486.22
		日　本	681	100	331 118	100	486.22	486.22
44039990	未列名非针叶木原木	合　计	13 464		6 265 034		465.32	465.32
		越　南	12 690	94.25	6 054 560	96.64	477.11	449.69
		中国台湾	774	5.75	210 474	3.36	271.93	15.63

（2）2011 年原木进口价格

代码	中文	国别地区	进口数量（立方米）	各国进口量占总量比重（%）	进口金额（美元）	各国进口额占总额比重（%）	平均进口价格（美元/立方米）	2011 年加权价格（美元/立方米）
44031000	用油漆、着色剂、杂酚油等防腐剂处理的原木	合　计	18 098	100	3 617 904	100	199.91	199.91
		新西兰	17 762	98.14	3 184 768	88.03	179.30	175.97
		印　度	221	1.22	373 653	10.33	1690.74	20.65
		老　挝	33	0.18	29 611	0.82	897.30	1.64
		捷　克	18	0.10	13 734	0.38	763	0.76
		泰　国	15	0.08	9 957	0.28	663.80	0.55
		朝　鲜	45	0.25	5 472	0.15	121.60	0.30
		墨西哥	2	0.01	609	0.02	304.50	0.03
		越　南	2	0.01	80	0	40	0
		西班牙		0	20	0		

代码	中文	国别地区	进口数量（立方米）	各国进口量占总量比重（%）	进口金额（美元）	各国进口额占总额比重（%）	平均进口价格（美元/立方米）	2011年加权价格（美元/立方米）
44032010	红松和樟子松原木	合　计	7 572 895	100	1 071 537 326	100	141.50	141.30
		俄罗斯	6 856 584	90.54	965 457 593	90.10	140.81	127.49
		乌克兰	452 822	5.98	66 067 368	6.17	145.90	8.72
		立陶宛	130 934	1.73	19 361 263	1.81	147.87	2.56
		德　国	57 118	0.75	9 116 638	0.85	159.61	1.20
		比利时	22 808	0.30	3 471 111	0.32	152.19	0.46
		法　国	16 950	0.22	2 711 973	0.25	160	0.36
		拉脱维亚	14 890	0.20	2 174 003	0.20	146	0.29
		罗马尼亚	4 105	0.05	637 273	0.06	155.24	0.08
		爱沙尼亚	3 625	0.05	554 816	0.05	153.05	0.07
		美　国	2 875	0.04	479 563	0.04	166.80	0.06
44032020	白松（云杉和冷杉）原木	合　计	4 516 928	100	739 941 019	100	163.82	163.03
		俄罗斯	2 784 268	61.64	437 291 684	59.10	157.06	96.81
		美　国	778 816	17.24	150 440 357	20.33	193.17	33.31
		加拿大	375 904	8.32	64 670 510	8.74	172.04	14.32
		罗马尼亚	266 062	5.89	39 070 867	5.28	146.85	8.65
		法　国	96 536	2.14	15 534 697	2.10	160.92	3.44
		乌克兰	75 451	1.67	11 192 160	1.51	148.34	2.48
		立陶宛	51 466	1.14	8 259 824	1.12	160.49	1.83
		比利时	30 024	0.66	4 601 363	0.62	153.26	1.02
		澳大利亚	22 478	0.50	3 331 620	0.45	148.22	0.74
		拉脱维亚	12 552	0.28	2 008 737	0.27	160.03	0.44
44032030	辐射松原木	合　计	9 025 951	100	1 271 360 091	100	140.86	140.86
		新西兰	7 825 489	86.70	1 111 214 577	87.40	142	123.11
		澳大利亚	1 151 342	12.76	153 285 138	12.06	133.14	16.98
		智　利	34 657	0.38	4 696 733	0.37	135.52	0.52
		乌拉圭	7 487	0.08	884 372	0.07	118.12	0.10
		美　国	3 213	0.04	504 784	0.04	157.11	0.06
		加拿大	1 079	0.01	419 900	0.03	389.16	0.05
		巴　西	1 307	0.01	182 222	0.01	139.42	0.02
		立陶宛	1 352	0.01	168 353	0.01	124.52	0.02
		马达加斯加	25	0	4 012	0	160.48	

代码	中文	国别地区	进口数量（立方米）	各国进口量占总量比重（%）	进口金额（美元）	各国进口额占总额比重（%）	平均进口价格（美元/立方米）	2011年加权价格（美元/立方米）
44032040	落叶松原木	合　计	3 440 682	100	538 699 715	100	156.57	156.56
		俄罗斯	3 418 762	99.36	535 430 170	99.39	156.62	155.62
		新西兰	12 877	0.37	1 903 759	0.35	147.84	0.55
		加拿大	2 188	0.06	379 073	0.07	173.25	0.11
		朝　鲜	2 284	0.07	323 738	0.06	141.74	0.09
		比利时	1 489	0.04	256 095	0.05	171.99	0.07
		法　国	1 645	0.05	201 979	0.04	122.78	0.06
		乌拉圭	536	0.02	70 728	0.01	131.96	0.02
		罗马尼亚	294	0.01	55 641	0.01	189.26	0.02
		日　本	167	0	20 031	0	119.95	0.01
		马达加斯加	133	0	19 215	0	144.47	0.01
44032090	未列名针叶木原木	合　计	6 886 222	100	1 239 664 397	100	180.02	179.14
		美　国	3 894 072	56.55	735 983 281	59.37	189	106.88
		加拿大	2 065 616	30	374 259 901	30.19	181.19	54.35
		新西兰	363 408	5.28	53 502 582	4.32	147.22	7.77
		澳大利亚	266 561	3.87	35 119 440	2.83	131.75	5.10
		乌拉圭	91 655	1.33	12 051 083	0.97	131.48	1.75
		俄罗斯	69 101	1.00	10 309 768	0.83	149.20	1.50
		缅　甸	47 873	0.70	4 468 666	0.36	93.34	0.65
		法　国	26 423	0.38	4 039 889	0.33	152.89	0.59
		日　本	13 784	0.20	2 049 277	0.17	148.67	0.30
		巴　西	12 666	0.18	1 818 133	0.15	143.54	0.26
44034100	深红色、浅红色及巴栲红柳桉木原木	合　计	73 995	100	17 624 048	100	238.18	238.18
		马来西亚	69 196	93.51	16 859 797	95.66	243.65	227.85
		乌拉圭	3 837	5.19	516 832	2.93	134.70	6.98
		澳大利亚	420	0.57	153 181	0.87	364.72	2.07
		印度尼西亚	143	0.19	34 939	0.20	244.33	0.47
		越　南	293	0.40	29 603	0.17	101.03	0.40
		南　非	65	0.09	15 374	0.09	236.52	0.21
		中国台湾	34	0.05	11 852	0.07	348.59	0.16
		缅　甸	7	0.01	2470	0.01	352.86	0.03

代码	中文	国别地区	进口数量（立方米）	各国进口量占总量比重（%）	进口金额（美元）	各国进口额占总额比重（%）	平均进口价格（美元/立方米）	2011年加权价格（美元/立方米）
44034910	柚木原木	合　计	87 813	100	60 775 244	100.00	692.10	680.98
		缅　甸	60 114	68.46	48 510 304	79.82	806.97	552.43
		中国台湾	4 901	5.58	3 405 740	5.60	694.91	38.78
		老　挝	4 337	4.94	2 687 817	4.42	619.74	30.61
		所罗门群岛	7 616	8.67	1 356 569	2.23	178.12	15.45
		哥斯达黎加	2 122	2.42	1 101 568	1.81	519.12	12.54
		巴拿马	1 340	1.53	705 046	1.16	526.15	8.03
		厄瓜多尔	1 341	1.53	687 736	1.13	512.85	7.83
		泰　国	924	1.05	508 245	0.84	550.05	5.79
		巴　西	1 106	1.26	475 109	0.78	429.57	5.41
		贝　宁	613	0.70	360471	0.59	588.04	4.10
44034920	奥克曼木 Okoume（奥克榄）原木	合　计	675 370	100	300 004 086	100	444.21	444.21
		刚果（布）	487 377	72.16	219 092 569	73.03	449.53	324.40
		赤道几内亚	187 830	27.81	80 850 341	26.95	430.44	119.71
		喀麦隆	62	0.01	23 512	0.01	379.23	0.03
		贝　宁	53	0.01	21 452	0.01	404.75	0.03
		加　蓬	48	0.01	16 212	0.01	337.75	0.02
44034930	龙脑香木 Dipterocarpusspp.（克隆木）原木	合　计	190 594	100	44 524 581	100	233.61	233.61
		缅　甸	159 455	83.66	35 507 953	79.75	222.68	186.30
		马来西亚	29 085	15.26	8 391 133	18.85	288.50	44.03
		印度尼西亚	1 889	0.99	546 115	1.23	289.10	2.87
		越　南	123	0.06	61 562	0.14	500.50	0.32
		菲律宾	34	0.02	14 775	0.03	434.56	0.08
		柬埔寨	8	0	3 043	0.01	380.38	0.02
44034940	山樟木 Kapur（香木 Dryobalanopsspp.）原木	合　计	69 592	100	22 541 781	100	323.91	323.91
		马来西亚	67 698	97.28	22 253 464	98.72	328.72	319.77
		缅　甸	1 790	2.57	267 117	1.18	149.23	3.84
		澳大利亚	102	0.15	18 813	0.08	184.44	0.27
		日　本	2	0	2 387	0.01	1193.50	0.03

代码	中文	国别地区	进口数量（立方米）	各国进口量占总量比重（%）	进口金额（美元）	各国进口额占总额比重（%）	平均进口价格（美元/立方米）	2011年加权价格（美元/立方米）
44034950	印加木 Intsia spp.（波罗格 Mengaris）原木	合　计	202 957	100	107 182 316	100	528.10	528.10
		巴布亚新几内亚	154 635	76.19	80 745 256	75.33	522.17	397.84
		马来西亚	46 011	22.67	25 396 483	23.69	551.97	125.13
		所罗门群岛	1 526	0.75	730 899	0.68	478.96	3.60
		印度尼西亚	591	0.29	266 397	0.25	450.76	1.31
		圭亚那	156	0.08	21 838	0.02	139.99	0.11
		泰　国	20	0.01	12 918	0.01	645.90	0.06
		斐　济	16	0.01	7 416	0.01	463.50	0.04
		中国台湾	2	0	1 109	0	554.50	0.01
44034960	大干巴豆木 Koompassia spp.（门格里斯或康派斯）原木	合　计	73 612	100	17 191 701	100	233.54	233.54
		马来西亚	73 502	99.85	17 170 732	99.80	233.61	233.26
		巴布亚新几内亚	85	0.12	15 482	0.09	182.14	0.21
		中国台湾	25	0.03	5 487	0.03	219.48	0.07
44034970	异翅香木 Anisopter spp. 原木	合　计	73 184	100	17 972 626	100	245.58	245.58
		巴布亚新几内亚	72 239	98.71	17 713 031	98.56	245.20	242.03
		马来西亚	867	1.18	221 330	1.23	255.28	3.02
		越　南	55	0.08	24 758	0.14	450.15	0.34
		缅　甸	23	0.03	13 507	0.08	587.26	0.18
44034990	未列名本章子目注释1所列热带木原木	合　计	482 574	100	188 187 247	100.00	389.97	350.19
		喀麦隆	162 421	33.66	60 349 892	32.07	371.56	125.06
		马来西亚	60 813	12.60	21 770 820	11.57	358	45.11
		刚果（布）	46 438	9.62	20 555 365	10.92	442.64	42.60
		中　非	56 940	11.80	20 546 469	10.92	360.84	42.58
		刚果（金）	26 272	5.44	18 586 370	9.88	707.46	38.52
		赤道几内亚	37 964	7.87	12 752 428	6.78	335.91	26.43
		贝　宁	11 497	2.38	4 332 416	2.30	376.83	8.98
		缅　甸	12 296	2.55	3 636 968	1.93	295.78	7.54
		苏里南	10 299	2.13	3 373 250	1.79	327.53	6.99
		利比里亚	8 399	1.74	3 087 548	1.64	367.61	6.40

代码	中文	国别地区	进口数量（立方米）	各国进口量占总量比重（%）	进口金额（美元）	各国进口额占总额比重（%）	平均进口价格（美元/立方米）	2011年加权价格（美元/立方米）
44039100	栎木（橡木）原木	合　计	563 719	100	180 883 748	100	320.88	312.78
		法　国	194 854	34.57	52 163 036	28.84	267.70	92.53
		美　国	91 210	16.18	46 110 734	25.49	505.54	81.80
		俄罗斯	89 438	15.87	292 59 218	16.18	327.15	51.90
		罗马尼亚	46 558	8.26	12 396 771	6.85	266.27	21.99
		比利时	44 377	7.87	12 253 200	6.77	276.12	21.74
		德　国	42 598	7.56	10 924 260	6.04	256.45	19.38
		克罗地亚	11 478	2.04	6 314 048	3.49	550.10	11.20
		乌克兰	16 544	2.93	5 193 531	2.87	313.92	9.21
		奥地利	2 633	0.47	867 560	0.48	329.49	1.54
		荷　兰	3 366	0.60	837 406	0.46	248.78	1.49
44039200	山毛榉木原木	合　计	601 891	100	116 690 814	100	193.87	193.39
		德　国	246 265	40.92	48 902 699	41.91	198.58	81.25
		法　国	132 647	22.04	25 495 992	21.85	192.21	42.36
		斯洛伐克	84 204	13.99	16 368 538	14.03	194.39	27.20
		罗马尼亚	67 176	11.16	11 628 050	9.96	173.10	19.32
		比利时	39 374	6.54	7 872 926	6.75	199.95	13.08
		丹　麦	17 114	2.84	3 477 116	2.98	203.17	5.78
		荷　兰	6 120	1.02	1 217 742	1.04	198.98	2.02
		捷　克	5 117	0.85	962 294	0.82	188.06	1.60
		乌克兰	1 914	0.32	349 915	0.30	182.82	0.58
		瑞　士	641	0.11	125 214	0.11	195.34	0.21
44039910	楠木原木	合　计	247	100.00	138 677	100	561.45	553.95
		老　挝	139	56.28	109 302	78.82	786.35	442.52
		中国台湾	67	27.13	20 082	14.48	299.73	81.30
		日　本	41	16.60	7 442	5.37	181.51	30.13
		西班牙	0	0	1 851	1.33		

代码	中文	国别地区	进口数量（立方米）	各国进口量占总量比重（%）	进口金额（美元）	各国进口额占总额比重（%）	平均进口价格（美元/立方米）	2011年加权价格（美元/立方米）
44039920	樟木原木	合 计	795	100	260 050	100	327.11	327.11
		澳大利亚	425	53.46	122 274	47.02	287.70	153.8
		英 国	141	17.74	70 379	27.06	499.14	88.53
		缅 甸	128	16.10	26 013	10.00	203.23	32.72
		老 挝	65	8.18	25 079	9.64	385.83	31.55
		中国台湾	31	3.90	10 186	3.92	328.58	12.81
		印度尼西亚	5	0.63	6 119	2.35	1223.80	7.70
44039930	红木原木	合 计	565 646	100	716 080 759	100	1265.95	1130.09
		越 南	123 031	21.75	249 704 300	34.87	2029.60	441.45
		老 挝	80 139	14.17	159 494 997	22.27	1990.23	281.97
		缅 甸	53 368	9.43	73 233 211	10.23	1372.23	129.47
		刚果（金）	36 148	6.39	31 961 023	4.46	884.17	56.50
		冈比亚	54 222	9.59	24 929 893	3.48	459.77	44.07
		巴拿马	15 935	2.82	22 289 227	3.11	1398.76	39.40
		柬埔寨	9 819	1.74	21 733 946	3.04	2213.46	38.42
		莫桑比克	43 367	7.67	21 158 492	2.95	487.89	37.41
		贝 宁	41 039	7.26	18 694 951	2.61	455.54	33.05
		马来西亚	7 187	1.27	16 030 699	2.24	2230.51	28.34
44039950	水曲柳原木	合 计	242 479	100	73 483 578	100	303.05	298.79
		俄罗斯	130 334	53.75	41 760 983	56.83	320.42	172.23
		丹 麦	32 228	13.29	8 460 048	11.51	262.51	34.89
		法 国	28 464	11.74	8 238 101	11.21	289.42	33.97
		德 国	13 889	5.73	3 743 486	5.09	269.53	15.44
		美 国	8 131	3.35	3 382 889	4.60	416.05	13.95
		乌克兰	9 818	4.05	2 511 605	3.42	255.82	10.36
		比利时	7 588	3.13	2 147 552	2.92	283.02	8.86
		罗马尼亚	4 608	1.90	1 117 447	1.52	242.50	4.61
		斯洛伐克	2 021	0.83	564 297	0.77	279.22	2.33
		克罗地亚	1 800	0.74	523 872	0.71	291.04	2.16

代码	中文	国别地区	进口数量（立方米）	各国进口量占总量比重（%）	进口金额（美元）	各国进口额占总额比重（%）	平均进口价格（美元/立方米）	2011年加权价格（美元/立方米）
44039960	北美硬阔叶木（包括樱桃木、黑胡桃木、枫木）原木	合 计	107 589	100	92 685 603	100	861.48	860.87
		美 国	98 413	91.47	87 753 111	94.68	891.68	815.63
		加拿大	5 026	4.67	3 749 147	4.05	745.95	34.85
		乌克兰	1 333	1.24	337 176	0.36	252.95	3.13
		法 国	1 049	0.98	294 588	0.32	280.83	2.74
		罗马尼亚	873	0.81	244 195	0.26	279.72	2.27
		德 国	204	0.19	94 015	0.10	460.86	0.87
		缅 甸	438	0.41	56 244	0.06	128.41	0.52
		中国台湾	42	0.04	42 426	0.05	1010.14	0.39
		比利时	38	0.04	28 173	0.03	741.39	0.26
		匈牙利	47	0.04	21 273	0.02	452.62	0.20
44039980	未列名的温带非针叶木原木	合 计	789 012	100	108 711 232	100	137.78	135.43
		俄罗斯	712 708	90.33	94 383 598	86.82	132.43	119.62
		比利时	18 867	2.39	2 927 114	2.69	155.14	3.71
		法 国	7 060	0.89	17 73 684	1.63	251.23	2.25
		新西兰	10 749	1.36	1 485 868	1.37	138.23	1.88
		加拿大	9 350	1.19	1 322 279	1.22	141.42	1.68
		美 国	4 218	0.53	1 312 572	1.21	311.18	1.66
		德 国	4 968	0.63	1 305 908	1.20	262.86	1.66
		丹 麦	3 995	0.51	1 032 155	0.95	258.36	1.31
		澳大利亚	4 170	0.53	668 915	0.62	160.41	0.85
		立陶宛	5 550	0.70	641 035	0.59	115.50	0.81
	未列名非针叶木原木	合 计	6 059 460	100	1 344 989 940	100	221.97	195.11
		巴布亚新几内亚	2 555 774	42.18	482 245 978	35.85	188.69	79.59
		所罗门群岛	1 765 052	29.13	341 045 660	25.36	193.22	56.28
		莫桑比克	182 817	3.02	7 549 166	5.77	424.19	12.80
		喀麦隆	170 093	2.81	73 022 956	5.43	429.31	12.05
		缅 甸	344 468	5.68	44 064 939	3.28	127.92	7.27
		贝 宁	103 072	1.70	43 198 966	3.21	419.11	7.13
		马来西亚	186 581	3.08	41 180 758	3.06	220.71	6.80

代码	中文	国别地区	进口数量（立方米）	各国进口量占总量比重（%）	进口金额（美元）	各国进口额占总额比重（%）	平均进口价格（美元/立方米）	2011年加权价格（美元/立方米）
44039990	未列名非针叶木原木	刚果（布）	73 652	1.22	32 189 152	2.39	437.04	5.31
		赤道几内亚	74 090	1.22	28 360 658	2.11	382.79	4.68
		澳大利亚	130 477	2.15	19 429 737	1.44	148.91	3.21

附表 2-2：单板进出口价格

（1）2011 年单板出口价格

代码	中文	国别地区	出口数量（立方米）	各国出口量占总量比重（%）	出口金额（美元）	各国出口额占总额比重（%）	平均出口价格（美元/立方米）	2011年加权价格（美元/立方米）
44081011	用胶合板等制的针叶木饰面用单板，厚≤6mm	合　计	497 085	100	196 706	100	0.40	0.40
		越　南	202 225	40.68	58 402	30	0.29	0.12
		新加坡	176 100	35.43	52 756	27	0.30	0.11
		苏　丹	21 850	4.40	22 000	11	1.01	0.04
		美　国	8 000	1.61	19 200	10	2.40	0.04
		安哥拉	7 200	1.45	15 336	8	2.13	0.03
		加　纳	25 110	5.05	7 819	4	0.31	0.02
		马拉维	7 800	1.57	6 758	3	0.87	0.01
		泰　国	24 200	4.87	6 229	3	0.26	0.01
		澳大利亚	13 600	2.74	4 545	2	0.33	0.01
		日　本	10 500	2.11	3 318	2	0.32	0.01
44081019	其他针叶木饰面用单板，厚≤6mm	合　计	9 563 457	100	5 771 751	100	0.60	0.60
		菲律宾	7 907 824	82.69	4 432 592	77	0.56	0.46
		中国台湾	1 128 010	11.80	625 565	11	0.55	0.07
		韩　国	210 165	2.20	336 713	6	1.60	0.04
		泰　国	181 392	1.90	200 070	3	1.10	0.02
		越　南	54 000	0.56	50 767	1	0.94	0.01
		日　本	19 707	0.21	40 002	1	2.03	0
		印度尼西亚	2 071	0.02	28 680	0	13.85	0
		肯尼亚	37 500	0.39	28 190	0	0.75	0

代码	中文	国别地区	出口数量（立方米）	各国出口量占总量比重（%）	出口金额（美元）	各国出口额占总额比重（%）	平均出口价格（美元/立方米）	2011年加权价格（美元/立方米）
44081019		坦桑尼亚	9 840	0.10	14 820	0	1.51	0
		美　国	2 478	0.03	4 830	0	1.95	0
44081020	针叶木制胶合板用单板，厚≤6mm	合　计	161 864	100	196 327	100	1.21	4.57
		中国台湾	79 200	48.93	130 956	67	1.65	0.81
		印度尼西亚	23 300	14.39	16 980	9	0.73	0.10
		墨西哥	20 330	12.56	15 248	8	0.75	0.09
		西班牙	15 420	9.53	14 040	7	0.91	0.09
		坦桑尼亚	8 200	5.07	10 343	5	1.26	0.06
		马来西亚	15 000	9.27	6 944	4	0.46	0.04
		澳大利亚	154	0.10	1 542	1	10.01	0.01
		吉布提	200	0.12	228	0	1.14	0
		加　蓬	60	0.04	46	0	0.77	0
44081090	其他纵锯切、刨或旋切的针叶木木材，厚≤6mm	合　计	6 161 139	100	21 074 147	100	3.42	3.36
		墨西哥	3 096 989	50.27	9 732 669	46	3.14	1.58
		德　国	1 219 509	19.79	4 937 353	23	4.05	0.80
		日　本	754 846	12.25	2 697 382	13	3.57	0.44
		美　国	300 988	4.89	1 093 545	5	3.63	0.18
		英　国	163 251	2.65	582 914	3	3.57	0.09
		阿根廷	98 540	1.60	483 523	2	4.91	0.08
		泰　国	128 453	2.08	367 435	2	2.86	0.06
		韩　国	172 283	2.80	346 108	2	2.01	0.06
		比利时	51 818	0.84	249 652	1	4.82	0.04
		意大利	59 345	0.96	205 498	1	3.46	0.03
44083111	用胶合板等制饰面单板，红柳安木制，厚≤6mm	合　计	16 350	100	20 100	100	1.23	1.23
		尼日利亚	11 250	68.81	18 000	90	1.60	1.10
		新西兰	5 100	31.19	2 100	10	0.41	0.13
44083119	其他饰面用单板，红柳安木制，厚≤6mm	合　计	2 500	100	24 447	100	9.78	9.78
		美　国	2 500	100	24 447	100	9.78	9.78

代码	中文	国别地区	出口数量（立方米）	各国出口量占总量比重（%）	出口金额（美元）	各国出口额占总额比重（%）	平均出口价格（美元/立方米）	2011年加权价格（美元/立方米）
44083911	用胶合板等制其他热带木饰面用单板，厚≤6mm	合　计	177 403	35.69	1 029 342	100	5.80	2.05
		俄罗斯	79 375	15.97	457 037	44	5.76	0.92
		加拿大	20 330	4.09	200 756	20	9.87	0.40
		西班牙	18 740	3.77	127 457	12	6.80	0.26
		美　国	8 510	1.71	122 464	12	14.39	0.25
		立陶宛	8 660	1.74	57 859	6	6.68	0.12
		津巴布韦	20 620	4.15	21 968	2	1.07	0.04
		赞比亚	4 500	0.91	9 377	1	2.08	0.02
		巴基斯坦	10 200	2.05	8 218	1	0.81	0.02
		马拉维	3 560	0.72	7 761	1	2.18	0.02
		菲律宾	175	0.04	6 000	1	34.29	0.01
44083919	其他热带木制饰面用单板，厚≤6mm	合　计	448 198	100	2 327 598	100	5.19	5.10
		日　本	259 318	57.86	1 533 117	66	5.91	3.42
		土耳其	17 207	3.84	194 256	8	11.29	0.43
		意大利	47 800	10.66	119 978	5	2.51	0.27
		韩　国	16 150	3.60	100 255	4	6.21	0.22
		巴基斯坦	12 613	2.81	90 848	4	7.20	0.20
		印度尼西亚	26 984	6.02	80 864	3	3	0.18
		中国台湾	14 025	3.13	65 780	3	4.69	0.15
		缅　甸	12 000	2.68	58 020	2	4.84	0.13
		菲律宾	14 500	3.24	25 760	1	1.78	0.06
		印　度	9 729	2.17	15 442	1	1.59	0.03
44083920	其他热带木制胶合板用单板，厚≤6mm	合　计	5 633 818	100	10 717 367	100	1.90	1.82
		美　国	1 764 940	31.33	4 662 988	44	2.64	0.83
		菲律宾	2 059 280	36.55	2 407 585	22	1.17	0.43
		澳大利亚	427 270	7.58	772 289	7	1.81	0.14
		以色列	285 100	5.06	691 673	6	2.43	0.12
		南　非	183 660	3.26	515 405	5	2.81	0.09
		墨西哥	189 900	3.37	466 848	4	2.46	0.08
		印度尼西亚	152 580	2.71	297 388	3	1.95	0.05
		中国台湾	111 960	1.99	159 499	1	1.42	0.03
		加拿大	55 940	0.99	146 581	1	2.62	0.03
		马来西亚	105 740	1.88	137 140	1	1.30	0.02

代码	中文	国别地区	出口数量（立方米）	各国出口量占总量比重（%）	出口金额（美元）	各国出口额占总额比重（%）	平均出口价格（美元/立方米）	2011年加权价格（美元/立方米）
44083990	其他纵锯切、刨或旋切的热带木木材，厚≤6mm	合 计	780 684	100	2 684 110	100	3.44	3.29
		意大利	204 863	26.24	1 708 732	64	8.34	2.19
		比利时	101 100	12.95	187 431	7	1.85	0.24
		哥伦比亚	98 000	12.55	137 786	5	1.41	0.18
		拉脱维亚	18 673	2.39	95 242	4	5.10	0.12
		芬兰	18 102	2.32	95 131	4	5.26	0.12
		美国	93 983	12.04	95 059	4	1.01	0.12
		印度尼西亚	76 000	9.74	81 615	3	1.07	0.10
		沙特阿拉伯	8 866	1.14	66 534	2	7.50	0.09
		阿根廷	10 329	1.32	49 721	2	4.81	0.06
		巴基斯坦	82 450	10.56	49 125	2	0.60	0.06
44089011	用胶合板等制其他非针叶木饰面单板，厚≤6mm	合计	30 768 035	100	23 234 898	100	0.76	0.67
		韩国	14 809 917	48.13	5 956 588	26	0.40	0.19
		印度	9 676 653	31.45	2 654 941	11	0.27	0.09
		俄罗斯	387 030	1.26	2 442 818	11	6.31	0.08
		加拿大	202 004	0.66	1 906 582	8	9.44	0.06
		意大利	260 480	0.85	1 780 680	8	6.84	0.06
		马来西亚	3 029 905	9.85	1546 280	7	0.51	0.05
		西班牙	262 935	0.85	1 452 247	6	5.52	0.05
		中国台湾	1 368 025	4.45	1 167 901	5	0.85	0.04
		哥伦比亚	156 275	0.51	1 063 431	5	6.80	0.03
		美国	70 680	0.23	620 562	3	8.78	0.02
44089012	温带非针叶木制其他饰面用单板，厚≤6mm	合计	4 439 626	100	11 564 504	100	2.60	2.49
		日本	1 740 858	39.21	6 535 843	57	3.75	1.47
		印度尼西亚	915 192	20.61	1 618 766	14	1.77	0.36
		马来西亚	249 646	5.62	661 844	6	2.65	0.15
		意大利	165 995	3.74	651 376	6	3.92	0.15
		埃及	290 092	6.53	569 113	5	1.96	0.13
		中国台湾	247 133	5.57	284 204	2	1.15	0.06
		越南	135 982	3.06	257 897	2	1.90	0.06
		韩国	25 870	0.58	171 503	1	6.63	0.04
		德国	35 930	0.81	160 793	1	4.48	0.04
		印度	414 800	9.34	153 056	1	0.37	0.03

代码	中文	国别地区	出口数量（立方米）	各国出口量占总量比重（%）	出口金额（美元）	各国出口额占总额比重（%）	平均出口价格（美元/立方米）	2011年加权价格（美元/立方米）
44089019	其他非针叶木饰面用单板，厚≤6mm	合　计	46 604 479	100	97 973 304	100	2.10	1.48
		日　本	8 024 552	17.22	15 855 396	16	1.98	0.34
		俄罗斯	2 376 226	5.10	12 634 524	13	5.32	0.27
		韩　国	4 405 362	9.45	11 489 664	12	2.61	0.25
		芬　兰	1 401 020	3.01	7 673 222	8	5.48	0.16
		马来西亚	2 832 400	6.08	4 363 190	4	1.54	0.09
		中国台湾	2 132 301	4.58	4 070 555	4	1.91	0.09
		意大利	725 894	1.56	3 656 012	4	5.04	0.08
		越　南	3 783 845	8.12	3 417 493	3	0.90	0.07
		埃　及	1 575 466	3.38	2 896 578	3	1.84	0.06
		印　度	1 053 618	2.26	2 759 671	3	2.62	0.06
44089021	温带非针叶木制胶合板用单板，厚≤6mm	合　计	804 850	100	511 463	100	0.64	0.64
		埃　及	365 000	45.35	158 759	31	0.43	0.20
		中国台湾	144 341	17.93	136 821	27	0.95	0.17
		日　本	53 246	6.62	102 153	20	1.92	0.13
		印　度	155 200	19.28	80 364	16	0.52	0.10
		韩　国	87 000	10.81	27 000	5	0.31	0.03
		印度尼西亚	63	0.01	6 366	1	101.05	0.01
44089029	其他非针叶木制胶合板用单板，厚≤6mm	合　计	4 9403 331	100	31 657 024	100	0.64	0.62
		韩　国	18 684 806	37.82	14 682 643	46	0.79	0.30
		中国台湾	8 265 174	16.73	4 300 368	14	0.52	0.09
		菲律宾	4 910 489	9.94	2 647 097	8	0.54	0.05
		马来西亚	3 611 637	7.31	2 468 278	8	0.68	0.05
		埃　及	3 689 292	7.47	1 724 126	5	0.47	0.03
		印　度	3 907 579	7.91	1 673 871	5	0.43	0.03
		泰　国	1 134 167	2.30	1 031 301	3	0.91	0.02
		印度尼西亚	1 917 145	3.88	975 661	3	0.51	0.02
		越　南	1 691 051	3.42	961 836	3	0.57	0.02
		墨西哥	198 052	0.40	181 285	1	0.92	0

代码	中文	国别地区	出口数量（立方米）	各国出口量占总量比重（%）	出口金额（美元）	各国出口额占总额比重（%）	平均出口价格（美元/立方米）	2011年加权价格（美元/立方米）
44089091	温带非针叶木制经纵刨旋切的木材，厚≤6mm	合　计	21 168 287	100	49 144 830	100	2.32	2.11
		土耳其	2 477 635	11.70	7 161 245	15	2.89	0.34
		印度尼西亚	3 670 987	17.34	6 515 297	13	1.77	0.31
		马来西亚	2 265 046	10.70	6 141 633	12	2.71	0.29
		越　南	2 704 257	12.78	5 178 546	11	1.91	0.24
		墨西哥	1 502 929	7.10	4 481 639	9	2.98	0.21
		泰　国	2 156 332	10.19	4 267 516	9	1.98	0.20
		巴基斯坦	1 407 564	6.65	3 790 822	8	2.69	0.18
		日　本	1 332 558	6.30	3 501 124	7	2.63	0.17
		印　度	1 398 051	6.60	2 320 999	5	1.66	0.11
		捷　克	384 000	1.81	1 349 120	3	3.51	0.06
44089099	其他非针叶木制经纵刨旋切的木材，厚≤6mm	合　计	8 537 710	100	15 339 655	100	1.80	1.52
		德　国	1 032 120	12.09	2 960 441	19	2.87	0.35
		越　南	1 060 005	12.42	2 404 930	16	2.27	0.28
		印　度	1 484 523	17.39	1 937 275	13	1.30	0.23
		菲律宾	1 849 171	21.66	1 150 651	8	0.62	0.13
		泰　国	704 517	8.25	1 115 248	7	1.58	0.13
		日　本	482 434	5.65	1 015 698	7	2.11	0.12
		秘　鲁	325 259	3.81	830 171	5	2.55	0.10
		委内瑞拉	178 740	2.09	597 807	4	3.34	0.07
		印度尼西亚	174 413	2.04	481 006	3	2.76	0.06
		墨西哥	172 181	2.02	468 881	3	2.72	0.05

（2）2011 年单板进口价格

代码	中文	国别地区	进口数量（立方米）	各国进口量占总量比重（%）	进口金额（美元）	各国进口额占总额比重（%）	平均进口价格（美元/立方米）	2011年加权价格（美元/立方米）
44081011	用胶合板等制的针叶木饰面用单板，厚≤6mm	合　计	1 962 674	100	359 623	100	0.18	0.18
		俄罗斯	1 960 596	94	339 429	99.89	0.17	0.17
		日　本	764	2	8 797	0.04	11.51	0
		意大利	1 005	2	6 074	0.05	6.04	0

代码	中文	国别地区	进口数量（立方米）	各国进口量占总量比重（%）	进口金额（美元）	各国进口额占总额比重（%）	平均进口价格（美元/立方米）	2011年加权价格（美元/立方米）
44081011	用胶合板等制的针叶木饰面用单板，厚≤6mm	法　国	253	1	3 998	0.01	15.80	0
		印　度	15	0	912	0	60.80	0
		英　国	28	0	373	0	13.32	0
		德　国	13	0	40	0	3.08	0
44081019	其他针叶木饰面用单板，厚≤6mm	合　计	372 444	100	2 297 874	100	6.17	6.15
		中国台湾	55 465	26	594 371	14.89	10.72	1.60
		美　国	90 192	20	450 758	24.22	5	1.21
		加拿大	75 330	19	441 711	20.23	5.86	1.19
		日　本	30 193	14	329 706	8.11	10.92	0.89
		菲律宾	69 092	6	144 031	18.55	2.08	0.39
		西班牙	7 068	4	87 609	1.90	12.40	0.24
		韩　国	5 424	4	84 863	1.46	15.65	0.23
		奥地利	12 800	3	72 924	3.44	5.70	0.20
		印　度	16 963	3	60 513	4.55	3.57	0.16
		智　利	9 398	1	22 532	2.52	2.40	0.06
44081020	针叶木制胶合板用单板，厚≤6mm	合　计	2 715 885	100	1 975 191	100	0.73	0.73
		俄罗斯	2 588 007	95	1 872 334	95.29	0.72	0.69
		美　国	99 298	4	71 461	3.66	0.72	0.03
		韩　国	8 770	1	12 774	0.32	1.46	0
		澳大利亚	14 000	1	10 736	0.52	0.77	0
		日　本	5 810	0	7 886	0.21	1.36	0
44081090	其他纵锯切、刨或旋切的针叶木木材，厚≤6mm	合　计	662 842	100	1 659 503	100	2.50	2.48
		印度尼西亚	202 240	42	700 148	30.51	3.46	1.06
		美　国	151 922	17	281 205	22.92	1.85	0.42
		加拿大	9 438	12	196 742	1.42	20.85	0.30
		西班牙	20 874	11	182 700	3.15	8.75	0.28
		芬　兰	116 064	10	167 286	17.51	1.44	0.25
		德　国	7 150	3	45 106	1.08	6.31	0.07
		朝　鲜	87 851	2	26 954	13.25	0.31	0.04
		俄罗斯	52 750	1	21 017	7.96	0.40	0.03
		意大利	1 732	1	15 659	0.26	9.04	0.02
		奥地利	1 813	1	8 440	0.27	4.66	0.01

代码	中文	国别地区	进口数量（立方米）	各国进口量占总量比重（%）	进口金额（美元）	各国进口额占总额比重（%）	平均进口价格（美元/立方米）	2011年加权价格（美元/立方米）
44083111	用胶合板等制饰面单板，红柳安木制，厚≤6mm	合　计	280 204	100	183 004	100	0.65	0.65
		马来西亚	279 710	98	178 774	99.82	0.64	0.64
		日　本	483	2	4 125	0.17	8.54	0.01
		美　国	11	0	105	0	9.55	0
44083119	其他饰面用单板，红柳安木制，厚≤6mm	合　计	566 986	100	407 268	100	0.72	0.72
		马来西亚	507 241	69	281 753	89.46	0.56	0.50
		柬埔寨	43 334	14	56 715	7.64	1.31	0.10
		中国台湾	11 898	12	48 983	2.10	4.12	0.09
		美　国	2 887	3	12 141	0.51	4.21	0.02
		加　蓬	1 504	2	6 750	0.27	4.49	0.01
		乌拉圭	122	0	926	0.02	7.59	0
44083120	制胶合板用单板，红柳安木制，厚≤6mm	合　计	896 895	100	531 361	100	0.59	0.59
		乌拉圭	484 730	57	302 793	54.05	0.62	0.34
		马来西亚	304 319	29	155 003	33.93	0.51	0.17
		中国台湾	14 242	7	39 520	1.59	2.77	0.04
		越　南	86 987	6	31 683	9.70	0.36	0.04
		柬埔寨	6 617	0	2 362	0.74	0.36	0
44083190	其他纵锯切刨或旋切的红柳安木木材，厚≤6mm	合　计	339	100	1 747	100	5.15	5.15
		澳大利亚	209	68	1 183	61.65	5.66	3.49
		中国台湾	130	32	564	38.35	4.34	1.66
44083911	用胶合板等制其他热带木饰面用单板，厚≤6mm	合　计	6 220	100	121 369	100	19.51	19.51
		日　本	3 735	65	79 148	60.05	21.19	12.72
		意大利	1 050	29	34 880	16.88	33.22	5.61
		中国台湾	1 435	6	7 341	23.07	5.12	1.18
44083919	其他热带木制饰面用单板，厚≤6mm	合　计	1 210 769	100	3 513 770	100	2.90	2.46
		加　纳	214 497	20	701 578	17.72	3.27	0.58
		德　国	114 876	14	493 399	9.49	4.30	0.41
		缅　甸	464 447	13	458 360	38.36	0.99	0.38
		意大利	38 145	10	337 545	3.15	8.85	0.28
		法　国	26 509	7	253 578	2.19	9.57	0.21

代码	中文	国别地区	进口数量（立方米）	各国进口量占总量比重（%）	进口金额（美元）	各国进口额占总额比重（%）	平均进口价格（美元/立方米）	2011年加权价格（美元/立方米）
44083919	其他其他热带木制饰面用单板，厚≤6mm	美　国	74 260	6	221 915	6.13	2.99	0.18
		土耳其	46 966	4	151 507	3.88	3.23	0.13
		加　蓬	19 600	4	127 470	1.62	6.50	0.11
		日　本	12 891	4	123 728	1.06	9.60	0.10
		韩　国	12 334	3	112 927	1.02	9.16	0.09
44083920	其他热带木制胶合板用单板，厚≤6mm	合　计	5 444 526	100	3 822 952	100	0.70	0.70
		马来西亚	2 657 881	43	1 650 557	48.82	0.62	0.30
		加　蓬	1 084 527	21	785 736	19.92	0.72	0.14
		赤道几内亚	595 904	11	418 510	10.95	0.70	0.08
		缅　甸	534 472	10	386 611	9.82	0.72	0.07
		柬埔寨	298 756	6	247 415	5.49	0.83	0.05
		印度尼西亚	247 676	6	229 454	4.55	0.93	0.04
		巴　西	12 000	2	57 689	0.22	4.81	0.01
		西班牙	3 280	1	24 432	0.06	7.45	0
		中国台湾	10 030	1	22 548	0.18	2.25	0
44083990	其他纵锯切、刨或旋切的热带木木材，厚≤6mm	合　计	1 944 678	100	1 923 664	100	0.99	0.93
		缅　甸	1 337 643	29	550 943	68.78	0.41	0.28
		中国台湾	82 412	27	528 907	4.24	6.42	0.27
		老　挝	317 974	7	139 163	16.35	0.44	0.07
		意大利	24 051	6	120 226	1.24	5	0.06
		印　度	8 286	5	104 649	0.43	12.63	0.05
		喀麦隆	99 672	5	99 636	5.13	1	0.05
		加　纳	12 224	5	93 886	0.63	7.68	0.05
		印度尼西亚	22 013	5	90 266	1.13	4.10	0.05
		德　国	9 476	2	39 870	0.49	4.21	0.02
		厄瓜多尔	3 440	2	37 131	0.18	10.79	0.02
44089011	用胶合板等制其他非针叶木饰面单板，厚≤6mm	合　计	17 151	100	83 532	100	4.87	4.87
		德　国	9 235	42	34 912	53.85	3.78	2.04
		瑞　士	6 545	30	24 946	38.16	3.81	1.45
		意大利	881	25	20 641	5.14	23.43	1.20
		马来西亚	185	2	1 919	1.08	10.37	0.11
		印　度	305	1	1 114	1.78	3.65	0.06

代码	中文	国别地区	进口数量（立方米）	各国进口量占总量比重（%）	进口金额（美元）	各国进口额占总额比重（%）	平均进口价格（美元/立方米）	2011 年加权价格（美元/立方米）
44089012	温带非针叶木制其他饰面用单板，厚≤ 6mm	合　计	5 575 498	100	13 841 104	100	2.48	2.34
		美　国	3 275 580	50	6 918 762	58.75	2.11	1.24
		意大利	161 552	14	1 870 274	2.90	11.58	0.34
		中国台湾	161 596	7	1 016 033	2.90	6.29	0.18
		俄罗斯	1 350 815	7	977 303	24.23	0.72	0.18
		西班牙	80 708	5	685 374	1.45	8.49	0.12
		德　国	113 677	5	634 707	2.04	5.58	0.11
		韩　国	46 377	3	355 818	0.83	7.67	0.06
		法　国	45 938	2	240 398	0.82	5.23	0.04
		印　度	9 589	1	183 685	0.17	19.16	0.03
		巴　西	42 475	1	170 837	0.76	4.02	0.03
44089019	其他非针叶木饰面用单板，厚≤ 6mm	合　计	9 833 090	100	52 810 559	100	5.37	4.63
		美　国	3 586 473	23	11 967 755	36.47	3.34	1.22
		德　国	646 732	15	8 012 090	6.58	12.39	0.81
		意大利	1 403 395	15	7 887 770	14.27	5.62	0.80
		捷　克	113 723	9	4 574 220	1.16	40.22	0.47
		中国台湾	761 298	6	3 249 942	7.74	4.27	0.33
		印度尼西亚	460 503	5	2 708 507	4.68	5.88	0.28
		英　国	33 312	5	2 390 591	0.34	71.76	0.24
		巴　西	530 335	4	1 999 524	5.39	3.77	0.20
		法　国	219 487	3	1 525 600	2.23	6.95	0.16
		多民族玻利维亚国	156 437	2	1 219 810	1.59	7.80	0.12
44089021	温带非针叶木制胶合板用单板，厚≤ 6mm	合　计	12 338 428	100	5 153 209	100	0.42	0.42
		俄罗斯	11 963 698	87	4 492 986	96.96	0.38	0.36
		美　国	206 098	9	467 672	1.67	2.27	0.04
		意大利	83 114	2	89 992	0.67	1.08	0.01
		西班牙	2 400	1	49 359	0.02	20.57	0
		乌克兰	21 420	0	17 000	0.17	0.79	0
		拉脱维亚	23 116	0	13 165	0.19	0.57	0
		马来西亚	18 322	0	11 152	0.15	0.61	0
		奥地利	19 610	0	10 083	0.16	0.51	0
		韩　国	650	0	1 800	0.01	2.77	0

代码	中文	国别地区	进口数量（立方米）	各国进口量占总量比重（%）	进口金额（美元）	各国进口额占总额比重（%）	平均进口价格（美元/立方米）	2011年加权价格（美元/立方米）
44089029	其他非针叶木制胶合板用单板，厚≤6mm	合　计	93 741 662	100	14 686 837	100	0.16	0.16
		越　南	78 671 891	45	6 672 065	83.92	0.08	0.07
		马来西亚	13 780 269	45	6 575 158	14.70	0.48	0.07
		赤道几内亚	895 500	4	634 382	0.96	0.71	0.01
		西班牙	70 549	4	575 204	0.08	8.15	0.01
		美　国	8 093	0	54 081	0.01	6.68	0
		缅　甸	125 842	0	48 624	0.13	0.39	0
		印度尼西亚	32 230	0	42 089	0.03	1.31	0
		加　纳	63 650	0	41 086	0.07	0.65	0
		乌拉圭	19 640	0	10 138	0.02	0.52	0
		德　国	13 467	0	9 545	0.01	0.71	0
44089091	温带非针叶木制经纵刨旋切的木材，厚≤6mm	合　计	10 690 261	100	13 412 995	100	1.25	1.25
		俄罗斯	8 336 637	76	1 0254 222	77.98	1.23	0.96
		美　国	2 058 251	19	2 534 061	19.25	1.23	0.24
		缅　甸	161 409	3	352 676	1.51	2.18	0.03
		罗马尼亚	67 350	1	68 482	0.63	1.02	0.01
		印度尼西亚	19 998	0	59 327	0.19	2.97	0.01
		韩　国	7 799	0	53 436	0.07	6.85	0
		法　国	20 907	0	45 583	0.20	2.18	0
		印　度	2 175	0	30 600	0.02	14.07	0
		意大利	15 099	0	12 466	0.14	0.83	0
		西班牙	599	0	1 847	0.01	3.08	0
44089099	其他非针叶木制经纵刨旋切的木材，厚≤6mm	合　计	1 936 659	100	1 783 067	100	0.92	0.91
		缅　甸	1 849 324	50	899 324	95.49	0.49	0.46
		美　国	45 771	26	460 144	2.36	10.05	0.24
		韩　国	1 596	7	131 960	0.08	82.68	0.07
		日　本	2 834	6	106 742	0.15	37.66	0.06
		中国台湾	16 586	2	40 025	0.86	2.41	0.02
		西班牙	6 910	2	39 045	0.36	5.65	0.02
		印度尼西亚	4 467	2	35 824	0.23	8.02	0.02
		意大利	3 833	1	26 253	0.20	6.85	0.01
		印　度	2 290	1	25 362	0.12	11.08	0.01
		加拿大	2 691	0	6 916	0.14	2.57	0

附表 2-3：锯材进出口价格

（1）2011 年锯材出口价格

代码	中文	国别地区	出口数量（立方米）	各国出口量占总量比重（%）	出口金额（美元）	各国出口额占总额比重（%）	平均出口价格（美元/立方米）	2011 年加权价格（美元/立方米）
44061000	未浸渍铁道及电车道枕木	合　计	192	100	65 198	100	339.57	339.57
		日　本	192	100	65 198	100	339.57	339.57
44069000	已浸渍铁道及电车道枕木	合　计	5 087	100	1 463 968	100	287.79	274.05
		日　本	1 508	29.64	377 029	26	250.02	74.12
		印度尼西亚	1 024	20.13	352 848	24	344.58	69.36
		安哥拉	524	10.30	226 896	15	433.01	44.60
		中国台湾	1 001	19.68	147 458	10	147.31	28.99
		伊拉克	129	2.54	89 961	6	697.37	17.68
		巴基斯坦	392	7.71	73 019	5	186.27	14.35
		土耳其	20	0.39	58 299	4	2 914.95	11.46
		朝　鲜	81	1.59	34 289	2	423.32	6.74
		苏　丹	84	1.65	19 243	1	229.08	3.78
		蒙　古	42	0.83	15 046	1	358.24	2.96
44071010	纵锯纵切刨或旋切红松和樟子松木材，厚＞6mm	合　计	99 024	100	52 741 991	100	532.62	532.54
		日　本	94 581	95.51	49 369 557	94	521.98	498.56
		韩　国	4 078	4.12	3 191 236	6	782.55	32.23
		赤道几内亚	208	0.21	77 143	0	370.88	0.78
		中国台湾	83	0.08	61 631	0	742.54	0.62
		美　国	63	0.06	22 474	0	356.73	0.23
		俄罗斯	1	0	10 159	0	10 159	0.10
		澳大利亚	0	0	7 991	0		
		加　纳	10	0.01	1 800	0	180	0.02
44071020	纵锯切刨或旋切白松（云、冷杉）木材，厚＞6mm	合　计	19 612	100	11 638 753	100	593.45	593.45
		日　本	17 031	86.84	9 995 012	86	586.87	509.64
		韩　国	1 632	8.32	1 232 375	11	755.13	62.84
		美　国	446	2.27	232 676	2	521.7	11.86
		阿尔及利亚	500	2.55	175 000	2	350	8.92
		墨西哥	3	0.02	3 690	0	1 230	0.19

代码	中文	国别地区	出口数量（立方米）	各国出口量占总量比重（%）	出口金额（美元）	各国出口额占总额比重（%）	平均出口价格（美元/立方米）	2011年加权价格（美元/立方米）
44071030	纵锯、纵切刨或旋切的辐射松木材，厚＞6mm	合　计	40 673	100	25 037 166	100	615.57	613.20
		日　本	23 121	56.85%	13 909 337	56	601.59	341.98
		韩　国	14 873	36.57	9 357 744	37	629.18	230.07
		菲律宾	342	0.84	674 387	3	1 971.89	16.58
		安哥拉	1 100	2.70	292 588	1	265.99	7.19
		澳大利亚	484	1.19	291 460	1	602.19	7.17
		新加坡	72	0.18	172 927	1	2 401.76	4.25
		中国台湾	227	0.56	102 642	0	452.17	2.52
		赤道几内亚	199	0.49	65 735	0	330.33	1.62
		毛里求斯	48	0.12	39 960	0	832.50	0.98
		马来西亚	19	0.05	33 910	0	1 784.74	0.83
44071040	经纵锯、纵切刨或旋切的花旗松木材，厚＞6mm	合　计	3 767	100	1 807 322	100	479.78	479.78
		日　本	2 258	59.94	1 064 888	59	471.61	282.69
		中国台湾	818	21.71	407 531	23	498.20	108.18
		韩　国	314	8.34	131 785	7	419.70	34.98
		蒙　古	162	4.30	114 750	6	708.33	30.46
		苏　丹	161	4.27	58 344	3	362.39	15.49
		阿尔及利亚	16	0.42	15 062	1	941.38	4
		澳大利亚	38	1.01	14 962	1	393.74	3.97
44071090	其他纵锯切、刨或旋切的针叶木木材，厚＞6mm	合　计	58 798	100	36 925 196	100	628	619.83
		日　本	47 860	81.40	30 382 067	82	634.81	516.72
		韩　国	4 542	7.72	3 196 856	9	703.84	54.37
		墨西哥	526	0.89	890 100	2	1 692.21	15.14
		德　国	1 286	2.19	853 377	2	663.59	14.51
		美　国	1 428	2.43	384 977	1	269.59	6.55
		澳大利亚	483	0.82	228 304	1	472.68	3.88
		中国台湾	521	0.89	217 375	1	417.23	3.70
		安哥拉	431	0.73	142 425	0	330.45	2.42
		莫桑比克	232	0.39	76 251	0	328.67	1.30
		加拿大	117	0.20	73 134	0	625.08	1.24

代码	中文	国别地区	出口数量（立方米）	各国出口量占总量比重（%）	出口金额（美元）	各国出口额占总额比重（%）	平均出口价格（美元/立方米）	2011年加权价格（美元/立方米）
44072200	经纵锯切刨或旋切的肉豆蔻木等木材，厚＞6mm	合　计	133	100	201 688	100	1 516.45	1 516.45
		韩　国	62	46.62	102 222	51	1 648.74	768.59
		中国台湾	53	39.85	64 887	32	1 224.28	487.87
		印　度	18	13.53	34 579	17	1 921.06	259.99
44072500	经纵锯切刨或旋切的红柳安木材，厚＞6mm	合　计	4 225	100	1 369 805	100	324.21	323.26
		中国香港	4 141	98.01	1 280 620	93	309.25	303.11
		毛里塔尼亚	84	1.99	85 174	6	1 013.98	20.16
		澳大利亚	0	0	4 011	0		
44072600	纵锯切刨或旋切的白黄柳安木等木材，厚＞6mm	合　计	4 792	100	1 326 440	100	276.80	276.80
		中国香港	4 776	99.67	1 318 405	99	276.05	275.13
		印度尼西亚	16	0.33	8 035	1	502.19	1.68
44072700	纵锯切刨或旋切的沙比利木材，厚＞6mm	合　计	18	100	11 800	100	655.56	655.56
		中国台湾	18	100	11 800		655.56	655.56
44072910	经纵锯切刨切或旋切的柚木木材，厚＞6mm	合　计	1 314	100	1 468 031	100	1 117.22	1 109.48
		中国台湾	569	43.30	610 469	42	1 072.88	464.59
		泰　国	161	12.25	333 419	23	2 070.93	253.74
		意大利	84	6.39	180 038	12	2 143.31	137.02
		中国香港	328	24.96	97 740	7	297.99	74.38
		以色列	56	4.26	67 646	5	1 207.96	51.48
		丹　麦	17	1.29	44 775	3	2 633.82	34.08
		比利时	32	2.44	44 572	3	1 392.88	33.92
		土耳其	29	2.21	40 350	3	1 391.38	30.71
		新加坡	21	1.60	29 050	2	1 383.33	22.11
		希　腊	10	0.76	9 797	1	979.70	7.46
44072930	经纵锯切、刨或旋切的波罗格木木材，厚＞6mm	合　计	110	100	30 055	100	273.23	273.23
		澳大利亚	2	1.82	13 551	45	6775.50	123.19
		哈萨克斯坦	73	66.36	11 680	39	160	106.18
		新加坡	35	31.82	4 824	16	137.83	43.85

代码	中文	国别地区	出口数量（立方米）	各国出口量占总量比重（%）	出口金额（美元）	各国出口额占总额比重（%）	平均出口价格（美元/立方米）	2011年加权价格（美元/立方米）
44072990	其他纵锯切、刨或旋切的热带木木材，厚＞6mm	合　计	4 942	100	3 765 543	100	761.95	761.95
		日　本	3 156	63.86	2 520 196	67	798.54	509.95
		韩　国	1 588	32.13	1 124 480	30	708.11	227.54
		法　国	142	2.87	91 734	2	646.01	18.56
		越　南	40	0.81	24 742	1	618.55	5.01
		中国香港	15	0.30	3 000	0	200	0.61
		马来西亚	1	0.02	1 391	0	1 391	0.28
44079100	经纵锯纵切、刨或旋切的栎木木材，厚＞6mm	合　计	16 410	100	17 957 504	100	1 094.30	1077.77
		日　本	11 992	73.08	13 386 884	75	1 116.32	815.78
		德　国	1 732	10.55	2 241 594	12	1 294.22	136.60
		韩　国	632	3.85	589 774	3	933.19	35.94
		英　国	378	2.30	502 931	3	1 330.51	30.65
		比利时	550	3.35	405 657	2	737.56	24.72
		越　南	221	1.35	135 640	1	613.76	8.27
		澳大利亚	161	0.98	119 160	1	740.12	7.26
		丹　麦	148	0.90	114 428	1	773.16	6.97
		菲律宾	68	0.41%	102 877	1	1 512.90	6.27
		荷　兰	105	0.64	87 267	0	831.11	5.32
44079200	经纵锯纵切、刨或旋切山毛榉木木材，厚＞6mm	合　计	1 051	100	1 410 835	100	1 342.37	1 342.37
		日　本	944	89.82	1 274 302	90	1349.90	1 212.47
		德　国	99	9.42	125 685	9	1 269.55	119.59
		韩　国	8	0.76	10 848	1	1 356	10.32
44079300	经纵锯纵切、刨或旋切枫木木材，厚＞6mm	合　计	702	100	789 030	100	1 123.97	1 123.97
		印度尼西亚	277	39.46	325 365	41	1 174.60	463.48
		德　国	259	36.89	284 408	36	1 098.10	405.14
		日　本	140	19.94	152 316	19	1 087.97	216.97
		韩　国	26	3.70	26 941	3	1 036.19	38.38
44079500	经纵锯纵切、刨或旋切白蜡木木材，厚＞6mm	合　计	821	100	1 222 744	100	1 489.33	1 489.33
		日　本	699	85.14	1 071 936	88	1 533.53	1 305.65
		韩　国	122	14.86	150 808	12	1 236.13	183.69

代码	中文	国别地区	出口数量（立方米）	各国出口量占总量比重（%）	出口金额（美元）	各国出口额占总额比重（%）	平均出口价格（美元/立方米）	2011年加权价格（美元/立方米）
44079910	纵锯切刨或旋切的樟木、楠木、红木，厚＞6mm	合计	46	100	22 341	100	485.67	457.61
		韩国	46	100	21 050	94	457.61	457.61
		印度尼西亚	0		933	4		
		新加坡	0		358	2		
44079920	经纵锯切、刨或旋切的泡桐木木材，厚＞6mm	合计	195 848	100	122 186 558	100	623.88	606.15
		日本	73 908	37.74	57 730 120	47	781.11	294.77
		美国	28 213	14.41	19 499 362	16	691.15	99.56
		韩国	41 077	20.97	17 836 375	15	434.22	91.07
		越南	18 154	9.27	8 834 920	7	486.67	45.11
		中国台湾	11 692	5.97	6 241 987	5	533.87	31.87
		马来西亚	7 834	4	3 502 730	3	447.12	17.88
		意大利	4 538	2.32	2 995 747	2	660.15	15.30
		德国	1 728	0.88	844 426	1	488.67	4.31
		芬兰	1 068	0.55	710 452	1	665.22	3.63
		法国	1 130	0.58	516 718	0	457.27	2.64
44079930	经纵锯切、刨或旋切的北美硬阔叶材，厚＞6mm	合计	23 720	100	24 706 324	100	1 041.58	922.78
		德国	11 755	49.56	11 451 014	46	974.14	482.76
		意大利	2 504	10.56	2 315 791	9	924.84	97.63
		日本	1 289	5.43	1 471 660	6	1 141.71	62.04
		马来西亚	1 265	5.33	1 436 135	6	1 135.28	60.55
		越南	1 156	4.87	1 320 048	5	1 141.91	55.65
		阿联酋	823	3.47	934 450	4	1 135.42	39.40
		泰国	807	3.40	914 687	4	1 133.44	38.56
		英国	687	2.90	782 391	3	1 138.85	32.98
		黎巴嫩	654	2.76	738 214	3	1 128.77	31.12
		印度尼西亚	460	1.94	523 857	2	1 138.82	22.09
44079980	纵锯切刨或旋切其他温带非针叶木材，厚＞6mm	合　计	30 761	100	23 714 682	100	770.93	770.47
		日　本	27 660	89.92	21 584 956	91	780.37	701.7
		韩　国	1 528	4.97	1 252 539	5	819.72	40.72
		中国香港	466	1.51	287 547	1	617.05	9.35
		中国台湾	458	1.49	176 895	1	386.23	5.75

代码	中文	国别地区	出口数量（立方米）	各国出口量占总量比重（%）	出口金额（美元）	各国出口额占总额比重（%）	平均出口价格（美元/立方米）	2011年加权价格（美元/立方米）
44079930	经纵锯切、刨或旋切的北美硬阔叶材，厚＞6mm	印度尼西亚	275	0.89	164 554	1	598.38	5.35
		比利时	118	0.38	104 578	0	886.25	3.40
		印　度	171	0.56	62 874	0	367.68	2.04
		塞浦路斯	10	0.03	31 650	0	3165	1.03
		美　国	23	0.07	22 022	0	957.48	0.72
		意大利	3	0.01	12 727	0	4 242.33	0.41
44079990	其他纵锯切、刨或旋切的非叶木木材，厚＞6mm	合　计	32 148	100	30 630 106	100	952.78	935.83
		日　本	18 631	57.95	19 517 153	64	1 047.56	607.10
		韩　国	3 689	11.48	2 989 350	10	810.34	92.99
		德　国	2 943	9.15	2 354 613	8	800.07	73.24
		澳大利亚	983	3.06	1 492 902	5	1 518.72	46.44
		法　国	1 575	4.90	1 475 122	5	936.59	45.89
		中国台湾	1 353	4.21	1 011 911	3	747.90	31.48
		意大利	642	2	540 920	2	842.55	16.83
		波　兰	1 297	4.03	472 933	2	364.64	14.71
		瑞　典	104	0.32	115 913	0	1 114.55	3.61
		美　国	137	0.43	114 300	0	834.31	3.56

（2）2011 年锯材进口价格

代码	中文	国别地区	出口数量（立方米）	各国出口量占总量比重（%）	出口金额（美元）	各国出口额占总额比重（%）	平均出口价格（美元/立方米）	2011年加权价格（美元/立方米）
44061000	未浸渍铁道及电车道枕木	合　计	47 627	100	8 651 008	100	181.64	181.64
		俄罗斯	46 422	97.47	8 329 956	96	179.44	174.90
		罗马尼亚	1 205	2.53	321 052	4	266.43	6.74
44069000	已浸渍铁道及电车道枕木	合　计	3 928	100	785 801	100	200.05	200.05
		朝　鲜	2 093	53.28	377 343	48	180.29	96.06
		美　国	1 431	36.43	349 075	44	243.94	88.87
		加拿大	394	10.03	55 575	7	141.05	14.15
		南　非	10	0.25	3 808	0	380.80	0.97

代码	中文	国别地区	出口数量（立方米）	各国出口量占总量比重（%）	出口金额（美元）	各国出口额占总额比重（%）	平均出口价格（美元/立方米）	2011年加权价格（美元/立方米）
44071010	纵锯纵切刨或旋切红松和樟子松木材，厚＞6mm	合　计	4 101 622	100	852 337 081	100	207.80	207.44
		俄罗斯	3 915 469	95.46	807 834 737	95	206.32	196.95
		德　国	44 029	1.07	11 945 918	1	271.32	2.91
		瑞　典	46 929	1.14	11 350 999	1	241.88	2.77
		芬　兰	24 391	0.59	5 724 260	1	234.69	1.40
		加拿大	37 415	0.91	5 626 944	1	150.39	1.37
		奥地利	11 369	0.28	3 112 654	0	273.78	0.76
		澳大利亚	4 222	0.10	2 801 414	0	663.53	0.68
		拉脱维亚	6 521	0.16	1 429 643	0	219.24	0.35
		立陶宛	2 061	0.05	528 697	0	256.52	0.13
		日　本	2 138	0.05	468 385	0	219.08	0.11
44071020	纵锯切刨或旋切白松（云、冷杉）木材，厚＞6mm	合　计	6 304 552	100	1 260 512 481	100	199.94	199.21
		加拿大	5 331 889	84.57	1 062 945 752	84	199.36	168.60
		俄罗斯	673 419	10.68	122 431 758	10	181.81	19.42
		芬　兰	91 114	1.45	21 879 703	2	240.14	3.47
		瑞　典	64 148	1.02	14 721 557	1	229.49	2.34
		美　国	57 104	0.91	13 261 870	1	232.24	2.10
		德　国	33 091	0.52	9 148 060	1	276.45	1.45
		罗马尼亚	18 814	0.30	4 347 951	0	231.10	0.69
		奥地利	11 871	0.19	4 322 178	0	364.10	0.69
		韩　国	1 653	0.03	1 501 573	0	908.39	0.24
		日　本	876	0.01	1 350 698	0	1541.89	0.21
44071030	纵锯、纵切刨或旋切的辐射松木材，厚＞6mm	合　计	874 935	100	230 565 759	100	263.52	263.45
		新西兰	404 203	46.20	115 503 060	50	285.76	132.01
		智　利	419 661	47.96	101 683 288	44	242.30	116.22
		澳大利亚	23 139	2.64	6 589 730	3	284.79	7.53
		阿根廷	13 009	1.49	3 071 103	1	236.08	3.51
		巴　西	6 728	0.77	1 651 109	1	245.41	1.89
		加拿大	4 865	0.56	928 535	0	190.86	1.06
		中国台湾	1 255	0.14	559 620	0	445.91	0.64
		美　国	835	0.10	255 108	0	305.52	0.29
		乌拉圭	858	0.10	212 365	0	247.51	0.24
		芬　兰	153	0.02	45 407	0	296.78	0.05

代码	中文	国别地区	出口数量（立方米）	各国出口量占总量比重（%）	出口金额（美元）	各国出口额占总额比重（%）	平均出口价格（美元/立方米）	2011年加权价格（美元/立方米）
44071040	经纵锯、纵切刨或旋切的花旗松木材，厚＞6mm	合　计	883 817	100	182 512 953	100	206.51	206.51
		美　国	469 199	53.09	100 023 552	55	213.18	113.17
		加拿大	413 079	46.74	81 932 434	45	198.35	92.70
		日　本	1 199	0.14	427 346	0	356.42	0.48
		中国台湾	165	0.02	86 120	0	521.94	0.10
		德　国	175	0.02	43 501	0	248.58	0.05
44071090	其他纵锯切、刨或旋切的针叶木木材，厚＞6mm	合　计	2 760 313	100	575 253 785	100	208.40	204.48
		加拿大	1 024 546	37.12	218 157 816	38	212.93	79.03
		美　国	721 510	26.14	160 340 868	28	222.23	58.09
		俄罗斯	772 133	27.97	136 081 912	24	176.24	49.30
		德　国	51 031	1.85	13 780 585	2	270.04	4.99
		阿根廷	53 212	1.93	12 293 635	2	231.03	4.45
		巴　西	51 805	1.88	12 233 065	2	236.14	4.43
		瑞　典	14 675	0.53	4 477 926	1	305.14	1.62
		芬　兰	12 900	0.47	3 290 693	1	255.09	1.19
		日　本	10 284	0.37	2 483 405	0	241.48	0.90
		新西兰	3 627	0.13	1 297 163	0	357.64	0.47
44072200	经纵锯切刨或旋切的肉豆蔻木等木材，厚＞6mm	合　计	40 669	100	28 752 947	100	707	707
		厄瓜多尔	34 373	84.52	25 298 956	88	736.01	622.07
		巴布亚新几内亚	3 221	7.92	1 773 255	6	550.53	43.60
		印度尼西亚	2 779	6.83	1 551 266	5	558.21	38.14
		澳大利亚	147	0.36	76 206	0	518.41	1.87
		秘　鲁	94	0.23	30 119	0	320.41	0.74
		德　国	55	0.14	23 145	0	420.82	0.57
44072500	经纵锯切刨或旋切的红柳安木材，厚＞6mm	合　计	16 378	100	5 450 245	100	332.78	332.03
		马来西亚	12 713	77.62	3 498 885	64	275.22	213.63
		乌拉圭	1 944	11.87	961 582	18	494.64	58.71
		澳大利亚	527	3.22	414 012	8	785.60	25.28
		印度尼西亚	445	2.72	197 312	4	443.40	12.05
		韩　国	181	1.11	140 687	3	777.28	8.59
		巴　西	229	1.40	90 984	2	397.31	5.56

代码	中文	国别地区	出口数量（立方米）	各国出口量占总量比重（%）	出口金额（美元）	各国出口额占总额比重（%）	平均出口价格（美元/立方米）	2011年加权价格（美元/立方米）
44072500	经纵锯切刨或旋切的红柳安木材，厚＞6mm	老　挝	171	1.04	51 454	1	300.90	3.14
		日　本	28	0.17	40 120	1	1 432.86	2.45
		新西兰	71	0.43	33 873	1	477.08	2.07
		中国台湾	23	0.14	9 122	0	396.61	0.56
44072600	纵锯切刨或旋切的白黄柳安木等木材，厚＞6mm	合　计	20 894	100	6 420 859	100	307.31	302.69
		马来西亚	16 808	80.44	4 185 371	65	249.01	200.31
		澳大利亚	1 318	6.31	1 058 114	16	802.82	50.64
		韩　国	723	3.46	410 433	6	567.68	19.64
		老　挝	670	3.21	196 786	3	293.71	9.42
		中国台湾	549	2.63	182 250	3	331.97	8.72
		文　莱	195	0.93	108 656	2	557.21	5.20
		意大利	56	0.27	59 361	1	1 060.02	2.84
		加拿大	191	0.91	54 217	1	283.86	2.59
		美　国	87	0.42	42 506	1	488.57	2.03
		南　非	54	0.26	26 779	0	495.91	1.28
44072700	纵锯切刨或旋切的沙比利木材，厚＞6mm	合　计	31 700	100	19 075 458	100	601.75	601.62
		喀麦隆	16 662	52.56	9 560 826	50	573.81	301.60
		刚果（金）	5 455	17.21	3 410 016	18	625.12	107.57
		刚果（布）	4 047	12.77	2 644 657	14	653.49	83.43
		中　非	3 395	10.71	2 216 083	12	652.75	69.91
		加　蓬	1 377	4.34	798 010	4	579.53	25.17
		越　南	291	0.92	195 131	1	670.55	6.16
		马达加斯加	234	0.74	129 571	1	553.72	4.09
		乌干达	99	0.31	57 694	0	582.77	1.82
		哥伦比亚	105	0.33	43 143	0	410.89	1.36
		莫桑比克	19	0.06	16 374	0	861.79	0.52
44072800	纵锯切刨或旋切的伊罗科木木材，厚＞6mm	合　计	24	100	12 215	100	508.96	508.96
		科特迪瓦	24	100	12 215	100	508.96	508.96

代码	中文	国别地区	出口数量（立方米）	各国出口量占总量比重（%）	出口金额（美元）	各国出口额占总额比重(%)	平均出口价格（美元/立方米）	2011年加权价格（美元/立方米）
44072910	经纵锯切刨切或旋切的柚木木材，厚＞6mm	合　计	53 902	100	45 073 536	100	836.21	829.13
		缅　甸	37 478	69.53	34 877 867	77	930.62	647.06
		印度尼西亚	7 357	13.65	4 311 166	10	586	79.98
		贝　宁	6 129	11.37	3 827 826	8	624.54	71.01
		马来西亚	736	1.37	404 159	1	549.13	7.50
		老　挝	505	0.94	350 236	1	693.54	6.50
		中国台湾	321	0.60	317 361	1	988.66	5.89
		苏　丹	422	0.78	246 300	1	583.65	4.57
		泰　国	134	0.25	197 770	0	1475.9	3.67
		东帝汶	114	0.21	80 304	0	704.42	1.49
		特立尼达和多巴哥	105	0.19	78 581	0	748.39	1.46
44072920	纵锯切刨或旋切非洲桃花心木木材，厚＞6mm	合　计	5 249	100	3 544 600	100	675.29	624.51
		加　蓬	1 908	36.35	878 282	25	460.32	167.32
		科特迪瓦	1 335	25.43	778 794	22	583.37	148.37
		印度尼西亚	432	8.23	682 750	19	1580.44	130.07
		中国台湾	130	2.48	276 843	8	2129.56	52.74
		喀麦隆	362	6.90	219 216	6	605.57	41.76
		韩　国	99	1.89	104 498	3	1055.54	19.91
		加　纳	122	2.32	98 462	3	807.07	18.76
		西班牙	35	0.67	85 892	2	2454.06	16.36
		菲律宾	238	4.53	82 025	2	344.64	15.63
		葡萄牙	169	3.22	71 287	2	421.82	13.58
44072930	经纵锯切、刨或旋切的波罗格木木材，厚＞6mm	合　计	93 368	100	45 772 732	100	490.24	490.24
		印度尼西亚	78 863	84.46	38 121 407	83	483.39	408.29
		马来西亚	13 018	13.94	6 857 536	15	526.77	73.45
		巴布亚新几内亚	676	0.72	377 383	1	558.26	4.04
		所罗门群岛	645	0.69	323 435	1	501.45	3.46
		中国台湾	61	0.07	32 035	0	525.16	0.34
		老　挝	33	0.04	23 478	0	711.45	0.25
		罗马尼亚	29	0.03	14 775	0	509.48	0.16

代码	中文	国别地区	出口数量（立方米）	各国出口量占总量比重（%）	出口金额（美元）	各国出口额占总额比重（%）	平均出口价格（美元/立方米）	2011年加权价格（美元/立方米）
44072930	经纵锯切、刨或旋切的波罗格木木材，厚＞6mm	加　蓬	22	0.02	8 882	0	403.73	0.10
		菲律宾	11	0.01	8 369	0	760.82	0.09
		泰　国	10	0.01	5 432	0	543.20	0.06
44072990	其他纵锯切、刨或旋切的热带木木材，厚＞6mm	合　计	222 354	100	97 007 207	100	436.27	370.18
		印度尼西亚	67 504	30.36	20 660 680	21	306.07	92.92
		加　蓬	36 966	16.62	17 080 811	18	462.07	76.82
		巴　西	20 743	9.33	13 772 693	14	663.97	61.94
		喀麦隆	18 516	8.33	9 601 698	10	518.56	43.18
		马来西亚	20 925	9.41	8 984 353	9	429.36	40.41
		越　南	5 267	2.37	3 917 989	4	743.87	17.62
		缅　甸	9 837	4.42	2 430 764	3	247.10	10.93
		泰　国	4 921	2.21	2 211 585	2	449.42	9.95
		加　纳	5 440	2.45	2 091 094	2	384.39	9.40
		刚果（布）	3 135	1.41	1 559 591	2	497.48	7.01
44079100	经纵锯纵切、刨或旋切的栎木木材，厚＞6mm	合　计	893 862	100	453 368 943	100	507.20	502.40
		美　国	588 375	65.82	302 704 556	67	514.48	338.65
		俄罗斯	219 015	24.50	102 611 183	23	468.51	114.80
		法　国	27 379	3.06	17 104 756	4	624.74	19.14
		德　国	18 183	2.03	9 105 402	2	500.76	10.19
		加拿大	14 144	1.58	7 789 664	2	550.74	8.71
		乌克兰	4 960	0.55	3 447 339	1	695.03	3.86
		澳大利亚	3 589	0.40	2 793 827	1	778.44	3.13
		克罗地亚	3 013	0.34	1 548 039	0	513.79	1.73
		斯洛伐克	2 650	0.30	1 096 356	0	413.72	1.23
		罗马尼亚	1 513	0.17	876 419	0	579.26	0.98
44079200	经纵锯纵切、刨或旋切山毛榉木木材，厚＞6mm	合　计	284 462	100	106 758 782	100	375.30	361.55
		德　国	102 630	36.08	40 887 796	38	398.40	143.74
		罗马尼亚	113 856	40.03	38 834 319	36	341.08	136.52
		法　国	20 144	7.08	7 681 553	7	381.33	27
		波　黑	14 475	5.09	5 044 466	5	348.50	17.73

代码	中文	国别地区	出口数量（立方米）	各国出口量占总量比重（%）	出口金额（美元）	各国出口额占总额比重（%）	平均出口价格（美元/立方米）	2011年加权价格（美元/立方米）
44079200	经纵锯纵切、刨或旋切山毛榉木木材，厚＞6mm	奥地利	5 700	2	2 546 156	2	446.69	8.95
		意大利	5 363	1.89	2 486 579	2	463.65	8.74
		克罗地亚	6 426	2.26	2 417 188	2	376.16	8.50
		波　兰	3 138	1.10	1 474 212	1	469.79	5.18
		瑞　典	2 207	0.78	900 036	1	407.81	3.16
		保加利亚	1 288	0.45	574 101	1	445.73	2.02
44079300	经纵锯纵切、刨或旋切枫木木材，厚＞6mm	合　计	74 064	100	36 020 807	100	486.35	482.77
		美　国	52 211	70.49	24 513 724	68	469.51	330.98
		加拿大	19 138	25.84	9 667 176	27	505.13	130.52
		罗马尼亚	1 406	1.90	862 990	2	613.79	11.65
		奥地利	215	0.29	131 147	0	609.99	1.77
		乌克兰	317	0.43	124 451	0	392.59	1.68
		澳大利亚	99	0.13	104 365	0	1054.19	1.41
		韩　国	118	0.16	91 381	0	774.42	1.23
		德　国	105	0.14	91 269	0	869.23	1.23
		马来西亚	173	0.23	88 958	0	514.21	1.20
		日　本	19	0.03	80 653	0	4 244.89	1.09
44079400	经纵锯纵切、刨或旋切樱桃木木材，厚＞6mm	合　计	24 631	100	16 458 281	100	668.19	668.19
		美　国	22 372	90.83	14 904 667	91	666.22	605.12
		加拿大	1 520	6.17	1 073 440	7	706.21	43.58
		中国台湾	141	0.57	182 007	1	1 290.83	7.39
		日　本	217	0.88	122 865	1	566.20	4.99
		罗马尼亚	266	1.08	119 220	1	448.20	4.84
		智　利	81	0.33	32 222	0	397.80	1.31
		巴　西	26	0.11	21 249	0	817.27	0.86
		丹　麦	8	0.03	2 611	0	326.38	0.11
44079500	经纵锯纵切、刨或旋切白蜡木木材，厚＞6mm	合　计	169 555	100	85 592 299	100	504.81	504.28
		美　国	152 435	89.90	76 584 084	89	502.40	451.68
		加拿大	6 798	4.01	3 586 732	4	527.62	21.15
		乌克兰	3 688	2.18	2 176 682	3	590.21	12.84
		德　国	1 902	1.12	1 008 153	1	530.05	5.95

代码	中文	国别地区	出口数量（立方米）	各国出口量占总量比重（%）	出口金额（美元）	各国出口额占总额比重(%)	平均出口价格（美元/立方米）	2011年加权价格（美元/立方米）
44079500	经纵锯纵切、刨或旋切白蜡木木材，厚＞6mm	法 国	1 387	0.82	794 606	1	572.90	4.69
		俄罗斯	1 724	1.02	676 953	1	392.66	3.99
		罗马尼亚	1 204	0.71	531 320	1	441.30	3.13
		克罗地亚	142	0.08	83 729	0	589.64	0.49
		日 本	43	0.03	33 439	0	777.65	0.20
		斯洛伐克	50	0.03	27 617	0	552.34	0.16
44079910	纵锯切刨或旋切的樟木、楠木、红木，厚＞6mm	合 计	68 324	100	101 002 368	100	1 478.29	1411.76
		老 挝	30 643	44.85	50 972 658	50	1 663.44	746.04
		印度尼西亚	6 874	10.06	11 296 445	11	1 643.36	165.34
		越 南	6 461	9.46	10 306 974	10	1 595.26	150.85
		柬埔寨	2 792	4.09	8 149 506	8	2 918.88	119.28
		马来西亚	5 084	7.44	7 161 136	7	1 408.56	104.81
		莫桑比克	7 746	11.34	3 815 703	4	492.60	55.85
		缅 甸	1 112	1.63	1 733 118	2	1 558.56	25.37
		刚果（金）	956	1.40	1 363 702	1	1 426.47	19.96
		尼加拉瓜	561	0.82	858 804	1	1 530.84	12.57
		贝 宁	1 828	2.68	798 956	1	437.07	11.69
44079920	经纵锯切、刨或旋切的泡桐木木材，厚＞6mm	合 计	1 970	100	2 186 778	100	1 110.04	1109.58
		德 国	845	42.89	1 119 691	51	1 325.08	568.37
		日 本	524	26.60	827 197	38	1 578.62	419.90
		智 利	520	26.40	230 635	11	443.53	117.07
		中 国	81	4.11	8 351	0	103.10	4.24
		斯洛文尼亚	0	0	904	0		
44079930	经纵锯切、刨或旋切的北美硬阔叶材，厚＞6mm	合 计	316 090	100	140 922 329	100	445.83	445.70
		美 国	310 789	98.32	136 811 159	97	440.21	432.82
		加拿大	3 845	1.22	3 237 980	2	842.13	10.24
		日 本	587	0.19	410 649	0	699.57	1.30
		中国台湾	415	0.13	148 827	0	358.62	0.47
		德 国	173	0.05	140 949	0	814.73	0.45
		西班牙	4	0	46 533	0	11 633.25	0.15
		荷 兰	57	0.02	30 677	0	538.19	0.10

代码	中文	国别地区	出口数量（立方米）	各国出口量占总量比重（%）	出口金额（美元）	各国出口额占总额比重（%）	平均出口价格（美元/立方米）	2011年加权价格（美元/立方米）
44079930	经纵锯切、刨或旋切的北美硬阔叶材，厚＞6mm	乌拉圭	38	0.01	22 812	0	600.32	0.07
		北美洲其他国家（地区）	28	0.01	17 162	0	612.93	0.05
		韩　国	30	0.01	15 834	0	527.80	0.05
44079980	纵锯切刨或旋切其他温带非针叶木材，厚＞6mm	合　计	592 977	100	190 627 764	100	321.48	317.76
		俄罗斯	487 646	82.24	150 430 720	79	308.48	253.69
		美　国	80 655	13.60	28 667 101	15	355.43	48.34
		芬　兰	4 274	0.72	2 298 585	1	537.81	3.88
		澳大利亚	2 103	0.35	1 642 531	1	781.04	2.77
		立陶宛	5 207	0.88	1 340 625	1	257.47	2.26
		拉脱维亚	2 042	0.34	1 097 992	1	537.70	1.85
		日　本	1 342	0.23	1 061 231	1	790.78	1.79
		罗马尼亚	2 165	0.37	753 179	0	347.89	1.27
		爱沙尼亚	1 360	0.23	614 699	0	451.98	1.04
		加拿大	1 100	0.19	517 286	0	470.26	0.87
44079990	其他纵锯切、刨或旋切的非叶木木材，厚＞6mm	合　计	3 718 584	100	1 227 500 879	100	330.10	303.58
		泰　国	1 588 002	42.70	588 773 149	48	370.76	158.33
		印度尼西亚	640 588	17.23	156 849 661	13	244.85	42.18
		美　国	223 364	6.01	72 366 876	6	323.99	19.46
		菲律宾	536 794	14.44	66 792 367	5	124.43	17.96
		马来西亚	163 513	4.40	61 412 054	5	375.58	16.51
		加　蓬	90 329	2.43	54 839 569	4	607.11	14.75
		莫桑比克	112 759	3.03	50 236 504	4	445.52	13.51
		秘　鲁	61 053	1.64	40 684 156	3	666.37	10.94
		喀麦隆	29 644	0.80	18 688 386	2	630.43	5.03
		巴　西	28 327	0.76	18 242 914	1	644.01	4.91

附表 2-4：刨花板进出口价格

（1）2011 年刨花板出口价格

代码	中文	国别地区	出口数量（立方米）	各国出口量比重（%）	出口金额（美元）	各国出口额占总额比重（%）	平均出口价格（美元／千克）	2011 年加权价格（美元／立方米）
44101100	木制碎料板	合　计	38 464 040	100	15 846 065	100	0.41	0.27
		马来西亚	4 011 162	10	2 327 065	15	0.58	0.06
		韩　国	4 353 955	11	1 210 669	8	0.28	0.03
		阿联酋	1 871 867	5	1 099 122	7	0.59	0.03
		俄罗斯	2 460 362	6	1 046 415	7	0.43	0.03
		沙特阿拉伯	1 931 820	5	852 719	5	0.44	0.02
		印　度	2 020 392	5	822 636	5	0.41	0.02
		日　本	1 305 772	3	809 847	5	0.62	0.02
		缅　甸	1 877 902	5	720 022	5	0.38	0.02
		蒙　古	5 130 586	13	715 099	5	0.14	0.02
		澳大利亚	680 653	2	692 158	4	1.02	0.02
44101200	木制定向刨花板（OSB）	合　计	22 966 335	100	7 596 169	100	0.33	0.28
		俄罗斯	3 880 718	17	1 572 516	21	0.41	0.07
		蒙　古	8 678 822	38	1 216 459	16	0.14	0.05
		伊拉克	2 103 440	9	1 144 809	15	0.54	0.05
		尼日利亚	1 185 740	5	476 601	6	0.40	0.02
		印　度	1 165 384	5	403 860	5	0.35	0.02
		日　本	326 813	1	312 288	4	0.96	0.01
		约　旦	603 749	3	273 890	4	0.45	0.01
		土耳其	447 410	2	166 626	2	0.37	0.01
		危地马拉	394 900	2	129 092	2	0.33	0.01
		肯尼亚	376 248	2	120 833	2	0.32	0.01
44101900	其他木制类似板（例如，华夫板）	合　计	62 656 868	88	26 948 491	100	0.43	0.38
		俄罗斯	28 461 444	45	10 031 697	37	0.35	0.16
		塔吉克斯坦	15 087 867	24	4 685 126	17	0.31	0.07
		埃　及	4 702 582	8	1 966 720	7	0.42	0.03
		中国台湾	627 313	1	913 584	3	1.46	0.01
		印　度	2 162 740	3	792 374	3	0.37	0.01

代码	中文	国别地区	出口数量（立方米）	各国出口量比重（%）	出口金额（美元）	各国出口额占总额比重（%）	平均出口价格（美元／千克）	2011年加权价格（美元／立方米）
44101900	其他木制类似板（例如，华夫板）	日　本	212 340	0	571 603	2	2.69	0.01
		中国香港	1 281 053	2	526 105	2	0.41	0.01
		沙特阿拉伯	208 718	0	487 856	2	2.34	0.01
		肯尼亚	1 311 567	2	449 596	2	0.34	0.01
		哥斯达黎加	884 731	1	433 840	2	0.49	0.01

（2）2011 年刨花板进口价格

代码	中文	国别地区	进口数量（立方米）	各国进口量比重（%）	进口金额（美元）	各国进口额占总额比重（%）	进口价格（美元／千克）	2011年加权价格（美元／立方米）
44101100	木制碎料板	合　计	170 190 687	100	51 128 401	100	0.30	0.29
		马来西亚	70 467 889	41.41	17 518 945	34	0.25	0.10
		泰　国	43 501 424	25.56	1 1139 292	22	0.26	0.07
		德　国	10 385 879	6.10	8 091 425	16	0.78	0.05
		俄罗斯	21 579 252	12.68	4 295 402	8	0.20	0.03
		日　本	3 033 367	1.78	2 340 478	5	0.77	0.01
		奥地利	2 532 628	1.49	1 431 641	3	0.57	0.01
		罗马尼亚	4 305 434	2.53	1 246 364	2	0.29	0.01
		法　国	2 686 432	1.58	1 181 570	2	0.44	0.01
		印度尼西亚	1 901 427	1.12	831 744	2	0.44	0
		葡萄牙	2 175 015	1.28	765 257	1	0.35	0
44101200	木制定向刨花板（OSB）	合　计	81 006 816	100	35 508 524	100	0.44	0.44
		巴　西	17 379 852	21.45	8 019 755	23	0.46	0.10
		加拿大	14 591 587	18.01	6 328 286	18	0.43	0.08
		德　国	6 928 282	8.55	5 191 658	15	0.75	0.06
		泰　国	16 277 152	20.09	4 981 181	14	0.31	0.06
		罗马尼亚	10 859 623	13.41	4 496 618	13	0.41	0.06
		美　国	9 695 846	11.97	3 810 260	11	0.39	0.05
		法　国	1 938 612	2.39	1 179 058	3	0.61	0.01
		马来西亚	1 643 097	2.03	540 052	2	0.33	0.01
		拉脱维亚	852 414	1.05	459 520	1	0.54	0.01
		新西兰	427 208	0.53	179 427	1	0.42	0

代码	中文	国别地区	进口数量（立方米）	各国进口量比重（%）	进口金额（美元）	各国进口额占总额比重（%）	进口价格（美元/千克）	2011年加权价格（美元/立方米）
44101900	其他木制类似板（例如，华夫板）	合　计	104 068 507	100.00	35 353 757	100	0.34	0.34
		泰　国	57 456 331	55.21	16 660 996	47	0.29	0.16
		马来西亚	26 902 740	25.85	7 435 134	45	0.28	0.07
		奥地利	9 047 890	8.69	5 192 592	70	0.57	0.05
		罗马尼亚	4 399 066	4.23	2 555 676	49	0.58	0.02
		印度尼西亚	1 471 419	1.41	952 836	37	0.65	0.01
		德　国	553 917	0.53	652 003	68	1.18	0.01
		越　南	1 861 954	1.79	449 304	69	0.24	0
		菲律宾	694 360	0.67	432 175	96	0.62	0
		意大利	226 361	0.22	268 491	62	1.19	0
		日　本	226 072	0.22	208 137	78	0.92	0

附表 2-5：纤维板进出口价格

（1）2011 年纤维板出口价格

代码	中文	国别地区	出口数量（千克）	各国出口量占总量比重（%）	出口金额（美元）	各国出口额占总额比重（%）	平均出口价格（美元/千克）	2011年加权价格（美元/千克）
44111211	未机械加工中密度板，密度＞0.8g/m³，厚≤5mm	合　计	40 701 644	100	15 926 579	100	0.39	0.27
		沙特阿拉伯	5 572 505	13.69	2 042 413	13	0.37	0.05
		日　本	3 688 439	9.06	1 708 830	11	0.46	0.04
		美　国	3 656 696	8.98	1 378 849	9	0.38	0.03
		叙利亚	3 076 952	7.56	1 079 909	7	0.35	0.03
		苏　丹	2 835 872	6.97	970 680	6	0.34	0.02
		伊　朗	2 409 957	5.92	945 061	6	0.39	0.02
		哥伦比亚	1 719 080	4.22	750 116	5	0.44	0.02
		越　南	1 752 160	4.30	748 307	5	0.43	0.02
		中国台湾	1 504 301	3.70	658 993	4	0.44	0.02
		埃　及	1 782 348	4.38	564 961	4	0.32	0.01

代码	中文	国别地区	出口数量（千克）	各国出口量占总量比重（%）	出口金额（美元）	各国出口额占总额比重（%）	平均出口价格（美元/千克）	2011年加权价格（美元/千克）
44111219	经机械加工中密度板，密度＞0.8g/m³，厚≤5mm	合　计	93 680 557	100	51 208 043	100	0.55	0.41
		伊　朗	18 219 752	19.45	12 521 250	24	0.69	0.13
		美　国	9 752 708	10.41	6 444 476	13	0.66	0.07
		苏　丹	11 220 194	11.98	4 271 988	8	0.38	0.05
		印　度	5 847 224	6.24	3 170 744	6	0.54	0.03
		沙特阿拉伯	5 395 222	5.76	2 703 608	5	0.50	0.03
		尼日利亚	6 276 672	6.70	2 557 877	5	0.41	0.03
		日　本	1 250 576	1.33	1 976 023	4	1.58	0.02
		约　旦	1 365 140	1.46	1 775 365	3	1.30	0.02
		越　南	4 891 974	5.22	1 687 439	3	0.34	0.02
		阿联酋	2 473 533	2.64	1 486 160	3	0.60	0.02
44111221	辐射松制的中密度板，0.5g/m³＜密度≤0.8g/m³，厚≤5mm	合　计	6 575	100	20 112	100	3.06	3.06
		日　本	6 575	100	20 112	100	3.06	3.06
44111229	其他中密度板0.5g/m³＜密度≤0.8g/m³，厚≤5mm	合　计	55 856 485	100	31 578 224	100	0.57	0.46
		伊　朗	10 348 283	18.53	8 801 188	28	0.85	0.16
		埃　及	8 523 438	15.26	4 920 440	16	0.58	0.09
		沙特阿拉伯	4 698 303	8.41	2 129 314	7	0.45	0.04
		印　度	4 613 993	8.26	1 964 419	6	0.43	0.04
		阿尔及利亚	3 389 854	6.07	1 784 345	6	0.53	0.03
		越　南	5 059 551	9.06	1 562 935	5	0.31	0.03
		阿联酋	1 982 068	3.55	1 212 351	4	0.61	0.02
		吉布提	1 840 575	3.30	1 082 098	3	0.59	0.02
		科威特	2 011 066	3.60	1 075 437	3	0.53	0.02
		尼日利亚	1 686 716	3.02	932 845	3	0.55	0.02
44111291	未加工中密度板，密度≤0.5g/m³，厚≤5mm	合计	5 418 049	100	2 075 049	100	0.38	0.35
		苏丹	1 735 000	32.02	580 580	28	0.33	0.11
		沙特阿拉伯	1 256 100	23.18	498 862	24	0.40	0.09
		伊朗	997 530	18.41	380 222	18	0.38	0.07

代码	中文	国别地区	出口数量（千克）	各国出口量占总量比重（%）	出口金额（美元）	各国出口额占总额比重（%）	平均出口价格（美元/千克）	2011 年加权价格（美元/千克）
44111291	未加工中密度板，密度≤0.5g/m³，厚≤5mm	巴基斯坦	344 905	6.37	122 260	6	0.35	0.02
		美　国	107 702	1.99	97 618	5	0.91	0.02
		俄罗斯	137 500	2.54	54 932	3	0.40	0.01
		拉脱维亚	122 850	2.27	46 825	2	0.38	0.01
		委内瑞拉	102 000	1.88	44 609	2	0.44	0.01
		厄瓜多尔	102 600	1.89	37 725	2	0.37	0.01
		日　本	82 330	1.52	36 451	2	0.44	0.01
44111299	加工中密度板，密度≤0.5g/m³，厚≤5mm	合　计	66 654 350	100	40 858 109	100	0.61	0.45
		伊　朗	12 780 655	19.17	10 055 136	25	0.79	0.15
		印　度	15 060 611	22.60	5 600 209	14	0.37	0.08
		美　国	2 454 080	3.68	2 853 053	7	1.16	0.04
		墨西哥	5 651 332	8.48	2 141 328	5	0.38	0.03
		沙特阿拉伯	4 795 470	7.19	2 011 415	5	0.42	0.03
		埃　及	2 874 026	4.31	1 996 480	5	0.69	0.03
		哥伦比亚	2 872 840	4.31	1 566 108	4	0.55	0.02
		俄罗斯	1 026 775	1.54	1 337 805	3	1.30	0.02
		约　旦	1 522 320	2.28	1 289 203	3	0.85	0.02
		尼日利亚	1 754 807	2.63	1 183 826	3	0.67	0.02
44111311	未加工中密度板，密度＞0.8g/m³，5mm＜厚≤9mm	合　计	7 619 306	100	2 612 596	100	0.34	0.32
		伊　朗	1 895 310	24.88	739 495	28	0.39	0.10
		沙特阿拉伯	1 339 000	17.57	626 093	24	0.47	0.08
		蒙　古	1 943 400	25.51	250 620	10	0.13	0.03
		越　南	600 630	7.88	250 237	10	0.42	0.03
		哥伦比亚	351 100	4.61	134 255	5	0.38	0.02
		俄罗斯	323 217	4.24	124 149	5	0.38	0.02
		厄瓜多尔	289 900	3.80	107 801	4	0.37	0.01
		黎巴嫩	260 500	3.42	97 368	4	0.37	0.01
		乌兹别克斯坦	197 120	2.59	73 480	3	0.37	0.01
		秘鲁	103 500	1.36	39 505	2	0.38	0.01

代码	中文	国别地区	出口数量（千克）	各国出口量占总量比重（%）	出口金额（美元）	各国出口额占总额比重（%）	平均出口价格（美元/千克）	2011年加权价格（美元/千克）
44111319	加工中密度板，密度＞0.8g/m³，5mm＜厚≤9mm	合　计	650 837 429	100	415 106 597	100	0.64	0.44
		美　国	113 039 569	17.37	96 272 044	23	0.85	0.15
		俄罗斯	141 137 971	21.69	77 782 173	19	0.55	0.12
		韩　国	39 619 271	6.09	25 854 052	6	0.65	0.04
		乌克兰	29 821 935	4.58	15 604 410	4	0.52	0.02
		罗马尼亚	28 406 789	4.36	15 584 411	4	0.55	0.02
		伊　朗	20 851 189	3.20	12 168 787	3	0.58	0.02
		智　利	19 102 541	2.94	11 686 131	3	0.61	0.02
		加拿大	17 180 573	2.64	11 521 423	3	0.67	0.02
		巴　西	17 692 331	2.72	10 742 877	3	0.61	0.02
		南　非	17 045 410	2.62	10 387 459	3	0.61	0.02
44111321	辐射松制的中密度板，5mm＜厚≤9mm	合　计	2 334 957	100	7 895 328	2	3.38	3.38
		日　本	2 316 957	99.23	7 883 628	2	3.40	3.38
		越　南	18 000	0.77	11 700	0	0.65	0.01
44111329	其他中密度板0.5g＜密度≤0.8g，5mm＜厚≤9mm	合　计	44 443 231	100	23 359 611	100	0.53	0.45
		日　本	1 627 391	3.66	5 127 486	22	3.15	0.12
		越　南	11 857 590	26.68	3 338 698	14	0.28	0.08
		埃　及	7 418 708	16.69	3 178 267	14	0.43	0.07
		沙特阿拉伯	5 933 076	13.35	2 330 339	10	0.39	0.05
		美　国	1 504 233	3.38	1 910 872	8	1.27	0.04
		伊　朗	4 024 848	9.06	1 508 283	6	0.37	0.03
		约　旦	2 157 267	4.85	1 225 038	5	0.57	0.03
		阿尔及利亚	935 059	2.10	512 515	2	0.55	0.01
		阿联酋	1 568 295	3.53	497 334	2	0.32	0.01
		印　度	780 223	1.76	302 494	1	0.39	0.01
44111391	未加工中密度板，密度≤0.5g/m³，5mm＜厚≤9mm	合计	2 535 142	100	981 225	100	0.39	0.38
		伊朗	1 124 197	44.34	426 874	44	0.38	0.17
		乌兹别克斯坦	510 370	20.13	196 676	20	0.39	0.08
		俄罗斯	365 610	14.42	121 652	12	0.33	0.05
		阿联酋	139 400	5.50	55 247	6	0.40	0.02

代码	中文	国别地区	出口数量（千克）	各国出口量占总量比重（%）	出口金额（美元）	各国出口额占总额比重（%）	平均出口价格（美元/千克）	2011年加权价格（美元/千克）
44111391	未加工中密度板，密度≤0.5g/m^3，5mm＜厚≤9mm	尼日利亚	86 500	3.41	40 671	4	0.47	0.02
		委内瑞拉	93 000	3.67	38 712	4	0.42	0.02
		厄瓜多尔	100 200	3.95	36 019	4	0.36	0.01
		韩　国	35 860	1.41	30 640	3	0.85	0.01
		哥斯达黎加	27 025	1.07	14 133	1	0.52	0.01
		埃塞俄比亚	17 500	0.69	6 799	1	0.39	0
44111399	加工中密度板，密度≤0.5g/m^3，5mm＜厚≤9mm	合　计	11 665 390	100	7 657 976	100	0.66	0.56
		日　本	469 946	4.03	1 378 501	18	2.93	0.12
		约　旦	1 769 227	15.17	1 058 944	14	0.60	0.09
		沙特阿拉伯	2 245 028	19.25	1 053 247	14	0.47	0.09
		美　国	961 083	8.24	1 038 599	14	1.08	0.09
		埃　及	1 933 364	16.57	757 610	10	0.39	0.06
		伊　朗	1 118 087	9.58	410 259	5	0.37	0.04
		阿联酋	505 764	4.34	277 917	4	0.55	0.02
		古　巴	391 196	3.35	264 306	3	0.68	0.02
		印　度	229 601	1.97	141 081	2	0.61	0.01
		马来西亚	42 009	0.36	134 428	2	3.20	0.01
44111411	未加工中密度板，密度＞0.8g/m^3，厚＞9mm	合　计	2 437 229	100	915 151	100	0.38	0.35
		马来西亚	452 320	18.56	198 223	22	0.44	0.08
		蒙　古	776 280	31.85	165 868	18	0.21	0.07
		尼日利亚	523 186	21.47	145 820	16	0.28	0.06
		阿联酋	130 335	5.35	145 152	16	1.11	0.06
		越　南	159 666	6.55	73 298	8	0.46	0.03
		美　国	23 852	0.98	46 377	5	1.94	0.02
		埃　及	127 000	5.21	32 899	4	0.26	0.01
		沙特阿拉伯	73 360	3.01	23 297	3	0.32	0.01
		朝　鲜	41 678	1.71	17 194	2	0.41	0.01
		肯尼亚	45 227	1.86	16 379	2	0.36	0.01

代码	中文	国别地区	出口数量（千克）	各国出口量占总量比重（%）	出口金额（美元）	各国出口额占总额比重（%）	平均出口价格（美元/千克）	2011年加权价格（美元/千克）
44111419	加工中密度板，密度＞0.8g/m^3，厚＞9mm	合　计	443 591 384	100	310 294 682	100	0.70	0.61
		美　国	175 505 677	39.56	135 151 615	44	0.77	0.30
		加拿大	82 846 099	18.68	54 938 325	18	0.66	0.12
		俄罗斯	65 943 051	14.87	38 247 022	12	0.58	0.09
		越　南	19 133 617	4.31	11 825 018	4	0.62	0.03
		澳大利亚	11 899 681	2.68	9 341 563	3	0.79	0.02
		罗马尼亚	13 706 527	3.09	7 295 058	2	0.53	0.02
		伊　朗	7 365 668	1.66	5 557 261	2	0.75	0.01
		格鲁吉亚	5 737 525	1.29	3 578 571	1	0.62	0.01
		马来西亚	3 992 321	0.90	2 804 764	1	0.70	0.01
		南　非	2 013 001	0.45	2 254 046	1	1.12	0.01
44111421	辐射松制的中密度板，厚＞9mm	合　计	586 966	100	1 832 844	100	3.12	3.12
		日　本	406 697	69.29	1 642 565	90	4.04	2.80
		新加坡	52 068	8.87	80 971	4	1.56	0.14
		美　国	39 941	6.80	58 539	3	1.47	0.10
		塔吉克斯坦	53 322	9.08	25 000	1	0.47	0.04
		哈萨克斯坦	33 596	5.72	18 658	1	0.56	0.03
		加拿大	864	0.15	4 670	0	5.41	0.01
		印　度	450	0.08	1 893	0	4.21	0
		马来西亚	28	0	548	0	19.57	0
44111429	其他中密度板0.5g/m^3＜密度≤0.8g/m^3，厚＞9mm	合　计	63 3692 244	100	240 869 528	100	0.38	0.32
		沙特阿拉伯	242 053 944	38.20	78 392 596	33	0.32	0.12
		伊　朗	99 737 131	15.74	37 940 629	16	0.38	0.06
		阿联酋	92 585 728	14.61	35 596 957	15	0.38	0.06
		越　南	43 835 891	6.92	12 428 752	5	0.28	0.02
		日　本	4 734 551	0.75	10 617 124	4	2.24	0.02
		尼日利亚	27 212 117	4.29	10 591 924	4	0.39	0.02
		埃　及	28 538 994	4.50	9 896 107	4	0.35	0.02
		苏　丹	10 728 397	1.69	3 440 057	1	0.32	0.01
		约　旦	6 488 468	1.02	2 783 275	1	0.43	0
		哈萨克斯坦	3 790 196	0.60	2 722 515	1	0.72	0

代码	中文	国别地区	出口数量（千克）	各国出口量占总量比重（%）	出口金额（美元）	各国出口额占总额比重（%）	平均出口价格（美元/千克）	2011年加权价格（美元/千克）
44111491	未加工中密度板，密度≤0.5g/m³，厚>9mm	合　计	37 319 763	100	13 599 753	100	0.36	0.34
		阿联酋	9 296 989	24.91	3 434 940	25	0.37	0.09
		伊　朗	8 064 796	21.61	2 794 819	21	0.35	0.07
		古　巴	3 589 720	9.62	2 011 955	15	0.56	0.05
		以色列	5 538 522	14.84	1 722 278	13	0.31	0.05
		沙特阿拉伯	3 215 960	8.62	939 819	7	0.29	0.03
		印度尼西亚	1 895 202	5.08	656 484	5	0.35	0.02
		尼日利亚	1 318 126	3.53	450 781	3	0.34	0.01
		委内瑞拉	600 900	1.61	233 266	2	0.39	0.01
		苏　丹	597 716	1.60	194 288	1	0.33	0.01
		韩　国	442 819	1.19	183 638	1	0.41	0
44111499	未加工中密度板，密度≤0.5g/m³，厚>9mm	合　计	99 216 487	100	48 430 453	100	0.49	0.36
		沙特阿拉伯	19 731 096	19.89	9 297 190	19	0.47	0.09
		阿联酋	18 804 374	18.95	7 958 151	16	0.42	0.08
		伊　朗	11 224 457	11.31	4 553 180	9	0.41	0.05
		美　国	1 370 486	1.38	3 866 349	8	2.82	0.04
		约　旦	7 093 738	7.15	3 095 935	6	0.44	0.03
		尼日利亚	4 808 362	4.85	2 044 946	4	0.43	0.02
		埃　及	5 230 523	5.27	1 850 055	4	0.35	0.02
		苏　丹	3 589 852	3.62	1 226 480	3	0.34	0.01
		印度尼西亚	3 452 055	3.48	1 125 470	2	0.33	0.01
		毛里求斯	1 296 924	1.31	737 403	2	0.57	0.01
44119210	未加工木纤维板，密度>0.8g/m³	合计	9 717 095	100	9 845 367	100	1.01	0.95
		阿联酋	3 659 429	37.66	3 592 917	36	0.98	0.37
		伊朗	2 274 353	23.41	1 920 977	20	0.84	0.20
		约旦	1 397 050	14.38	1 613 281	16	1.15	0.17
		印度	1 105 100	11.37	1 367 050	14	1.24	0.14
		克罗地亚	123 850	1.27	158 637	2	1.28	0.02
		伊拉克	157 649	1.62	155 128	2	0.98	0.02
		毛里求斯	127 192	1.31	138 792	1	1.09	0.01
		韩国	100 540	1.03	96 014	1	0.95	0.01
		越南	51 834	0.53	77 318	1	1.49	0.01
		孟加拉国	67 347	0.69	75 914	1	1.13	0.01

代码	中文	国别地区	出口数量（千克）	各国出口量占总量比重（%）	出口金额（美元）	各国出口额占总额比重（%）	平均出口价格（美元/千克）	2011年加权价格（美元/千克）
44119290	加工木纤维板，密度＞0.8g/m^3	合　计	284 596 464	100	201 218 581	100	0.71	0.55
		美　国	43 824 310	15.40	44 723 774	22	1.02	0.16
		加拿大	62 043 714	21.80	43 119 867	21	0.69	0.15
		俄罗斯	36 785 299	12.93	19 725 642	10	0.54	0.07
		韩　国	18 478 516	6.49	13 299 362	7	0.72	0.05
		澳大利亚	13 192 751	4.64	11 095 938	6	0.84	0.04
		伊　朗	8 084 805	2.84	5 808 777	3	0.72	0.02
		英　国	6 007 813	2.11	5 693 767	3	0.95	0.02
		印　度	8 513 133	2.99	5 668 337	3	0.67	0.02
		蒙　古	11 675 004	4.10	4 583 769	2	0.39	0.02
		安哥拉	4 239 726	1.49	3 273 881	2	0.77	0.01
44119310	辐射松制的纤板，0.5g＜密度≤0.9g	合　计	154	100	238	100	1.55	2.74
		美　国	154	100	238	100	1.55	1.55
44119390	木纤板，0.5g/m^3＜密度≤0.10g/m^3	合　计	7 165 455	100	4 675 177	100	0.65	0.61
		埃　及	2 399 863	33.49	1 339 362	29	0.56	0.19
		沙特阿拉伯	1 449 250	20.23	856 663	18	0.59	0.12
		吉布提	430 330	6.01	648 400	14	1.51	0.09
		约　旦	626 500	8.74	368 612	8	0.59	0.05
		阿联酋	498 586	6.96	258 660	6	0.52	0.04
		美　国	253 866	3.54	253 922	5	1	0.04
		特立尼达和多巴哥	254 510	3.55	238 366	5	0.94	0.03
		越　南	647 050	9.03	226 772	5	0.35	0.03
		柬埔寨	52 999	0.74	130 642	3	2.46	0.02
		印　度	79 043	1.10	77 580	2	0.98	0.01
44119410	木纤板，0.35g/m^3＜密度≤0.5g/m^3	合　计	477 781	100	717 548	100	1.50	1.50
		加拿大	53 541	11.21	248 529	35	4.64	0.52
		安哥拉	204 567	42.82	245 485	34	1.20	0.51
		中国香港	119 547	25.02	61 814	9	0.52	0.13
		澳大利亚	68 670	14.37	57 159	8	0.83	0.12
		美　国	15 603	3.27	51 975	7	3.33	0.11

代码	中文	国别地区	出口数量（千克）	各国出口量占总量比重（%）	出口金额（美元）	各国出口额占总额比重（%）	平均出口价格（美元/千克）	2011年加权价格（美元/千克）
44119410	木纤板，0.35g/m^3＜密度≤0.5g/m^3	印　度	4 890	1.02	30 990	4	6.34	0.06
		格鲁吉亚	2 090	0.44	8 000	1	3.83	0.02
		黎巴嫩	4 173	0.87	6 950	1	1.67	0.01
		朝　鲜	4 250	0.89	3 200	0	0.75	0.01
		俄罗斯	300	0.06	2 700	0	9	0.01
44119421	未加工木纤板，密度≤0.35g/m^3	合　计	124 880	100	57 429	100	0.46	0.46
		中国澳门	115 380	92.39	39 678	69	0.34	0.32
		牙买加	9 500	7.61	17 751	31	1.87	0.14
44119429	加工木纤板，密度≤0.35g/m^3	合　计	1 632 008	100	3 957 054	100	2.42	1.95
		芬　兰	320 000	19.61	1 187 605	30	3.71	0.73
		泰　国	143 570	8.80	462 955	12	3.22	0.28
		中国台湾	95 645	5.86	364 816	9	3.81	0.22
		巴　西	52 926	3.24	264 123	7	4.99	0.16
		俄罗斯	53 417	3.27	244 848	6	4.58	0.15
		伊　朗	204 300	12.52	168 525	4	0.82	0.10
		西班牙	30 300	1.86	153 843	4	5.08	0.09
		印度尼西亚	53 423	3.27	138 376	3	2.59	0.08
		日　本	67 609	4.14	96 783	2	1.43	0.06
		立陶宛	68 400	4.19	94 286	2	1.38	0.06

（2）2011 年纤维板进口价格

代码	中文	国别地区	进口数量（千克）	各国进口量比重（%）	进口金额（美元）	各国进口额占总额比重（%）	平均进口价格（美元/千克）	2011年加权价格（美元/千克）
44111211	未机械加工中密度板，密度＞0.8g/m^3，厚≤5mm	合　计	15 365 858	99.92	6 844 514	99.83	0.45	0.44
		新西兰	6 795 572	44.23	3 392 293	49.56	0.50	0.22
		澳大利亚	3 499 779	22.78	1 537 063	22.46	0.44	0.10
		印度尼西亚	2 803 549	18.25	925 172	13.52	0.33	0.06
		泰　国	1 049 575	6.83	438 785	6.41	0.42	0.03
		马来西亚	810 698	5.28	340 960	4.98	0.42	0.02

代码	中文	国别地区	进口数量（千克）	各国进口量比重（%）	进口金额（美元）	各国进口额占总额比重（%）	平均进口价格（美元/千克）	2011年加权价格（美元/千克）
44111211	未机械加工中密度板，密度＞0.8g/m^3，厚≤5mm	智　利	191 639	1.25	80 945	1.18	0.42	0.01
		斯洛文尼亚	92 388	0.60	46 984	0.69	0.51	0
		阿根廷	71 060	0.46	29 104	0.43	0.41	0
		西班牙	24 932	0.16	27 322	0.40	1.10	0
		日　本	14 530	0.09	13 915	0.20	0.96	0
44111219	经机械加工中密度板，密度＞0.8g/m^3，厚≤5mm	合　计	2 500 956	97.29	2 521 065	96.72	1.01	0.98
		美　国	106 767	4.27	864 856	34.31	8.10	0.35
		中国台湾	132 346	5.29	328 119	13.02	2.48	0.13
		日　本	165 899	6.63	285 158	11.31	1.72	0.11
		澳大利亚	547 480	21.89	273 421	10.85	0.50	0.11
		阿根廷	464 761	18.58	152 654	6.06	0.33	0.06
		马来西亚	373 597	14.94	141 449	5.61	0.38	0.06
		泰　国	346 713	13.86	140 437	5.57	0.41	0.06
		波　兰	130 370	5.21	126 141	5.00	0.97	0.05
		德　国	77 487	3.10	78 384	3.11	1.01	0.03
		新西兰	87 706	3.51	47 837	1.90	0.55	0.02
44111221	辐射松制的中密度板，0.5g/m^3＜密度≤0.8g/m^3，厚≤5mm	合　计	9 598 346	100	4 196 171	100	0.44	0.44
		新西兰	9 044 741	94.23	3 951 784	94.18	0.44	0.41
		澳大利亚	281 981	2.94	127 556	3.04	0.45	0.01
		智　利	270 459	2.82	115 666	2.76	0.43	0.01
		中　国	1 165	0.01	1 165	0.03	1	0
44111229	其他中密度板0.5g/m^3＜密度≤0.8g/m^3，厚≤5mm	合　计	15 727 835	100	6 313 869	99.99	0.40	0.40
		泰　国	7 484 200	47.59	2 830 424	44.83	0.38	0.18
		马来西亚	3 276 044	20.83	1 360 407	21.55	0.42	0.09
		新西兰	2 301 667	14.63	891 907	14.13	0.39	0.06
		印度尼西亚	1 580 792	10.05	630 652	9.99	0.40	0.04
		澳大利亚	792 733	5.04	351 658	5.57	0.44	0.02
		美　国	12 060	0.08	131 200	2.08	10.88	0.01
		智　利	234 283	1.49	65 357	1.04	0.28	0
		日　本	37 224	0.24	19 922	0.32	0.54	0
		奥地利	2 470	0.02	19 646	0.31	7.95	0
		中　国	5 845	0.04	12 163	0.19	2.08	0

代码	中文	国别地区	进口数量（千克）	各国进口量比重（%）	进口金额（美元）	各国进口额占总额比重（%）	平均进口价格（美元/千克）	2011年加权价格（美元/千克）
44111291	未加工中密度板，密度≤0.5g/m³，厚≤5mm	合　计	2 748 487	100	972 372	100	0.35	0.35
		新西兰	2 569 562	93.49	899 350	92.49	0.35	0.33
		马来西亚	127 410	4.64	48 086	4.95	0.38	0.02
		泰　国	51 511	1.87	19 586	2.01	0.38	0.01
		美　国	4	0	5 350	0.55	1 337.50	0
44111299	加工中密度板，密度≤0.5g/m³，厚≤5mm	合　计	2 162 324	100	1 048 003	100	0.48	0.48
		新西兰	1 211 765	56.04	662 003	63.17	0.55	0.31
		澳大利亚	445 691	20.61	214 217	20.44	0.48	0.10
		泰　国	470 940	21.78	103 904	9.91	0.22	0.05
		美　国	23 800	1.10	26 211	2.50	1.10	0.01
		德　国	3 346	0.15	24 467	2.33	7.31	0.01
		韩　国	1 818	0.08	13 794	1.32	7.59	0.01
		马来西亚	4 564	0.21	2 911	0.28	0.64	0
		中国台湾	391	0.02	358	0.03	0.92	0
		法　国	8	0	132	0.01	16.50	0
		意大利	1	0	6	0	6	0
44111311	未加工中密度板，密度＞0.8g/m³，5mm＜厚≤9mm	合　计	898 694	100	380 039	100	0.42	0.42
		泰　国	567 950	63.20	217 136	57.14	0.38	0.24
		澳大利亚	302 377	33.65	141 663	37.28	0.47	0.16
		美　国	15 767	1.75	15 086	3.97	0.96	0.02
		马来西亚	12 600	1.40	6 154	1.62	0.49	0.01
44111319	加工中密度板，密度＞0.8g/m³，5mm＜厚≤9mm	合　计	14 351 953	99.99	14 392 719	99.99	1	1
		比利时	4 118 318	28.70	5 118 168	35.56	1.24	0.36
		瑞　士	4 649 811	32.40	3 732 065	25.93	0.80	0.26
		德　国	2 462 462	17.16	2 801 198	19.46	1.14	0.20
		奥地利	2 718 737	18.94	2 502 513	17.39	0.92	0.17
		美　国	127 746	0.89	113 506	0.79	0.89	0.01
		泰　国	253 062	1.76	73 902	0.51	0.29	0.01
		韩　国	14 624	0.10	31 055	0.22	2.12	0
		澳大利亚	668	0.00	12 906	0.09	19.32	0
		中国台湾	2 250	0.02	4 704	0.03	2.09	0
		印度尼西亚	2 470	0.02	741	0.01	0.30	0

代码	中文	国别地区	进口数量（千克）	各国进口量比重（%）	进口金额（美元）	各国进口额占总额比重（%）	平均进口价格（美元/千克）	2011年加权价格（美元/千克）
44111321	辐射松制的中密度板，5mm＜厚≤9mm	合 计	5 874 396	100	2 938 613	100	0.50	0.50
		新西兰	5 291 072	90.07	2 674 495	91.01	0.51	0.46
		澳大利亚	448 472	7.63	201 220	6.85	0.45	0.03
		智 利	134 852	2.30	62 898	2.14	0.47	0.01
44111329	其他中密度板0.5g＜密度≤0.8g，5mm＜厚≤9mm	合 计	8 426 297	99.77	3 203 818	99.44	0.38	0.38
		澳大利亚	2 438 142	28.93	1 115 893	34.83	0.46	0.13
		泰 国	2 823 720	33.51	933 047	29.12	0.33	0.11
		印度尼西亚	1 850 587	21.96	673 105	21.01	0.36	0.08
		马来西亚	549 831	6.53	177 306	5.53	0.32	0.02
		新西兰	401 056	4.76	123 807	3.86	0.31	0.01
		智 利	243 581	2.89	81 948	2.56	0.34	0.01
		中国台湾	15 217	0.18	27 744	0.87	1.82	0
		中 国	20 000	0.24	26 000	0.81	1.30	0
		日 本	39 674	0.47	15 476	0.48	0.39	0
		巴 西	25 008	0.30	11 653	0.36	0.47	0
44111391	未加工中密度板，密度≤0.5g/m^3，5mm＜厚≤9mm	合 计	1 358 779	100	466 496	100	0.34	0.34
		泰 国	789 256	58.09	315 217	67.57	0.40	0.23
		新西兰	544 120	40.04	138 316	29.65	0.25	0.10
		马来西亚	24 112	1.77	9 674	2.07	0.40	0.01
		美 国	1 291	0.10	3 289	0.71	2.55	0
44111399	加工中密度板，密度≤0.5g/m^3，5mm＜厚≤9mm	合 计	455 141	100	448 575	100	0.99	0.99
		德 国	134 989	29.66	313 651	69.92	2.32	0.69
		新西兰	94 764	20.82	47 445	10.58	0.50	0.10
		马来西亚	101 226	22.24	34 049	7.59	0.34	0.07
		瑞 典	18 093	3.98	25 452	5.67	1.41	0.06
		泰 国	99 552	21.87	17 920	3.99	0.18	0.04
		印度尼西亚	6 500	1.43	9 750	2.17	1.50	0.02
		英 国	7	0	180	0.04	25.71	0
		日 本	9	0	86	0.02	9.56	0
		韩 国	1	0	42	0.01	42	0

代码	中文	国别地区	进口数量（千克）	各国进口量比重（%）	进口金额（美元）	各国进口额占总额比重（%）	平均进口价格（美元/千克）	2011年加权价格（美元/千克）
44111411	未加工中密度板，密度＞0.8g/m³，厚＞9mm	合　计	2 179 981	100	840 232	100	0.39	0.39
		印度尼西亚	1 769 345	81.16	566 189	67.38	0.32	0.26
		美　国	57 165	2.62	87 373	10.40	1.53	0.04
		日　本	4 755	0.22	54 177	6.45	11.39	0.02
		加拿大	124 534	5.71	48 093	5.72	0.39	0.02
		泰　国	129 360	5.93	46 308	5.51	0.36	0.02
		新西兰	71 682	3.29	22 938	2.73	0.32	0.01
		德　国	23 136	1.06	14 989	1.78	0.65	0.01
		意大利	4	0	165	0.02	41.25	0
44111419	加工中密度板，密度＞0.8g/m³，厚＞9mm	合　计	5 421 378	97.55	7 146 604	96.03	1.32	1.29
		比利时	1 766 565	32.59	3 550 912	49.69	2.01	0.65
		瑞　士	1 529 809	28.22	1 228 173	17.19	0.80	0.23
		德　国	529 631	9.77	831 650	11.64	1.57	0.15
		奥地利	221 871	4.09	330 900	4.63	1.49	0.06
		法　国	850	0.02	253 531	3.55	298.27	0.05
		泰　国	598 331	11.04	212 960	2.98	0.36	0.04
		马来西亚	159 597	2.94	153 754	2.15	0.96	0.03
		澳大利亚	231 633	4.27	112 774	1.58	0.49	0.02
		新西兰	202 280	3.73	97 440	1.36	0.48	0.02
		美　国	47 726	0.88	91 129	1.28	1.91	0.02
44111421	辐射松制的中密度板，厚＞9mm	合　计	7 960 195	100	3 783 163	100	0.48	0.48
		新西兰	6 216 170	78.09	2 973 660	78.60	0.48	0.37
		澳大利亚	1 601 674	20.12	745 268	19.70	0.47	0.09
		智　利	142 085	1.78	62 484	1.65	0.44	0.01
		美　国	233	0	1 022	0.03	4.39	0
		中　国	33	0	729	0.02	22.09	0
44111429	其他中密度板0.5g/m³＜密度≤0.8g/m³，厚＞9mm	合　计	48 931 316	97.86	25 670 653	97.63	0.52	0.51
		泰　国	20 445 502	41.78	8 796 222	34.27	0.43	0.18
		意大利	6 873 228	14.05	5 131 212	19.99	0.75	0.10
		日　本	4 308 829	8.81	3 577 328	13.94	0.83	0.07
		澳大利亚	7 402 841	15.13	3 329 633	12.97	0.45	0.07

代码	中文	国别地区	进口数量（千克）	各国进口量比重（%）	进口金额（美元）	各国进口额占总额比重（%）	平均进口价格（美元/千克）	2011 年加权价格（美元/千克）
44111429	其他中密度板 0.5g/m^3＜密度≤0.8g/m^3，厚＞9mm	马来西亚	2 948 941	6.03	1 144 472	4.46	0.39	0.02
		新西兰	2 696 005	5.51	867 866	3.38	0.32	0.02
		美　国	443 967	0.91	844 257	3.29	1.90	0.02
		印度尼西亚	1 383 744	2.83	508 147	1.98	0.37	0.01
		德　国	222 073	0.45	458 751	1.79	2.07	0.01
		智　利	1 160 448	2.37	405 234	1.58	0.35	0.01
44111491	未加工中密度板，密度≤0.5g/m^3，厚＞9mm	合　计	2 861 626	100	1 152 296	100	0.40	0.40
		泰　国	2 467 300	86.22	976 637	84.76	0.40	0.34
		马来西亚	255 592	8.93	92 844	8.06	0.36	0.03
		印度尼西亚	84 546	2.95	41 929	3.64	0.50	0.01
		美　国	5 708	0.20	23 900	2.07	4.19	0.01
		新西兰	48 480	1.69	16 986	1.47	0.35	0.01
44111499	未加工中密度板，密度≤0.5g/m^3，厚＞9mm	合　计	7 270 835	99.80	2 798 258	99.29	0.38	0.38
		马来西亚	974 172	13.40	786 368	28.10	0.81	0.11
		新西兰	2 445 974	33.64	655 002	23.41	0.27	0.09
		泰　国	2 601 607	35.78	549 322	19.63	0.21	0.08
		澳大利亚	1 158 409	15.93	548 431	19.60	0.47	0.08
		德　国	17 648	0.24	85 612	3.06	4.85	0.01
		加拿大	23 100	0.32	41 500	1.48	1.80	0.01
		瑞　典	12 326	0.17	39 740	1.42	3.22	0.01
		意大利	4 800	0.07	31 972	1.14	6.66	0
		美　国	8 986	0.12	24 013	0.86	2.67	0
		韩　国	9 200	0.13	16 560	0.59	1.80	0
44119210	未加工木纤维板，密度＞0.8g/m^3	合　计	627 728	100	429 875	100	0.68	0.68
		新西兰	492 409	78.44	340 316	79.17	0.69	0.54
		阿根廷	70 812	11.28	29 561	6.88	0.42	0.05
		中　国	29 200	4.65	21 904	5.10	0.75	0.03
		日　本	7 115	1.13	15 952	3.71	2.24	0.03
		泰　国	24 680	3.93	10 062	2.34	0.41	0.02
		中国台湾	2 349	0.37	7 905	1.84	3.37	0.01
		德　国	1 118	0.18	4 085	0.95	3.65	0.01
		美　国	45	0.01	90	0.02	2.00	0

代码	中文	国别地区	进口数量（千克）	各国进口量比重（%）	进口金额（美元）	各国进口额占总额比重（%）	平均进口价格（美元/千克）	2011年加权价格（美元/千克）
44119290	加工木纤维板，密度＞0.8g/m³	合　计	9 020 093	94.95	8 112 791	93.66	0.90	0.85
		德　国	2 695 842	29.89	3 382 753	41.70	1.25	0.38
		澳大利亚	3 722 886	41.27	1 577 312	19.44	0.42	0.17
		瑞　典	427 931	4.74	1 083 874	13.36	2.53	0.12
		美　国	481 709	5.34	529 206	6.52	1.10	0.06
		比利时	311 672	3.46	355 833	4.39	1.14	0.04
		马来西亚	240 470	2.67	177 054	2.18	0.74	0.02
		印度尼西亚	295 994	3.28	137 346	1.69	0.46	0.02
		日　本	131 582	1.46	131 094	1.62	1	0.01
		法　国	1 212	0.01	125 901	1.55	103.88	0.01
		阿根廷	254 889	2.83	98 202	1.21	0.39	0.01
44119310	辐射松制的纤板，0.5g＜密度≤0.9g	合　计	5 265 228	100	1 839 341	100	0.35	0.35
		泰　国	2 915 555	55.37	1 062 992	57.79	0.36	0.20
		澳大利亚	1 617 008	30.71	493 363	26.82	0.31	0.09
		新西兰	437 280	8.31	168 990	9.19	0.39	0.03
		马来西亚	280 245	5.32	110 111	5.99	0.39	0.02
		韩　国	15 140	0.29	3 885	0.21	0.26	0
44119390	木纤板，0.5g/m³＜密度≤0.10g/m³	合　计	32 001 744	100	10 412 453	100	0.33	0.33
		新西兰	12 555 888	39.24	3 447 491	33.11	0.27	0.11
		澳大利亚	7 312 414	22.85	2 852 449	27.39	0.39	0.09
		泰　国	6 949 156	21.71	2 147 576	20.63	0.31	0.07
		马来西亚	4 793 184	14.98	1 567 862	15.06	0.33	0.05
		瑞　典	18 217	0.06	183 477	1.76	10.07	0.01
		韩　国	128 564	0.40	107 468	1.03	0.84	0
		葡萄牙	174 349	0.54	55 939	0.54	0.32	0
		美　国	16 626	0.05	25 112	0.24	1.51	0
		加拿大	47 859	0.15	18 419	0.18	0.38	0
		比利时	5 427	0.02	6 366	0.06	1.17	0
44119410	木纤板，0.35g/m³＜密度≤0.5g/m³	合　计	24 276	100	40 452	100	1.67	1.67
		澳大利亚	10 700	44.08	24 474	60.50	2.29	1.01
		韩　国	10 440	43.01	8 626	21.32	0.83	0.36

代码	中文	国别地区	进口数量（千克）	各国进口量比重（%）	进口金额（美元）	各国进口额占总额比重（%）	平均进口价格（美元/千克）	2011年加权价格（美元/千克）
44119410	木纤板，$0.35g/m^3$＜密度≤$0.5g/m^3$	日　本	2 367	9.75	4 956	12.25	2.09	0.20
		奥地利	300	1.24	1 700	4.20	5.67	0.07
		泰　国	450	1.85	385	0.95	0.86	0.02
		美　国	19	0.08	311	0.77	16.37	0.01
44119421	未加工木纤板，密度≤$0.35g/m^3$	合　计	13 622	100	22 971	100	1.69	1.69
		美　国	12 725	93.42	20 905	91.01	1.64	1.53
		德　国	575	4.22	1 557	6.78	2.71	0.11
		日　本	322	2.36	509	2.22	1.58	0.04
44119429	加工木纤板，密度≤$0.35g/m^3$	合　计	1 898 219	99.88	1 138 241	99.18	0.60	0.60
		印度尼西亚	691 028	36.40	345 515	30.36	0.50	0.18
		泰　国	360 026	18.97	180 013	15.82	0.50	0.09
		马来西亚	263 095	13.86	131 548	11.56	0.50	0.07
		美　国	107 131	5.64	129 684	11.39	1.21	0.07
		新西兰	214 633	11.31	107 316	9.43	0.50	0.06
		波　兰	107 433	5.66	104 286	9.16	0.97	0.05
		爱沙尼亚	95 645	5.04	80 432	7.07	0.84	0.04
		阿根廷	51 572	2.72	25 786	2.27	0.50	0.01
		加拿大	110	0.01	13 728	1.21	124.80	0.01
		日　本	5 326	0.28	10 614	0.93	1.99	0.01

附表 2-6：胶合板进出口价格

（1）2011 年胶合板出口价格

代码	中文	国别地区	出口数量（立方米）	各国出口量比重（%）	出口金额（美元）	各国出口额占总额比重（%）	出口价格（美元/立方米）	2011年加权价格（美元/立方米）
44121011	薄板制竹胶合板至少一表层热带木层，厚≤6mm	合　计	112	100	71 793	100	641.01	641.01
		中国台湾	58	52	41 760	58	720	372.86
		加　蓬	23	21	14 107	20	613.35	125.96
		文　莱	4	4	5 738	8	1434.50	51.23

代码	中文	国别地区	出口数量（立方米）	各国出口量比重（%）	出口金额（美元）	各国出口额占总额比重（%）	出口价格（美元/立方米）	2011年加权价格（美元/立方米）
44121011	薄板制竹胶合板至少一表层热带木层，厚≤ 6mm	澳大利亚	2	2	5 277	7	2 638.50	47.12
		坦桑尼亚	25	22	4 911	7	196.44	43.85
44121019	其他薄板制竹胶板单板饰面板多层板，厚≤ 6mm	合　计	87 491	100	36 004 969	100	411.53	328.77
44121019		安哥拉	6 383	7	4 387 613	12	687.39	50.15
		美　国	3 977	5	4 083 385	11	1 026.75	46.67
		泰　国	10 628	12	3 669 506	10	345.27	41.94
		韩　国	2 933	3	2 698 959	7	920.20	30.85
		蒙　古	37 596	43	2 500 560	7	66.51	28.58
		越　南	2 678	3	1 574 807	4	588.05	18.00
		坦桑尼亚	2 317	3	1 501 463	4	648.02	17.16
		日　本	809	1	1 092 967	3	1 351.01	12.49
		沙特阿拉伯	1 850	2	1 018 192	3	550.37	11.64
		加拿大	726	1	893 279	2	1 230.41	10.22
44121020	其他薄板制竹胶板，单板饰面板及类似多层板	合　计	1 307	100	1 145 725	100	876.61	876.62
44121020		韩　国	1 240	95	1 099 315	96	886.54	841.10
		德　国	16	1	30 447	3	1 902.94	23.30
		意大利	19	1	13 658	1	718.84	10.45
		朝　鲜	21	2	1 515	0	72.14	1.16
		日　本	11	1	790	0	71.82	0.60
44121092	其他竹胶合板类似多层板至少一表层木碎料板	合　计	76	100	106 820	100	1 405.53	1 405.53
		加拿大	31	41	53 870	50	1 737.74	708.82
		匈牙利	45	59	52 950	50	1 176.67	696.71
44121099	其他竹制胶合板、单板饰面板及类似的多层板	合　计	12 384	100	16 637 718	100	1 343.49	924.95
		美　国	1 627	13	3 286 852	20	2 020.19	265.41
		荷　兰	1 238	10	2 294 915	14	1 853.74	185.31
		法　国	1 440	12	1 606 308	10	1 115.49	129.71
		德　国	739	6	1 056 658	6	1 429.85	85.32
		澳大利亚	932	8	910 466	5	976.89	73.52
		土耳其	342	3	806 763	5	2 358.96	65.14

代码	中文	国别地区	出口数量（立方米）	各国出口量比重（%）	出口金额（美元）	各国出口额占总额比重（%）	出口价格（美元/立方米）	2011年加权价格（美元/立方米）
44121099	其他竹制胶合板、单板饰面板及类似的多层板	安哥拉	1 071	9	737 256	4	688.38	59.53
		英　国	500	4	714 008	4	1 428.01	57.66
		日　本	300	2	453 325	3	1 511.08	36.61
		比利时	337	3	441 701	3	1 310.69	35.67
44123100	其他薄板制胶合板至少一表层是热带木，厚≤6	合　计	272 686	100	174 977 775	100	641.68	456.16
		美　国	27 218	10	36 492 623	21	1 340.75	133.83
		约　旦	51 469	19	32 657 389	19	634.51	119.76
		韩　国	47 227	17	21 614 833	12	457.68	79.27
		墨西哥	16 488	6	7 919 491	5	480.32	29.04
		英　国	6 450	2	7 891 410	5	1 223.47	28.94
		哥伦比亚	14 728	5	6 527 885	4	443.23	23.94
		泰　国	13 699	5	6 167 977	4	450.25	22.62
		越　南	5 988	2	4 061 444	2	678.26	14.89
		日　本	3 128	1	3 914 994	2	1 251.60	14.36
		阿联酋	7 453	3	3 532 800	2	474.01	12.96
44123210	其他薄板制胶合板至少一表层是温带木，厚≤6	合　计	57 77 785	100	2.211E+09	100	382.65	227.68
		美　国	1 054 794	18	452 216 852	20	428.73	78.27
		日　本	514 389	9	188 516 494	9	366.49	32.63
		英　国	469 998	8	155 224 683	7	330.27	26.87
		韩　国	307 963	5	101 705 336	5	330.25	17.60
		印　度	203 347	4	87 199 968	4	428.82	15.09
		印度尼西亚	204 977	4	84 117 787	4	410.38	14.56
		泰　国	197 790	3	75 068 709	3	379.54	12.99
		以色列	166 408	3	62 512 578	3	375.66	10.82
		越　南	154 042	3	60 219 133	3	390.93	10.42
		德　国	164 131	3	57 518 674	3	350.44	9.96
44123290	其他薄板制胶合板至少一表层非针叶木，厚≤6	合　计	326 980	100	137 580 852	100	420.76	374.73
		韩　国	87 138	27	29 037 327	21	333.23	88.80
		日　本	51 008	16	22 016 886	16	431.64	67.33
		以色列	35 733	11	16 320 875	12	456.75	49.91
		英　国	34 389	11	12 902 288	9	375.19	39.46

代码	中文	国别地区	出口数量（立方米）	各国出口量比重（%）	出口金额（美元）	各国出口额占总额比重（%）	出口价格（美元/立方米）	2011年加权价格（美元/立方米）
44123290	其他薄板制胶合板至少一表层非针叶木，厚≤6	中国香港	36 702	11	11 605 315	8	316.20	35.49
		中国台湾	22 182	7	7 951 495	6	358.47	24.32
		美　国	5 351	2	7 198 869	5	1 345.33	22.02
		荷　兰	6 208	2	5 283 011	4	851	16.16
		沙特阿拉伯	5 328	2	3 000 887	2	563.23	9.18
		越　南	7 166	2	2 711 156	2	378.34	8.29
44123900	其他薄板制胶合板，厚≤6mm	合　计	1 988 665	100	720 810 179	100	362.46	244.07
		阿联酋	287 635	14	91 161 300	13	316.93	45.84
		沙特阿拉伯	271 099	14	85 927 572	12	316.96	43.21
		日　本	142 655	7	67 505 213	9	473.20	33.94
		美　国	63 498	3	55 389 579	8	872.30	27.85
		韩　国	141 680	7	49 515 136	7	349.49	24.90
		中国香港	105 974	5	33 243 353	5	313.69	16.72
		比利时	83 295	4	30 183 461	4	362.37	15.18
		中国台湾	86 747	4	30 052 185	4	346.43	15.11
		泰　国	78 930	4	29 451 981	4	373.14	14.81
		新加坡	77 584	4	26 749 796	4	344.79	13.45
44129410	其他木块芯胶合板等至少一表层是非针叶木	合　计	357 719	100	383 235 998	100	1 071.33	642.10
		意大利	38 222	11	62 786 103	16	1 642.67	175.52
		美　国	37 589	11	57 720 507	15	1 535.57	161.36
		比利时	26 443	7	41 723 319	11	1 577.86	116.64
		荷　兰	17 677	5	28 953 293	8	1 637.91	80.94
		德　国	16 670	5	26 238 494	7	1 574	73.35
		日　本	40 861	11	21 492 929	6	526	60.08
		瑞　典	9 685	3	19 200 822	5	1 982.53	53.68
		挪　威	11 192	3	14 958 427	4	1 336.53	41.82
		英　国	10 018	3	14 773 021	4	1 474.65	41.30
		丹　麦	6 040	2	9 511 162	2	1 574.70	26.59
44129491	其他木块芯胶合板等至少一表层是热带木	合　计	832	100	325 037	100	390.67	390.67
		约　旦	531	64	202 956	62	382.21	243.94
		科威特	178	21	75 711	23	425.34	91
		卡塔尔	118	14	45 540	14	385.93	54.74
		朝　鲜	5	1	830	0	166	1

代码	中文	国别地区	出口数量（立方米）	各国出口量比重（%）	出口金额（美元）	各国出口额占总额比重（%）	出口价格（美元/立方米）	2011 年加权价格（美元/立方米）
44129492	其他木块芯胶合板等至少一表层是木碎料板	合　计	1 381	100	906 921	100	656.71	645.78
		中国香港	325	24	297 186	33	914.42	215.20
		缅　甸	258	19	201 510	22	781.05	145.92
		马来西亚	112	8	72 556	8	647.82	52.54
		澳大利亚	72	5	63 452	7	881.28	45.95
		哥伦比亚	69	5	62 675	7	908.33	45.38
		朝　鲜	170	12	57 020	6	335.41	41.29
		南　非	256	19	56 158	6	219.37	40.66
		泰　国	46	3	47 191	5	1 025.90	34.17
		印度尼西亚	49	4	33 361	4	680.84	24.16
		美　国	1	0	7 798	1	7798	5.65
44129499	其他木块芯、侧板条芯、板条芯胶合板	合　计	29 236	100	16 001 738	100	547.33	514.96
		德　国	6 678	23	6 671 930	42	999.09	228.21
		中国台湾	14 094	48	4 119 908	26	292.32	140.92
		意大利	2 596	9	2 357 787	15	908.24	80.65
		西班牙	1 778	6	697 337	4	392.20	23.85
		比利时	427	1	492 345	3	1 153.03	16.84
		葡萄牙	703	2	344 647	2	490.25	11.79
		加拿大	163	1	252 037	2	1546.24	8.62
		尼日利亚	348	1	190 121	1	546.32	6.50
		阿联酋	536	2	187 900	1	350.56	6.43
		越　南	184	1	77 426	0	420.80	2.65
44129910	其他胶合板等至少一表层是非针叶木	合　计	678 725	100	620 088 267	100	913.61	565.27
		美　国	161 853	24	204 491 875	33	1263.44	301.29
		日　本	93 957	14	73 191 164	12	778.99	107.84
		英　国	26 305	4	38 614 849	6	1 467.97	56.89
		加拿大	24 556	4	35 783 183	6	1 457.21	52.72
		意大利	17 794	3	33 799 999	5	1 899.52	49.80
		比利时	18 568	3	29 442 545	5	1 585.66	43.38
		荷　兰	11 613	2	17 185 175	3	1 479.82	25.32
		韩　国	23 877	4	16 506 184	3	691.30	24.32
		德　国	9 309	1	16 471 985	3	1 769.47	24.27
		约　旦	32 109	5	12 033 563	2	374.77	17.73

代码	中文	国别地区	出口数量（立方米）	各国出口量比重（%）	出口金额（美元）	各国出口额占总额比重（%）	出口价格（美元/立方米）	2011年加权价格（美元/立方米）
44129992	其他胶合板等至少一表层是木碎料板	合　计	5 963	100	1 052 204	100	176.46	173.97
		中国澳门	5 013	84	512 089	49	102.15	85.88
		阿尔及利亚	220	4	147 372	14	669.87	24.71
		马拉维	167	3	89 965	9	538.71	15.09
		安哥拉	139	2	83 110	8	597.91	13.94
		中国香港	83	1	55 520	5	668.92	9.31
		特立尼达和多巴哥	29	0	32 522	3	1 121.45	5.45
		乌干达	91	2	29 164	3	320.48	4.89
		萨摩亚	25	0	23 460	2	938.40	3.93
		美　国	69	1	21 130	2	306.23	3.54
		俄罗斯	43	1	20 235	2	470.58	3.39
44129999	未列名胶合板、单板饰面板及类似的多层板	合　计	31 114	100	20 182 169	100	648.65	521.57
		德　国	4 078	13	4 352 863	22	1 067.40	139.90
		瑞　典	4 365	14	1 916 094	9	438.97	61.58
		法　国	1 658	5	1 800 329	9	1 085.84	57.86
		意大利	1 628	5	1 786 286	9	1 097.23	57.41
		阿联酋	3 833	12	1 763 957	9	460.20	56.69
		日　本	2 138	7	1 560 092	8	729.70	50.14
		中国香港	3 800	12	1 303 938	6	343.14	41.91
		比利时	1 204	4	1 222 818	6	1 015.63	39.30
		中国台湾	1 831	6	601 187	3	328.34	19.32
		澳大利亚	483	2	572 126	3	1 184.53	18.39

（2）2011 年胶合板进口价格

代码	中文	国别地区	进口数量（立方米）	各国进口量比重（%）	进口金额（美元）	各国进口额占总额比重（%）	进口价格（美元/立方米）	2011年加权价格（美元/立方米）
44121011	薄板制竹胶合板至少一表层热带木层，厚≤6mm	合　计	1	100	486	100	486	486
		印度尼西亚	1	100	486	100	486	486

代码	中文	国别地区	进口数量（立方米）	各国进口量比重（%）	进口金额（美元）	各国进口额占总额比重（%）	进口价格（美元/立方米）	2011年加权价格（美元/立方米）
44121019	其他薄板制竹胶板单板饰面板多层板，厚≤6mm	合　计	1 516	100	1 159 478	100	764.83	763.82
		芬　兰	503	33	663 771	57	1 319.62	437.84
		俄罗斯	537	35	247 585	21	461.05	163.31
		印度尼西亚	175	12	105 603	9	603.45	69.66
		马来西亚	159	10	63 076	5	396.70	41.61
		中国台湾	51	3	31 389	3	615.47	20.71
		中　国	28	2	24 005	2	857.32	15.83
		德　国	35	2	16 939	1	483.97	11.17
		西班牙	21	1	3 860	0	183.81	2.55
		法　国	3	0	979	0	326.33	0.65
		日　本	2	0	809	0	404.50	0.53
44123100	其他薄板制胶合板至少一表层是热带木，厚≤6	合　计	31 130	100	22 208 697	100	713.42	713.39
		印度尼西亚	21 306	68	14 995 908	68	703.84	481.72
		马来西亚	8 318	27	4 722 105	21	567.70	151.69
		日　本	709	2	1 583 490	7	2 233.41	50.87
		中国台湾	384	1	508 696	2	1 324.73	16.34
		韩　国	320	1	222 839	1	696.37	7.16
		澳大利亚	20	0	91 302	0	4 565.10	2.93
		加拿大	41	0	25 102	0	612.24	0.81
		德　国	13	0	23 294	0	1 791.85	0.75
		荷　兰	8	0	19 948	0	2493.50	0.64
		印　度	10	0	7 354	0	735.40	0.24
44123210	其他薄板制胶合板至少一表层是温带木，厚≤6	合　计	21 660	100	17 831 922	100	823.27	820.49
		俄罗斯	15 261	70	9 849 807	55	645.42	454.75
		芬　兰	1 997	9	2 713 140	15	1 358.61	125.26
		日　本	2 233	10	2 690 214	15	1 204.75	124.20
		中国台湾	396	2	1 018 995	6	2 573.22	47.05
		马来西亚	1 051	5	677 961	4	645.06	31.30
		印度尼西亚	467	2	328 953	2	704.40	15.19
		德　国	45	0	291 489	2	6 477.53	13.46
		美　国	87	0	69 188	0	795.26	3.19
		爱沙尼亚	45	0	51 669	0	1 148.20	2.39
		奥地利	5	0	50 021	0	10 004.20	2.31

代码	中文	国别地区	进口数量（立方米）	各国进口量比重（%）	进口金额（美元）	各国进口额占总额比重（%）	进口价格（美元/立方米）	2011年加权价格（美元/立方米）
44123290	其他薄板制胶合板至少一表层非针叶木，厚≤6	合　计	79 682	100	39 315 036	100	493.40	492.48
		印度尼西亚	32 517	41	18 949 689	48	582.76	237.82
		马来西亚	43 032	54	17 175 811	44	399.14	215.55
		日　本	1 336	2	1 006 360	3	753.26	12.63
		俄罗斯	1 187	1	829 562	2	698.87	10.41
		中国台湾	747	1	571 270	1	764.75	7.17
		意大利	263	0	247 504	1	941.08	3.11
		芬　兰	83	0	124 692	0	1502.31	1.56
		德　国	43	0	113 047	0	2 629	1.42
		加拿大	165	0	94 592	0	573.28	1.19
		中　国	161	0	88 361	0	548.83	1.11
44123900	其他薄板制胶合板，厚≤6mm	合　计	15 504	100	11 021 327	100	710.87	685.97
		马来西亚	6 211	40	3 761 447	34	605.61	242.61
		印度尼西亚	4 992	32	3 429 135	31	686.93	221.18
		芬　兰	1 196	8	1 303 891	12	1 090.21	84.10
		中国台湾	1 030	7	1 102 080	10	1 069.98	71.08
		日　本	597	4	446 655	4	748.17	28.81
		俄罗斯	468	3	305 319	3	652.39	19.69
		智　利	276	2	118 777	1	430.35	7.66
		英　国	32	0	102 879	1	3 214.97	6.64
		美　国	58	0	95 357	1	1 644.09	6.15
		加拿大	101	1	77 167	1	764.03	4.98
44129410	其他木块芯胶合板等至少一表层是非针叶木	合　计	3 819	100	1 552 157	100	406.43	406.43
		印度尼西亚	2 573	67	1 126 623	73	437.86	295
		马来西亚	1 153	30	352 432	23	305.67	92.28
		德　国	20	1	47 794	3	2389.70	12.51
		中　国	23	1	10 346	1	449.83	2.71
		加拿大	19	0	8 367	1	440.37	2.19
		以色列	4	0	3 034	0	758.50	0.79
		意大利	27	1	2 400	0	88.89	0.63
		美　国	0	0	500	0		
		比利时	0	0	384	0		
		英　国	0	0	131	0		

代码	中文	国别地区	进口数量（立方米）	各国进口量比重（%）	进口金额（美元）	各国进口额占总额比重（%）	进口价格（美元/立方米）	2011年加权价格（美元/立方米）
44129491	其他木块芯胶合板等至少一表层是热带木	合　计	659	100	1 142 778	100	1 734.11	1 734.11
		奥地利	474	72	772 922	68	1 630.64	1 172.87
		印度尼西亚	164	25	312 925	27	1 908.08	474.85
		德　国	21	3	56 931	5	2 711	86.39
44129492	其他木块芯胶合板等至少一表层是木碎料板	合　计	478	100	516 140	100	1 079.80	1 079.79
		奥地利	171	36	286 906	56	1 677.81	600.22
		印度尼西亚	218	46	130 034	25	596.49	272.04
		德　国	26	5	55 109	11	2 119.58	115.29
		中国香港	46	10	30 233	6	657.24	63.25
		中　国	17	4	11 370	2	668.82	23.79
		日　本	0	0	2 488	0		
44129910	其他胶合板等至少一表层是非针叶木	合　计	29 935	100	22 086 363	100	737.81	716.86
		马来西亚	19 020	64	12 100 892	55	636.22	404.24
		芬　兰	1 866	6	3 934 177	18	2108.35	131.42
		德　国	2 944	10	1 781 402	8	605.10	59.51
		比利时	783	3	1 609 632	7	2 055.72	53.77
		智　利	1 996	7	660 806	3	331.07	22.07
		中　国	1 435	5	544 562	2	379.49	18.19
		印度尼西亚	793	3	377 512	2	476.06	12.61
		瑞　典	84	0	305 289	1	3 634.39	10.20
		意大利	36	0	272 743	1	7 576.20	9.11
		立陶宛	128	0	168 363	1	1 315.34	5.62
44129991	其他胶合板等至少一表层是热带木层	合　计	94	100	258 185	100	2 746.65	2 746.65
		德　国	83	88	252 974	98	3 047.89	2 691.21
		新加坡	10	11	4 380	2	438	46.60
		日　本	0	0	599	0		
		英　国	1	1	192	0	192	2.04
		澳大利亚	0	0	40	0		
44129999	未列名胶合板、单板饰面板及类似的多层板	合　计	3 971	100	2 622 805	100	660.49	591.30
		美　国	873	22	616 905	24	706.65	155.35
		加拿大	905	23	602 379	23	665.61	151.69

代码	中文	国别地区	进口数量（立方米）	各国进口量比重（%）	进口金额（美元）	各国进口额占总额比重（%）	进口价格（美元/立方米）	2011年加权价格（美元/立方米）
44129999	未列名胶合板、单板饰面板及类似的多层板	马来西亚	623	16	334 005	13	536.12	84.11
		德　国	62	2	218 309	8	3521.11	54.98
		丹　麦	226	6	180 000	7	796.46	45.33
		爱沙尼亚	255	6	141 605	5	555.31	35.66
		菲律宾	198	5	139 301	5	703.54	35.08
		芬　兰	101	3	91 629	3	907.22	23.07
		日　本	139	4	70 494	3	507.15	17.75
		智　利	173	4	66 552	3	384.70	16.76

附表 2-7：木竹浆进出口价格

（1）2011 年木竹浆出口价格

代码	中文	国别地区	出口数量（千克）	各国出口量占总量比重（%）	出口金额（美元）	各国出口额占总额比重（%）	平均出口价格（美元/千克）	2011年加权价格（美元/千克）
47010000	机械木浆	合　计	590 177	100	311 375	100	0.53	0.53
		印　度	487 200	82.55	263 162	84.52	0.54	0.45
		中国台湾	50 400	8.54	27 183	8.73	0.54	0.05
		韩　国	52 577	8.91	21 030	6.75	0.40	0.04
47020000	化学木浆、溶解级	合　计	14 632 342	100	21 646 841	100	1.48	1.48
47020000	化学木浆、溶解级	印度尼西亚	14 372 094	98.22	21 396 394	98.84	1.49	1.46
		朝　鲜	138 710	0.95	170 172	0.79	1.23	0.01
		乌兹别克斯坦	100 657	0.69	67 931	0.31	0.67	0.00
		孟加拉国	20 631	0.14	12 170	0.06	0.59	0.00
		安哥拉	250	0	174	0	0.70	0.00
47031100	未漂白的针叶木烧碱木浆或硫酸盐木浆	合　计	579355	100	450 240	100	0.78	0.78

代码	中文	国别地区	出口数量（千克）	各国出口量占总量比重（%）	出口金额（美元）	各国出口额占总额比重（%）	平均出口价格（美元/千克）	2011年加权价格（美元/千克）
47031100	未漂白的针叶木烧碱木浆或硫酸盐木浆	越　南	258 684	44.65	246 325	54.71	0.95	0.43
		印　度	203 211	35.08	139 939	31.08	0.69	0.24
		马来西亚	114 460	19.76	60 664	13.47	0.53	0.10
		泰　国	2 500	0.43	2 300	0.51	0.92	0
		中国台湾	500	0.09	1 012	0.22	2.02	0
47032100	半漂白或漂白的针叶木烧碱木浆或硫酸盐木浆	合　计	4 312 518	92.88	3 913 243	92.86	0.91	0.84
47032100	半漂白或漂白的针叶木烧碱木浆或硫酸盐木浆	日　本	2 333 709	54.11	2 036 272	52.04	0.87	0.47
		澳大利亚	601 330	13.94	571 264	14.60	0.95	0.13
		伊　朗	369 767	8.57	341 627	8.73	0.92	0.08
		尼日利亚	193 074	4.48	171 360	4.38	0.89	0.04
		埃　及	109 843	2.55	104 308	2.67	0.95	0.02
		朝　鲜	110 947	2.57	102 372	2.62	0.92	0.02
		缅　甸	91 758	2.13	87 057	2.22	0.95	0.02
		泰　国	81 062	1.88	86 395	2.21	1.07	0.02
		乌兹别克斯坦	77 459	1.80	75 797	1.94	0.98	0.02
		埃塞俄比亚	36 720	0.85	57 521	1.47	1.57	0.01
47032900	半漂白或漂白非针叶木烧碱木浆或硫酸盐木浆	合　计	11 055 649	100	7 520 008	100	0.68	0.68
47032900	半漂白或漂白非针叶木烧碱木浆或硫酸盐木浆	韩　国	6 573 008	59.45	4 776 118	63.51	0.73	0.43
		日　本	1 768 372	16.00	1 324 131	17.61	0.75	0.12
		中国台湾	2 495 549	22.57	1 267 507	16.86	0.51	0.11
		越　南	198 000	1.79	136 138	1.81	0.69	0.01
		乌干达	20 720	0.19	16 114	0.21	0.78	0
47042100	半漂白或漂白的针叶木亚硫酸盐木浆	合　计	350 255	100	277 000	100	0.79	0.79

代码	中文	国别地区	出口数量（千克）	各国出口量占总量比重（%）	出口金额（美元）	各国出口额占总额比重（%）	平均出口价格（美元/千克）	2011年加权价格（美元/千克）
47042100	半漂白或漂白的针叶木亚硫酸盐木浆	朝　鲜	338 462	96.63	264 000	95.31	0.78	0.75
		苏　丹	11 793	3.37	13 000	4.69	1.10	0.04
47062000	从回收（废碎）纸或纸板提取的纤维浆	合　计	305 731	100	104 537	100	0.34	0.34
47062000	从回收（废碎）纸或纸板提取的纤维浆	中国香港	211 138	69.06	67 343	64.42	0.32	0.22
		马来西亚	20 580	6.73	18 984	18.16	0.92	0.06
		中国台湾	69 972	22.89	9 886	9.46	0.14	0.03
		日　本	3 971	1.30	7 021	6.72	1.77	0.02
		韩　国	70	0.02	1 303	1.25	18.61	0
47063000	其他纤维状纤维素竹浆	合　计	1 126 035	99.99	1 223 004	99.92	1.09	1.09
47063000	其他纤维状纤维素竹浆	德　国	415 800	36.93	436 735	35.71	1.05	0.39
		比利时	330 300	29.33	352 559	28.83	1.07	0.31
		印度尼西亚	172 800	15.35	197 381	16.14	1.14	0.18
		美　国	83 600	7.42	92 608	7.57	1.11	0.08
		日　本	64 450	5.72	83 080	6.79	1.29	0.07
		意大利	19 800	1.76	20 356	1.66	1.03	0.02
		朝　鲜	19 800	1.76	17 820	1.46	0.90	0.02
		肯尼亚	14 000	1.24	12 019	0.98	0.86	0.01
		新加坡	4 800	0.43	7 680	0.63	1.60	0.01
		中国台湾	585	0.05	1 828	0.15	3.12	0
47069100	其他纤维状纤维素机械浆	合　计	615	100	1 083	100	1.76	1.76
47069100	其他纤维状纤维素机械浆	印度尼西亚	615	100	1 083	100	1.76	1.76
47069200	其他纤维状纤维素化学浆	合　计	13 580	100	58 170	100	4.28	4.28

代码	中文	国别地区	出口数量（千克）	各国出口量占总量比重（%）	出口金额（美元）	各国出口额占总额比重（%）	平均出口价格（美元/千克）	2011年加权价格（美元/千克）
47069200	其他纤维状纤维素化学浆	泰 国	1 080	7.95	24 300	41.77	22.50	1.79
		日 本	3 000	22.09	22 990	39.52	7.66	1.69
		坦桑尼亚	6 000	44.18	9 630	16.55	1.61	0.71
		中国台湾	3 500	25.77	1 250	2.15	0.36	0.09

（2）2011 年木竹浆进口价格

代码	中文	国别地区	进口数量（千克）	各国进口量比重（%）	进口金额（美元）	各国进口额占总额比重（%）	平均进口价格（美元/千克）	2011年加权价格（美元/千克）
47010000	机械木浆	合 计	58 442 075	100	32 709 784	100	0.56	0.56
		加拿大	55 415 373	94.82	31 180 157	95.32	0.56	0.53
		德 国	1 542 715	2.64	781 247	2.39	0.51	0.01
		美 国	574 298	0.98	338 559	1.04	0.59	0.01
		芬 兰	546 935	0.94	287 649	0.88	0.53	0
		法 国	317 240	0.54	75 514	0.23	0.24	0
		挪 威	42 384	0.07	32 424	0.10	0.77	0
		中国台湾	3 120	0.01	14 227	0.04	4.56	0
		日 本	10	0	7	0	0.70	0
47020000	化学木浆、溶解级	合 计	1 145 315 831	98.68	2 064 080 329	98.76	1.80	1.78
47020000	化学木浆、溶解级	巴 西	260 391 180	22.74	508 940 063	24.66	1.95	0.44
		加拿大	227 041 779	19.82	437 332 961	21.19	1.93	0.38
		美 国	214 537 045	18.73	362 798 330	17.58	1.69	0.32
		印 度尼西亚	143 211 439	12.50	245 916 330	11.91	1.72	0.21
		瑞 典	76 551 644	6.68	144 140 500	6.98	1.88	0.13
		南 非	101 950 582	8.90	142 451 855	6.90	1.40	0.12
		俄罗斯	54 702 239	4.78	106 286 034	5.15	1.94	0.09
		西班牙	21 529 518	1.88	44 536 392	2.16	2.07	0.04
		挪 威	15 698 320	1.37	27 163 465	1.32	1.73	0.02
		捷 克	14 602 556	1.27	18 857 552	0.91	1.29	0.02

代码	中文	国别地区	进口数量（千克）	各国进口量比重（%）	进口金额（美元）	各国进口额占总额比重（%）	平均进口价格（美元/千克）	2011年加权价格（美元/千克）
47031100	未漂白的针叶木烧碱木浆或硫酸盐木浆	合　计	597 551 653	99.99	405 794 380	99.99	0.68	0.68
47031100	未漂白的针叶木烧碱木浆或硫酸盐木浆	俄罗斯	197 993 619	33.13	130 451 750	32.15	0.66	0.22
		智　利	120 747 589	20.21	89 844 603	22.14	0.74	0.15
		日　本	120 318 692	20.14	76 111 190	18.76	0.63	0.13
		美　国	114 451 315	19.15	74 306 369	18.31	0.65	0.12
		加拿大	31 802 618	5.32	26 016 495	6.41	0.82	0.04
		瑞　典	4 398 000	0.74	3 611 520	0.89	0.82	0.01
		新西兰	3 559 218	0.60	2 995 359	0.74	0.84	0.01
		澳大利亚	3 344 373	0.56	1 823 149	0.45	0.55	0
		奥地利	796 789	0.13	509 945	0.13	0.64	0
		中国台湾	74 065	0.01	76 226	0.02	1.03	0
47031900	未漂白的非针叶木烧碱木浆或硫酸盐木浆	合　计	25 830 850	100	11 453 061	100	0.44	0.44
47031900	未漂白的非针叶木烧碱木浆或硫酸盐木浆	印　度尼西亚	21 991 670	85.14	8 852 713	77.30	0.40	0.34
		俄罗斯	2 389 615	9.25	1 653 876	14.44	0.69	0.06
		美　国	943 045	3.65	622 385	5.43	0.66	0.02
		日　本	506 000	1.96	318 780	2.78	0.63	0.01
		中国台湾	520	0	5 307	0.05	10.21	0
47032100	半漂白或漂白的针叶木烧碱木浆或硫酸盐木浆	合　计	5 824 639 911	97.45	4 898 183 890	97.63	0.84	0.82

代码	中文	国别地区	进口数量（千克）	各国进口量比重（%）	进口金额（美元）	各国进口额占总额比重（%）	平均进口价格（美元/千克）	2011年加权价格（美元/千克）
47032100	半漂白或漂白的针叶木烧碱木浆或硫酸盐木浆	加拿大	2 287 122 511	39.27	1 929 828 717	39.40%	0.84	0.33
		美　国	947 091 329	16.26	818 668 313	16.71%	0.86	0.14
		智　利	819 895 753	14.08	686 341 992	14.01%	0.84	0.12
		俄罗斯	603 886 960	10.37	494 932 469	10.10%	0.82	0.08
		芬　兰	577 813 580	9.92	478 798 569	9.78%	0.83	0.08
		新西兰	133 786 547	2.30	111 348 335	2.27%	0.83	0.02
		瑞　典	125 974 773	2.16	110 145 041	2.25%	0.87	0.02
		德　国	74 648 351	1.28	63 773 411	1.30%	0.85	0.01
		阿根廷	52 377 316	0.90	44 325 566	0.90%	0.85	0.01
		法　国	53 339 434	0.92	44 027 299	0.90%	0.83	0.01
47032900	半漂白或漂白非针叶木烧碱木浆或硫酸盐木浆	合　计	5 257 952 258	98.01	3 604 631 023	97.99	0.69	0.67
47032900	半漂白或漂白非针叶木烧碱木浆或硫酸盐木浆	巴　西	1 885 054 894	35.85	1 311 581 084	36.39	0.70	0.25
		印　度尼西亚	1 332 244 427	25.34	878 760 449	24.38	0.66	0.17
		加拿大	376 358 490	7.16	274 174 727	7.61	0.73	0.05
		乌拉圭	390 829 474	7.43	267 770 584	7.43	0.69	0.05
		美　国	383 183 910	7.29	264 971 875	7.35	0.69	0.05
		智　利	316 701 410	6.02	221 810 697	6.15	0.70	0.04
		俄罗斯	211 505 890	4.02	145 272 537	4.03	0.69	0.03
		日　本	146 003 110	2.78	92 960 247	2.58	0.64	0.02
		南　非	75 853 726	1.44	51 034 641	1.42	0.67	0.01
		泰　国	35 775 764	0.68	23 952 523	0.66	0.67	0.00
47041100	未漂白的针叶木亚硫酸盐木浆	合　计	7 205 456	100	4 099 793	100	0.57	0.57
47041100	未漂白的针叶木亚硫酸盐木浆	俄罗斯	3 906 209	54.21	2 543 257	62.03	0.65	0.35
		美　国	1 395 416	19.37	878 618	21.43	0.63	0.12
		德　国	1 833 271	25.44	597 600	14.58	0.33	0.08
		中国台湾	70 560	0.98	80 318	1.96	1.14	0.01

代码	中文	国别地区	进口数量（千克）	各国进口量比重（%）	进口金额（美元）	各国进口额占总额比重（%）	平均进口价格（美元/千克）	2011年加权价格（美元/千克）
47041900	未漂白的非针叶木亚硫酸盐木浆	合　计	330 365	100	236 434	100	0.72	0.72
47041900	未漂白的非针叶木亚硫酸盐木浆	印　度尼西亚	300 665	91.01	205 066	86.73	0.68	0.62
		德国	29 700	8.99	31 368	13.27	1.06	0.09
47042100	半漂白或漂白的针叶木亚硫酸盐木浆	合　计	85 639 400	99.99	89 117 771	99.99	1.04	1.04
47042100	半漂白或漂白的针叶木亚硫酸盐木浆	芬　兰	44 002 079	51.38	38 283 576	42.96	0.87	0.45
		加拿大	15 640 533	18.26	29 814 886	33.46	1.91	0.35
		捷　克	16 735 837	19.54	14 193 307	15.93	0.85	0.17
		瑞　典	3 580 036	4.18	2 989 850	3.35	0.84	0.03
		俄罗斯联　邦	4 427 216	5.17	2 890 544	3.24	0.65	0.03
		美　国	605 791	0.71	462 917	0.52	0.76	0.01
		日　本	235 600	0.28	164 920	0.19	0.70	0
		智　利	194 379	0.23	147 197	0.17	0.76	0
		德　国	145 680	0.17	98 416	0.11	0.68	0
		泰　国	66 529	0.08	64 238	0.07	0.97	0
47042900	半漂白或漂白的非针叶木亚硫酸盐木浆	合　计	9 271 311	100	9 306 482	100	1.00	1.00
47042900	半漂白或漂白的非针叶木亚硫酸盐木浆	德　国	6 592 509	71.11	6 447 468	69.28	0.98	0.70
		葡萄牙	1 371 819	14.80	1 728 539	18.57	1.26	0.19
		美　国	426 574	4.60	488 614	5.25	1.15	0.05
		印　度尼西亚	532 016	5.74	362 323	3.89	0.68	0.04
		日　本	217 681	2.35	169 493	1.82	0.78	0.02
		巴　西	127 672	1.38	102 138	1.10	0.80	0.01
		意大利	3 040	0.03	7 907	0.08	2.60	0

代码	中文	国别地区	进口数量（千克）	各国进口量比重（%）	进口金额（美元）	各国进口额占总额比重（%）	平均进口价格（美元/千克）	2011年加权价格（美元/千克）
47050000	用机械与化学联合制浆法制得的木浆	合　计	1 342 432 194	99.93	732 808 098	99.93	0.55	0.55
47050000	用机械与化学联合制浆法制得的木浆	加拿大	1 121 436 412	83.54	613 548 127	83.73	0.55	0.46
		新西兰	106 171 376	7.91	57 115 451	7.79	0.54	0.04
		俄罗斯联　邦	44 038 958	3.28	23 256 630	3.17	0.53	0.02
		瑞　典	25 475 042	1.90	13 902 221	1.90	0.55	0.01
		芬　兰	22 836 788	1.70	12 482 949	1.70	0.55	0.01
		挪　威	9 972 865	0.74	5 218 149	0.71	0.52	0.00
		泰　国	3 928 069	0.29	2 712 378	0.37	0.69	0.00
		德　国	3 575 194	0.27	2 045 985	0.28	0.57	0.00
		美　国	2 983 903	0.22	1 595 608	0.22	0.53	0.00
		缅　甸	1 058 400	0.08	388 015	0.05	0.37	0.00
47062000	从回收（废碎）纸或纸板提取的纤维浆	合　计	13 189 800	100	7 974 840	99.98	0.60	0.60
47062000	从回收（废碎）纸或纸板提取的纤维浆	德　国	6 342 134	48.08	3 691 437	46.29	0.58	0.28
		美　国	3 226 930	24.47	2 056 562	25.79	0.64	0.16
		比利时	1 778 090	13.48	1 011 805	12.69	0.57	0.08
		加拿大	1 069 472	8.11	597 358	7.49	0.56	0.05
		日　本	472 524	3.58	439 904	5.52	0.93	0.03
		中国台湾	200 590	1.52	101 560	1.27	0.51	0.01
		韩　国	52 742	0.40	44 853	0.56	0.85	0
		荷　兰	26 030	0.20	15 665	0.20	0.60	0
		南　非	12 825	0.10	7 718	0.10	0.60	0
		泰　国	8 030	0.06	6 388	0.08	0.80	0
47063000	其他纤维状纤维素竹浆	合　计	9 573 189	100	6 152 555	100	0.64	0.64
47063000	其他纤维状纤维素竹浆	缅　甸	9 078 300	94.83	5 819 818	94.59	0.64	0.61
		泰　国	476 099	4.97	317 556	5.16	0.67	0.03
		美　国	18 790	0.20	15 181	0.25	0.81	0

代码	中文	国别地区	进口数量（千克）	各国进口量比重（%）	进口金额（美元）	各国进口额占总额比重（%）	平均进口价格（美元/千克）	2011年加权价格（美元/千克）
47069100	其他纤维状纤维素机械浆	合 计	4 443 801	100	3 909 626	100	0.88	0.88
47069100	其他纤维状纤维素机械浆	泰 国	4 010 577	90.25	2 758 238	70.55	0.69	0.62
		菲律宾	230 750	5.19	809 329	20.70	3.51	0.18
		突尼斯	112 000	2.52	218 378	5.59	1.95	0.05
		印 度尼西亚	22 727	0.51	80 147	2.05	3.53	0.02
		德 国	54 535	1.23	21 357	0.55	0.39	0
		中国台湾	2 142	0.05	9 650	0.25	4.51	0
		美 国	10 087	0.23	8 063	0.21	0.80	0
		印 度	963	0.02	3 461	0.09	3.59	0
		日 本	20	0	900	0.02	45.00	0
		瑞 典	0	0	103	0		
47069200	其他纤维状纤维素化学浆	合 计	54 175 493	99.83	41 836 693	99.81	0.77	0.77
47069200	其他纤维状纤维素化学浆	泰 国	49 299 516	91.00	33 341 310	79.69	0.68	0.62
		西班牙	1 258 871	2.32	4 466 066	10.67	3.55	0.08
		菲律宾	469 150	0.87	1 616 971	3.86	3.45	0.03
		荷 兰	887 960	1.64	557 577	1.33	0.63	0.01
		比利时	720 420	1.33	447 088	1.07	0.62	0.01
		美 国	536 307	0.99	414 842	0.99	0.77	0.01
		德 国	413 600	0.76	373 748	0.89	0.90	0.01
		加拿大	330 464	0.61	240 554	0.57	0.73	0
		日 本	80 117	0.15	227 246	0.54	2.84	0
		英 国	85 795	0.16	70 133	0.17	0.82	0
47069300	其他纤维状纤维素半化学浆	合 计	1 617 028	100	5 178 546	100	3.20	3.20
47069300	其他纤维状纤维素半化学浆	菲律宾	1 616 500	99.97	5 175 642	99.94	3.20	3.20
		澳大利亚	528	0.03	2833	0.05	5.37	0
		印 度	0	0	71	0		

附录 1：因素变动模型

$$\pi=\sum_{n=1}^{n}\frac{(pq-c_{\mathrm{f}}-c_{\mathrm{v}})}{(1+r)^{n}}$$

式中：π —— 变动情况；

c —— 成本；c_f 为固定成本；c_v 为变动成本；

p —— 销售价格；

q —— 数量；

r —— 银行利率；

n —— 折现年限。

根据不同因素变化幅度（i=5%、10% 及临界点百分比）来计算因素变动对收益影响。

每亩收益（成熟林转让）（不考虑利率）=（每立方米成熟林转让收入－每立方米成熟林转让税费）* 每亩采伐时成熟林蓄积量 +（每立方米间伐材销售收入－每立方米间伐成本－每立方米间伐前营林成本）* 每亩间伐消耗蓄积量－每亩营林费用合计；

每亩收益（成熟林转让）（商业银行年贷款利率 r，设营林费用均为第一年产生，主伐为最后一年）=〔（每立方米成熟林转让收入－每立方米成熟林转让税费）× 每亩采伐时成熟林蓄积量 +（每立方米间伐材销售收入－每立方米间伐成本－每立方米间伐前营林成本）× 每亩间伐消耗蓄积量－每亩营林费用合计〕×（$1+r$）$^{T-1}$（森林轮伐周期——T）。

劳动工资为 L，如果利率不变，工资每涨 P，每亩收益减少额 =（每亩用工合计 ×L×P）×（$1+r$）$^{T-1}$（劳动工资为 L，如果利率不变）；

工资每涨 P，对每亩收益造成的影响程度 = 每亩收益减少额 / 每亩收益（成熟林转让）（商业银行年贷款利率 r，设营林费用均为第一年产生，主伐为最后一年）。

如果劳动工资不变，利率每提高 P，每亩收益减少额 = 每亩营林费用合计 ×（$1+r$×（1+p））$^{T-1}$－每亩营林费用合计 ×（$1+r$）$^{T-1}$

如果劳动工资不变，利率再提高 P，对每亩收益造成的影响程度 = 每亩收益减少额 / 每亩收益（成熟林转让）。

附录 2：要素组成对总成本的贡献率计算方法

要素对总成本的贡献率，即各要素增长率在总成本增长率中的份额，这是一个动态指标。一般来说，总成本的增长率等于各要素增长率的加权和，权数就是各要素在基期占总成本的份额，其表达式为：

$$\frac{Y}{Y_0}-1=\sum_{i=1}^{n}S_{i_0}\left[\frac{VA_i}{VA_{i_0}}-1\right] \quad (1)$$

式中：Y 表示总成本，Y_0 是基期总成本，VA_i 是第 i 个成本要素的增加值，VA_{i_0} 是第 i 个产成本要素基期的增加值，S_{i_0} 是基期 VA_{i_0} 占总成本的份额。国际学术期刊上常用对数方式表示增长率，则表达式可写成 $\Delta\ln Y=\sum_{i=1}^{n}S_i\Delta\ln VA_i$ 。于是 $\frac{S_i\Delta\ln VA_{i_0}}{\Delta\ln Y}$，即是第 i 个成本要素增长对总成本增长的贡献率。

要素组成对要素的贡献率公式具体推导过程：

表达式的简单算法根据：

设有等式 $Y=a+b$，则 $Y_1=a_1+b_1$，$Y_0=a_0+b_0$。　（1）

其中，Y_0，a_0，b_0 是基期的数据；

$S_{a_0}=\frac{a_0}{Y_0}$，$S_{b_0}=\frac{b_0}{Y_0}$ 表示份额；

$\frac{Y_1}{Y_0}-1$ 表示 Y 的增长率。

推导过程：

$$\frac{Y_1}{Y_0}-1=\frac{a_1+b_1}{Y_0}-1=\frac{a_1}{Y_0}+\frac{b_1}{Y_0}-1$$

$$=\frac{a_1a_0}{Y_0a_0}+\frac{b_1b_0}{Y_0b_0}-1$$

$$=\frac{a_0}{Y_0}\times\frac{a_1}{a_0}+\frac{b_0}{Y_0}\times\frac{b_1}{b_0}-(\frac{a_0}{Y_0}+\frac{b_0}{Y_0})$$

$$=\frac{a_0}{Y_0}(\frac{a_1}{a_0}-1)+\frac{b_0}{Y_0}(\frac{b_1}{b_0}-1)$$

$$=S_{a_0}(\frac{a_1}{a_0}-1)+S_{b_0}(\frac{b_1}{b_0}-1)$$

等式左边是 Y 的增长率，右边两个括号内的是 a 和 b 的增长率，的增长率等于两个组成部分的加权和。

另外，根据国外经济文献，当 Y_1 与 Y_0 较接近时，增长率 $\frac{Y_1}{Y_0}-1$ 可以近似地写成对数形式。$\ln Y_1 - \ln Y_0$ 近似为 $\frac{Y_1}{Y_0}-1$，于是 $\ln Y_1 - \ln Y_0$ 可写成 $\Delta \ln Y$。因为对数形式书写简单些，所以国外一些经济文献经常使用这一形式。

如方程用于区间时，则增长率用年均增长率，权数应用剔除最后一年之外的平均值和 $\bar{S}_i$。

附录 3：林产品定义、代码及进出口金额计算的说明

定义：是指木竹藤产品、制品、工艺品，林副产品，花卉苗木，森林食品，林化工产品以及与森林资源相关的产品。

林产品代码根据海关代码和林产品定义确定，共计 996 种。在计算进出口金额时，对一些林产品做了系数调整，主要做了三项规定：一是进出口商品中林产品在其中起一定的决定性作用，例如，进口木质提琴，如果不使用木材，提琴这种产品不能存在，因此不能不将提琴作为林产品对待；二是进出口商品的价值不能完全计入林产品进出口金额中，例如，虽然提琴作为林产品，但它的进出口价值不能完全计入林产品进出口总额，而是通过折算系数将林产品的价值成分离出来；三是印刷品折算，印刷品包含 49011000 ～ 49119990 代码，折算公式为：49011000 ～ 49119990 出口金额 = 49011000 ～ 49119990 出口数量合计 ×（印刷纸出口金额合计 / 印刷纸出口数量合计）、49011000 ～ 49119990 进口金额 = 49011000 ～ 49119990 进口数量合计 ×（印刷纸进口金额合计 / 印刷纸进口数量合计），印刷纸代码的产品：48010000、48025400、48025500、48025600、48025700、48025800、48026110、48026190、48026200、48026910、48026990、48101300、48101400、48101900、48102200、48102900。

在这里需要做特殊说明的是折算系数及折算公式需要进行大量调查研究确定，而这里只是根据专家的经验采用了估算，有待今后深入研究调整。详见附表。

林产品代码及进出口金额调整系数

海关代码	产品名称	调整系数
44031000	用油漆、着色剂、杂酚油等防腐剂处理的原木	1
44032010	红松和樟子松原木	1
44032020	白松（云杉和冷杉）原木	1
44032030	辐射松原木	1
44032040	落叶松原木	1
44032090	未列名针叶木原木	1
44034100	深红色、浅红色及巴梼红柳安木原木	1
44034910	柚木原木	1
44034920	奥克曼木 Okoume（奥克榄）原木	1
44034930	龙脑香木 *Dipterocarpus* spp.（克隆木）原木	1
44034940	山樟木 Kapur（香木 *Dryobalanops* spp.）原木	1
44034950	印加木 *Intsia* spp.（波罗格 Mengaris）原木	1

海关代码	产品名称	调整系数
44034960	大干巴豆木 *Koompassia* spp.（门格里斯或康派斯）原木	1
44034970	异翅香木 *Anisopter* spp. 原木	1
44034990	未列名本章子目注释 1 所列热带木原木	1
44039100	栎木（橡木）原木	1
44039200	山毛榉木原木	1
44039910	楠木原木	1
44039920	樟木原木	1
44039930	红木原木	1
44039950	水曲柳原木	1
44039960	北美硬阔叶木（包括樱桃木、黑胡桃木、枫木）原木	1
44039980	未列名的温带非针叶木原木	1
44039990	未列名非针叶木原木	1
44061000	未浸渍铁道及电车道枕木	1
44069000	已浸渍铁道及电车道枕木	1
44071010	纵锯纵切刨或旋切红松和樟子松木材，厚＞ 6mm	1
44071020	纵锯切刨或旋切白松（云、冷杉）木材，厚＞ 6mm	1
44071030	纵锯、纵切刨或旋切的辐射松木材，厚＞ 6mm	1
44071040	经纵锯、纵切刨或旋切的花旗松木材，厚＞ 6mm	1
44071090	其他纵锯切、刨或旋切的针叶木木材，厚＞ 6mm	1
44072200	经纵锯切刨或旋切的肉豆蔻木等木材，厚＞ 6mm	1
44072500	经纵锯切刨或旋切的红柳安木材，厚＞ 6mm	1
44072600	纵锯切刨或旋切的白黄柳安木等木材，厚＞ 6mm	1
44072700	纵锯切刨或旋切的沙比利木材，厚＞ 6mm	1
44072800	纵锯切刨或旋切的伊罗科木木材，厚＞ 6mm	1
44072910	经纵锯切刨切或旋切的柚木木材，厚＞ 6mm	1
44072920	纵锯切刨或旋切非洲桃花心木木材，厚＞ 6mm	1
44072930	经纵锯切、刨或旋切的波罗格木木材，厚＞ 6mm	1
44072990	其他纵锯切、刨或旋切的热带木木材，厚＞ 6mm	1
44079100	经纵锯纵切、刨或旋切的栎木木材，厚＞ 6mm	1
44079200	经纵锯纵切、刨或旋切山毛榉木木材，厚＞ 6mm	1
44079300	经纵锯纵切、刨或旋切枫木木材，厚＞ 6mm	1
44079400	经纵锯纵切、刨或旋切樱桃木木材，厚＞ 6mm	1
44079500	经纵锯纵切、刨或旋切白蜡木木材，厚＞ 6mm	1

海关代码	产品名称	调整系数
44079910	纵锯切刨或旋切的樟木、楠木、红木，厚＞6mm	1
44079920	经纵锯切、刨或旋切的泡桐木木材，厚＞6mm	1
44079930	经纵锯切、刨或旋切的北美硬阔叶材，厚＞6mm	1
44079980	纵锯切刨或旋切其他温带非针叶木材，厚＞6mm	1
44079990	其他纵锯切、刨或旋切的非叶木木材，厚＞6mm	1
44012100	针叶木的木片或木粒	1
44012200	非针叶木的木片或木粒	1
44091090	其他任一边、端或面制成连续形状针叶木木材	1
44092990	其他任一边、端或面成连续形状非针叶木木材	1
44081011	用胶合板等制的针叶木饰面用单板，厚≤6mm	1
44081019	其他针叶木饰面用单板，厚≤6mm	1
44081020	针叶木制胶合板用单板，厚≤6mm	1
44081090	其他纵锯切、刨或旋切的针叶木木材，厚≤6mm	1
44083111	用胶合板等制饰面单板，红柳安木制，厚≤6mm	1
44083119	其他饰面用单板，红柳安木制，厚≤6mm	1
44083120	制胶合板用单板，红柳安木制，厚≤6mm	1
44083190	其他纵锯切刨或旋切的红柳安木木材，厚≤6mm	1
44083911	用胶合板等制其他热带木饰面用单板，厚≤6mm	1
44083919	其他热带木制饰面用单板，厚≤6mm	1
44083920	其他热带木制胶合板用单板，厚≤6mm	1
44083990	其他纵锯切、刨或旋切的热带木木材，厚≤6mm	1
44089011	用胶合板等制其他非针叶木饰面单板，厚≤6mm	1
44089012	温带非针叶木制其他饰面用单板，厚≤6mm	1
44089019	其他非针叶木饰面用单板，厚≤6mm	1
44089021	温带非针叶木制胶合板用单板，厚≤6mm	1
44089029	其他非针叶木制胶合板用单板，厚≤6mm	1
44089091	温带非针叶木制经纵刨旋切的木材，厚≤6mm	1
44089099	其他非针叶木制经纵刨旋切的木材，厚≤6mm	1
44123100	其他薄板制胶合板至少一表层是热带木，厚≤6mm	1
44123210	其他薄板制胶合板至少一表层是温带木，厚≤6mm	1
44123290	其他薄板制胶合板至少一表层非针叶木，厚≤6mm	1
44123900	其他薄板制胶合板，厚≤6mm	1
44129410	其他木块芯胶合板等至少一表层是非针叶木	1

海关代码	产品名称	调整系数
44129491	其他木块芯胶合板等至少一表层是热带木	1
44129492	其他木块芯胶合板等至少一表层是木碎料板	1
44129499	其他木块芯、侧板条芯、板条芯胶合板	1
44129910	其他胶合板等至少一表层是非针叶木	1
44129991	其他胶合板等至少一表层是热带木层	1
44129992	其他胶合板等至少一表层是木碎料板	1
44129999	未列名胶合板、单板饰面板及类似的多层板	1
44101100	木制碎料板	1
44101200	木制定向刨花板（OSB）	1
44101900	其他木制类似板（例如，华夫板）	1
44109000	其他木质材料制碎料板、定向刨花板及类似板	1
44109019	其他木质材料制碎料板	1
44109090	其他木质材料制定向刨花板（OSB）及类似板（例如，华夫板）	1
44109011	麦稻秸秆制碎料板	1
44111211	未机械加工中密度纤维板，密度＞ 0.8g/cm^3，厚≤ 5mm	1
44111219	经机械加工中密度纤维板，密度＞ 0.8g/cm^3，厚≤ 5mm	1
44111221	辐射松制的中密度纤维板，0.5g/cm^3 ＜密度≤ 0.8g/cm^3，厚≤ 5mm	1
44111229	其他中密度纤维板 0.5g/cm^3 ＜密度≤ 0.8g/cm^3，厚≤ 5mm	1
44111291	未加工中密度纤维板，密度≤ 0.5g/cm^3，厚≤ 5mm	1
44111299	加工中密度纤维板，密度≤ 0.5g/cm^3，厚≤ 5mm	1
44111311	未加工中密度纤维板，密度＞ 0.8g/cm^3，5mm ＜厚≤ 9mm	1
44111319	加工中密度纤维板，密度＞ 0.8g/cm^3，5mm ＜厚≤ 9mm	1
44111321	辐射松制的中密度纤维板，5mm ＜厚≤ 9mm	1
44111329	其他中密度纤维板 0.5g/cm^3 ＜密度≤ 0.8g/cm^3，5mm ＜厚≤ 9mm	1
44111391	未加工中密度纤维板，密度≤ 0.5g/cm^3，5mm ＜厚≤ 9mm	1
44111399	加工中密度纤维板，密度≤ 0.5g/cm^3，5mm ＜厚≤ 9mm	1
44111411	未加工中密度纤维板，密度＞ 0.8g/cm^3，厚＞ 9mm	1
44111419	加工中密度纤维板，密度＞ 0.8g/cm^3，厚＞ 9mm	1
44111421	辐射松制的中密度纤维板，厚＞ 9mm	1
44111429	其他中密度纤维板 0.5g/cm^3 ＜密度≤ 0.8g/cm^3，厚＞ 9mm	1
44111491	未加工中密度纤维板，密度≤ 0.5g/cm^3，厚＞ 9mm	1
44119210	未加工木纤维板，密度＞ 0.8g/cm^3	1
44119290	加工木纤维板，密度＞ 0.8g/cm^3	1

海关代码	产品名称	调整系数
44119310	辐射松制的纤板，0.5g＜密度≤0.9g	1
44119390	木纤板，$0.5g/cm^3$＜密度≤$0.10g/cm^3$	1
44119410	木纤板，$0.35g/cm^3$＜密度≤$0.5g/cm^3$	1
44119421	未加工木纤板，密度≤$0.35g/cm^3$	1
44119429	加工木纤板，密度≤$0.35g/cm^3$	1
44130000	强化木，成块、板、条或异形的	1
44181010	辐射松制窗法兰西式（落地）窗及其框架	1
44181090	木制窗、法兰西式（落地）窗及其木制框架	1
44182000	木制门及其框架和门槛	1
44091010	任一边、端或面制成连续形状针叶木地板条	1
44092910	其他任一边、端或面成连续状非针叶木地板条	1
44187100	马赛克地板用已装拼的木地板	1
44187290	其他多层已装拼的木地板	1
44187990	其他已装拼的木地板	1
44140010	辐射松制的画框、相框、镜框及类似品	1
44140090	其他木制的画框、相框、镜框及类似品	1
44151000	木制箱、盒、桶及类似的包装容器；电缆卷筒	1
44152010	辐射松制托板箱形托盘及其他装载板托盘护框	1
44152090	木托板、箱形托盘及其他装载木板；托盘护框	1
44160010	辐射松制大桶、琵琶桶、盆等箍桶及零件	1
44160090	木制大桶、琵琶桶、盆等木制箍桶及其零件	1
44170010	辐射松制工具等；扫帚及刷子；鞋靴楦及楦头	1
44170090	木制工具等；扫帚及刷子等；木鞋靴楦及楦头	1
44184000	木制水泥构件的模板	1
44185000	木瓦及木制盖屋板	1
44186000	木制柱及樑	1
44189000	其他建筑用木工制品	1
44190031	木制一次性筷子	1
44190099	其他木制餐具及厨房用具	1
44201011	木刻	1
44201020	木扇	1
44201090	其他木制小雕像及装饰品	1
44209010	镶嵌木	1

海关代码	产品名称	调整系数
44209090	珠宝或刀具木盒及类似品；第 94 章以外木家具	1
44211000	木制衣架	1
44219010	木制卷轴、纡子、筒管、缝纫用线轴及类似品	1
44219021	木制圆签圆棒冰果棒压舌片及类似一次性制品	1
44219090	未列名木制品	1
66020000	手杖、带座手杖、鞭子、马鞭及类似品	0.1
84484930	梭子	0.5
96140010	烟斗及烟斗头	0.1
96151900	其他梳子、发夹及类似品	0.1
96091010	铅笔	1
96091020	颜色铅笔	1
95049030	中国象棋、国际象棋、跳棋等棋类用品	0.5
94060000	活动房屋	0.01
92011000	竖式钢琴，包括自动钢琴	0.1
92012000	大钢琴，包括自动钢琴	0.1
92019000	拨弦古钢琴及其他键盘弦乐器	0.1
92021000	弓弦乐器	0.1
92029000	其他弦乐器	0.1
92059090	其他管乐器	0.1
92060000	打击乐器	0.1
94016110	皮革或再生皮革面的带软垫的木框架坐具	1
94016190	其他带软垫的木框架坐具	1
94016900	其他木框架坐具	1
94033000	办公室用木家具	1
94034000	厨房用木家具	1
94035010	卧室用红木家具	1
94035091	卧室用漆木家具	1
94035099	其他卧室用木家具	1
94036010	其他红木家具	1
94036091	其他漆木家具	1
94036099	未列名木家具	1
44029000	其他木炭（包括果壳炭及果核炭），不论是否结块	1
38021010	木质活性炭	1

海关代码	产品名称	调整系数
45011000	未加工或简单加工的天然软木	1
45019020	碎的、粒状的或粉状的软木	1
45020000	除去表皮或成方块、板、片或条状的天然软木	1
45031000	天然软木塞子	1
45039000	其他天然软木制品	1
45041000	压制软木块、板、片及条；任何形状的压制软木砖、瓦；压制软木实心圆柱体，包括圆片	1
45049000	其他压制软木及其制品	1
44011000	薪柴（圆木段、块、枝、成捆或类似形状）	1
44013000	锯末、木废料及碎片	1
44041000	针叶木的箍木、木劈条、已削尖但未纵锯木桩、木片条及粗修整的木棒等	1
44042000	非针叶木的箍木、木劈条、已削尖但未纵锯木桩、木片条及粗修整的木棒等	1
44050000	木丝；木粉	1
47010000	机械木浆	1
47020000	化学木浆、溶解级	1
47031100	未漂白的针叶木烧碱木浆或硫酸盐木浆	1
47031900	未漂白的非针叶木烧碱木浆或硫酸盐木浆	1
47032100	半漂白或漂白的针叶木烧碱木浆或硫酸盐木浆	1
47032900	半漂白或漂白非针叶木烧碱木浆或硫酸盐木浆	1
47041100	未漂白的针叶木亚硫酸盐木浆	1
47041900	未漂白的非针叶木亚硫酸盐木浆	1
47042100	半漂白或漂白的针叶木亚硫酸盐木浆	1
47042900	半漂白或漂白的非针叶木亚硫酸盐木浆	1
47050000	用机械与化学联合制浆法制得的木浆	1
47062000	从回收（废碎）纸或纸板提取的纤维浆	1
47071000	回收（废碎）的未漂白牛皮纸或瓦楞纸及纸板	1
47072000	回收（废碎）漂白化学木浆制未经本体染色纸	1
47073000	回收（废碎）的主要由机械浆制成的纸或纸板	1
47079000	回收（废碎）的其他纸及纸板，包括未分选的	1
48010000	成卷或成张的新闻纸	1
48021010	宣纸	1
48021090	其他手工制纸及纸板	1
48022010	照相原纸	1

海关代码	产品名称	调整系数
48022090	其他光敏热敏电敏纸及纸板的原纸和原纸板	1
48024000	壁纸原纸	1
48025400	其他未涂书写印刷纸，机械浆≤ 10%，重＜ 40g	1
48025500	其他未涂纸，成卷，机械浆≤ 10%，40 ≤重≤ 150g	1
48025600	机械浆≤ 10%，40g ≤重≤ 150g，成张，≤ 435mm×297mm	1
48025700	其他未涂书写纸，机械浆≤ 10%，40g ≤重≤ 150g	1
48025800	其他未涂书写印刷纸，机械浆≤ 10%，重＞ 150g	1
48026110	其他成卷未涂布新闻纸，含机械浆纤维＞ 10%	1
48026190	其他成卷未涂布书写纸，含机械浆纤维＞ 10%	1
48026200	成张未涂布纸，机械浆＞ 10%，≤ 435mm×297mm	1
48026910	其他未涂布新闻纸，含机械浆纤维＞ 10%	1
48026990	其他未涂布书写印刷纸，含机械浆纤维＞ 10%	1
48030000	成卷成张的家庭或卫生用纸、面巾纸、餐巾纸	1
48041100	未漂白牛皮挂面板纸	1
48041900	其他牛皮挂面板纸	1
48042100	未漂白袋用牛皮纸	1
48042900	其他袋用牛皮纸	1
48043100	其他未涂布未漂白牛皮纸，平米重≤ 150g	1
48043900	其他未涂布牛皮纸，平米重≤ 150g	1
48044100	其他未涂未漂白牛皮纸，150g ＜平米重＜ 250g	1
48044200	未涂布本体漂白牛皮纸，150g ＜平米重＜ 250g	1
48044900	其他未涂布的牛皮纸，150g ＜平米重＜ 250g	1
48045100	其他未涂布未漂白牛皮纸，	1
48045200	未涂布的本体漂白牛皮纸，平米重≥ 250g	1
48045900	其他未涂布的牛皮纸，平米重≥ 225g	1
48051100	半化学瓦楞原纸	1
48051200	草浆瓦楞原纸	1
48051900	其他瓦楞原纸	1
48052400	强韧箱纸板（再生挂面纸板），平米重≤ 150 克	1
48052500	强韧箱纸板（再生挂面纸板），平米重＞ 150 克	1
48053000	亚硫酸盐包装纸	1
48054000	滤纸及纸板	1
48055000	毡纸及纸板	1

海关代码	产品名称	调整系数
48059110	电解电容器纸，每平米重≤ 150g	1
48059190	其他未经涂布的纸及纸板，每平米重≤ 150g	1
48059200	其他未涂布纸及纸板，150g ＜每平米重＜ 250g	1
48059300	其他未涂布纸及纸板，每平米重≥ 225g	1
48061000	植物羊皮纸	1
48062000	防油纸	1
48063000	描图纸	1
48064000	半透明玻璃纸及其他高光泽透明或半透明纸	1
48070000	成卷或成张的复合纸及纸板，未涂布或未浸渍	1
48081000	瓦楞纸及纸板	1
48082000	袋用皱纹牛皮纸	1
48083000	其他皱纹牛皮纸	1
48089000	其他皱纹、压纹、穿孔纸及纸板	1
48092000	自印复写纸，成卷或成张的	1
48099000	复写纸及其他拷贝或转印纸，成卷或成张的	1
48101300	成卷的书写、印刷纸及纸板，含机械纤维≤ 10%	1
48101400	书写用纸，机械纤维≤ 10%，成张，≤ 435mm×297mm	1
48101900	其他书写、印刷纸及纸板，含机械纤维≤ 10%	1
48102200	涂布无机物书写、印刷轻质纸，机械纤维＞ 10%	1
48102900	其他涂布无机物书写、印刷纸，机械纤维＞ 10%	1
48103100	涂布无机物漂白牛皮纸，重≤ 150g 木纤维≥ 95%	1
48103200	涂布无机物漂白牛皮纸，重＞ 150g 木纤维≥ 95%	1
48103900	其他涂布无机物的牛皮纸及纸板，木纤维≥ 95%	1
48109200	涂布无机物的多层纸及纸板	1
48109900	未列名涂布高岭土或其他无机物质的纸及纸板	1
48111000	成卷或成张矩形焦油纸及纸板、沥青纸及纸板	1
48114100	成卷或成张矩形的任何尺寸的自粘胶粘纸	1
48114900	成卷或成张矩形的其他胶粘纸及纸板	1
48115110	彩色相纸用双面涂塑纸，每平米重＞ 150g	1
48115190	其他塑料涂、浸或覆盖漂白纸，平米重＞ 150g	1
48115910	其他用塑料涂布、浸渍或覆盖绝缘纸及纸板	1
48115991	镀铝的用塑料（不包括黏合剂）涂布、浸渍或覆盖的纸及纸板	1
48115999	未列名用塑料（不包括黏合剂）涂布、浸渍或覆盖的纸及纸板	1

海关代码	产品名称	调整系数
48116010	用蜡、石蜡、硬脂精、油或甘油浸涂的绝缘纸及纸板	1
48116090	其他用蜡、石蜡、硬脂精、油或甘油浸涂的纸及纸板	1
48119000	未列名成卷成张矩形浸涂印花纸，纸板，纤维纸	1
48120000	纸浆制的滤块、滤板及滤片	1
48131000	成小本或管状的卷烟纸	1
48132000	宽度不超过 5cm 成卷的卷烟纸	1
48139000	其他卷烟纸，不论是否切成一定尺寸	1
48141000	用木粒或草粒等饰面的壁纸	1
48142000	塑料涂面或盖面的壁纸	1
48149000	其他壁纸及类似品；窗用透明纸	1
48162000	自印复写纸	1
48169010	热敏转印纸（4809 的纸除外）	1
48169090	复写纸、拷贝或转印纸；油印蜡纸或胶印版纸	1
48171000	纸或纸板制的信封	1
48172000	纸或纸板制封缄信片、素色明信片及通信卡片	1
48173000	纸或纸板制盒、袋及夹子，内装各种纸制文具	1
48181000	卫生纸	1
48182000	纸手帕及面巾纸	1
48183000	纸台布及纸餐巾	1
48184000	纸卫生巾及止血塞、婴儿纸尿布、尿布衬里等	1
48185000	纸浆、纸、纤维素絮纸等的制衣服及衣着附件	1
48189000	纸浆、纸等制的其他家庭、卫生或医院用品	1
48191000	瓦楞纸或纸板制的箱、盒、匣	1
48192000	非瓦楞纸或纸板制的可折叠箱、盒、匣	1
48193000	底宽 40cm 及以上的纸袋	1
48194000	其他纸袋，包括锥形袋	1
48195000	纸、纸板制其他包装容器，包括唱片套	1
48196000	纸或纸板制的卷宗盒、信件盘、存储盒等物品	1
48201000	账本、笔记本、收据本、日记本及类似品	1
48202000	练习本	1
48203000	纸或纸板制的活动封面、文件夹及卷宗皮	1
48204000	多联商业表格纸、页间夹有复写纸的本	1
48205000	纸或纸板制的样品簿及粘贴簿	1

海关代码	产品名称	调整系数
48209000	纸或纸板制的其他文具用品；书籍封面	1
48211000	纸或纸板制的各种标签，印有文字图画	1
48219000	纸或纸板制的各种标签，未印文字图画	1
48221000	纸制的纺织纱线用筒管、卷轴、纡子等物品	1
48229000	其他纸制筒管、卷轴、纡子等物品	1
48232000	切成一定尺寸或形状的滤纸及纸板	1
48234000	已印制的自动记录器用打印纸卷、纸张及纸盘	1
48236100	竹浆纸或纸板制的盘、碟、盆、杯及类似品	1
48236900	其他纸或纸板制的盘、碟、盆、杯及类似品	1
48237000	压制或模制纸浆制品	1
48239010	以纸或纸板为底制成的铺地制品	1
48239020	神纸及类似用品	1
48239030	纸扇	1
48239090	未列名切成形的纸、纸板等纸及纸（浆）制品	1
49011000	单张的散页印刷品及类似印刷品	
49019100	字典或百科全书及其连续出版的分册	
49019900	其他书籍、小册子及类似印刷品	
49021000	每周至少出版四次的报纸、杂志及期刊	
49029000	其他报纸、杂志及期刊	
49030000	儿童图画书、绘画或涂色书	
49040000	乐谱原稿或印本，不论是否装订或印有插图	
49051000	地球仪、天体仪	
49059100	成册的地图、水道图及类似图表	
49059900	其他地图、水道图及类似图表	
49060000	手绘的设计图纸原稿和手稿及其复制件	
49070010	承认国流通新发行并未经使用的邮票	
49070020	承认国流通新发行的钞票	
49070030	承认国流通新发行的证券凭证	
49070090	承认国流通新发行未用的其他票证；所有凭证	
49081000	釉转印贴花纸（移画印花法用图案纸）	
49089000	其他转印贴花纸（移画印花法用图案纸）	
49090010	印刷或有图画的明信片	
49090090	印有个人问候、祝贺、通告的卡片	

海关代码	产品名称	调整系数
49100000	印刷的各种日历，包括日历芯	
49111010	无商业价值的商业广告品、商品目录等印刷品	
49111090	其他商业广告品、商品目录及类似印刷品	
49119100	印刷的图片、设计图样及照片	
49119910	纸质的其他印刷品	
49119990	其他印刷品	
95044000	扑克牌	
14011000	竹	1
14012000	藤	1
14019020	芦苇	1
14019031	蔺草	1
14019039	其他灯芯草属植物材料	1
14019090	未列名主要作编结用的植物材料	0.5
46012100	竹制的席子、席料及帘子	1
46012200	藤制的席子、席料及帘子	1
46012911	灯心草属材料制的席子、席料及帘子	1
46012919	其他草制的席子、席料及帘子	1
46012921	苇帘	1
46012929	芦苇制的席子、席料	1
46012990	其他植物材料制的席子、席料及帘子	1
46019210	竹制的缏条及类似产品，不论是否缝合成宽条	1
46019290	竹制其他平行连结或编结的产品	1
46019310	藤制的缏条及类似产品，不论是否缝合成宽条	1
46019390	藤制其他平行连结或编结的产品	1
46021100	竹制篮筐及其他编结品	1
46021200	藤制篮筐及其他编结品	1
46021910	草制篮筐及其他编结品	1
46021930	柳条制篮筐及其他编结品	1
94015100	竹制或藤制的坐具	1
94015900	柳条及类似材料制的坐具	1
94038100	竹制或藤制家具	1
94038910	柳条及类似材料制家具	1
44121011	薄板制竹胶合板至少一表层热带木层，厚≤ 6mm	1

海关代码	产品名称	调整系数
44121019	其他薄板制竹胶板单板饰面板多层板，厚≤ 6mm	1
44121020	其他薄板制竹胶板，单板饰面板及类似多层板	1
44121091	其他竹胶合板单板饰面板至少有一表层热带木	1
44121092	其他竹胶合板类似多层板至少一表层木碎料板	1
44121099	其他竹制胶合板、单板饰面板及类似的多层板	1
44190032	竹制一次性筷子	1
44190091	其他竹制餐具及厨房用具	1
44201012	竹刻	1
44219022	竹制圆签圆棒冰果棒压舌片及类似一次性制品	1
96031000	用枝条或其他植物材料捆扎的帚及刷，可有把	0.3
96033020	毛笔	0.6
44092110	任何一边、端或面制成连续形状的竹地板条块	1
44187210	其他多层已装拼的竹地板	1
44187910	其他已装拼的竹地板	1
44092190	其他任何一边、端或面制成连续形状的竹材	1
44021000	竹炭，不论是否结块	1
47063000	其他纤维状纤维素竹浆	1
48236100	竹浆纸或纸板制的盘、碟、盆、杯及类似品	1
07099010	鲜或冷藏的竹笋	1
07119031	盐水竹笋	1
07129010	笋干丝	1
20059190	其他制作或保藏的未冷冻竹笋	1
20059110	竹笋罐头	1
05119930	蚕种	1
50010010	适于缫丝的桑蚕茧	1
50010090	适于缫丝的其他蚕茧	1
50020011	桑蚕厂丝	1
50020012	桑蚕土丝	1
50020013	桑蚕双宫丝	1
50020019	其他桑蚕丝	1
50020020	柞蚕丝	1
50020090	其他生丝	1
50030011	不适于缫丝的下茧、茧衣、长吐、滞头	1

海关代码	产品名称	调整系数
50030012	回收的纤维状废丝	1
50030019	其他未梳废丝	1
50030091	废丝绵球（包括绵条、绵片）	1
50030099	其他废丝	1
50040000	丝纱线（绢纺纱线除外），非供零售用	1
50050010	丝纱线，非供零售用	1
50050090	其他绢纺纱线，非供零售用	1
50060000	丝纱线及绢纺纱线，供零售用；蚕胶丝	1
50071010	未漂白或漂白炕 织物	1
50071090	其他炕 织物	1
50072011	未漂白或漂白桑蚕丝机织物，含丝≥ 85%	1
50072019	其他桑蚕丝机织物，丝≥ 85%	1
50072021	未漂白或漂白柞蚕丝机织物，含丝≥ 85%	1
50072029	其他柞蚕丝机织物，丝≥ 85%	1
50072031	未漂白或漂白绢丝机织物，含丝≥ 85%	1
50072039	其他绢丝机织物，丝≥ 85%	1
50072090	未列名丝机织物，丝≥ 85%	1
50079010	其他未漂白或漂白丝机织物，含丝＜ 85%	1
50079090	未列名丝机织物，丝＜ 85%	1
57019020	丝制结织栽绒地毯等结织栽绒铺地制品	1
58019010	丝及绢丝制起绒及绳绒织物	1
58022010	丝及绢丝制毛巾织物及类似毛圈机织物	1
58023010	丝及绢丝制簇绒织物	1
58030020	丝及绢丝制纱罗	1
58041010	丝及绢丝制网眼薄纱及其他网眼织物	1
58042910	丝及绢丝制机制花边	1
58063910	丝及绢丝制未列名狭幅机织物	1
58101000	不见底布的刺绣品	1
58110010	丝及绢丝纺织材料与胎料组合制被褥状纺织品	1
60024020	丝针织钩编物，宽≤ 30cm，弹性线≥ 5%，不含橡胶线	1
60029020	丝针织钩编织物，宽≤ 30cm，弹性或胶线≥ 5%	1
60041020	丝针织或钩编物，宽＞ 30cm，弹性线≥ 5%，无胶线	1
61071910	丝及绢丝制针织或钩编的男内裤	1

海关代码	产品名称	调整系数
61072910	丝及绢丝制针织或钩编男长睡衣及睡衣裤	1
61081920	丝及绢丝制针织或钩编的女衬裙	1
61082910	丝及绢丝制针织或钩编女三角裤及短衬裤	1
61083910	丝及绢丝制针织或钩编的女睡衣及睡衣裤	1
61099010	丝及绢丝制针织或钩编T恤衫、汗衫、背心	1
61109010	丝及绢丝针织钩编套头衫开襟衫及外穿背心等	1
62031910	丝及绢丝制男式西服套装	1
62032910	丝及绢丝制男式便服套装	1
62033910	丝及绢丝制男式上衣	1
62041910	丝及绢丝制女式西服套装	1
62042910	丝及绢丝制女式便服套装	1
62043910	丝及绢丝制女式上衣	1
62044910	丝及绢丝制女式连衣裙	1
62045910	丝及绢丝制女式裙子及裙裤	1
62059010	丝及绢丝制男衬衫	1
62061000	丝及绢丝制女衬衫	1
62071910	丝及绢丝制男内裤	1
62072910	丝及绢丝制男睡衣及睡衣裤	1
62079910	丝及绢丝制其他男内衣、浴衣、晨衣及类似品	1
62081910	丝及绢丝制女衬裙	1
62082910	丝及绢丝制女睡衣及睡衣裤	1
62089910	丝及绢丝其他女内衣、短衬裤、浴衣、晨衣等	1
62113910	丝及绢丝制其他男式服装	1
62114910	丝及绢丝制其他女式服装	1
62141000	丝及绢丝制披巾、头巾、围巾、披纱、面纱等	1
62151000	丝及绢丝制领带及领结	1
63022910	丝及绢丝制印花床上用织物制品	1
63023910	丝及绢丝制非针织或钩编的床上用织物制品	1
63041910	丝及绢丝制非针织或钩编的床罩	1
63049910	丝及绢丝制非针织或钩编的其他装饰织物制品	1
67029020	丝及绢丝制人造花、叶、果实及其零件和制品	1
09041100	未磨胡椒	1
09041200	已磨胡椒	1

海关代码	产品名称	调整系数
09061100	未磨锡兰肉桂	1
09061900	其他未磨肉桂及肉桂花	1
09062000	已磨肉桂及肉桂花	1
09070000	丁香（母丁香、公丁香及丁香梗）	1
09081000	肉豆蔻	1
09082000	肉豆蔻衣	1
09083000	豆蔻	1
09091010	八角茴香	1
09091090	茴芹子	1
09094000	黄蒿子	1
09095000	小茴香子；杜松果	1
09102000	番红花	1
09109900	未列名调味香料	1
01061190	其他灵长目动物，改良种用除外	1
01061990	未列名哺乳动物	1
01062020	食用爬行动物	1
01062090	未列名爬行动物	1
01063190	其他猛禽，改良种用除外	1
01063290	其他鹦形目鸟，改良种用除外	1
01063990	未列名鸟	1
01069090	其他非食用活动物	1
05071000	兽牙；兽牙粉末及废料	1
05079010	羚羊角及其粉末和废料	1
05079090	龟壳、鲸须、其他兽角、蹄、甲爪及喙；上述产品的粉末及废料	1
01061110	改良种用灵长目动物	1
01061910	其他改良种用哺乳动物	1
01062011	改良种用鳄鱼苗	1
01062019	其他改良种用爬行动物	1
01063110	改良种用猛禽	1
01063210	改良种用鹦形目鸟	1
01063910	其他改良种用鸟	1
01069011	改良种用蛙苗	1
01069019	其他改良种用活动物	1

海关代码	产品名称	调整系数
04090000	天然蜂蜜	1
04100010	燕窝	1
04100041	鲜蜂王浆	1
04100042	鲜蜂王浆粉	1
04100043	蜂花粉	1
04100049	其他蜂产品	1
21069030	蜂王浆制剂	1
15219010	蜂蜡	1
15060000	其他动物油、脂及其分离品，不论是否精制，但未经化学改性（不含猪牛羊等）	1
31010011	未经化学处理的鸟粪	1
31010019	其他未经化学处理的动植物肥料及其混合肥料	0.01
31010090	经化学处理的动植物肥料；动植物产品经化学处理制成的肥料	0.01
96011000	已加工兽牙及其制品	0.01
96019000	已加工其他动物质雕刻材料及其制品	0.01
05029012	制刷用黄鼠狼尾毛	1
05029019	未列名制刷用兽毛	1
05029020	獾毛及其他制刷用兽毛的废料	1
41032000	爬行动物皮	1
41064000	经鞣制的不带毛爬行动物皮及其坯革	1
41069100	其他动物湿革（包括蓝湿皮）	1
41069200	其他动物干革（坯革）	1
41133000	经鞣制或半硝处理后加工的爬行动物皮革	1
41139000	经鞣制或半硝处理后加工的其他动物皮革	1
43011000	整张水貂皮	1
43016000	整张狐皮	1
43018010	整张兔皮	0.1
43018090	其他整张毛皮	0.1
43019010	适合加工皮货用的黄鼠狼尾	1
43019090	其他适合加工皮货用的头、尾、爪等块、片	1
43021100	未缝制的整张水貂皮	1
43021910	未缝制整张灰鼠、白鼬、貂、狐、獭及猞猁皮	1
43021990	未列名未缝制的整张毛皮	0.01
43022000	未缝制的头、尾、爪及其他块、片	0.01

海关代码	产品名称	调整系数
43023010	已缝制整张灰鼠、白鼬、貂、狐、獭及猞猁皮	1
43023090	其他已缝制的整张毛皮及其块、片	0.01
43031010	毛皮衣服	0.01
43031020	毛皮衣着附件	0.01
43039000	其他毛皮制品	0.01
51021990	其他未梳动物细毛	0.01
51022000	未梳动物粗毛	0.01
51031090	其他动物细毛的落毛	0.01
51032090	其他动物细毛的废料	0.01
51033000	动物粗毛废料	0.01
51040090	其他动物细毛或粗毛的回收纤维	0.01
51053990	其他已梳动物细毛	0.01
51054000	已梳动物粗毛	0.01
51081019	粗梳其他动物细毛≥85%的纱线，非供零售用	0.01
51081090	粗梳动物细毛＜85%的纱线，非供零售用	0.01
51082019	精梳其他动物细毛≥85%的纱线，非供零售用	0.01
51082090	精梳动物细毛＜85%的纱线，非供零售用	0.01
51091019	其他动物细毛≥85%的纱线，供零售用	0.01
51099019	其他动物细毛＜85%的纱线，供零售用	0.01
51111119	粗梳其他动物细毛≥85%的，平方米重≤300g	0.01
51111919	粗梳其他动物细毛≥85%的，平方米重＞300g	0.01
51130000	动物粗毛或马毛机织物	0.01
65069910	皮革制帽类	0.01
65069920	毛皮制帽类	0.01
67010000	带羽毛或羽绒的鸟皮等，羽毛、羽绒及其制品	0.01
67029010	羽毛制人造花、叶、果实及其零件和制品	0.01
94049020	兽毛填充的其他寝具及类似用品	0.01
01063922	食用驼鸟	1
01063923	食用野鸭	1
01063929	其他食用鸟	1
01069020	其他食用活动物	1
02081090	鲜、冷、冻野兔肉；兔及野兔的食用杂碎	0.1
02083000	鲜、冷、冻灵长目动物肉及食用杂碎	1

海关代码	产品名称	调整系数
02085000	鲜、冷、冻爬行动物肉及食用杂碎	1
02109100	干、熏、盐腌或盐渍灵长目动物肉及食用杂碎，包括可供食用的肉或杂碎的细粉、粗粉	1
02109300	干、熏、盐腌或盐渍的爬行动物（包括蛇及龟鳖）肉及食用杂碎，包括可供食用的肉或杂碎的细粉、粗粉	1
02109900	其他干、熏、盐腌或盐渍肉及食用杂碎，包括可供食用的肉或杂碎的细粉、粗粉	0.01
38029000	活性天然矿产品；动物炭黑，包括废动物炭黑	0.01
07112000	暂时保藏的油橄榄	1
08011100	椰子干	1
08011910	种用椰子	1
08011990	其他椰子	1
08012100	未去壳巴西果	1
08012200	去壳巴西果	1
08013100	未去壳腰果	1
08013200	去壳腰果	1
08021100	未去壳巴旦杏	1
08021200	巴旦杏仁	1
08022100	未去壳榛子	1
08022200	榛子仁	1
08023100	未去壳核桃	1
08023200	核桃仁	1
08024010	板栗	1
08024090	其他栗子	1
08025000	阿月浑子果（开心果）	1
08026010	种用马卡达姆坚果（夏威夷果）	1
08026090	其他马卡达姆坚果（夏威夷果）	1
08029010	槟榔	1
08029020	白果	1
08029030	松子仁	1
08029090	未列名鲜或干坚果	1
08030000	鲜或干的香蕉，包括芭蕉	1
08041000	鲜或干的椰枣	1

海关代码	产品名称	调整系数
08042000	鲜或干的无花果	1
08043000	鲜或干的菠萝	1
08044000	鲜或干的鳄梨	1
08045010	鲜或干的番石榴	1
08045020	鲜或干的芒果	1
08045030	鲜或干的山竹果	1
08051000	鲜或干的橙	1
08052010	鲜或干蕉柑	1
08052020	阔叶柑橘	1
08052090	其他鲜或干的柑橘及杂交柑橘	1
08054000	葡萄柚，包括柚	1
08055000	柠檬及酸橙	1
08059000	未列名柑橘属水果	1
08061000	鲜葡萄	1
08062000	葡萄干	1
08072000	鲜木瓜	1
08081000	鲜苹果	1
08082012	鲜鸭梨、雪梨	1
08082013	香梨	1
08082019	其他鲜梨	1
08082020	鲜榅桲	1
08091000	鲜杏	1
08092000	鲜樱桃	1
08093000	鲜桃，包括油桃	1
08094000	鲜梅及李	1
08101000	鲜草莓	1
08102000	鲜木莓、黑莓、桑椹及罗甘莓	1
08104000	鲜蔓越橘及越橘	1
08105000	鲜猕猴桃	1
08106000	鲜榴莲	1
08109010	鲜荔枝	1
08109020	鲜黑、白或红的醋栗（加仑子）及鹅莓	1
08109030	鲜龙眼	1

海关代码	产品名称	调整系数
08109040	鲜红毛丹	1
08109050	鲜番荔枝	1
08109060	鲜杨桃	1
08109070	鲜莲雾	1
08109080	鲜火龙果	1
08109090	未列名鲜果	1
08111000	冷冻草莓	1
08112000	冷冻木莓、黑莓、桑椹、罗甘莓、醋栗（加仑子）及鹅莓	1
08119010	冷冻栗子，未去壳	1
08119090	其他未列名冷冻水果及坚果	1
08121000	暂时保藏的樱桃	1
08129000	其他暂时保藏的水果及坚果	1
08131000	杏干	1
08132000	梅干及李干	1
08133000	苹果干	1
08134010	龙眼干、肉	1
08134020	柿饼	1
08134030	红枣	1
08134040	荔枝干	1
08134090	未列名干果	1
08135000	本章的什锦坚果或干果	1
08140000	柑橘属水果或甜瓜（包括西瓜）的果皮，鲜、冻、干或用盐水、亚硫酸水或其他防腐液暂时保藏的	0.5
12030000	干椰子肉	1
12129911	苦杏仁	1
12129912	甜杏仁	1
12129919	杏核；桃（包括油桃）、梅或李的核及核仁	1
20057000	非醋方法制作或保藏的油橄榄	1
20060020	糖渍橄榄	1
20060010	蜜枣	1
20060090	其他糖渍蔬菜、水果、坚果及植物的其他部分	0.1
20081991	其他制作或保藏的栗仁	1
20081999	未列名制作或保藏的坚果及其他子仁	1

海关代码	产品名称	调整系数
20082090	未列名制作或保藏的菠萝	1
20083090	未列名制作或保藏的柑橘属水果	1
20084090	未列名制作或保藏的梨	1
20085000	其他制作或保藏的杏	1
20086090	其他制作或保藏的樱桃	1
20087090	未列名制作或保藏的桃	1
20088000	其他制作或保藏的草莓	1
20089100	其他制作或保藏的棕榈芯	1
20089200	其他制作或保藏的什锦果实	1
20089990	未列名制作或保藏水果、坚果及植物的其他食用部分	0.1
23065000	椰子或干椰肉的油渣饼及其他固体残渣	1
23066000	油棕果或油棕仁的油渣饼及其他固体残渣	1
23069000	未列名植物油渣饼及其他固体残渣	0.1
23070000	葡萄酒渣；粗酒石	1
23080000	动物饲料用未列名的植物原料、废料、残渣及副产品，不论是否制成团粒	0.1
20079100	柑橘属水果制果酱、果冻、果泥及果膏	1
20079990	其他非柑橘属水果制果酱、果冻、果泥及果膏	0.5
20079910	非柑橘属水果制果酱、果冻、果泥及果膏罐头	0.5
20081910	核桃仁罐头	1
20081920	其他果仁罐头	1
20082010	菠萝罐头	1
20083010	柑橘属水果罐头	1
20084010	梨罐头	1
20086010	樱桃罐头	1
20087010	桃罐头	1
20089910	荔枝罐头	1
20089920	龙眼罐头	1
20091100	冷冻橙汁	1
20091200	非冷冻橙汁，白利糖度值≤ 20	1
20091900	其他橙汁	1
20092100	葡萄柚（包括柚）汁，白利糖度值≤ 20	1
20092900	其他葡萄柚（包括柚）汁	1
20093110	柠檬汁，白利糖度值不超过 20	1

海关代码	产品名称	调整系数
20093190	其他未混合柑橘属水果汁，白利糖度≤ 20	1
20093910	其他柠檬汁	1
20093990	其他未混合柑橘属水果汁	1
20094100	菠萝汁，白利糖度值≤ 20	1
20094900	其他菠萝汁	1
20096100	葡萄汁，白利糖度值≤ 20	1
20096900	其他葡萄汁	1
20097100	苹果汁，白利糖度值≤ 20	1
20097900	其他苹果汁	1
20098012	芒果汁	1
20098013	西番莲果汁	1
20098014	番石榴果汁	1
20098019	其他未混合的水果汁	1
20099010	混合水果汁	0.5
21069040	椰子汁	1
22041000	葡萄气酒	1
22042100	装入≤ 2L 的容器的鲜葡萄酿造的酒	1
22042900	装入＞ 2L 的容器的鲜葡萄酿造的酒	1
22043000	2009 以外的酿酒葡萄汁	1
22082000	蒸馏葡萄酒制得的烈性酒	1
22051000	装入≤ 2 升的容器的味美思酒等酒	1
22059000	装入＞ 2 升的容器的味美思酒等酒	1
22060090	其他发酵饮料；未列名的发酵饮料的混合物	1
22085000	杜松子酒	1
22089010	龙舌兰酒	1
12079992	油棕果及油棕仁	1
15091000	初榨的油橄榄油	1
15099000	其他油橄榄油及其分离品	1
15100000	其他橄榄油及其分离品，不论是否精制，但未经化学改性	1
15111000	初榨的棕榈油	1
15119010	棕榈液油（熔点 19 ～ 24℃）	1
15121100	初榨的葵花油或红花油	0.5
15121900	其他葵花油或红花油及其分离品	0.5

海关代码	产品名称	调整系数
15131100	初榨的椰子油	1
15131900	其他椰子油及其分离品	1
15132100	初榨的棕榈仁油或巴巴苏棕榈果油	1
15132900	其他棕榈仁油或巴巴苏棕榈果油及其分离品	1
15159010	希蒙得木油及其分离品	1
15159020	印楝油及其分离品	1
15159030	桐油及其分离品	1
15159090	未列名固定植物油、脂及其分离品	0.5
53081000	椰壳纤维纱线	1
57022000	椰壳纤维制的铺地制品，未簇绒或未植绒	1
38021090	其他活性炭	1
09021010	花茶，内包装每件净重≤ 3kg	1
09021090	绿茶，内包装每件净重≤ 3kg	1
09022010	花茶，内包装每件净重＞ 3kg	1
09022090	绿茶，内包装每件净重＞ 3kg	1
09023010	乌龙茶，内包装每件净重≤ 3kg	1
09023020	普洱茶，内包装每件净重≤ 3kg	1
09023090	红茶及其他半发酵茶，内包装每件净重≤ 3kg	1
09024010	乌龙茶，内包装每件净重＞ 3kg	1
09024020	普洱茶，内包装每件净重＞ 3kg	1
09024090	红茶及其他半发酵茶，内包装每件净重＞ 3kg	1
09030000	马黛茶	1
21012000	以茶、马黛茶及其浓缩精汁为基本成分的制品	1
21013000	烘焙菊苣和其他烘焙咖啡代用品及其浓缩精汁	1
09011100	未焙炒未浸除咖啡碱的咖啡	1
09011200	未焙炒已浸除咖啡碱的咖啡	1
09012100	已焙炒未浸除咖啡碱的咖啡	1
09012200	已焙炒已浸除咖啡碱的咖啡	1
09019010	咖啡豆荚及咖啡豆皮	1
09019020	含咖啡的咖啡代用品	1
18010000	整颗或破碎的可可豆，生的或焙炒的	1
18020000	可可荚、壳、皮及废料	1
18031000	未脱脂可可膏	1

海关代码	产品名称	调整系数
18032000	全脱脂或部分脱脂可可膏	1
18040000	可可脂、可可油	1
18050000	未加糖或其他甜物质的可可粉	1
18061000	含糖或其他甜物质的可可粉	1
18062000	其他重量＞2kg的块状或条状含可可食品；容器包装或内包装每件净重＞2kg的散装形状的含可可食品	1
18063100	块状或条状含可可的夹心食品，重量≤2kg	1
18063200	块状或条状含可可的非夹心食品，重量≤2kg	1
18069000	未列名含可可的食品	1
21011100	咖啡的浓缩精汁	1
21011200	以咖啡浓缩精汁或以咖啡为基本成分的制品	1
29021990	其他环烷烃；其他环烯及环萜烯	1
15211000	植物蜡	1
15219090	其他虫蜡及鲸蜡	1
29157090	棕榈酸及其盐和酯、硬脂酸盐和酯	1
38030000	妥尔油，不论是否精炼	1
38040000	木浆残余碱液	1
38070000	木焦油；木杂酚油；粗木精；植物沥青等	1
38231300	妥尔油脂肪酸	1
13021990	未列名植物液汁及浸膏	1
13019090	未列名树胶、树脂	1
38063000	酯胶	1
40013000	巴拉塔胶、古塔波胶、银胶菊胶、糖胶树胶及类似的天然树胶	1
29021910	蒎烯	1
13019040	松脂	1
38051000	脂松节油、木松节油和硫酸盐松节油	1
38059010	以α萜品醇为基本成分的松油	1
38061010	松香	1
38061020	树脂酸	1
38062010	松香盐及树脂酸盐	1
38062090	松香或树脂酸衍生物的盐	1
38069000	其他松香和树脂酸衍生物；松香精及松香油等	1
29061910	萜品醇	1

海关代码	产品名称	调整系数
13021910	生漆	1
40011000	天然橡胶乳，不论是否予硫化	1
40012100	烟胶片	1
40012200	技术分类天然橡胶（TSNR）	1
40012900	其他形状的天然橡胶	1
32011000	坚木浸膏	1
14049010	主要供染料、鞣料用的植物原料	1
15220000	油鞣回收脂；处理油脂物质及动、植物蜡剩残渣	1
32019010	其他植物鞣料浸膏	1
32019090	鞣酸及其盐、醚、酯和其他衍生物	1
32030011	天然靛蓝及以其为基本成分的制品	1
32030019	其他植物质着色料及以其为基本成分的制品	0.5
32030020	动物质着色料及以其为基本成分的制品	0.5
12119091	鱼藤根、除虫菊	1
12119099	主要用作杀虫、杀菌等用途的植物及其某部分	1
13021920	印楝素	1
13021930	除虫菊或含鱼藤酮植物根茎的液汁及浸膏	1
29181300	酒石酸盐及酒石酸酯	1
11082000	菊粉	1
12079991	牛油树果	1
12119050	主要用作香料的植物及其某部分	1
13012000	阿拉伯胶	1
13019010	胶黄耆树胶（卡喇杆胶）	1
13022000	果胶、果胶酸盐及果胶酸酯	1
13023200	从刺槐豆、刺槐豆子或瓜尔豆制得的胶液及增稠剂，不论是否改性	1
13023990	其他植物产品制得的胶液及增稠剂	1
15119020	棕榈硬脂（熔点 44 ～ 56℃）	1
15119090	其他棕榈油及其分离品	1
17022000	槭糖及槭糖浆	1
29054400	山梨醇	1
29054910	木糖醇	1
29181200	酒石酸	1
29153900	未列名乙酸酯	1

海关代码	产品名称	调整系数
29052210	香叶醇、橙花醇（3，7- 二甲基 -2，6- 辛二烯 -1- 醇）	1
29052220	香茅醇（3，7- 二甲基 -6- 辛烯 -1- 醇）	1
29052230	芳樟醇	1
29061100	薄荷醇	1
29092081	1，8- 桉树脑	1
29145011	覆盆子酮	1
33011200	橙油	1
33011300	柠檬油	1
33011910	白柠檬油（酸橙油）	1
33011990	其他柑橘属果实精油	1
33012400	胡椒薄荷油	1
33012500	其他薄荷油	1
33012910	樟脑油	1
33012920	香茅油	1
33012930	茴香油	1
33012940	桂油	1
33012950	山苍子油	1
33012960	桉叶油	1
33012991	老鹳草油（香叶油）	1
33012999	未列名非柑橘属果实精油	1
33013010	鸢尾凝脂	1
33013090	其他香膏	1
33019010	提取的油树脂	1
33019020	柑橘属果实的精油脱萜的萜烯副产品	1
33019090	含浓缩精油的制品；其他萜烯副产品及精油液	1
33030000	香水及花露水	1
07095100	鲜活冷藏的伞菌属蘑菇	1
07095910	鲜或冷藏的松茸	1
07095920	鲜或冷藏的香菇	1
07095930	鲜或冷藏的金针菇	1
07095940	鲜或冷藏的草菇	1
07095950	鲜或冷藏的口蘑	1
07095960	鲜或冷藏的块菌	1

海关代码	产品名称	调整系数
07095990	其他鲜或冷藏的蘑菇	1
07108010	冷冻松茸	1
07115112	盐水小白蘑菇	1
07115119	盐水的其他伞菌属蘑菇	1
07115190	其他暂时保藏的伞菌属蘑菇	1
07115911	盐水松茸	1
07115919	盐水其他蘑菇及块菌	1
07115990	其他暂时保藏的蘑菇及块菌	1
07123100	干伞菌属蘑菇	1
07123200	干木耳	1
07123300	干银耳	1
07123910	干香菇	1
07123920	干金针菇	1
07123930	干草菇	1
07123940	干口蘑	1
07123950	干牛肝菌	1
07123990	未列名干蘑菇及块菌	1
20039090	其他非醋方法制作或保藏的蘑菇	1
20031011	小白蘑菇（洋蘑菇）罐头	1
20031019	其他伞菌属蘑菇罐头	1
20031090	其他非醋方法制作或保藏的伞菌属蘑菇	1
20032000	非醋方法制作或保藏的块菌	1
20039010	其他蘑菇罐头	1
07052100	鲜或冷藏的维特罗夫菊苣	1
07052900	其他鲜或冷藏的菊苣	1
07129020	紫萁（薇菜干）	1
07129030	金针菜（黄花菜）	1
07129040	蕨菜干	1
07149090	鲜、冷、冻或干的竹芋、兰科植物块茎、菊芋及未列名含有高淀粉或菊粉的根茎；西谷茎髓	1
20059950	制作或保藏咸蕨菜	1
12141000	紫苜蓿粗粉及团粒	1
12149000	其他草饲料	0.2

海关代码	产品名称	调整系数
12129920	刺槐豆，包括刺槐豆子	1
06011010	番红花球茎	1
06011029	其他百合球茎	1
06029092	兰花，种用除外	1
06029093	菊花，种用除外	1
06029094	百合，种用除外	1
06029095	康乃馨，种用除外	1
06029099	未列名活植物	1
06031100	鲜的制花束或装饰用的玫瑰插花及花蕾	1
06031200	鲜的制花束或装饰用的康乃馨插花及花蕾	1
06031300	鲜的制花束或装饰用的兰花插花及花蕾	1
06031400	鲜的制花束或装饰用的菊花插花及花蕾	1
06031910	鲜的制花束或装饰用的百合花插花及花蕾	1
06031990	其他鲜的制花束或装饰用的插花及花蕾	1
06039000	制花束或装饰用的插花及花蕾（鲜的除外）	1
06041000	苔藓及地衣	1
06049100	鲜的制花束或装饰用的不带花及花蕾的植物枝、叶及其他部分、草	1
06049900	其他制花束或装饰用的不带花及花蕾的植物枝、叶及其他部分、草	1
06022090	食用水果或坚果树、灌木，种用除外	1
13019020	乳香、没药及血竭	1
13019030	阿魏	1
12079994	红花子	1
12112010	西洋参	1
12112020	野山参（西洋参除外）	1
12112091	其他鲜人参	1
12112099	未列名人参	1
12113000	古柯叶	1
12114000	罂粟杆	1
12119011	当归	1
12119012	田七	1
12119013	党参	1
12119014	黄连	1
12119015	菊花	1

海关代码	产品名称	调整系数
12119016	冬虫夏草	1
12119017	贝母	1
12119018	川芎	1
12119019	半夏	1
12119021	白芍	1
12119022	天麻	1
12119023	黄芪	1
12119024	大黄、籽黄	1
12119025	白术	1
12119026	地黄	1
12119027	槐米	1
12119028	杜仲	1
12119029	茯苓	1
12119031	枸杞	1
12119032	大海子	1
12119033	沉香	1
12119034	沙参	1
12119035	青蒿	1
12119036	甘草	1
12119039	未列名主要用作药料的植物及其某部分	0.5
13021100	鸦片液汁及浸膏	1
13021200	甘草液汁及浸膏	1
29061990	其他环烷醇、环烯醇及环萜烯醇（冰片 - 可能是天然的）	1
29062990	其他芳香醇（合成冰片）	1
29142100	樟脑	1
29392000	金鸡纳生物碱及其衍生物以及它们的盐	1
29393000	咖啡因及其盐	1
29394100	麻黄碱及其盐	1
29394200	假麻黄碱及其盐	1
29394300	d －去甲假麻黄碱（INN）及其盐	1
29394900	其他麻黄碱及其盐	1
29396100	麦角新碱（麦角袂春）及其盐	1
29396200	麦角胺及其盐	1
29396300	麦角酸及其盐	1

海关代码	产品名称	调整系数
29396900	其他麦角生物碱及其衍生物以及它们的盐	1
32012000	荆树皮浸膏	1
05079020	鹿茸及其粉末	1
05100010	黄药	1
05100020	龙涎香、海狸香、灵猫香	1
05100030	麝香	1
05100040	斑蝥	1
05100090	未列名配药用腺体及其他动物产品	0.2
30049051	中药酒	1
30049052	片仔癀	1
30049053	白药	1
30049054	清凉油	1
30049059	其他中式成药	1
30049060	含有青蒿素及其衍生物的药品	1
06011021	种用百合球茎	1
06011091	种用休眠的鳞茎、块茎、块根、球茎、根颈及根茎	1
06011099	未列名休眠的鳞茎、块茎、块根、球茎、根颈及根茎	1
06012000	生长或开花的鳞茎、块茎、块根、球茎、根颈及根茎；菊苣植物及其根	1
06023010	种用杜鹃	1
06023090	其他杜鹃，不论是否嫁接	1
06024010	种用玫瑰	1
06024090	其他玫瑰，不论是否嫁接	1
12093000	草本花卉植物种子	1
06029010	蘑菇菌丝	1
06022010	食用水果或坚果种用苗木	1
06021000	无根插枝及接穗植物	1
06029091	其他种用苗木	1
12092100	紫苜蓿子	1
12092200	三叶草子	1
12092300	羊茅子	1
12092400	草地早熟禾子	1
12092500	黑麦草种子	1
12099990	未列名种植用种子、果实及孢子	0.5